GRANDES TEMAS DE
DIREITO ADMINISTRATIVO

CELSO ANTÔNIO BANDEIRA DE MELLO

GRANDES TEMAS DE DIREITO ADMINISTRATIVO

2ª edição

Belo Horizonte

CONHECIMENTO JURÍDICO

2025

© 2009 Malheiros Editores
© 2025 2ª edição Editora Fórum Ltda.

É proibida a reprodução total ou parcial desta obra, por qualquer meio eletrônico, inclusive por processos xerográficos, sem autorização expressa do Editor.

Conselho Editorial

Adilson Abreu Dallari
Alécia Paolucci Nogueira Bicalho
Alexandre Coutinho Pagliarini
André Ramos Tavares
Carlos Ayres Britto
Carlos Mário da Silva Velloso
Cármen Lúcia Antunes Rocha
Cesar Augusto Guimarães Pereira
Clovis Beznos
Cristiana Fortini
Dinorá Adelaide Musetti Grotti
Diogo de Figueiredo Moreira Neto (*in memoriam*)
Egon Bockmann Moreira
Emerson Gabardo
Fabrício Motta
Fernando Rossi
Flávio Henrique Unes Pereira
Floriano de Azevedo Marques Neto
Gustavo Justino de Oliveira
Inês Virgínia Prado Soares
Jorge Ulisses Jacoby Fernandes
Juarez Freitas
Luciano Ferraz
Lúcio Delfino
Marcia Carla Pereira Ribeiro
Márcio Cammarosano
Marcos Ehrhardt Jr.
Maria Sylvia Zanella Di Pietro
Ney José de Freitas
Oswaldo Othon de Pontes Saraiva Filho
Paulo Modesto
Romeu Felipe Bacellar Filho
Sérgio Guerra
Walber de Moura Agra

FÓRUM
CONHECIMENTO JURÍDICO

Luís Cláudio Rodrigues Ferreira
Presidente e Editor

Coordenação editorial: Leonardo Eustáquio Siqueira Araújo
Thaynara Faleiro Malta

Revisão: Gabriela Sbeghen
Capa, projeto gráfico e diagramação: Walter Santos

Rua Paulo Ribeiro Bastos, 211 – Jardim Atlântico – CEP 31710-430
Belo Horizonte – Minas Gerais – Tel.: (31) 99412.0131
www.editoraforum.com.br – editoraforum@editoraforum.com.br

Técnica. Empenho. Zelo. Esses foram alguns dos cuidados aplicados na edição desta obra. No entanto, podem ocorrer erros de impressão, digitação ou mesmo restar alguma dúvida conceitual. Caso se constate algo assim, solicitamos a gentileza de nos comunicar através do *e-mail* editorial@editoraforum.com.br para que possamos esclarecer, no que couber. A sua contribuição é muito importante para mantermos a excelência editorial. A Editora Fórum agradece a sua contribuição.

Dados Internacionais de Catalogação na Publicação (CIP) de acordo com ISBD

B214g   Bandeira de Mello, Celso Antônio

         Grandes temas de direito administrativo -- 2. ed. -- / Celso Antônio Bandeira de Mello. Belo Horizonte: Fórum, 2025.

         438 p. 14,5x21,5cm
         ISBN impresso 978-65-5518-790-8
         ISBN digital 978-65-5518-791-5

         1. Direito administrativo. 2. Grandes temas. 3. Direito público. 4. Celso Antônio Bandeira de Mello. I. Título.

                                                 CDD: 342
                                                 CDU: 342

Ficha catalográfica elaborada por Lissandra Ruas Lima – CRB/6 – 2851

Informação bibliográfica deste livro, conforme a NBR 6023:2018 da Associação Brasileira de Normas Técnicas (ABNT):

BANDEIRA DE MELLO, Celso Antônio. *Grandes temas de direito administrativo*. 2. ed. Belo Horizonte: Fórum, 2025. 438 p. ISBN 978-65-5518-790-8.

Em memória de

GERALDO ATALIBA, um dos maiores publicistas brasileiros de todos os tempos, amigo verdadeiro desde a infância, que sempre procurou estimular meus trabalhos e facilitar meu caminho no meio jurídico.

SUMÁRIO

INTRODUÇÃO 13

DIREITO ADQUIRIDO E O DIREITO ADMINISTRATIVO: UMA NOVA PERSPECTIVA 15
    I – O direito e a segurança jurídica 15
    II – O problema da aplicação da lei no tempo 17
    III – Os precedentes históricos do direito adquirido 21
    IV – O verdadeiro préstimo da noção de direito adquirido 23
    V – O direito adquirido no direito administrativo 26
    VI – Uma nova perspectiva sugerida 30
        Referências 37

DISCRICIONARIEDADE ADMINISTRATIVA E CONTROLE JUDICIAL 39
    I – Introdução 39
    II – Principio da legalidade 41
    III – Vinculação e discricionariedade 42
    IV – Fundamentos da discricionariedade 43
    V – Estrutura lógico-normativa da discricionariedade 46
    VI – Limites da discricionariedade 50
    VII – Extensão do controle judicial 54
    VIII – Conclusão 58
        Referências 60

LEGALIDADE – DISCRICIONARIEDADE – SEUS LIMITES E CONTROLE 63
    I – Legalidade administrativa e finalidade 63
    II – Discricionariedade e vinculação 65
    III – O desvio de poder e seu controle 68
    IV – O controle dos motivos do ato 73
    V – O controle da "causa" do ato 77

VI – A "motivação" do ato 79
VII – A "razoabilidade" e a "proporcionalidade", como requisitos de
legitimidade 83
VIII – Lealdade, boa-fé e igualdade como limites da discrição 84
IX – Conclusões 85
Referências 89

"RELATIVIDADE" DA COMPETÊNCIA DISCRICIONÁRIA 91
Referências 100

ANULAÇÃO DE ATO ADMINISTRATIVO E DEVER DE
INVALIDAR 103
Referências 108

ANULAÇÃO DE ATO ADMINISTRATIVO:
DEVIDO PROCESSO LEGAL E MOTIVAÇÃO 111
Referências 127

DESVIO DE PODER 129
I – Introdução 129
II – A atividade administrativa e a ideia de função 133
III – A teoria do desvio de poder 136
IV – Modalidades de desvio de poder 137
V – O desvio de poder e a regra de competência 141
VI – Hipóteses de desvio de poder 142
VII – O desvio de poder e o vício de intenção 145
VIII – Desvio de poder: vício objetivo 148
IX – Desvio de poder por omissão 150
X – A prova do desvio de poder 151
XI – Desvio de poder em atos legislativos e jurisdicionais 155
XII – Desvio de poder e "mérito" do ato 158
Referências 159

PROTEÇÃO JURISDICIONAL DOS INTERESSES LEGÍTIMOS
NO DIREITO BRASILEIRO 161
I – Introdução 161
II – Princípio da legalidade 162

III – Princípio da igualdade 163
IV – Noção de direito subjetivo 164
V – Proteção do interesse legítimo 165
VI – Extensão do conceito de legalidade 168
   Referências 169

CONTROLE JUDICIAL DOS ATOS ADMINISTRATIVOS 171
   I – Introdução 171
   II – Da admissibilidade das postulações em juízo 173
   III – Extensão da investigação judicial dos atos administrativos 178
   Referências 187

A ESTABILIDADE DOS ATOS ADMINISTRATIVOS E A
SEGURANÇA JURÍDICA, BOA-FÉ E CONFIANÇA LEGÍTIMA
ANTE OS ATOS ESTATAIS..189
   Referências 203

A NOÇÃO JURÍDICA DE INTERESSE PÚBLICO 205
   Referências 215

PRINCÍPIO DA ISONOMIA: DESEQUIPARAÇÕES PROIBIDAS
E DESEQUIPARAÇÕES PERMITIDAS 217
   Referências 223

O EQUILÍBRIO ECONÔMICO NOS CONTRATOS
ADMINISTRATIVOS 225
   I – O equilíbrio das prestações nos contratos comutativos 225
   II – O equilíbrio econômico-financeiro como coadjuvante do interesse
        público 238
   III – O equilíbrio econômico-financeiro e o princípio da boa-fé 240
   IV – O equilíbrio econômico-financeiro e o direito positivo 243
   Referências 244

EXTENSÃO DAS ALTERAÇÕES DOS CONTRATOS
ADMINISTRATIVOS: A QUESTÃO DOS 25% 247
   Referências 270

CONTRATO ADMINISTRATIVO: FUNDAMENTOS DA
PRESERVAÇÃO DO EQUILÍBRIO ECONÔMICO-FINANCEIRO....273
    Referências..284

PERFIL DO PODER REGULAMENTAR NO DIREITO
BRASILEIRO 287
    I – Introdução 287
    II – Limites do poder regulamentar 291
    III – O objeto do poder regulamentar...297
    Referências..302

SERVIÇO PÚBLICO E SUA FEIÇÃO CONSTITUCIONAL
NO BRASIL...305
    I – Pressupostos metodológicos do conceito de serviço público 305
    II – Serviço público: substrato material e elemento formal.....................308
    III – Os requisitos da noção de serviço público.....................................311
    IV – Conceito de serviço público..317
    V – Regime jurídico do serviço público..317
    VI – Titularidade exclusiva do serviço e titularidade não exclusiva 319
    VII – Titularidade do serviço e titularidade da prestação............................320
    VIII – Imposições constitucionais quanto aos serviços públicos no Brasil.320
    IX – Os serviços públicos e a dubiedade da expressão "autorização"
        na Constituição 322
    Referências..323

SERVIÇO PÚBLICO E PODER DE POLÍCIA: CONCESSÃO
E DELEGAÇÃO..325
    Referências..337

SERVIÇO PÚBLICO E ATIVIDADE ECONÔMICA:
SERVIÇO POSTAL...339
    Referências..354

O PRINCÍPIO DO ENRIQUECIMENTO SEM CAUSA
EM DIREITO ADMINISTRATIVO 355
    Referências..369

NATUREZA ESSENCIAL DAS SOCIEDADES MISTAS E EMPRESAS
PÚBLICAS: CONSEQUÊNCIAS EM SEUS REGIMES 371
    I – As empresas e fundações do Estado como entidades auxiliares
        da Administração 371
    II – Características da sua personalidade jurídica de direito privado 372
    III – Tipos fundamentais: exploração de atividade econômica e
        prestação de serviços públicos 373
    IV – Normas sobre licitação 375
    V – Regime jurídico de pessoal 376
    VI – Conclusões 377
        Referências 381

SOCIEDADES MISTAS, EMPRESAS PÚBLICAS E O REGIME
DE DIREITO PÚBLICO 383
    Referências 394

TOMBAMENTO E DEVER DE INDENIZAR 395
    I – Limitações administrativas e sacrifícios de direito 395
    II – Sacrifício de direito e indenização 400
    III – Tombamento e sacrifício de direito 401
    IV – Tombamento e indenização 403
        Referências 407

SANÇÕES ADMINISTRATIVAS TRANSMISSÍVEIS E SANÇÕES
INTRANSMISSÍVEIS 409
    Referências 417

A DEMOCRACIA E SUAS DIFICULDADES
CONTEMPORÂNEAS 419
    I – Democracia formal e democracia substancial 419
    II – A crise dos instrumentos clássicos da democracia 426
    III – Tentativas de resposta à crise da democracia 428
    IV – Insuficiência dos meios concebidos para salvaguarda dos ideais
        democráticos 429
    V – Possível agravamento da crise da democracia 431
    VI – Globalização e neoliberalismo: novos obstáculos à democracia 433
        Referências 438

INTRODUÇÃO

Este livro reúne um conjunto de artigos publicados ao longo de um largo período de tempo. Dentre eles selecionamos alguns que nos pareceram versar questões de grande importância para o direito público em geral ou mais especificamente para o direito administrativo brasileiro. Estando em causa temas capitais e nucleares desta disciplina, notadamente os apresentados logo de início, quais os relativos ao direito adquirido, à legalidade, à discricionariedade, ao controle judicial dos atos administrativos, portanto, também ao motivo, à motivação, ao desvio de poder, compreende-se que haja entre eles uma obrigatória e íntima conexão. Daí que cada qual destes particulares tópicos inevitavelmente foi tratado mais de uma vez e que, bem por isto, determinados textos coligidos apresentem certas semelhanças entre si, de fora parte as distinções atinentes à forma, à variação ou ao alargamento da abordagem dos mesmos temas.

Poderíamos ter deixado de lado algum ou alguns destes artigos, para evitar repetições. Optamos, todavia, por conservá-los, convictos de que não raro o tratamento de um mesmo assunto focado com outras palavras ou por outro ângulo de aproximação cumpre uma função didática, resultado não desprezível quando se pretende que o produto do trabalho seja acessível a leitores que tenham diferentes níveis de intimidade com o direito administrativo. Assim, aquilo que poderá ser maçador para uns, será útil para outros. Quanto aos primeiros, se lhes aprouver, pura e simplesmente saltarão o texto que reputarem parcialmente repetitivo, sem com isto sofrerem maior dano e sem que os segundos se vejam privados de uma insistência que se espera venha a lhes ser proveitosa.

Limitamo-nos a atualizar as referências normativas e bibliográficas e a suprimir aqui ou ali citações que, por estarem colacionadas nos diversos artigos em suas versões originais, possuíam reiteração desnecessária e, *em alguns casos, fundimos textos que tratavam do mesmo assunto.*

Nº 1

DIREITO ADQUIRIDO
E O DIREITO ADMINISTRATIVO:
UMA NOVA PERSPECTIVA

I – O direito e a segurança jurídica; II – O problema da aplicação da lei no tempo; III – Os precedentes históricos do direito adquirido; IV – O verdadeiro préstimo da noção de direito adquirido; V – O direito adquirido no direito administrativo; VI – Uma nova perspectiva sugerida; Referências

I – O direito e a segurança jurídica

1. É sabido e ressabido que a ordem jurídica corresponde a um quadro normativo que enseja às pessoas a possibilidade de se orientarem, graças à ciência que, de antemão, lhes é dada sobre o que devem ou o que podem fazer por lhes ser obrigatório ou conveniente e o que não devem, não podem ou não lhes convém fazer, tendo em vista as ulteriores consequências imputáveis a seus atos. Com isto, os sujeitos de direito podem ter uma certa *segurança* em relação ao *futuro*, o qual se lhes apresenta, então, com alguma *estabilidade* no que atina aos efeitos que terão amanhã os comportamentos que praticarem hoje.

Esta *previsibilidade* ensejada pelo direito é um requisito conatural a ele, pois disto depende o cumprimento de sua *razão de existir*: induzir os homens a se comportarem de um dado modo e não de outro, para que possa ser organizada satisfatoriamente a vida social. Com efeito, se eles não tivessem perante si este paradigma balizador, que lhes outorga uma dada presumível *certeza* quanto ao que ocorrerá como fruto de sua atuação, não haveria como direcioná-los em sentido algum.

2. Acresce que, por ser uma disciplina da conduta humana, o direito não teria como se estruturar senão mantendo um mínimo de afinamento, de compatibilidade ao menos, com o que há de básico, de fundamental, no ser humano. Ora bem, uma das mais entranhadas características do homem é um anseio de "segurança", da certeza possível em relação ao que o cerca. Esta procura de segurança é uma busca permanente do ser humano. Coincide com uma de suas mais profundas aspirações.

De resto, independentemente da segurança como um anseio, como aspiração, há liminarmente uma inafastável necessidade de o homem poder assentar-se sobre algo reconhecido como previsível, logo, algo *estável* ou relativamente estável, pois é isto – e só isto – o que lhe permite determinar-se em um ou outro sentido; *de outra sorte, suas condutas não poderiam ser senão puramente aleatórias.* E se o fossem é evidente que a vida social seria intolerável, constituir-se-ia em uma aventura e um risco descomedido e o próprio direito não poderia existir.

3. Posto que a maior parte das relações compostas pelos sujeitos de direito constitui-se em vista do porvir e não apenas da imediatidade das situações, cumpre, como inafastável requisito de um ordenado convívio social, isto é, livre de abalos repentinos ou surpresas desconcertantes, que haja algum teor de estabilidade nas situações destarte constituídas. É ela, então, que enseja projetar e iniciar, consequentemente – e não ao mero sabor do acaso, do fortuito, do azar ou da fortuna – comportamentos cujos frutos são esperáveis em médio e longo prazo.

Portanto, é a segurança, a estabilidade, o que condiciona a ação humana. Esta é a normalidade das coisas. Daí que o direito não poderia alhear-se disto. Não teria sequer como prosperar a não ser apoiado sobre esta base estrutural. Eis porque o *princípio da segurança jurídica* é, provavelmente, o maior de todos os princípios fundamentais do direito, já que se encontra em sua base, em seu ponto de partida.

A irretroatividade da lei nova, os institutos da prescrição, da decadência, da preclusão, da coisa julgada, do ato jurídico perfeito e do direito adquirido, são manifestações explícitas e concretas do princípio da segurança jurídica.

4. O que se vem de dizer não contende com o fato óbvio de que o direito (como tudo o mais, de resto), está em constante mutação, justamente para ajustar-se a novas realidades, para adequar-se às alterações da vida social, para absorver as concepções emergentes que terminam por se impor. *Em suma: o direito muda e necessita mudar constantemente para melhor satisfazer interesses públicos.*

Assim, o que o direito faz e não tem como deixar de fazer é armar um contemperamento entre a exigência de segurança e a exigência de mutabilidade, estabelecendo uma forma de convívio entre estes dois valores, como bem se traduz em alguns dos supramencionados institutos. Embora sempre se atualizando, o direito se precata para prevenir alterações inopinadas, surpreendentes e irrestritamente cortantes que instabilizem de modo radical a situação dos administrados, buscando efetuá-las de maneira a que as modificações aportadas pelas leis novas se façam causando o menor trauma possível, a menor comoção às relações jurídicas passadas que se perlongaram no tempo ou que dependem da superveniência de eventos futuros previstos quando da constituição delas. Aliás, a ser de outra sorte, *não haveria segurança jurídica alguma*, que é o mesmo que proclamar-se a inanidade do direito e a supina fragilidade de suas disposições.

5. Poder-se-á talvez dizer que, dentre os institutos urdidos ao propósito de oferecer esta proteção aos sujeitos de direito, em uns prevalece o intento de (a) garantir a estabilidade e, em outros, (b) a certeza, mas em ambos está presente a ideia de segurança jurídica. Assim, a prescrição, a decadência, a preclusão se orientam mais para firmar a certeza jurídica, pondo um paradeiro nas indefinições que à falta delas persistiriam. Já a irretroatividade das leis, o ato jurídico perfeito, o direito adquirido, estão direcionados a estabilizar situações que, de outra sorte, correriam o risco de serem afetadas pela superveniência de leis ou atos concretos que se lhes contrapusessem. Quanto à coisa julgada, nela se integram os dois aspectos referidos.

II – O problema da aplicação da lei no tempo

6. Todo o problema da aplicação da lei no tempo gira em torno da necessidade de harmonizar estas duas ideias a que se aludiu e que parecem se antagonizar: a impostergável exigência de estabilidade nas relações jurídicas, reclamada pelo valor *segurança*, e a convicção óbvia de que as regras novas por força se hão de presumir mais satisfatórias para reger a vida social, razão pela qual não podem ser detidas pelos

eventos regulados no passado, tanto mais porque a alteração legislativa é condição do progresso social.

7. Na verdade, a antinomia entre as duas ordens de valores prezáveis é muito mais aparente que real. As normas positivas e as soluções doutrinárias, a final acolhidas nas ordenações jurídicas, consistem justamente em demonstração de que é perfeitamente possível chegar-se a uma solução equilibrada, capaz de confortar as duas ordens de interesses, sem comprometimento dos valores nucleares que os animam.

Antes de rememorar a gênese do direito adquirido, é útil, para dissipar dificuldades geradas simplesmente por problemas taxinômicos, bordar considerações sobre o possível campo de conflitos no direito intertemporal.

8. O tempo, esquematicamente, pode ser considerado em sua óbvia divisão compreensiva do *passado, presente e futuro*. Donde, quaisquer relações ou situações jurídicas forçosamente se alocam ou se alocarão em um dentre estes três segmentos.

Há certos acontecimentos que sucederam no pretérito e *nele se encerraram*. Isto é: algumas relações jurídicas nascem, medram e fenecem dentro do império de uma única lei, sob cuja égide se extinguem integralmente seus efeitos. O advento de lei posterior obviamente não pode afetá-las, salvo retroagindo, isto é, volvendo para o passado. E a retroação, segundo expôs Paulo Roubier, "[...] é a aplicação da lei a uma data anterior a sua promulgação, ou, como se disse, uma ficção da pré-existência da lei".[1] Vale dizer, a retroatividade ocorre quando a lei nova, ainda conforme expressões do mesmo jurista, "remonta em seus efeitos aquém do dia de sua promulgação, invade o domínio natural da lei antiga".[2]

9. A retroação, evidentemente, não é situação normal, mas, pelo contrário, invulgar, anômala, alheia à índole corrente das regras jurídicas. Com efeito, as leis existem para disciplinar o que está perante elas e não para regredir no tempo e desacomodar os acontecimentos socialmente vencidos e soterrados na poeira do tempo. Para obstar a retroação das leis não há que invocar a teoria do direito adquirido, cuja finalidade e ambição são outros, como ao diante se verá.

O obstáculo à perturbação destas situações decorre pura e simplesmente *do princípio da irretroatividade das leis* porque, para alcançá-las,

---

[1] ROUBIER, Paul. *Les conflits des lois dans le temps*. 1. ed. Paris: Recueil Sirey, 1929. v. I. p. 8.
[2] ROUBIER, Paul. *Les conflits des lois dans le temps*. 1. ed. Paris: Recueil Sirey, 1929. v. I. p. 7.

a lei nova teria que retroceder, desvelar a cortina do tempo transato, em suma, retroagir.

Portanto, a superveniência de regras distintas das anteriores em nada interfere com os *facta praeterita*, ou seja, com as relações superadas.

10. Cumpre esclarecer, todavia, que uma situação jurídica pode considerar-se pretérita em mais de um sentido. Vale dizer: pode-se, restritivamente, reservar tal qualificação a fatos passados em *que tanto a situação jurídica quanto o gozo dela* já estejam, ambos, cumpridos e, portanto, encerrados no pretérito.

Seria o caso, *exempli gratia*, do transcurso do período de tempo de trabalho necessário para que um funcionário goze férias e a efetivação deste gozo. Se ambos sucedem no tempo pregresso, tem-se um fato, uma situação, absolutamente consumados. Normas sucessivas, à obviedade, não interfeririam com eles, inobstante viessem a regular diferentemente a matéria, exigindo, *verbi gratia*, lapso temporal de trabalho maior para obter as férias e período de gozo menor. Idem quanto à aquisição de vencimentos, gratificações, adicionais etc., *uma vez efetivada a percepção deles*.

A regra superveniente, que alterasse as condições para se fazer jus a eles ou o *quantum* do pagamento correspectivo, seria inoperante em relação a estes acontecimentos já clausurados na história.

11. Pode-se – e deve-se – outrossim, considerar pretérita uma situação – já agora em termos mais amplos e tecnicamente mais exatos – quando os requisitos de direito para seu gozo já se perfizeram no passado, *embora o desfrute, propriamente dito, ainda não haja se efetuado*.

Vale dizer: cogita-se aqui da completa integralização de *uma situação jurídica reportada a seu próprio tempo* (não ao futuro), cuja *fruição, todavia, ainda está por se realizar*, quando sobrevém novo regramento.

Seria o caso de perfazer-se o tempo necessário para o servidor público passar à aposentadoria, gozar férias, sem que, entretanto, haja procedido ao desfrute destes direitos. Idem com relação ao pagamento de vencimentos, gratificações, adicionais que, por qualquer razão (que não vem ao ponto), ainda não tenha recebido.

Percebe-se, ainda, nesta segunda série de exemplos, que a situação jurídica *completou-se totalmente em tempo pregresso*, faltando apenas a efetiva implementação da fruição de algo a que já se *havia feito jus* e que, desde então, podia-se fazer valer. Com efeito: os fatores constitutivos destas situações jurídicas não são a efetiva aposentação, o gozo das férias, nem a recepção das importâncias a haver. Pelo contrário, todos eles *só seriam juridicamente exigíveis porque já estava integrado, aperfeiçoado e disponível o correspondente direito*. Logo, lei nova não poderia, sem desconstituir a situação jurídica passada, interferir com as relações anteriores.

A noção de irretroatividade das leis, considerada em seus justos termos, consentâneos com a própria índole do direito, seria plenamente suficiente para a proteção destas situações. Entretanto, para defender-lhes a estabilidade e imunizá-las contra a possível pretensão de invocar-se a lei nova, fala-se, às vezes, em "ato ou fato jurídico perfeito" ou mesmo em "direito adquirido".

Não há inconveniente em tais invocações, entretanto, repita-se, a noção de direito adquirido seria desnecessária para a proteção de tais situações, conquanto não se negue que seja prestante para defendê-las. Em outras palavras: mesmo que inexistisse proteção constitucional ao direito adquirido, as situações descritas persistiriam resguardadas contra o impacto das leis novas, seja por força de uma noção compreensiva da irretroatividade, seja por necessidade de respeitar-se o "ato jurídico perfeito" ou o "fato jurídico perfeito".

12. Ao lado dos acontecimentos que se cumpriram no passado e nele se venceram, quais os referidos, outros há em que, ao sobrevir lei nova, encontram-se *em curso*. Transitando no presente. São os *negotia pendentia*. É dizer: nasceram no passado (em relação à lei superveniente), mas atravessam o *presente* e projetam-se *no futuro*. Iniciaram-se ao tempo do preceito antigo, mas não estão juridicamente encerrados e por isso ingressam no tempo de império da lei nova, de tal sorte que esta, sem retroagir e sem negar aquilo que já haja transcorrido, irá alcançá-los sob o foco de suas disposições, *salvo se* houver sobrevivência da lei antiga para a *regência destas relações*.

13. Em nome da segurança e estabilidade jurídicas, valores altamente prezáveis no direito, como se disse, e a fim de evitar a álea que colocaria em permanente sobressalto as partes de um vínculo jurídico, concebe-se que em certos casos a força da lei antiga projete-se no futuro, involucrando relações constituídas – mas não encerradas – sob sua égide.

É a teoria do direito adquirido que se presta excelentemente para agasalhar o propósito de colocar a salvo da incidência da nova lei certas relações, que assim percorrem o tempo encasuladas no abrigo protetor das regras velhas. Estas sobrevivem para além de seu próprio tempo, com o fito específico de acobertar direitos que seriam muito frágeis e inconsistentes se não existisse este expediente jurídico.

14. A teoria do direito adquirido e seu reconhecimento pela legislação dos povos cultos veio a se constituir na fórmula mais perfeita para a salvaguarda da tranquilidade jurídica e para os interesses dos indivíduos. Por meio dela construiu-se um mecanismo de defesa contra mudanças bruscas, oriundas de alterações legais que teriam o condão de subverter as composições de interesses lisamente constituídos, porque previstos ou autorizados no sistema normativo vigente ao tempo de sua instauração. Sem o amparo do direito adquirido irromperia a álea nas relações sociais, a imprevisibilidade, o sobressalto, noções antitéticas àqueles que são os objetivos centrais do próprio direito: a previsibilidade e segurança.

À sua mingua, a própria certeza das situações jurídicas e, portanto, dos interesses individuais ficaria gravemente comprometida, por exposta ao sabor do imprevisto. Daí que o direito adquirido é erigido em valor prezável e, entre nós, constitucionalmente defendido no capítulo dos "direitos e garantias individuais", com o que se ressalta seu caráter de proteção ao cidadão, seja em suas relações com terceiros, seja em seus vínculos com o Estado (art. 5º, XXXVI).

III – Os precedentes históricos do direito adquirido

15. A preocupação em evitar que as leis supervenientes causassem transtorno e gerassem situações de instabilidade gravosas aos indivíduos (e que despertavam a sensação de injustiça) *é da mais vetusta tradição do direito*. Desde tempos recuados, os doutrinadores e as próprias normas jurídicas revelaram a preocupação de não perturbar vínculos constituídos no passado. Para acompanhar-lhe a evolução, nada melhor do que seguir os passos de Rubens Limongi França, fazendo uma extrema síntese de suas preciosas e eruditas lições.

Os primeiros esforços significativos em tema de direito intertemporal vão ser encontrados no direito romano. É celebre o texto de Cícero, nas *Verrinas*, com o qual, em sua segunda oração contra Verres, o pretor, censura acrimoniosamente o retorno das leis ao passado. Citando as leis Voconia, Atínia e Furia, argumenta que o edito de Verres agredia a tradição do *jus civile* por intentar que suas regras alcançassem e afastassem disposição testamentária manifestada antes do edito.

Limongi França, doutor da máxima suposição na matéria, expondo tal questão, advoga a tese de que os pontos de vista de Cícero não eram criação original deste famigerado tribuno, mas apenas refletiam o "fruto da ciência acumulada de muitas gerações de juristas".

Entende que as raízes desta tese remontam a três séculos, pois atribui sua origem aos escritos dos *Veteres* (Publius Mucius Scaevola, Junius Brutus e M. Manilius) – *qui fundaverunt jus civile*, no dizer de Pomponio.[3]

16. No direito clássico iria surgir a noção de *causae finitae*, isto é, questões encerradas por julgamento, por acordo de vontades e por prescrição, conforme fragmentos de Paulo e de Ulpiano. De acordo com Roubier, as leis novas poderiam alcançar as *causae pendentes*, sendo-lhes intangíveis tão só as *causae finitae*.[4]

Limongi França, pelo contrário, considera que os textos citados não impõem conclusão oclusiva do entendimento de que as *causae pendentes* também estariam a salvo. Lembrando a pobreza do período clássico na matéria, aduz que os textos em pauta devem ser entendidos em coordenação com o período anterior e com as leis precedentes. Traz à colação as leis Atinia e Pompeia, recolhidas em guisa de exemplo, e que, segundo a inteligência que lhes deram Aulus Gellius e Plínio, o Moço, só dispunham para o futuro.[5]

17. Os subsequentes marcos de grande relevo para o direito intertemporal foram a 1ª e 2ª Regras Teodosianas, ambas reveladoras da tendência ampliativa na proteção às situações nascidas no passado.

De acordo com a 1ª Regra, as normas apenas dispõem para o futuro: *omnia constituta non praeteritis caluniam faciunt, sed futuris regulam ponunt*. Sempre conforme Limongi França, autor ilustre de quem recolhemos todas estas eruditas lições, a 2ª Regra, mais conhecida, dispõe: "É norma assentada a de que as leis e constituições dão forma aos negócios futuros e de que não atingem os fatos passados, a não ser que tenham feito referência expressa, quer ao passado, quer aos negócios pendentes" (tradução do autor).[6]

Gabba, em sua refulgente *Teoria della retroatività delle leggi*, esclarece que esta regra estabeleceu a defesa dos "fatti consomati, o totalmente 'praeterita' e i fatti non compiuti, 'negotia pendentia', cioè fatti comminciatti sotto una legge anteriore, o in altri termini, le ulteriori conseguenze di fatti posti in essere sotto l'impero di una legge anteriore".[7]

---

[3] FRANÇA, Rubens Limongi. *Direito intertemporal em matéria civil*. São Paulo: Revista dos Tribunais, 1967. p. 38.
[4] ROUBIER, Paul. *Les conflits des lois dans le temps*. 1. ed. Paris: Recueil Sirey, 1929. v. I. p. 67.
[5] FRANÇA, Rubens Limongi. *Direito intertemporal em matéria civil*. São Paulo: Revista dos Tribunais, 1967. p. 47-51.
[6] FRANÇA, Rubens Limongi. *Direito intertemporal em matéria civil*. São Paulo: Revista dos Tribunais, 1967. p. 56.
[7] GABBA, Carlo Francesco. *Teoria della retroatività delle leggi*. 3. ed. Pisa: Nistri, 1981. v. I. p. 47.

No direito justinianeu, registram-se várias passagens em que há reprovação à retroatividade e defesa dos efeitos oriundos de fatos e atos produzidos no passado.

Só na Idade Média, entretanto, surgiria a ideia do *jus quaesitum*, isto é, do que denominamos direito adquirido, cuja noção, todavia, em nenhum texto se encontra esclarecida com precisão. A indicação de seu conteúdo apenas nos tempos modernos vem a ser mais bem elucidada.

IV – O verdadeiro préstimo da noção de direito adquirido

18. Cumpre reiterar que o problema do direito adquirido de modo algum se confunde com a questão dos fatos realizados e exauridos no passado. Justamente, a utilidade dessa teoria, o ponto que lhe serve de apanágio, é o de se propor a resolver questões derivadas dos *facta pendentia*. Em suma: seu préstimo revela-se, sobremodo, na solução que apresenta para salvaguarda dos *efeitos* de situações transatas. Isto é, propõe-se a determinar a lei aplicável às situações em curso. Os fatos consumados, *facta praeterita*, já se encontram plenamente acobertados pela teoria da *irretroatividade das leis*.

Deveras, não há confundir os *facta praeterita*, ocorridos e vencidos *ante diem legis*, com os *facta futura*, sucedidos *ex die legis*, nem com os *facta pendentia*, surgidos *ante diem legis*, mas cujos efeitos se perlongam e se processam durante o império da lei superveniente. É precisamente com relação a estes últimos que se põem as questões delicadas de direito intertemporal.

Daí que o grande mérito da teoria do direito adquirido não reside na proposta de salvaguardar o que já se venceu, mas justamente em oferecer solução para os problemas suscitados pelos *facta pendentia*, ao indicar quando a lei nova tem que respeitar o que ainda não está clausurado pela cortina do tempo transato.

19. Em síntese: as leis novas, em princípio, são expedidas para imediata aplicação. É consequência disto, então, que, de um lado, passem a reger todas as relações jurídicas surdidas *após* sua vigência e, de outro lado, que apanham também *as relações em curso*, vale dizer, ainda não exauridas. Com efeito, nesta segunda hipótese não se pode dizer que sejam retroativas, pois respeitam os efeitos que precederam a seu advento, alcançando tão só aqueles efeitos que se estão propagando ainda e que, por isso mesmo, se desenrolam já à época da vigência da lei nova. Retroagir é agir em relação ao passado. Se uma lei apanha relações

que existem *no presente*, não está se reclinando sobre o pretérito; pelo contrário está incidindo sobre aquilo que se processa na atualidade.

Segue-se que as relações que nasceram e que faticamente ou apenas juridicamente se completaram no passado obviamente não têm porque ser afetadas por lei superveniente. Para que fossem atingidas seria necessário que a lei *retroagisse*. *A simples noção da irretroatividade da lei é suficiente para protegê-las.*

20. Diversamente, as relações nascidas no passado, mas que estão intercorrendo no presente e se projetando para o futuro, *em princípio*, poderiam e podem, daí por diante, ser alcançadas pela lei nova, sem que por força disto se possa dizer ocorrente o fenômeno da retroação.

Sucede, entretanto que, como foi dito, mesmo sem haver retroação, esta imediata aplicação da lei – que interferiria com as relações já em curso – *pode aparecer como fonte de perturbação, de insegurança, de instabilidade, gravosa aos objetivos consagrados na lei velha*, isto é, na lei do tempo transato que serviu de calço jurídico para os direitos suscetíveis de serem afetados pela nova lei.

21. É *precisamente para atender a tais situações que surgiu a noção de direito adquirido*. Sua função, portanto, não é a de impedir a retroatividade da lei. Sua função é diversa, qual seja: é a de assegurar a *sobrevivência da lei antiga para reger estas situações*. O que a teoria do direito adquirido veio cumprir – como instrumento de proteção contra a incidência da lei nova – foi precisamente a garantia de *incolumidade*, perante os ulteriores regramentos, a direitos que, nascidos em dada época e cuja fruição se protrairá, ingressarão eventualmente no tempo de novas leis. O que se quer é que permaneçam indenes, vale dizer, acobertados pelas disposições da lei velha.

Em suma: o direito adquirido é uma *blindagem*. É o encasulamento de um direito que segue e seguirá sempre involucrado pela lei do tempo de sua constituição, de tal sorte que estará, a qualquer época, protegido por aquela mesma lei e por isso infenso a novas disposições legais que poderiam afetá-los.

22. Esta é a função do direito adquirido e não alguma outra. E isto aparece com clareza ao se considerar, precisamente, que a lei nova não é retroativa quando se aplica às situações em curso. Se o fora, poder-se-ia pensar que o direito adquirido é instrumento de defesa contra a retroatividade. Não é. Contra a retroatividade basta a noção singela de que a lei vige para seu tempo e não para o tempo pretérito. A noção de direito adquirido não é uma superfetação, mas, o meio jurídico concebido para albergar no manto da lei velha certas situações, que,

nascidas no passado, querem-se por ela sempre reguladas, inobstante atravessando o tempo das leis supervenientes. De resto, é por isto mesmo que sua ocorrência não pode ser interpretada com visão acanhada e desatenta a seus verdadeiros propósitos.

Em rigor, como muito bem o disse Paul Roubier, o direito adquirido é um problema de sobrevivência da lei antiga, *em relação a certas situações* que nela se hospedavam.

23. Disto se conclui que cabe invocar direito adquirido (uma vez presentes seus caracteres, que serão a breve trecho referidos) exata e precisamente para a defesa de situações que *seriam normalmente alcançadas* pelo novo regramento, caso não houvesse direito adquirido. É importante frisar que o apelo a esta noção tem lugar exata e precisamente naquelas situações que seriam lisa e normalmente atingidas pela lei nova – como sucede, a cotio, nas mudanças de regimes concernentes a servidores públicos – não fora o óbice do direito adquirido. E a invocação em tela tem por objeto específico – pois isto é inerência do direito adquirido – assegurar que o direito questionado continue a ser regido na conformidade da lei vencida.

24. É óbvio que não são abrigados pelo quadro da lei velha todos e quaisquer direitos nascidos no passado, ainda transeuntes quando do advento da lei nova. Este abrigo imunizador só alcança certas situações específicas, ou seja, certos direitos que apresentam, em sua constituição, algo que os peculiariza, autorizando concluir que se trata do chamado "direito adquirido". Cumpre saber, então, quando se considera adquirido um direito. É disto que nos ocuparemos a seguir.

25. Segundo Gabba, é adquirido todo direito que:

> a) é consequência de fato idôneo a produzi-lo, em virtude da lei do tempo em que foi cumprido, ainda que a ocasião de fazê-lo valer não se apresente antes da atuação de uma lei nova referente ao mesmo; b) ao termo da lei sob cujo império ocorreu o fato do qual se originou, entrou imediatamente a fazer parte do patrimônio de quem o adquiriu.[8]

Donde, o ato capaz de investir o indivíduo em dada situação jurídica confere-lhe, *ipso facto*, o gozo de todos os efeitos procedentes daquela situação pessoal, inobstante devam ser diferidos no tempo. Uma vez que integram o conteúdo da relação formada, incorporam-se

---

[8] GABBA, Carlo Francesco. *Teoria della retroatività delle leggi*. 3. ed. Pisa: Nistri, 1981. v. I. p. 191.

ao patrimônio do sujeito. Por isso, Gabba averbou: "[...] adquirido um direito qualquer, todas as faculdades que nascem dele são, também elas, direitos adquiridos, porque e enquanto se possam absorver no conceito geral daquele direito".[9]

26. Vale dizer: direito adquirido, por definição, não é apenas o direito em sua expressão momentânea, fugaz, mas abrange todos os desdobramentos que nele se contêm. Sendo evidente que nas relações jurídicas os direitos se conectam, ora como coexistentes ora como consequentes uns dos outros, de maneira a formar uma totalidade, cuja identidade se perfaz em sua globalidade, é de mister concluir, ainda com Gabba, que, em linha de princípio: "As consequências de um direito adquirido devem ser havidas também como direitos adquiridos junto com ele e em virtude dele, quando se possa considerá-las como desenvolvimento do conceito do direito em causa ou com sua transformação".[10]

Mas, em rigor, a questão medular é a de reconhecer quando um direito deverá ser considerado "integrado no patrimônio" de alguém e, por isso, intangível. O problema, num primeiro súbito de vista, pode parecer de difícil desate. Entretanto, pelo menos no âmbito do direito administrativo, sua resolução, nos casos concretos, geralmente é muito simples.

V – O direito adquirido no direito administrativo

27. Com efeito, dado que os direitos nascem da Constituição, de uma lei (ou de ato na forma dela praticado) *tudo se resume em verificar, a partir da dicção da norma – de seu espírito – se o conteúdo do dispositivo gerador do direito cumpre ou não a função lógica de consolidar uma situação que é, de per si, como soem ser as relações de direito público, basicamente mutável.*

Tomem-se alguns exemplos para aclarar.

A hipótese que se revela, já a um primeiro súbito de vista, como a mais evidente expressão de um direito adquirido ocorre quando a lei *prefigura a superveniência de algum evento* para que alguém possa, a partir dele, desfrutar de um certo direito. Paradigmático é o caso da estabilidade. Se a Constituição confere estabilidade a quem preencher

---

[9] GABBA, Carlo Francesco. *Teoria della retroatività delle leggi*. 3. ed. Pisa: Nistri, 1981. v. I. p. 276.
[10] GABBA, Carlo Francesco. *Teoria della retroatività delle leggi*. 3. ed. Pisa: Nistri, 1981. v. I. p. 279.

dados requisitos, é da mais acaciana obviedade que o sentido lógico desta norma, *uma vez ocorridos ditos requisitos*, é – e só pode ser – o de estratificar tal situação, posto que estabilizar significa precisamente "garantir continuidade". Se não fora para elidir o atributo de precariedade, cristalizando um estado, até então mutável, seria um sem-sentido atribuir estabilidade.

Do mesmo modo, evidencia-se esta consolidação quando a lei declara *incorporados* aos vencimentos de alguém dadas vantagens, benefícios etc. Com efeito, não faria sentido algum proceder a esta incorporação se não fora para colocá-los a salvo de mutações futuras. Pois é óbvio que enquanto persistisse a mesma situação (normativa e fática) em vista da qual o servidor os vinha fruindo, continuaria a fruí-los sem necessidade de lei alguma que os incorporasse. É claríssimo, pois, que a *função lógica* da lei que declara ou reconhece algo como incorporado só pode ser a de prevenir dada situação contra os eventos cambiantes do futuro. Em suma: seu alcance é consolidar uma situação, incorporando-a ao patrimônio de alguém, a fim de que fique a salvo de mutações ulteriores.

28. Posto que a Constituição brasileira de 1988, em seu art. 5º, XXXVI, estabelece que "a lei não prejudicará o direito adquirido, o ato jurídico perfeito e a coisa julgada"[11] e os protege em cláusula incluída entre os direitos e garantias individuais, logo caracterizada como cláusula pétrea, como resulta do art. 60, §4º, IV, só uma *nova Constituição* poderia infirmar direitos adquiridos. E poderia fazê-lo unicamente porque uma nova Constituição representa ruptura cabal com a ordem jurídica precedente, constituindo-se, por definição, na derrocada dela com a instauração de outra ordem, emergente, e *sem vínculos com a anterior*.

Nenhuma outra regra de direito, fosse qual fosse, isto é, nem mesmo uma emenda constitucional, poderia aspirar à derrubada de direitos adquiridos porque, em sua origem, tal norma estaria sempre atrelada à própria Constituição, ou seja, ao próprio documento fundamental que, no caso brasileiro, declara salvaguardados os direitos adquiridos.

29. As fórmulas pelas quais se expressam estas consolidações de direito são variadas. A lei ora se vale da expressão "incorporados",

---

[11] Assim, também, dantes o faziam a Carta de 1969, no art. 153, §3º, a de 1967, no art. 150, §3º, a Constituição de 1946, no art. 141, §3º, a de 1934, no art. 113, §3º.

ora declara "assegurados" tais ou quais direitos, ora os proclama "garantidos", ora os reconhece "adquiridos" e assim por diante.

De toda sorte, o que cumpre verificar é se a dicção da regra de direito ou a que resulta de um conjunto delas implica definir como intangível um dado estado ou situação, isto é, como resguardado, sem embargo de se tratar de vínculo jurídico cujos efeitos deverão se desdobrar no tempo. É, pois, a garantia de estabilização para o futuro, de cristalização do que existe em um dado tempo o que se contém nas regras que indicam assegurados os direitos preexistentes, salvaguardados os direitos já adquiridos, protegidas as situações anteriores.

Se houver espaço para medrarem *dúvidas consistentes* quanto a isto, é recurso exegético recomendável indagar-se se a aplicação imediata do regramento superveniente causará conturbação de monta, abalo traumático nas relações já constituídas. Em sendo afirmativa a conclusão, tratar-se-á de saber se na ordenação anterior existiam elementos *plausíveis* indiciários do propósito de mantê-los, ainda que parcialmente, a bom recato, portanto, defendidos, mais ou menos amplamente, contra superveniências normativas.

Justifica-se esta zelosa perquirição de um possível direito adquirido nos casos duvidosos porquanto esta garantia, como dito, inspira-se precisamente no intento de evitar trânsito demasiado oneroso para a segurança jurídica e tranquilidade dos que, fiados no regramento precedente, constituíram vínculos de direito que se perlongariam no tempo. A cautela é sobremodo recomendável perante relações que se encartam no desdobrar de um longo lapso temporal. Com efeito, a comoção delas frustraria expectativas que, se nutridas por dilatado prazo ao abrigo das leis vigentes, tornariam particularmente traumáticos os agravamentos acaso trazidos por regras novas.

30. De par com as noções até agora expostas, cumpre anotar que também se reconhece a existência de direito adquirido perante certos liames jurídicos que, por sua própria índole, são armados pelas partes sobre a inafastável pressuposição de que continuariam regidos na conformidade das cláusulas ensejadas pela lei do tempo em que são formados. Referimo-nos aos *contratos* em geral.

Aqui, não se trata de reconhecer que determinadas leis professam o intento de imunizar dadas situações ante a superveniência de regras novas. Antes, trata-se de reconhecer que este instituto – o do contrato, ao menos nos de trato sucessivo – traz, inerentemente, em sua compostura medular, *a ideia de estabilização* e que o direito, ao contemplá-lo, não poderia, incoerentemente, negar-lhe o que lhe é essencial.

Com efeito: perante contratos seria ilógico que os vínculos formados corressem autonomamente a sua sorte, regidos pela lei do tempo de sua formação, enquanto são alterados de imediato os efeitos jurídicos sob cujo patrocínio as partes buscaram a composição do negócio. A álea assim instaurada viria a constituir resultado literalmente antitético ao pretendido pela teoria do direito adquirido.

É de lembrar que os contratos de trato sucessivo constituem-se por excelência em atos de previsão. Por meio deste instituto a ordem jurídica prestigia a autonomia da vontade ao ponto de propiciar-lhe o poder de fazer ajustes cuja força específica é atrair para o presente eventos a serem desenrolados em um futuro às vezes distante.

Por via dele, então, as partes propõem-se a garantir, desde já, aquilo que deverá ubicar-se no *futuro*. Donde, ao se comprometerem, ao que os contratantes estão visando é a eliminação da precariedade, porque a essência do pacto é (*tal como nas hipóteses inicialmente consideradas*) *estabilizar*, de logo, eventos que deverão suceder mais além no tempo. O fulcro do instituto, portanto, repousa na continuidade dos termos que presidem a avença. Se a lei nova pudesse subverter o quadro jurídico dentro no qual as partes avençaram, fazendo aplicar de imediato as regras supervenientes, estaria negando sentido à própria essência deste tipo de vínculo, por instaurar resultado oposto ao que se busca com o instituto do contrato.

31. É tão veemente a força desta ideia que Paul Roubier, embora avesso à teoria do direito adquirido, não pode resistir à convicção de que as situações contratuais reclamam tratamento específico capaz de salvaguardar o respeito à posição dos contratantes.

Como se sabe, o ilustrado mestre francês era partidário da aplicação imediata das leis, cuja incidência deveria, em seu entender, alcançar os fatos pendentes. De acordo com ele, censurável é a retroatividade. Portanto, hão de ser respeitados os *facta praeterita*. Já os inconclusos são colhidos a partir da lei superveniente pelas regras que dela promanem. Sem embargo da laboriosa construção teórica que erigiu em defesa deste ponto de vista, encontrou-se na contingência de abrir uma exceção imensa à sua tese para sufragar a intangibilidade dos contratos.

Roubier reconhece que o respeito à lei dos contratos em curso é regra certa e considerado verdadeiro "artigo de fé". Reconhece, ainda, que para a teoria do direito adquirido não há a menor dificuldade em explicar esta intangibilidade.[12] O mesmo, contudo, não se passa com sua

---

[12] ROUBIER, Paul. *Les conflits des lois dans le temps*. 1. ed. Paris: Recueil Sirey, 1929. v. I. p. 587.

doutrina, a qual não fornece justificação evidente para a sobrevivência das normas que presidem o contrato.

32. Sem embargo, o autor percebe a necessidade de preservar as relações deste teor contra mutações imediatas advindas de regulação normativa superveniente. Justifica, então, esta intangibilidade apoiando-se na ideia de que os contratos são atos de previsão em que a escolha procedida pelos contratantes ao comporem consensualmente seus interesses é decidida inteiramente em função das cláusulas ou da lei vigorante. Daí apostilar: "É evidente que a escolha seria inútil se uma lei nova, modificando as disposições do regime em vigor no dia em que o contrato foi travado, viesse a trazer uma subversão em suas previsões".[13]

Com absoluta procedência ressalta o caráter monolítico do regime do contrato que se constitui por "um bloco de cláusulas que não se pode apreciar senão à luz da legislação sob a qual foi realizado".[14]

Daí afirmar a plena soberania do acordo, inobjetável mesmo em face do advento de cláusulas imperativas que disponham em sentido diverso dos termos anteriores. E conclui que em tema de contratos, ao invés de aplicar-se o simples princípio da irretroatividade, aplica-se princípio mais amplo, qual, o da sobrevivência da lei antiga.[15]

VI – Uma nova perspectiva sugerida

33. As considerações anteriores abordaram tópicos muito visitados pela doutrina. O que convém pôr em pauta, entretanto, são certos aspectos do direito intertemporal que, embora já tendo sido objeto de atenção doutrinária, ainda estão a demandar uma reflexão mais insistente. Quer-se chamar a atenção para o fato de que as possibilidades em tese cogitáveis para a disciplina de eventos transcorrentes – vale dizer, que irrompem do passado e atravessam o presente rumo ao futuro, portanto, ainda inconclusos – não se exaurem em extremos antinômicos substanciados no radicalismo de ignorar a significação jurídica do que já ocorreu ou, pelo contrário, de contestar a aplicação imediata dos preceptivos em vigor.

---

[13] ROUBIER, Paul. *Les conflits des lois dans le temps*. 1. ed. Paris: Recueil Sirey, 1929. v. I. p. 598.
[14] ROUBIER, Paul. *Les conflits des lois dans le temps*. 1. ed. Paris: Recueil Sirey, 1929. v. I. p. 599.
[15] ROUBIER, Paul. *Les conflits des lois dans le temps*. 1. ed. Paris: Recueil Sirey, 1929. v. I. p. 599-600.

Em suma: inexiste obrigatoriamente um dilema pelo qual ou se obedece à regra antiga, desautorizando a nova, ou se obedece à nova, *aniquilando o significado jurídico que os fatos vencidos tiveram ao tempo de seu sucesso*. Em rigor, aliás, esta segunda alternativa nem ao menos seria possível em face de nosso direito porquanto, como logo além se dirá, ela corresponderia, na verdade, a uma aplicação retroativa da lei, ainda que isto não seja perceptível ao olhar apressado de um primeiro súbito de vista.

34. Comecemos, todavia, por observar que fatos pretéritos, mas que se encartam em situações ainda em curso, podem e devem ser tratados de maneira a se lhes reconhecer a significação jurídica que tiveram em face da regra precedente, sem com isto afrontar-se a regra nova ou negar-lhe imediata vigência. *Basta compatibilizá-los de sorte a atribuir a tudo que passou o valor jurídico que lhe correspondeu até o tempo da sobrevinda da nova lei e atribuir a tudo que transcorrerá a partir desta última os efeitos que resultam de seu tempo de império*. Vale dizer: reconhece-se – o que é incontendível – a força modificadora da regra nova em relação ao regime anterior, sem, com isto, fazer "tábula rasa" da disciplina pretérita.

É dizer: consideram-se os fatos atuais, consoante a significação que lhes atribui o dispositivo atual, e absorvem-se os fatos vencidos, *segundo o significado que lhes outorgava a lei do tempo*. Em uma palavra: faz-se reconhecimento, não apenas nominal, mas real, de que uma situação foi apanhada por duas normas, de que esteve sob regência de dois preceitos, pois seu caráter continuado – e não instantâneo – levou-a a transitar pelo tempo e ser interceptada por diplomas diferentes.

Afinal: aplica-se sempre a lei do tempo. Aos fatos transcorridos, deferem-se a significação e expressão que possuíam ao lume da regra sob cujo império se efetivaram. Por não se terem exaurido, entende-se que os *eventos remanescentes*, em continuação, hão de se consumar e definir segundo critérios do novo diploma. A dizer: fica a globalidade da situação disciplinada pelos paradigmas decorrentes da norma atual, que, entretanto, *recebe os fatos pretéritos segundo a qualificação, o valor relativo, que lhes emprestava a norma antiga*.

35. Apliquemos estes preceitos exegéticos ao caso da aposentação. Esta é direito que só se completa depois de totalmente perlongada a dilação temporal prevista pela regra concessiva do benefício. De outro lado, *é logicamente impossível chegar-se ao seu termo sem percorrer, passo a passo, todo o itinerário cronológico conducente ao final do prazo*. Quando entre o início e o encerramento do prazo para fruição da aposentadoria

incidem duas normas que assinalam períodos diversos para o momento aquisitivo, os eventos que se passaram sob a regra antiga e os que ocorrem sob o império da nova têm *significações diferentes* perante o direito.

Insta recordar esta noção singela de que os acontecimentos, as situações, os fatos, os atos, *não possuem, em si mesmos, qualquer virtude jurídica. As normas é que qualificam tais ou quais situações, fatos e atos, irrogando-lhes este ou aquele efeito;* inculcando-lhes esta ou aquela importância, deferindo-lhes tal ou qual relevo.

Em uma palavra: os fatos e atos, os acontecimentos e situações são neutros. O direito é que lhes imputa uma dada significação. Portanto, sob o prisma do direito, os eventos naturais nada valem. O valor que se lhes reconhece não reside neles, mas no significado que alguma norma lhes haja atribuído.

36. Kelsen, a sabendas, indica que a norma é um "esquema de interpretação", isto é, paradigma, critério, pelo qual se dá significação jurídica aos fatos.

Afinal, o direito só se ocupa de significações jurídicas. Vale dizer: nada existe para o direito além dos significados jurídicos, isto é, do relevo que as normas emprestam aos fatos.

Em razão disto, recusar aos fatos passados o relevo que um dia tiveram perante uma norma equivale a recusar-lhes a única densidade que possuíam perante o direito. Em uma palavra: equivale a desconstituir a juridicidade, a expressão "de jure", que fazia deles um elemento do universo jurídico. Em outros termos, negar o valor que então possuíam é pura e simplesmente fazer retroagir a nova regra, sem o que seria impossível infirmar o alcance que dantes possuíam.

Se a regra superveniente lhes dá uma significação em algum ponto ou aspecto diversa daquela que tinham, obviamente. Para fazê-lo, terá que retornar sobre o passado para alterar a significação transata. E é isto que se denomina retroação.

Por isto, deixou-se dito linhas antes que, embora não fosse perceptível a um primeiro súbito de vista, a aplicação exclusivamente da lei nova a situações nascidas no pretérito, mas que ainda se encontram em curso, corresponderia a uma retroação da lei: algo inadmitido no sistema constitucional brasileiro e insuscetível de ser afetado por emenda constitucional dada a interdição do art. 60, §4º, IV, da Lei Magna, o qual lhe veda a ofensa a direitos e garantias individuais. É óbvio que se são inatingíveis o direito adquirido, o ato jurídico perfeito e a coisa julgada, menos ainda poderia ser aceita a retroação *in pejus* da lei.

Segue do exposto que, sob o império de uma dada regra, que fixava em tantos anos (25, 30, 35 anos) de serviço o prazo para aposentação de servidor do sexo masculino, cada ano transcorrido tinha, perante o direito, uma significação perfeitamente identificável, reconhecível, independentemente da circunstância de envolver ou não direito adquirido.

Esta significação a que se aludiu corresponde ao valor, à importância, em síntese, ao relevo, que a ordem normativa atribui ao período de trabalho transcorrido em relação às possibilidades de se implementar a aposentadoria facultativa.

37. Em termos concretos: sob o império da Constituição de 1946, por exemplo, um ano de serviço correspondia a 1/30 do prazo para aposentação do servidor do sexo masculino; 15 anos de serviço correspondiam a 15/30 do período necessário para aposentação a pedido.

De nenhum modo se contém nesta assertiva, de obviedade inconteste, a afirmação de que o funcionário haveria, por tal razão, adquirido o direito de se aposentar com 30 anos de serviço, se não os houvesse completado e sobreviesse preceito novo, dilatador do prazo, como viria a ocorrer.

O asserto que se fez contém em si mesmo nem mais nem menos que a seguinte proposição: cada ano de serviço possui uma significação de direito perante a norma então vigente. Esta significação é a relação entre o período vencido e o período total requerido para que se integralize o direito a se aposentar. A superveniência de outra norma encontra significações já existentes e, dentre elas, está a que se aludiu. Por força das disposições novas certamente o servidor não poderá *se aposentar antes de 35 anos de serviço, mas tais disposições não podem desconstituir o significado jurídico que os 20 anos passados tiveram sob o império da lei do tempo em que transcorreram sem com isto estarem incursas em retroação.*

38. Ora, é este mesmo o critério que a Constituição expressamente abona no que concerne à valoração jurídica do tempo transato em face de normas supervenientes. Ainda que a outro propósito, porém em relação similar, ela revela seguir a diretriz que se vem de apontar como correta.

Assim é que, na aposentadoria por invalidez, alheia a razões de serviço, tanto como na aposentadoria por idade provecta, os proventos são proporcionais ao tempo de contribuição, a partir da Emenda nº 20, de 15.12.1998 (ao tempo de serviço antes dela). Na disponibilidade, os proventos também são proporcionais. Eis, pois, que a ideia de relacionar o tempo (de contribuição ou de serviço) realmente transcorrido com um período completo e lhe emprestar valor proporcional, longe de ser diretriz estranha a critérios admissíveis pela Carta Magna, encontra conforto nas hipóteses citadas, ainda que estas digam respeito a situações inquestionavelmente distintas.

O que se deseja pôr em relevo é que a noção de proporcionalidade, no trato das situações jurídicas dependentes de um lapso temporal, longe de ser critério esdrúxulo, é o que merece o conforto da Lei Magna.

39. Esta mesma intelecção foi adotada pela Constituição do Estado de Minas Gerais que, em seu art. 222, pacificamente aplicado, dispôs: "A lei assegurará, ao funcionário que tiver tempo de serviço prestado antes de 13.5.1967, o direito de computar, esse tempo, para efeito de aposentadoria, proporcionalmente ao número de anos a que estava sujeito, no regime anterior, para obtenção do benefício".

Por derradeiro, insta lembrar que o Tribunal de Contas do antigo Estado da Guanabara já apreciou e deu por legítimo o critério de ponderar tempo de serviço, para fins de aposentação, quando há contraste entre dois períodos diferentes requeridos para aposentadoria facultativa e o servidor é colhido por normas discrepantes. Disto nos dá notícia J. E. Abreu de Oliveira, em sua preciosa monografia sobre aposentação.

Vale transcrever, colhendo da obra citada, o ensinamento do Min. João Lyra Filho, relator no processo em que se apreciou tal matéria:

> Não podendo furtar-se a soma dos tempos de serviço necessários, por imposição constitucional, a autoridade cumpre ponderar os valores relativos de cada um. A harmonização de textos formalmente antagônicos lhe impõe considerar os valores relativos de cada fração, distinta de tempo de serviço, para reduzi-los a um denominador comum que possibilite a soma de grandezas iguais.[16]

40. Percebe-se, mesmo a um primeiro súbito de vista, que o tratamento legal preordenado a definir a compostura dos eventos pretéritos não consumados em seus efeitos sofre um limite incontendível, a saber: não pode armar disciplina que subtraia ao império da regulação constitucional superveniente, isto é: falece-lhe possibilidade de reger

---

[16] LYRA FILHO, João. *Aposentadoria do serviço público*. Rio de Janeiro: Ed. Freitas Bastos, 1970. p. 134.

a matéria em termos que nulifiquem as disposições novas previstas na Lei Maior.

Sem embargo, atendida tal limitação é perfeitamente viável – *e ademais obrigatório* – reger os acontecimentos em fase de transcurso acomodando o que já se passou (e está se passando) à nova disciplina, de sorte a não se ignorar o pretérito, consoante a significação jurídica dantes possuída, ao mesmo tempo que se respeita e se acata a nova significação jurídica que os fatos vêm a ter *após* a edição dos preceitos subsequentes.

Com efeito, pode só considerar fatos antigos dando-lhes a significação de direito que tiveram em face da regra precedente, porém compatibilizados com os efeitos atribuídos pela regra subsequente, a partir da edição dela. Vale dizer: reconhece-se – o que é imperativo – a força modificadora da regra nova, sem, com isto, fazer "tábula rasa" da disciplina pretérita.

41. Não há nestas assertivas nada que deva surpreender se se leva em conta que, em inúmeras situações, é normal a aquisição parcial do direito à medida que, no transcurso do tempo, vão se implementando paulatinamente os requisitos para o desfrute de um direito cuja completude só se dá ao cabo de certo lapso temporal. É o que sucede *exempli gratia* com a remuneração do trabalho. Esta, como é sabido, conquanto habitualmente paga por mês, se adquire dia a dia.

Marcelo Caetano bem o afirma: "O fato da prestação do serviço durante certo período de tempo ao abrigo de uma lei, cria uma situação individual relativamente ao vencimento adquirido. Cada dia de serviço determina a aquisição da correspondente parcela do vencimento [...]".[17]

Sandulli, um dos mais reputados administrativistas italianos, fixando o termo de aquisição dos vencimentos bem como das vantagens que se ligam diretamente a eles, sintetiza com felicidade:

> Sia Io stipendio che le varie indennità tranne quelle relative a prestazione speciali (come p. es., l'indennità di missione – vengono per solito corrisposte al personale mensilmente. Il relativo diritto si matura però giorno per giorno. Sicchè in caso di cessazione o di modificazione del rapporto di servizio (licenziamento, promozione, ecc.), esso viene meno o si modifica dal giorno in cui il fatto nuovo comincia a operare.[18]

---

[17] CAETANO, Marcello. *Manual de direito administrativo*. 7. ed. Lisboa: Coimbra Editora, 1965. p. 521.
[18] SANDULLI, Aldo. *Manuale di diritto amministrativo*. 6. ed. Padova: Cedam, 1960. p. 162.

Como se vê, da nova perspectiva sugerida para enfrentamento do tema do direito adquirido, nem ao menos se poderia dizer que abriga em si completas novidades ou noções escoteiras na doutrina ou no direito positivo.

42. Os princípios que foram mencionados como obrigatoriamente regentes da matéria, à toda evidência, se aplicam não apenas no que concerne à dilatação de prazos para aposentação, mas aplicam-se igualmente a fixações de teto para os proventos de aposentadoria. Então, se os proventos, dantes integrais, passarem a ser detidos por um teto, quem tiver vencimentos superiores a ele fará jus a proventos calculados proporcionalmente; isto é, segundo os valores que resultem dos critérios extraídos, respectivamente, da norma anterior, em relação ao tempo de contribuição que já cumpriu, e da norma posterior em relação ao tempo de contribuição que ainda terá de cumprir para se aposentar.

Então, se já tivesse completado 3/4 (por exemplo) do tempo de contribuição previsto para a aposentação, obviamente não poderia, ao se aposentar, ter o valor de seus proventos detidos em patamar inferior aos valores que corresponderiam a 3/4 de proventos integrais. A isto se acrescerá o valor concernente ao 1/4 restante, que será calculado na proporção de valor que cada ano de contribuição representaria em relação ao valor do teto.

É claro que se o teto consistir em valor maior do que os vencimentos do servidor na ativa, não se proporá problema algum.

43. Nos pretórios brasileiros, em obediência ao Texto Constitucional, os direitos adquiridos, como regra, têm sempre encontrado proteção, ainda que não na forma evolutiva que viemos de sugerir, até porque as partes a quem interessaria não a propõem de tal modo. De toda sorte, o respeito à segurança jurídica, tão bem traduzida no comando normativo instalado no art. 5º, XXXVI, da Lei Magna, segundo o qual: "a lei não prejudicará o direito adquirido, o ato jurídico perfeito e a coisa julgada", costuma ser respeitada.

Talvez a única e, de resto, escandalosa exceção ocorreu no teratológico julgamento em que o Supremo Tribunal Federal, em tarde lúgubre para a história daquele órgão, soterrando o que há de mais elementar em direito e brandindo argumentos de dolorosa debilidade jurídica, reputou constitucional a aplicação aos já inativos de regra impositiva de contribuição previdenciária. Basta ver que o argumento proposto como o mais consistente para admitir o aludido absurdo foi a infantilíssima alegação de que "não há direito adquirido contra a tributação".

Se fosse para pronunciar inconsequências do gênero, também se poderia dizer que não há direito adquirido perante o poder de sancionar ou perante o poder de polícia ou perante o poder de legislar ou em face do poder disciplinar ou do poder discricionário, visto que todos estes supostos "poderes", precisamente pelo fato de o serem, são exercitáveis contínua e renovadamente sem que contra eles alguém possa opor, a título de direito adquirido, a situação preexistente à renovação de seus exercícios.

Sem embargo, o "poder" de tributar, como quaisquer dos citados ou, ainda, qualquer outro dentre os "poderes estatais",[19] no Estado de direito, também se submete à ordem jurídica, ao dever de respeitar ato jurídico perfeito, direito adquirido e coisa julgada. Por certo, ninguém pode se opor à criação de um novo tributo, mas é igualmente certo que um novo tributo não pode ser criado a título de *custear* uma dada situação jurídica *que já esteja vencida, integrada no patrimônio do sujeito*, assim como não pode ser imposto *a quem já tenha versado o tributo então previsto como o pertinente* para obter o desfrute da situação já consolidada ante o direito. É elementar.

Referências

CAETANO, Marcello. *Manual de direito administrativo*. 7. ed. Lisboa: Coimbra Editora, 1965.

FRANÇA, Rubens Limongi. *Direito intertemporal em matéria civil*. São Paulo: Revista dos Tribunais, 1967.

GABBA, Carlo Francesco. *Teoria della retroatività delle leggi*. 3. ed. Pisa: Nistri, 1981. v. I.

LYRA FILHO, João. *Aposentadoria do serviço público*. Rio de Janeiro: Ed. Freitas Bastos, 1970.

ROUBIER, Paul. *Les conflits des lois dans le temps*. 1. ed. Paris: Recueil Sirey, 1929. v. I.

SANDULLI, Aldo. *Manuale di diritto amministrativo*. 6. ed. Padova: Cedam, 1960.

---

[19] No Estado de direito não há "poderes" simplesmente, mas "deveres-poderes", pois todo poder atribuído ao Estado tem por finalidade única e exclusivamente outorgar-lhe os meios inafastáveis para que possa cumprir os deveres que lhe são assinalados pela Constituição ou pelas leis. Ou seja: o dever é que é predominante; o poder é ancilar, não passando de simples contrapartida do dever.

Nº 2

DISCRICIONARIEDADE ADMINISTRATIVA E CONTROLE JUDICIAL

I – Introdução; II – Princípio da legalidade; III – Vinculação e discricionariedade; IV – Fundamentos da discricionariedade; V – Estrutura lógico-normativa da discricionariedade; VI – Limites da discricionariedade; VII – Extensão do controle judicial; VIII – Conclusão; Referências

I – Introdução

1. É princípio assente em nosso direito – e com expresso respaldo na Lei Magna – que nenhuma lesão de direito individual poderá ser subtraída à apreciação do Poder Judiciário (art. 5º, XXXV). Nem mesmo a lei poderá excepcionar este preceito, pois, a tanto, o dispositivo mencionado opõe insuperável embargo.

Segue-se que um ato gravoso, provenha de quem provier, pode ser submetido ao órgão judicante a fim de que este afira sua legitimidade e o fulmine se reputar configurada ofensa a um direito.

2. Este princípio, absolutamente capital, constitui-se em garantia insubstituível, reconhecida entre os povos civilizados, como expressão asseguradora da ordem, da paz social e da própria identidade dos regimes políticos contemporâneos.

O ditame constitucional (que, no caso brasileiro, veda inclusive a dualidade de jurisdição encontradiça em povos do Continente europeu) tem caráter basilar em nosso sistema, alçando-se à categoria de verdadeiro princípio.

3. Princípio – já averbamos alhures – é, por definição, mandamento nuclear de um sistema, verdadeiro alicerce dele, disposição fundamental que se irradia sobre diferentes normas, compondo-lhes o espírito e servindo de critério para sua exata compreensão e inteligência, exatamente por definir a lógica e a racionalidade do sistema normativo, no que lhe confere a tônica e lhe dá sentido harmônico. É o conhecimento dos princípios que preside a intelecção das diferentes partes componentes do todo unitário que há por nome sistema jurídico positivo.

4. Violar um princípio é muito mais grave que transgredir uma norma. A desatenção ao princípio implica ofensa, não apenas a um específico mandamento obrigatório, mas a todo o sistema de comandos. É a mais grave forma de ilegalidade ou inconstitucionalidade, conforme o escalão do princípio atingido, porque representa insurgência contra todo o sistema, subversão de seus valores fundamentais, contumélia irremissível a seu arcabouço lógico e corrosão de sua estrutura mestra.

Isto porque, com ofendê-lo, abatem-se as vigas que o sustêm e alui-se toda a estrutura nele esforçada.

5. Agustín Gordillo, o eminente administrativista argentino, doutor da maior suposição, apostila a respeito: "Diremos entonces que los princípios de Derecho Público contenidos en la Constitución son normas jurídicas pero no sólo eso; mientras que la norma es um marco dentro del cual existe una cierta libertad, el principio tiene substância integral".

E a breve trecho:

> La norma es limite, el principio es limite y contenido. La norma da a la ley facultad de interpreta-la o aplicaría en mas de un sentido, y el acto administrativo la facultad de interpretar la ley en mas de un sentido; pero el principio establece una dirección estimativa, un sentido axiológico, de valoración, de espíritu.[20]

6. Tendo-se em conta que a proteção judicial – a dicção do direito no caso concreto – é a forma pela qual se garante a legitimidade, a dizer, é o meio por cuja via se assegura a consonância dos comportamentos

---

[20] GORDILLO, Agustín. *Introdución al derecho administrativo*. 2. ed. Buenos Aires: Abeledo Perrot, 1966. p. 176-177.

com os ditames normativos, resulta inconfutável o asserto de que o cânone do art. 5º, XXXV, da Constituição é não só um princípio, mas, dentre eles, certamente dos mais assinalados, por se constituir em pedra de toque da ordenação normativa brasileira.

7. Sublinhada a importância dos princípios constitucionais e ressaltada a sobranceria do princípio da universalidade da jurisdição, impende verificar como se concilia a consagração do preceito em tela com o exercício de ação discricionária, deferida pela lei à Administração para o desempenho de certos cometimentos. A adequada composição entre estes dois termos fornece a medida da extensão que ao Judiciário quadra na investigação de atos administrativos expendidos no gozo de certa liberdade discricionária.

O desate do problema supõe alguma detença sobre a voz "discricionariedade". Não há fugir a algum profundamento, porquanto a matéria é sobreposse feraz em controvérsias.

II – Principio da legalidade

8. No Estado de direito, a Administração só pode agir em obediência à lei, esforçado nela e tendo em mira o fiel cumprimento das finalidades assinadas na ordenação normativa.

Como é sabido, o liame que vincula a Administração à lei é mais estrito que o travado entre a lei e o comportamento dos particulares.

Com efeito, enquanto na atividade privada pode-se fazer tudo o que não é proibido, na atividade administrativa só se pode fazer o que é permitido. Em outras palavras, não basta a simples relação de não contradição, posto que, demais disso, exige-se ainda uma relação de subsunção. Vale dizer, para a legitimidade de um ato administrativo, é insuficiente o fato de não ser ofensivo a lei. Cumpre que seja praticado com embasamento em alguma norma permissiva que lhe sirva de supedâneo.

Por isso, Fritz Fleiner observou em dicção que quadra a preceito: "Administração legal, então, é aquela posta em movimento pela lei e exercida dentro dos limites de suas disposições".[21]

Seabra Fagundes sintetizou esta ideia mediante frase concisa e lapidar, lecionando: "Administrar é aplicar a lei de ofício".[22]

---

[21] FLEINER, Fritz. *Principes generaux du droit administratif allemand*. Tradução francesa de Ch. Einsenman. Paris: Delagrave, 1933. p. 87.

[22] FAGUNDES, Miguel Seabra. *O controle dos atos administrativos pelo Poder Judiciário*. 5. ed. rev. e atual. Rio de Janeiro: Forense, 1979. p. 4-5.

Igualmente o mestre Cirne Lima deixou averbado: "Jaz, consequentemente, a Administração Pública debaixo da legislação que deve enunciar a regra de direito".[23]

9. A pinha de citações tiradas a lume encarece o caráter estritamente subordinado que à Administração calha em regime de tripartição do exercício do poder. Sobretudo no direito brasileiro, este ditame aplica-se com especial vigor. Respaldam a assertiva notadamente os arts. 5º, II, 37, *caput* e 84, nº IV, da Carta Constitucional.

Enquanto o primeiro dispositivo invocado assegura que "Ninguém será obrigado a fazer ou deixar de fazer alguma coisa senão em virtude de lei", o segundo estatui competir ao presidente expedir decretos e regulamentos para fiel execução das leis.

Nota-se, à primeira, que a função do Executivo e a posição dos atos administrativos viabilizadores de seu comportamento são rigorosamente balizadas pelos ditames legais.

10. Ora bem, toda lei cria sempre e inexoravelmente um quadro dotado de objetividade dentro do qual se movem os sujeitos de direito. O grau desta objetividade é que varia.

A dizer: em quaisquer situações jurídicas, pode-se reconhecer uma limitação que delineia os confins de liberdade de um sujeito. Tal liberdade, entretanto, pode ser mais ou menos ampla, em função das pautas estabelecidas nos dispositivos regedores da espécie.

Qualquer regulação normativa é, por definição, o lineamento de uma esfera legítima de expressão e ao mesmo tempo uma fronteira que não pode ser ultrapassada, pena de violação do direito. Este extremo demarcatório tem necessariamente uma significação objetiva mínima, precisamente por ser e para ser, simultaneamente, a linha delimitadora de um comportamento permitido e a paliçada que interdita os comportamentos proibidos.

III – Vinculação e discricionariedade

11. No interior das fronteiras decorrentes da dicção legal é que pode vicejar a liberdade administrativa.

A lei, todavia, em certos casos, regula dada situação em termos tais que não resta para o administrador margem alguma de liberdade,

---

[23] LIMA, Ruy Cirne. *Princípios de direito administrativo*. 5. ed. São Paulo: Revista dos Tribunais, 1982. p. 22.

posto que a norma a ser implementada prefigura antecipadamente, com rigor e objetividade absoluta, os pressupostos requeridos para a prática do ato e o conteúdo que este obrigatoriamente deverá ter, uma vez ocorrida a hipótese legalmente prevista. Nestes lanços, diz-se que há vinculação e, de conseguinte, que o ato a ser expedido é vinculado.

Reversamente, fala-se em discricionariedade quando a disciplina legal faz remanescer em proveito e a cargo do administrador certa esfera de liberdade, perante o que caber-lhe-á preencher com seu juízo subjetivo, pessoal, o campo de indeterminação normativa, a fim de satisfazer no caso concreto a finalidade da lei.

12. Não se há de pensar – advertiu a sabendas André Gonçalves Pereira – que a discricionariedade resulta da ausência de lei, posto que, contrariamente, ela procede da própria disciplina normativa, a dizer, da maneira pela qual se regula dada situação.

Assenta à fiveleta por em curso cita literal do magistério devido ao profundo e famigerado mestre português: "O poder discricionário não resulta da ausência de regulamentação legal de certa matéria, mas sim de uma *forma possível* da sua regulamentação".[24]

13. Discricionariedade, pois, é a margem de liberdade outorgada pela lei ao administrador para que este exercite o dever de integrar-lhe, *in concreto*, o conteúdo rarefeito mediante um critério subjetivo próprio, com vistas a satisfazer a finalidade insculpida no preceito normativo.

Ocorre, portanto, possibilidade de ação discricionária quando a norma antecipadamente legitima o juízo ou a vontade que vier a ser produzida pela Administração, desde que expendida dentro dos limites de liberdade contidos nos marcos ou referenciais constantes da lei e manifestada em ordem a implementar o específico objetivo público nela consagrado.

IV – Fundamentos da discricionariedade

14. Não vem ao ponto profundar, neste passo, os fundamentos da discricionariedade. Para deslinde do problema em pauta, pode-se prescindir de tomar partido nas perlengas que, a respeito, dividem os autores, colocando-os em posição de pelejarem arca a arca. Nada obstante, nenhuma demasia vai em sumariar, conquanto de espora

---

[24] PEREIRA, André Gonçalves. *Erro e ilegalidade no acto administrativo*. Lisboa: Ática, 1962. p. 222.

fita, as diferentes tendências que animam o dissídio doutrinal. Como se perceberá ao diante, a visualização delas, só por só, já oferece subsídios para compreensão mais rigorosa da discricionariedade e, via de consequência, robustece o exame do âmbito de investigação judicial dos atos praticados no gozo de certa discrição.

a) Salientam alguns que a discricionariedade procede do deliberado intento legal de conferir à Administração certa liberdade para decidir-se no caso concreto, tendo em conta sua posição mais favorável para reconhecer, diante da multiplicidade dos fatos administrativos, a melhor maneira de satisfazer a finalidade da lei nas situações empíricas emergentes.

b) Enfatizam outros a impossibilidade material de o legislador prever todas as situações, donde a necessidade de recorrer a fórmulas de regulação mais flexíveis, capazes, bem por isso, de abarcar amplamente os acontecimentos sociais, dimanando daí a zona de liberdade que assiste ao administrador.

c) Encarece o Prof. Queiró a inviabilidade jurídica, em regime de poder tripartido, da supressão da discricionariedade pois, para evitá-la, o legislador teria que se despir da abstração própria das leis invadindo o campo da individualização, que lhe é defendido por ser área administrativa. Esta lição, ao parecer, respiga-se nas seguintes passagens de Afonso Rodrigues Queiró, preclaro jurista luso, a quem se deve trabalho de mão e sobremão relativo ao tema:

> Há, porém, um limite para a determinação dos conceitos utilizados pelas normas, além do qual não há legislador que, enquanto tal possa ir, sob pena de passar da abstração à individualização, da norma abstrata à ordem individualizada: quer dizer, sob pena de abandonar o objetivo do próprio Estado de Direito.[25]

E pouco além: "O legislador, para se manter tal, tem, pois, que deixar à Administração certa margem de discricionariedade. Pode, sim, fazê-la desaparecer, mas para isso tem de sacrificar... a sua própria qualidade de legislador!".[26]

---

[25] QUEIRÓ, Afonso Rodrigues. A teoria do desvio de poder em direito administrativo. *RDA*, v. VI. p. 57.
[26] QUEIRÓ, Afonso Rodrigues. A teoria do desvio de poder em direito administrativo. *RDA*, v. VI. p. 59.

d) O mestre português liga estes seus esclarecimentos àquela que nos parece ainda uma outra (e autônoma) linha de fundamentação da discricionariedade, a saber, a da impossibilidade lógica de obstá-la.

A lei, como ressalta o alumiado autor, remete-se a fatos, a situações, pertinentes ao mundo da natureza ou da cultura, da causalidade ou do valor. Os conceitos de que faz uso dizem, portanto, com uma ou com outra destas realidades.

Aqueles determináveis no plano das ciências que se embasam no valor teorético verdade são unissignificativos. Já os conceitos atinentes ao mundo da razão prática, da sensibilidade, são plurissignificativos. Ressentem-se de certa fluidez, de alguma incerteza.

Pois, como a lei não se pode correr de manipular conceitos destas duas ordens, ora traz em si delimitações rigorosas, objetivas, inconfutáveis, ora abriga em seu bojo a indeterminação, a fluidez dos conceitos práticos.

A discricionariedade assistiria precisamente neste último campo, ao passo que a vinculação teria residência no primeiro.[27]

Em síntese: ao lado de conceitos unissignificativos, apoderados de conotação e denotação precisa, unívoca, existem conceitos padecentes de certa imprecisão, de alguma fluidez e que, por isso mesmo, se caracterizam como plurissignificativos. Quando a lei se vale de noções do primeiro tipo, ter-se-ia vinculação. De revés, quando se vale de noções altanto vagas, ter-se-ia discricionariedade.

Sendo impossível à norma legal – pela própria natureza das coisas – furtar-se ao manejo de conceitos das duas ordens, a discrição resultaria de um imperativo lógico, em função do que sempre remanesceria em prol da Administração o poder e encargo de firmar-se em um dentre os conceitos possíveis.

Vale dizer, a liberdade administrativa estender-se-ia ao longo do percurso de imprecisão do conceito utilizado.

15. Mesmo sem detenças maiores, dispensáveis para o objeto do presente trabalho, parece bem afirmar-se que os vários fundamentos aduzidos não são excludentes. Antes, convivem em prazível harmonia, desde que não sejam tomados extremadamente.

---

[27] QUEIRÓ, Afonso Rodrigues. A teoria do desvio de poder em direito administrativo. *RDA*, v. VI. p. 60 e segs. e *RDA*, v. VII. p. 52.

Nem sempre é a mesma razão que dita o ocorrer da discricionariedade. Entretanto, de estudo, por amor da brevidade, passar-se-á *in albis* sobre possíveis dúvidas ou objeções no que atina à procedência deste asserto.

V – Estrutura lógico-normativa da discricionariedade

16. Temos que o meio mais adequado para se encarar de fito a discricionariedade e sua possível extensão pode assim se traduzir: a esfera de liberdade administrativa – aliás, sempre circunscrita – pode residir na hipótese da norma jurídica a ser implementada, no mandamento dela ou, até mesmo, em sua finalidade.

Ponha-se reparo e sublinhadamente que, em quaisquer das hipóteses aventadas – a serem, de logo, esclarecidas –, tal liberdade é sempre relativa, sempre limitada e sempre contrastável pelo Judiciário, que deverá confiná-la em seus adequados redutos.

17. A discricionariedade reside na hipótese da norma quando os pressupostos de fato por ela enunciados – como autorizadores ou exigentes de um dado comportamento – são descritos mediante os conceitos que o Prof. Queiró denominou práticos, isto é, se os antecedentes fáticos que legitimam a prática de um ato – quer-se dizer, se os motivos (na acepção prevalente na doutrina francesa) – estão delineados por meio de palavras vagas, relativas a conceitos imprecisos, cabe à Administração determinar-lhes concretamente o alcance na espécie, cingida, embora, a certos limites adiante explanados.

18. Assim, caso a norma estabeleça atendimento médico gratuito às pessoas "pobres" em dado hospital, é pressuposto do direito ao atendimento o estado de pobreza. Qual a acepção precisa rigorosa, indisputável, de pobreza? Se há certas pessoas inquestionavelmente pobres, de acordo com o consenso comum, e outras inequivocamente não pobres, consoante o mesmo padrão, entre um e outro extremo serpeia um fosso de dúvidas insuscetíveis de cabal desate, salvante a adoção de algum critério a ser escolhido. E quem é o senhor legítimo deste critério, suposto que mais de um possa ser alvitrado? E mais: se o critério não for traduzível em uma expressão numérica, quantificada, objetiva até seu último extremo, reabre-se o círculo vicioso com o retorno de conceitos práticos, sempre duvidosos.

Suponha-se outra norma que admita a elevação a certos cargos de pessoas de "notável saber". Esta qualificação ensancha o prosperar de análogas hesitações. Se é certo que não se porá em dúvida a presença de tal atributo, em alguns casos muito salientes e se é segura a negação de sua existência em outros tantos casos assim evidentes, entre as duas situações paradigmáticas vai mediar uma zona de incertezas.

Não há negar incumba à Administração certa discricionariedade, alguma liberdade, em situações quejandas. Seu limite será considerado mais além.

Em guisa de remate, para firmar a incerteza de dados conceitos e das palavras que os rotulam, lembre-se o clássico exemplo de Hart: quantos fios de cabelo é preciso que alguém tenha ou não tenha para qualificar-se como "calvo"?[28]

19. Como se percebe, na hipótese da norma pode descansar a origem de alguma discrição administrativa. Isto sucederá quando o motivo legitimador do ato for desenhado por expressões que encampem conceitos práticos. Vale insistir que a voz "motivo" está utilizada aqui na acepção de "pressuposto de fato que autoriza ou exige a prática de um ato". Corresponde, portanto, a uma realidade objetiva, externa ao autor do ato, ou como diz Marcel Waline: "Les motifs [...] sont des faits ayant une existence objective et qui peuvent justifier une décision".[29]

Nada tem a ver, portanto, com o "móvel", com a intenção do agente administrativo, assunto que concerne a outra problemática.

Com efeito, di-lo bem A. de Laubadère:

> C'est par son caractère subjectif que le but déterminant ou mobile se differencie de ses motifs. Ceux-ci sont les antécédants objectifs qui ont précédé l'accomplissement de l'acte et l'on provoqué ("motifs impulsifs"), alors que le but est la représentation dans l'esprit de l'auteur d'un certain resultat à atteindre. D'où la distinction entre l'illégalité relative au but et les illégalités qui concernent les motifs de l'acte [...].[30]

20. Pela mesma razão que propicia a irrupção de discricionariedade na hipótese da norma – concernente ao motivo –, pode também ocorrer discrição quanto à finalidade. Expressada esta por via de conceitos práticos, a indeterminação relativa daí resultante engendra certa liberdade administrativa que, inclusive, reflui sobre os motivos.

---

[28] HART, H. L. A. *Concepto de derecho*. Tradução argentina da ed. inglesa de Oxford University Press, 1961. Buenos Aires: Abeledo Perrot, 1968. p. 5.
[29] WALINE, Marcel. *Droit administratif*. 9. ed. Paris: Sirey, 1963. p. 480.
[30] LAUBADÈRE, André de. *Traite élementaire de droit administratif*. 3. ed. Paris: LGDF, 1963. v. I. p. 479.

Figure-se lei que disponha: as pessoas que se portarem indecorosamente serão expulsas do cinema, a fim de se proteger a "moralidade pública". Que é exatamente moralidade pública? Sem dúvida o conceito social dela varia ao longo do tempo e ao largo do espaço. Porém, de fora parte esta mutação, ainda aqui é impossível, em época e local certos, fixar com absoluto rigor, por meio de "padrão métrico", sua dimensão precisa. Ora, a nebulosidade relativa do conceito refluirá sobre o pressuposto de fato, como se demonstra: o agente administrativo obrigado a expulsar – no exemplo excogitado – uma pessoa que se porta "indecorosamente" no cinema irá catalogar como decoroso ou indecoroso um comportamento, dependendo do conceito de moralidade pública. Quanto mais estritas forem as pautas que adotar, mais numerosos serão os comportamentos havidos como indecorosos e, contrariamente, quanto mais lassos forem os padrões acolhidos, menos numerosos os casos que alojará na qualificação indigitada.

Está-se a ver a dificuldade supina em catalogar certos beijos, por hipótese, internando-os na seara do decoro ou rejeitando-lhes este abrigo. E, percebe-se, a olhos vistos, que tal operação classificadora dependerá, por inteiro, de um conceito algo escorregadio de moralidade pública, fim a ser protegido, no exemplo aventado.

21. De modo algum se contesta ou minimiza a importância da finalidade legal. Muito menos, como adiante se verá, renega-se a possibilidade de reconhecer balizas que demarcam a zona duvidosa e fornecem os índices para angustiar a liberdade administrativa e custodiá-la dentro de seus limites legítimos pela ação judicial. Afirma-se, isto sim – e tão só – que por força da relativa indeterminação de conceitos, irredutíveis a uma objetividade completa, alguma discrição poderá remanescer para o administrador também no que respeita à finalidade.

Isto porque, além de toda interpretação possível, restará, afinal, muitas vezes, um campo nebuloso em que não há como desvendar um significado milimetricamente demarcado para os conceitos práticos.

Vem a talho invocar a metáfora do jusfilósofo argentino Genaro Carrió:

> Hay un foco de intensidad luminosa donde se agrupan los ejemplos tipicos aquellos frente a los cuales no se duda que la palabra es aplicable. Hay una mediata zona de oscuridad circundante donde caen todos los casos en los que no se duda que no es. El tránsito de una zona a otra es

gradual; entre la total luminosidad y la oscuridad total hay una zona de penumbra sin límites precisos. Paradójicamente ella no empieza ni termina en ninguna parte, y sin embargo existe.³¹

Calha, ainda, a preceito, o comento do precitado mestre Queiró quanto à limitação do comportamento interpretativo: "No fim de contas, decorrido o processo interpretativo, fica sempre ao órgão um campo circunscrito de liberdade quanto a determinação da sua competência, e, portanto, também do conteúdo do seu agir".³²

Em outra obra sua, a mesma ideia reponta com igual vigor:

> Não se trata, portanto, de uma simples, mais ou menos ineliminável ou mais ou menos intencional deficiência de formulação da linguagem legislativa, corrigível no fim do trabalho interpretativo; não se trata de acrescentar a um pensamento mal expresso, mal transmitido, aquela margem de clareza que lhe falta, ante o fato de o legislador não ter levado até o fim até onde seria, tudo somado, possível, o seu empenho de comunicar aos destinatários (isto é, aos órgãos da Administração) um pensamento de conteúdo preciso.
>
> Do que se trata, em suma quando a Administração exerce um poder discricionário, é não o de reconstituir um pensamento objetivo estranho – o da lei, o do direito – mas de atuar um pensamento próprio, pessoal, do agente administrativo [...].³³

Está correto, por isso, o nunca assaz citado Gonçalves Pereira quando afirma: "A discricionariedade começa onde acaba a interpretação [...] Reduzir a discricionariedade à simples formulação de um juízo é afinal negar o próprio poder discricionário, reconduzir todo o poder à vinculação e pôr-se em contradição manifesta com o Direito Positivo".³⁴

22. A discricionariedade, finalmente, pode defluir do mandamento da lei. Isto sucede, quer hajam sido utilizados conceitos práticos ou teóricos na hipótese legal (e independentemente da fluidez encontradiça no enunciado da finalidade) quando a norma facultar um comportamento, ao invés de exigi-lo ou exigir um dentre diferentes comportamentos igualmente admitidos.

---

³¹ CARRIÓ, Genaro. *Notas sobre derecho y leguaje*. Buenos Aires: Abeledo Perrot, 1972. p. 31-32.
³² QUEIRÓ, Afonso Rodrigues. A teoria do desvio de poder em direito administrativo. *RDA*, v. VI. p. 56.
³³ QUEIRÓ, Afonso Rodrigues. *Estudos de direito administrativo*. Coimbra: Atlântida, 1968. p. 9-10.
³⁴ PEREIRA, André Gonçalves. *Erro e ilegalidade no acto administrativo*. Lisboa: Ática, 1962. p. 217-218.

Este é o caso de liberdade discricionária mais ampla. Está, entretanto, tal como as anteriores possibilidades de discrição já referidas, sujeita a controle jurisdicional para investigação do uso legítimo ou ilegítimo da liberdade decisória.

23. Registre-se, por último, que a lei pode, ainda, deferir ao administrador discrição quanto à forma do ato ou momento de sua prática. Ainda aqui, à moda das situações anteriores, esta liberdade longe está de se apresentar como ilimitada. Em quaisquer das hipóteses referidas, a lisura do comportamento administrativo depende de seu ajuste às finalidades reconhecíveis insculpidas na lei e tuteladas na regulação normativa.

VI – Limites da discricionariedade

24. Exposta a significação da discricionariedade administrativa, sem em nada lhe sonegar a verdadeira densidade e consistência lógica, percebe-se que se trata necessária e inexoravelmente de um poder demarcado, limitado, contido em fronteiras requeridas até por imposição racional, posto que, à falta delas, perderia o cunho de poder jurídico. Com efeito, se lhes faltassem diques, não se lhe poderia inculcar o caráter de comportamento "intralegal".

Ademais, cumpre reconhecer, ainda como imperativo racional, que há meios de se determinar sua extensão. Caso contrário, os ditames legais que postulam discrição administrativa, desenhando-lhe o perfil, perderiam qualquer sentido e seriam palavras ocas, valores nulos, expressões sem conteúdo ou, mais radicalmente, atestados flagrantes de inconsequência do próprio Estado de direito.

25. Visto que não há como conceber nem como apreender racionalmente a noção de discricionariedade sem remissão lógica à existência de limites a ela, que defluem da lei e do sistema legal como um todo – salvante a hipótese de reduzi-la a mero arbítrio, negador de todos os postulados do Estado de direito e do sistema positivo brasileiro –, cumpre buscar os pontos que lhe demarcam a extensão.

26. Na parte inicial deste estudo, conquanto sem colocar em saliência, já se fez menção aos elementos básicos que permitem localizar os confins da discricionariedade. São os próprios pressupostos legais justificadores do ato, a finalidade normativa – ainda que expressos mediante conceitos algo imprecisos – e a "causa" do ato que determinam os limites da discrição.

Por paradoxal que pareça, os mesmos fatores que podem gerar imprecisão engendram igualmente os pontos de demarcação, de par com a "causa" do ato, a ser examinada pouco além, quando se esclarecerá o sentido em que vai tomada a palavra.

27. Com efeito, a imprecisão das noções práticas, vazadas no pressuposto ou na finalidade legal, é sempre relativa. Nunca existe imprecisão absoluta, por mais vagas e fluidas que sejam as noções manipuladas pela lei. Sobretudo dentro de um sistema de normas, há sempre referenciais que permitem circunscrever o âmbito da significação das palavras vagas e reduzir-lhes a fluidez a um mínimo.

28. Desde logo, ressalta à evidência que todo conceito, por ser conceito, tem limites, como salientou Queiró, chamando à colação Walter Jellineck.[35] Se não o tivesse, *ipso facto*, não seria um conceito. Por definição, um conceito é noção finita, exatamente por corresponder a uma operação mental que isola um objeto de pensamento. E, na medida em que o faz, estabelece discriminações. A lei, ao se valer de conceitos, sejam eles quais forem, para disciplinar certas situações, não se propõe a outra coisa senão a dividir, discriminar, catalogar, classificar, enfim, estabelecer referências. Em suma: separa e isola objetos de pensamento para afirmar correlações. Segue-se que identifica fatos indicados como pressupostos e valores, que aponta como finalidades.

É certo que todas as palavras têm um conteúdo mínimo, sem o que a comunicação humana seria impossível. Por isso, ainda quando recobrem noções elásticas, estão de todo modo circunscrevendo um campo de realidade suscetível de ser apreendido, exatamente porque recortável no universo das possibilidades lógicas, mesmo que em suas franjas remanesça alguma imprecisão.

29. A lei, então, vaza, sempre, nas palavras de que se vale, o intento inequívoco de demarcar situações propiciatórias de certos comportamentos e identificar objetivos a serem implementados. É esta, aliás, sua razão de existir. Salvo disparatando, não há fugir, pois, a conclusão de que ao Judiciário assiste não só o direito, mas o indeclinável dever de se debruçar sobre o ato administrativo, praticado sob título de exercício discricionário, a fim de verificar se se manteve ou não fiel aos *desiderata* da lei; se guardou afinamento com a significação possível dos conceitos expressados em guisa de pressuposto ou de finalidade da norma ou se lhes atribuiu inteligência abusiva.

---

[35] QUEIRÓ, Afonso Rodrigues. A teoria do desvio de poder em direito administrativo. *RDA*, v. VI. p. 53.

Contestar esta assertiva equivaleria a admitir que a própria razão de ser da lei pode ser desconhecida e aniquilada sem remédio. A ausência de um contraste possível seria o mesmo que a ilimitação do poder administrativo, ideia contraposta ao princípio da legalidade, viga mestra do direito constitucional moderno e verdadeira raiz do direito administrativo.

30. A interpretação do sentido da lei, para pronúncia judicial, não agrava a discricionariedade, apenas lhe reconhece os confins; não penetra na esfera de liberdade administrativa, tão só lhe declara os contornos; não invade o mérito do ato nem se interna em avaliações inobjetiváveis, mas recolhe a significação possível em função do texto, do contexto e da ordenação normativa como um todo, profundando-se até o ponto em que pode extrair razoavelmente da lei um comando certo e inteligível.

A discricionariedade fica, então, acantonada nas regiões em que a dúvida sobre a extensão do conceito, ou sobre o alcance da vontade legal, é ineliminável.

Não há como esquivar-se a este dilema: ou as palavras da lei significam sempre, em qualquer caso, realmente alguma coisa, ou nada valem, nada identificam, que seria o mesmo que inexistirem. Reduzindo tudo a sua expressão última: ou há lei, ou não há lei, pois negar consistência a suas expressões é contestar-lhe existência.

Se há lei – e conclusão diversa seria absurda – é porque seus termos são inevitavelmente marcos significativos, exigentes ou autorizadores de uma conduta administrativa, cuja validade está, como é curial, inteiramente subordinada à adequação aos termos legais. *Ergo*, não há comportamento administrativo tolerável perante a ordem jurídica se lhe faltar afinamento com as imposições normativas, compreendidas sobretudo no espírito, no alcance finalístico que as anima. E, sobre isto, a última palavra só pode ser do Judiciário.

31. Toda a atividade administrativa, consoante se assinalou, é, por excelência, subordinada ao cumprimento de certos interesses. Tem, de conseguinte, caráter tipicamente instrumental. Corresponde a um meio para alcançar escopos traçados fora do âmbito da Administração, porque instituídos pelo Legislativo.

Daí a ensinança do notável publicista Cirne Lima: "O fim e não a vontade domina todas as formas de administração"[36] ou;

---

[36] LIMA, Ruy Cirne. *Princípios de direito administrativo*. 5. ed. São Paulo: Revista dos Tribunais, 1982. p. 22.

"Administração [...] é atividade do que não é proprietário"; ou, ainda, "A relação de administração é aquela que se estrutura ao influxo de uma finalidade cogente [...]".[37] E mais: "Na Administração o dever e a finalidade são predominantes; no domínio a vontade".[38]

É a ideia de função a que comanda toda a ação administrativa, bem o encarece Renato Alessi, o mestre maior: "La seconda delle peculiarità della posizione della pubblica amministrazione [...] si ricollega alla nozione stessa di funzione: funzione, come si è posto en rilievo, è il potere concepito in relazione alla realizzazione di determinati interessi".[39]

E, no caso, trata-se de uma função subordinada, acentua corretamente o mesmo autor, nas seguintes palavras que, por insuperáveis, reclamam transcrição literal:

> Circa i rapporti tra la funzione amministrativa e le funzione legislativa e giurisdizionale, va rilevato, in primo luogo, *che la funzione amministrativa è subordinatta alla funzione legislativa;* tale subordinazione che concreta il principio della necessaria *legalità* dell'attività amministrativa, va intesa anzitutto in senso negativo: vale a dire nel senso che l'attività amministrativa trova un limite formalmente insuperabile nella legge, la quale può porre divieti a determinata attività, tanto per quello que concerne le finalità da raggiungere, quanto per quello che riguarda i mezzi e le *forme* da seguirsi a tale scopo; va intesa inaltro e soprattutto, in *senso positivo:* e questo non soltanto nel senso che la legge può vincolare positivamente l'attività amministrativa a determinate finalita od a determinati mezzi o determinate forme, ma altresi, nel senso che, come meglio si vedrà a suo tempo, l'amministrazione, particolarmente per quanto concerne l'attività di carattere giuridico, può fare soltanto *ciò che la legge consente.*[40]

32. Ao fixar interesses a serem cumpridos, a lei estabelece as condições de fato para o agir da Administração e, em tal caso, e só nele, se preenchem os requisitos necessários para que a finalidade normativa se considere satisfeita.

---

[37] LIMA, Ruy Cirne. *Princípios de direito administrativo*. 5. ed. São Paulo: Revista dos Tribunais, 1982. p. 51.
[38] LIMA, Ruy Cirne. *Princípios de direito administrativo*. 5. ed. São Paulo: Revista dos Tribunais, 1982. p. 52.
[39] ALESSI, Renato. *Sistema istituzionale del diritto amministrativo italiano*. 3. ed. Milão: Giuffrè, 1960. p. 197.
[40] ALESSI, Renato. *Sistema istituzionale del diritto amministrativo italiano*. 3. ed. Milão: Giuffrè, 1960. p. 9. O primeiro grifo é nosso, os demais, do autor.

Deveras: não há como separar o motivo (ou pressuposto de fato) da finalidade e do interesse que, pelo cumprimento dela, se vê atendido. São noções inter-relacionadas e indissociáveis. Formam verdadeira equação, pois o esquema legal supõe realizado certo interesse quando, ocorridas certas condições, pratica-se um ato que satisfaz dado escopo.

Ausentes as condições ou desvirtuada a finalidade que justifica o comportamento, *ipso facto* não se preenche a relação de adequação necessária entre o ato e a lei, resultando daí invalidade indiscutível. Afinal, ter-se-á configurado, em *última ratio*, incompetência material do agente, pois haverá agido fora do âmbito de poderes que lhe assistiam *in concreto*. O plexo de poderes de que desfruta não lhe é conferido *in abstracto*, mas para ser mobilizado à vista de certa situação e em ordem a satisfazer certa finalidade. Se o exercita fora deste quadro, terá manipulado forças que a lei não lhe deu, vale dizer, haverá extravasado a regra de competência.

VII – Extensão do controle judicial

33. Nada há de surpreendente então, em que o controle judicial dos atos administrativos, ainda que praticados em nome de alguma discrição, se estenda necessária e insuperavelmente à investigação dos motivos, da finalidade e da causa do ato. Nenhum empeço existe a tal proceder, pois é meio – e de resto fundamental – pelo qual se pode garantir o atendimento da lei, a afirmação do direito.

Juristas dos mais ilustres, assim estrangeiros que nacionais, em concorde unanimidade proclamam a correção deste asserto. Este tema já o analisamos em outra oportunidade, mas nunca é demais retornarmos a ele, enfatizando outros ângulos, dada a inequívoca importância da matéria.

a) Exame dos motivos

O eminente Caio Tácito, há já muitíssimos anos, averbou nada existir de insueto no exame, pelos nossos tribunais, dos motivos do ato, *verbis*:

> Em repetidos pronunciamentos, os nossos tribunais têm firmado o critério de que a pesquisa da ilegalidade administrativa admite o conhecimento pelo Poder Judiciário, das circunstâncias objetivas do caso. Em acórdão no recurso extraordinário nº 17.126, o STF exprimiu,

em resumo modelar, que cabe ao Poder Judiciário apreciar a realidade e a legitimidade dos motivos em que se inspira o ato discricionário da Administração.[41]

Do mesmo mestre são os seguintes excertos:

Se inexiste o motivo, ou se dele o administrador extraiu conseqüências incompatíveis com o princípio de direito aplicado, o ato será nulo por violação de legalidade. Não somente o erro de direito, como o erro de fato, autorizam a anulação jurisdicional do ato administrativo. [...]
Negar ao juiz a verificação objetiva da matéria de fato, quando influente na formação do ato administrativo, será converter o Poder Judiciário, em mero endossante da autoridade administrativa, substituir o controle da legalidade por um processo de referenda extrínseco.[42]

As violações mais audaciosas à legalidade, afetando a finalidade da competência do administrador ou alicerçando-se em motivo falso ou inidôneo, somente podem ser aferidas mediante o conhecimento judicial dos tramites do ato censurado.[43]

34. De fato, é o exame dos motivos – quer quanto à subsistência deles, quer quanto à idoneidade que possuem para determinar a vontade do agente na direção que haja tomado – meio hábil para a contenção do administrador na esfera discricionária que lhe assista.

De outra feita, profligamos a extrema ingenuidade de supor que a mera invocação das palavras legais, relativas aos fundamentos que o ato deve ter ou finalidades que deve perseguir, seja suficiente para subtraí-lo ao exame judicial quando as expressões normativas se revestem de certa generalidade ou imprecisão.

Acreditar que em casos desta ordem o agente está livre, graças à remissão a estas expressões algo fluidas, corresponderia a atribuir-lhes uma significação "mágica". Tais palavras não têm o condão de transformar as coisas, de reconstruir as realidades, de fabricar um universo de fantasia, como sucede nas histórias de fadas e contos infantis. Para o agente público, não há "abracadabras", justamente porque o Judiciário pode comparecer sob apelo dos interessados, a fim

---

[41] TÁCITO, Caio. A Administração e o controle da legalidade. *Revista de Direito Administrativo*, v. 37, 1954. p. 8.
[42] TÁCITO, Caio. Desvio de poder em matéria administrativa. *In*: TÁCITO, Caio. *Temas de direito público* – Estudos e pareceres. Rio de Janeiro: Renovar, 1997. v. 1º. p. 89.
[43] TÁCITO, Caio. Ato administrativo – Poder discricionário. *RDA*, v. 38. p. 351.

de confinar comportamento pretensamente discricionário ao plano de legitimidade e do respeito aos direitos e garantias individuais.

35. Assim como ao Judiciário compete fulminar todo comportamento ilegítimo da Administração que apareça como frontal violação da ordem jurídica, compete-lhe, igualmente, fulminar qualquer comportamento administrativo que, a pretexto de exercer apreciação ou decisão discricionária, ultrapassar as fronteiras dela, isto é, desbordar dos limites de liberdade que lhe assistiam, violando, por tal modo, os ditames normativos que assinalam os confins da liberdade discricionária.

36. A análise dos pressupostos de fato que embasaram a atuação administrativa é recurso impostergável para aferição do direito e o juiz, neste caso, mantém-se estritamente em sua função quando procede ao cotejo entre o enunciado legal e a situação concreta.

Laubadère ponderou sobre isto, nos termos seguintes:

> O juiz não sai de seu papel pois a existência de certas circunstâncias de fato é a própria condição para que o ato administrativo seja legal; não há senão escolher exemplos a serem citados: a questão de saber-se se, em tais circunstâncias, a interdição de uma reunião respondeu a uma efetiva ameaça de desordem (Jurisprudência constante em tema de medidas de polícia); se em dada cidade existe una crise grave de habitação em vista da aplicação das normas sobre alojamento de ofício (C. E. 9.1.1948, Consorts Barbedienne, S., 1948, 3, 14); se tal organização sindical pode ser considerada como "a mais representativa", segundo, notadamente o número de seus aderentes (C. E. février 1949, 3 arrêts, S., 1950, 3, 57, concl. Barbet) etc.[44]

b) Exame da finalidade: o desvio de poder

37. Tanto como no exame dos motivos, também na perquirição da finalidade, o Judiciário comparece a fim de controlar a legitimidade da atuação administrativa.

Foi, sobretudo, a ação do Conselho de Estado francês, que, ao construir a teoria do desvio de poder, desenvolveu este controle. Trata-se, hoje, de noção corrente, utilizada a cotio pelos tribunais, aqui como alhures. Entre nós, como é sabido, incorporou-se a partir de voto magistral de Seabra Fagundes, vulto modelar de homem e jurista,

---

[44] LAUBADÈRE, André de. *Traite élementaire de droit administratif*. 3. ed. Paris: LGDF, 1963. v. I. p. 486.

proferido no Tribunal de Justiça do Rio Grande do Norte, em 1948, ao apreciar a Apelação Civil nº 1.422.[45]

Há desvio de poder quando o agente vale-se de uma competência para alcançar finalidade não abrigada por ela. Disto resulta uma descoincidência *objetiva* entre a norma de competência e o ato praticado.

No desvio de poder, o comportamento do agente, via de regra por "móvel" viciado, está em descompasso com a finalidade comportada pela regra de competência. Como lei não prestigia intenção orientada para fim diverso daquele que nela se contém, nem sustenta comportamento por qualquer modo desajustado à sua finalidade, o ato praticado é nulo.

Georges Vedel discrimina modalidades de desvio de poder, admitindo as seguintes hipóteses: caso em que o agente não perseguiu um interesse público. Ocorre quando, alimentado por um interesse pessoal de favorecimento ou perseguição, pratica o ato por razões pessoais, alheias à finalidade pública; caso em que persegue um fim de interesse público, porém estranho à categoria de interesses comportados em suas competências; casos em que se vale de uma via jurídica para alcançar fins públicos implementáveis por meio de outra via jurídica.[46]

O certo é que, nas diferentes hipóteses, toma-se como referencial a finalidade normativa, isto é, seu alcance, seu significado em direito e confronta-se com ela o ato administrativo, fulminando-o se foi praticado em desacordo com o objetivo legal.

c) Exame da causa do ato

38. Finalmente, outro meio de contraste judicial do ato administrativo é o exame de sua "causa". Esta expressão tem sido utilizada em diferentes sentidos. Vai aqui tomada na acepção que lhe deu André Gonçalves Pereira, isto é: "Relação de adequação entre os pressupostos do ato e o seu objeto".[47]

Cogita-se aqui de uma congruência, de uma compatibilidade lógica, isto é, de uma relação de pertinência entre o elemento empírico, que serviu de suporte para a prática do ato, e o seu conteúdo.

---

[45] *RDA*, v. 14, p. 52-82.
[46] VEDEL, Georges. *Droit administratif*. 3. ed. Paris: Presses Universitaires de France, 1964. p. 458-462.
[47] PEREIRA, André Gonçalves. *Erro e ilegalidade no acto administrativo*. Lisboa: Ática, 1962. p. 122.

O exame da causa apresenta especial relevo nos casos em que a lei omitiu-se na enunciação dos motivos, dos pressupostos, que ensejariam a prática do ato. Nestas situações não haveria como cotejar o motivo legal com a situação fática para aferir ajuste ou desajuste entre eles, precisamente por ter faltado a indicação normativa. Ainda aqui a liberdade discricionária encontraria cerceios. Admitido que o agente pudesse escolher o motivo em função do qual haja exarado o ato, cumpre, de todo modo, que este seja logicamente correlacionado com o conteúdo do ato, em vista da finalidade que o categoriza.

VIII – Conclusão

39. Em síntese conclusiva: os motivos e a finalidade indicados na lei, bem como a causa do ato, fornecem as limitações ao exercício de discrição administrativa.

Mesmo quando a norma haja se servido de conceitos práticos, isto é, algo imprecisos, para designar os motivos ou a finalidade, ainda assim persistem como prestantes para demarcar a discrição. Isto porque todo conceito, por imperativo lógico, é uma noção finita, que tem contornos reconhecíveis.

Dentro de um sistema jurídico-positivo, a própria fluidez dos conceitos é menos acentuada que na linguagem corrente, pois a interpretação contextual reduz a margem de nebulosidade e de imprecisão deles. O próprio conjunto das regras jurídicas fornece achegas, outorga subsídios, confere indícios para circunscrever o campo duvidoso das palavras, de tal modo que o Judiciário poderá, socorrendo-se das indicações extraídas da função do conceito legal dentro do texto, de seu significado no contexto em que se insere o instituto jurídico e dentro do sistema positivo como um todo, encontrar barreiras que delimitam mais apertadamente a zona de liberdade de avaliação administrativa.

Esta tarefa é interpretativa. Consiste, portanto, em desvendar uma vontade que preexiste no próprio direito positivo. Traduz-se em operação lógica orientada para reconstituir uma significação objetiva, um pensamento estranho – o do direito constituído – e por isso mesmo não traz consigo qualquer agravo à verdadeira discrição, pois nada faz além de reconhecer as fronteiras que lhe desenham a extensão.

Apoderado o sentido das palavras legais e do próprio espírito que lhes anima o enunciado, em trabalho que se profunda até o ponto em que surjam dúvidas ou imprecisões elimináveis totalmente, o Judiciário estabelece o confronto entre o ato administrativo e as imposições a que lhe incumbira atender.

Para tanto, coteja os fatos do mundo real, em que se pretende estribada a Administração, com a previsão hipotética deles, a ver se os primeiros realmente se subsumem ao enunciado normativo. Além disto, perquire o móvel, a intenção do agente, para aferir seu ajuste à finalidade da lei, posto que a norma não prestigia comportamentos produzidos em desarmonia com os objetivos públicos em geral e com o objetivo público específico correspondente à tipologia do ato exarado.

Por derradeiro: se a lei não expressou o motivo legal justificador do ato, cabe, ainda, ao Judiciário investigar se há ou não correlação lógica entre os suportes materiais do ato e o conteúdo idôneo para o atendimento dos fins que a lei elegeu como perseguíveis no caso.

Todo este procedimento é não apenas um direito que assiste ao Judiciário, mas, sobretudo, um dever indeclinável, porque corresponde exata e até literalmente à dicção do direito no caso concreto. É o meio específico e próprio de identificar os confins da liberdade administrativa e assegurar o princípio da legalidade, noção cardeal no Estado de direito. Ademais, representa a expressão concreta de dois outros princípios magnos: o de que ninguém é obrigado a fazer ou deixar de fazer alguma coisa senão em virtude de ato fundado precedentemente em lei e o de que nenhuma lesão de direito individual pode ser subtraída à apreciação do Poder Judiciário.

Este exame é tanto mais necessário quando se sabe que os riscos para os direitos e garantias individuais – valores especialmente caros ao Estado moderno – avultam sobreposse nos casos em que a Administração desfruta de certa discricionariedade.

Com efeito: a lei tanto pode ser ofendida à força aberta como à capucha. No primeiro caso o administrador expõe-se afoitamente a repulsa; no segundo, por ser mais sutil não é menos censurável. Vale dizer: a ilegitimidade pode resultar de manifesta oposição aos cânones legais ou de violação menos transparente, porém tão viciada quanto a outra. Isto sucede exatamente quando a Administração, em nome do exercício de atividade discricionária, vai além do que a lei lhe permitia, e, portanto, igualmente a ofende.

Esta forma de ilegalidade não é menos grave que a anterior. Pelo contrário. Revela maior grau de periculosidade para o sistema normativo e para a garantia da legalidade, justamente porque, não sendo tão perceptível, pode, às vezes, escapar das peias da lei, propiciando à Administração subtrair-se indevidamente ao crivo do Poder

Judiciário, se este se mostrar menos atento às peculiaridades do direito administrativo ou cauteloso em demasia na investigação dos atos administrativos.

É, pois, precisamente, em casos que comportam discrição administrativa, que o socorro do Judiciário ganha foros de remédio mais valioso, mais ambicionado e mais necessário para os jurisdicionados, já que a pronúncia representa a garantia última para contenção do administrador dentro dos limites de liberdade efetivamente conferidos pelo sistema normativo.

40. Finalmente, este proceder do Judiciário não elimina a discricionariedade e nem pode fazê-lo, pena de agravo à própria lei. Deveras: a perquirição judicial nunca assistirá ir além dos limites de significação objetivamente desentranháveis da norma legal, conquanto valendo-se desassombradamente das vias mencionadas.

O campo de apreciação meramente subjetiva – seja por conter-se no interior das significações efetivamente possíveis de um conceito legal fluido e impreciso, seja por dizer com a simples conveniência ou oportunidade de um ato – permanece exclusivo do administrador e indevassável pelo juiz, sem o que haveria substituição de um pelo outro, a dizer, invasão de funções, que se poria às testilhas com o próprio princípio da independência dos poderes, consagrado no art. 2º da Lei Maior.

Referências

ALESSI, Renato. *Sistema istituzionale del diritto amministrativo italiano*. 3. ed. Milão: Giuffrè, 1960.

CARRIÓ, Genaro. *Notas sobre derecho y leguaje*. Buenos Aires: Abeledo Perrot, 1972.

FAGUNDES, Miguel Seabra. *O controle dos atos administrativos pelo Poder Judiciário*. 5. ed. rev. e atual. Rio de Janeiro: Forense, 1979.

FLEINER, Fritz. *Principes generaux du droit administratif allemand*. Tradução francesa de Ch. Einsenman. Paris: Delagrave, 1933.

GORDILLO, Agustín. *Introdución al derecho administrativo*. 2. ed. Buenos Aires: Abeledo Perrot, 1966.

HART, H. L. A. *Concepto de derecho*. Tradução argentina da ed. inglesa de Oxford University Press, 1961. Buenos Aires: Abeledo Perrot, 1968.

LAUBADÈRE, André de. *Traite élémentaire de droit administratif*. 3. ed. Paris: LGDF, 1963. v. I.

LIMA, Ruy Cirne. *Princípios de direito administrativo*. 5. ed. São Paulo: Revista dos Tribunais, 1982.

PEREIRA, André Gonçalves. *Erro e ilegalidade no acto administrativo*. Lisboa: Ática, 1962.

QUEIRÓ, Afonso Rodrigues. *A teoria do desvio de poder em direito administrativo*. RDA, v. VI.

QUEIRÓ, Afonso Rodrigues. *Estudos de direito administrativo*. Coimbra: Atlântida, 1968.

TÁCITO, Caio. A Administração e o controle da legalidade. *Revista de Direito Administrativo*, v. 37, 1954.

TÁCITO, Caio. Ato administrativo – Poder discricionário. *RDA*, v. 38.

TÁCITO, Caio. Desvio de poder em matéria administrativa. *In*: TÁCITO, Caio. *Temas de direito público* – Estudos e pareceres. Rio de Janeiro: Renovar, 1997. v. 1º.

VEDEL, Georges. *Droit administratif*. 3. ed. Paris: Presses Universitaires de France, 1964.

WALINE, Marcel. *Droit administratif*. 9. ed. Paris: Sirey, 1963.

Nº 3

LEGALIDADE – DISCRICIONARIEDADE – SEUS LIMITES E CONTROLE

I – Legalidade administrativa e finalidade; II – Discricionariedade e vinculação; III – O desvio de poder e seu controle; IV – O controle dos motivos do ato; V – O controle da "causa" do ato; VI – A "motivação" do ato; VII – A "razoabilidade" e a "proporcionalidade", como requisitos de legitimidade; VIII – Lealdade, boa-fé e igualdade como limites da discrição; IX – Conclusões; Referências

I – Legalidade administrativa e finalidade

1. Como é natural, no Estado de direito, todas as manifestações da função administrativa submetem-se a pressupostos de legitimidade para sua válida expressão.

A plena submissão à lei é um traço basilar do Estado de direito. O princípio da legalidade administrativa significa que a Administração não só está impedida de agir *contra legem* ou *extra legem*, mas também que só pode agir *secundum legem*, conforme ensina Michel Stassinopoulos.[48]

Com efeito, a relação entre a atividade administrativa e a lei é uma relação de subordinação, a qual se manifesta quer em sentido

---

[48] STASSINOPOULOS, Michel. *Traité des actes administratifs*. Athenas: Librairie Sirey, 1954. p. 18-19.

negativo quer em sentido positivo. É o que esclarece Renato Alessi, ao elucidar que a lei pode proibir determinadas atividades, seja no que concerne às finalidades, aos meios ou formas (sentido negativo), ou pode impor a persecução de determinadas finalidades, a adoção de determinados meios ou formas, porém, mais que isto, a Administração só pode fazer aquilo que a lei consente (sentido positivo).[49] É esta última ideia que habitualmente se traduz na correta assertiva de que, ao contrário dos particulares, os quais podem fazer tudo que não lhes seja proibido, a Administração pode fazer apenas o que lhe seja de antemão permitido por lei.

Em síntese: como no Estado de direito quer-se o "governo das leis e não o governo dos homens" – de acordo com notória máxima oriunda do direito inglês –, a validade dos atos administrativos depende de que sejam, deveras, concreções dos comandos legais; vale dizer, providências intercalares que promovem a ligação fiel entre o plano abstrato das leis e a realização efetiva de seus ditames.

2. A lei, ao habilitar uma dada conduta, o faz em vista de certo bem jurídico, de dado interesse, cujo suprimento é reputado útil. A atribuição legal de poderes ao Executivo não é efetuada gratuita ou casualmente, ensejando-lhe que deles disponha ao seu alvedrio, pois "a regra de competência não é um cheque em branco", bem o disse Caio Tácito.[50]

Toda outorga de competência preordena-se à busca de um certo escopo, ao atendimento de uma dada finalidade. É ela que *explica e justifica* a irrogação de poderes e, portanto, o que *explica e justifica o ato administrativo* que a este título se venha a praticar. Por isso, qualquer ato que dela por qualquer modo se desencontre, com revelar-se insuficiente para alcançá-la (e, pois, inadaptado), excessivo em relação ao necessário para atendê-la (e, pois, desbordante da razão atributiva do círculo de poderes manejáveis) ou descompassado com a finalidade que deveria alvejar, será viciado, como notoriamente se proclama. Deveras, em quaisquer destas hipóteses o comportamento administrativo estará tresmalhado, desgarrado de sua justificativa jurídica.

"É o fim – e não a vontade –", disse Cirne Lima, "o que domina todas as formas de administração".[51] "Preside, destarte, ao

---

[49] ALESSI, Renato. *Sistema istituzionale del diritto amministrativo italiano*. 3. ed. Milão: Giuffrè, 1960. p. 9.
[50] TÁCITO, Caio. *Direito administrativo*. São Paulo: Saraiva, 1975. p. 5.
[51] LIMA, Ruy Cirne. *Princípios de direito administrativo*. 5. ed. São Paulo: Revista dos Tribunais, 1982. p. 22.

desenvolvimento da atividade administrativa do Poder Executivo – não o arbítrio que se funda na força – mas a necessidade que decorre da racional persecução de um fim".[52]

É evidente, portanto, que a legalidade não se compreende senão (e desde logo) em consideração à finalidade da regra de direito. Não se captando o sentido, a direção, o propósito abrigado em dada lei, não se pode entender a própria lei, a dimensão e a compostura da competência que dela resulta para a autoridade administrativa. Com efeito, de par com outros aspectos, também relevantes, ao se apreciar a legalidade de um ato administrativo, ter-se-á de avaliar se este se manteve ou não em plena sintonia, em perfeito ajustamento, em adequada proporção, com o escopo legal a que devia servir.

Quanto a isto, todos os atos administrativos, sejam vinculados, sejam praticados no exercício de competência discricionária, como a seguir se dirá, encontram-se em igual situação. Uns, como outros, do mesmo modo, assujeitam-se ao dever de total adequação à finalidade normativa que lhes serve de calço.

II – Discricionariedade e vinculação

3. Como se sabe, no cumprimento de suas missões, a Administração tanto produz comportamentos ditos vinculados, quanto comportamentos expedidos no uso de discrição.

Os primeiros têm lugar quando a lei preestabelece qual a única e obrigatória conduta a ser tomada perante situações por ela previamente caracterizadas mediante conceitos precisos, suscetíveis de aferição objetiva. Em tais casos, sempre que se estiver na presença das situações nela apontadas, a regra de direito já terá definido, com antecipação, a medida qualificada como ideal para satisfazer-lhe a finalidade.

Os segundos – comportamentos discricionários – acodem quando a norma jurídica habilitante, ao invés de configurar de antemão a conduta necessária perante situações predefinidas com rigor e precisão absolutas, comete ao agente administrativo o *encargo* de identificar, *perante o caso concreto*, qual a medida mais adequada para atender à finalidade legal. Nesta hipótese, a autoridade administrativa fica investida de *certa* margem de "liberdade" para decidir, pois terá de sopesar as circunstâncias presentes, avaliar o caso concreto e resolver

---

[52] LIMA, Ruy Cirne. *Princípios de direito administrativo*. 5. ed. São Paulo: Revista dos Tribunais, 1982. p. 21.

sobre a providência apta para atender com perfeição ao objetivo legal, a fim de que ela seja a mais conveniente e oportuna, tendo em conta a finalidade da norma de competência.

Em ambos os casos – vinculação ou discrição – evidentemente *a lei reclama que seja exata e plenamente atendido seu escopo.* Ou seja, seu propósito é o de que o bem jurídico que a anima se realize com perfeição.

Seria um completo absurdo presumir que nas hipóteses de vinculação a lei deseja que sua finalidade se cumpra com exatidão e que nas situações de discrição abona antecipadamente uma providência inapta, excessiva ou insuficiente para atender de modo cabal aos seus objetivos, contentando-se com uma solução sofrível ou – pior ainda – com uma solução qualquer cuja aceitabilidade repousaria tão só no fato de haver sido eleita por administrador atuando no exercício de competência discricionária. É óbvio que conclusão desta ordem chocar-se-ia às abertas tanto contra as exigências do Estado de direito quanto contra a própria índole da discricionariedade, conforme se esclarece de pronto.

4. A outorga de discrição vem a ser, precisamente, o meio pelo qual a lei busca assegurar-se de que sua aplicação far-se-á sempre de maneira a atender-lhe a finalidade de modo perfeito. É que a satisfação exata, precisa, de um certo escopo, ante a realidade polifacética dos fatos e circunstâncias da vida, demandará providências distintas, conforme a fisionomia peculiar, a coloração própria, das situações concretas que se apresentem e demandem a aplicação da regra.

Se o administrador estivera completamente manietado, tal vinculação radical, impediente de uma opção estribada na compostura própria dos casos concretos, faria com que a aplicação mecânica da lei levasse, em numerosíssimas hipóteses, ao sacrifício das razões inspiradoras da regra de direito aplicanda. Conquanto muitas vezes se revelasse apta a preencher-lhe excelentemente a finalidade, em outras tantas vezes, o ato – assujeitado a uma obrigatoriedade irrestrita – não expressaria a melhor providência, a conduta ideal satisfativa dos objetivos que a norma pretenderia alcançar.

Assim, quando o legislador acredita que, de toda sorte, pode predeterminar completamente o comportamento administrativo, sem riscos ou com menosprezáveis riscos para o perfeito atendimento dos fins que tem em mira, regula a conduta administrativa mediante lei impositiva de total vinculação ou com altíssimo teor de vinculação. Pelo contrário, quando considera que a *melhor providência*, a única que efetivamente almeja – única apta a exprimir com exemplar fidelidade o escopo legal –, reclama uma análise valorativa das situações concretas, confere discrição. E o faz exatamente por entender que o administrador, acercado dos fatos e confrontado com suas feições peculiares, poderá superiormente identificar e adotar a conduta *devida*, isto é, aquela – e tão somente aquela – que atenderá com precisão capilar à finalidade que a lei almeja satisfazer. Em uma palavra: quando existir discrição, a autoridade administrativa estará *obrigada* a eleger a providência que seja plenamente adequada ao cumprimento da finalidade da lei e não qualquer das providências abstratamente comportadas pela regra aplicanda.

5. Com efeito, seria um absurdo e juridicamente inaceitável presumir que a lei, ao conferir discricionariedade, haja abdicado de propor como obrigatória a conduta que lhe satisfaça, com perfeição, a finalidade – ou seja, a melhor, a mais adequada, a única apta a traduzir *in concreto* seu projeto abstrato – e que se contente com quaisquer das providências ensejadas pela abertura da norma. Esta se propõe "aberta", propiciatória de opções, exatamente *para não obstar a adoção da providência ótima* cujo teor só é reconhecível em face da situação concreta. A abertura da norma se destina à garantia da procura da melhor solução.

Resulta disto que a "liberdade" administrativa (que, em rigor, é apenas um dever, um encargo, de reconhecer a solução ideal) é muito maior ao nível da norma do que perante o caso concreto. Em face dele afunila-se o campo de discrição e pode chegar ao extremo de desaparecer nas hipóteses em que, perante um juízo normal, razoável, se torne evidente que uma única medida é idônea para preencher a finalidade normativa, dadas as características da situação vertente.[53]

6. Ora bem, um ato que não atenda perfeitamente à lei, isto é, que a desatenda ou que a atenda imperfeitamente, é um ato ilegal. Desatender a finalidade da lei ou atender-lhe imperfeitamente é desatender a lei. Atos que desatendem a lei são ilícitos e se violam direito de terceiro são judicialmente corrigíveis. Então, nada há de surpreendente em que o Poder Judiciário – ao qual não pode ser subtraída qualquer lesão ou ameaça a direito (art. 5º, XXXV, da Carta do país) – censure e fulmine atos praticados a título de discrição administrativa, sempre que se possa demonstrar que foi feito incorreto uso da discrição.

Não haverá nisto invasão do "mérito" do ato administrativo, desde que corretamente entendido seu conceito.

---

[53] Cf. BANDEIRA DE MELLO, Celso Antônio. Controle judicial dos atos administrativos. *RDP*, v. 65, jan./mar. 1983.

Mérito é a área insindicável do ato porque coincidente com o campo opinativo, no interior do qual mais de uma intelecção é *igualmente cabível* sobre a forma ideal de atender a finalidade da lei, de tal sorte que, na felicíssima expressão de Bernatzik, "nunca terceiros podem verificar a exatidão ou não exatidão da conclusão atingida. Pode dar-se que terceiros sejam de outra opinião, mas não podem pretender que só eles estejam na verdade, e que outros tenham uma opinião falsa".[54]

O mérito do ato é esfera decisória privativa do administrador, mas só existirá quando, *verdadeiramente*, seja forçoso reconhecer a impossibilidade real de contraste daquele conteúdo decisório, ante uma pluralidade de alternativas *equivalentemente admissíveis*, em apreciação razoável, sobre o modo perfeito de satisfazer a finalidade da lei no caso concreto. Fora daí, sempre haverá a possibilidade de o Judiciário corrigir a conduta administrativa, porquanto, além desta esfera, na qual as dúvidas são inelimináveis, inexiste discrição, mas violação do direito, a pretexto de exercê-la.

7. O controle da discrição administrativa exercita-se, sobretudo, graças à investigação do eventual desvio de poder, da análise dos motivos que embasaram o ato e sua justificativa (motivação), bem como do exame da "causa" do ato, entendida esta como a relação de pertinência lógica – que necessariamente terá de existir – entre os pressupostos fáticos (motivos) tomados como estribo para a prática do ato e seu conteúdo, tendo em vista a finalidade que o validaria. Além destes fatores – como ao final referiremos –, levam-se em conta princípios gerais de direito (como o dever de lealdade, de boa-fé, de razoabilidade, de proporcionalidade, de igualdade).

Vejamos, pois, a compostura dos referidos defeitos, a começar pelo desvio de poder.

III – O desvio de poder e seu controle

8. Já se averbou insistentemente que a validade do ato está atrelada ao seu correto direcionamento para a finalidade a que deve legalmente suprir. Ensinam os doutos que o desencontro entre a finalidade do ato e a finalidade legal que o condiciona denomina-se "desvio de poder". Tal vício consiste, pois, no manejo de uma

---

[54] BERNATZIK *apud* QUEIRÓ, Afonso Rodrigues. *Reflexões sobre a teoria do desvio de poder.* Coimbra: Coimbra Editora, 1940. p. 31.

competência para fim diverso daquele em função do qual foi instituída a competência em causa.[55]

Assenta-se a noção de desvio de poder no seguinte inadversável pressuposto: cada competência tem seu endereço certo. Cada plexo de poderes é instituído para alvejar determinado escopo; donde, cada ato exercido em nome de tal competência tem, *ipso facto*, um endereço certo, predeterminado: o correspondente à competência do qual é expressão concreta. Logo, o ato que, por qualquer razão, seja direcionado a um fim distinto daquele que lhe cumpriria alvejar, estará eivado de desvio de poder, sendo, pois, inválido. É que o "poder", isto é, a competência, terá sido desviada de seu destino próprio.

O precitado Caio Tácito, jurista alumiado, observou:

> A destinação da competência do agente preexiste à sua investidura. A lei não concede a autorização de agir sem um objetivo próprio. A obrigação jurídica não é uma obrigação inconseqüente: ela visa um fim especial, presume um endereço, antecipa um alcance, predetermina o próprio alvo. Não é facultado à autoridade suprimir essa continuidade, substituindo a finalidade legal do poder com que foi investido, embora pretendendo um resultado materialmente lícito.[56]

Se o fim a que a competência deve servir foi desatendido, tem-se desvio de poder.

Este vício, segundo lição doutrinária corrente e moente, tem lugar em duas hipóteses:

a) uma, quando o ato praticado é alheio a qualquer finalidade pública, a qualquer objetivo que o direito assinala para as condutas estatais. Nestes casos, o agente expede o ato para satisfazer sentimentos pessoais, de seu próprio e pessoal interesse, ou então por amizade ou animosidade. De toda sorte, a conduta administrativa está divorciada de objetivos públicos;

b) outra, quando o ato, embora direcionado para uma finalidade pública, não é via categoricamente própria para supri-la, ou seja, a competência manejada e, pois, o ato utilizado, não

---

[55] Cf. LAUBADÈRE, André de. *Traite élementaire de droit administratif*. 5. ed. Paris: LGDF, 1970. v. I. p. 502, n. 894; WALINE, Marcel. *Droit administratif*. 9. ed. Paris: Sirey, 1963. p. 451, *in fine* e p. 480 e ss.; RIVERO, Jean. *Droit administratif*. 2. ed. Paris: Dalloz, 1962. p. 222-223.

[56] TÁCITO, Caio. *Direito administrativo*. São Paulo: Saraiva, 1975. p. 80-81.

tem, de direito, aquele escopo para o qual foi endereçado. De conseguinte, o meio de que se serve o agente é, à face do direito, inidôneo para o fim perseguido. No Estado de direito, é garantia do administrado saber que o Poder Público está adstrito não só aos fins que a lei previamente elegeu como prezáveis, mas também aos meios que assinalou como sendo os adequados para atingi-los.

Donde, se as autoridades – deliberadamente ou sem intenção viciosa – fizeram uso impróprio das competências que detêm, incidem em desvio de poder ao se valerem de atos inadequados ao fim que lhes corresponde.

9. Incontáveis são as hipóteses em que pode ocorrer desvio de poder, pois serão tantas quanto os possíveis atos discricionários. Hely Lopes Meirelles, figurando eventuais casos, diz:

> Tais desvios ocorrem, por exemplo, quando a autoridade pública decreta uma desapropriação alegando utilidade pública, mas, visando, na realidade, satisfazer interesse pessoal próprio [...]; ou quando outorga uma permissão sem interesse coletivo; ou ainda quando classifica um concorrente por favoritismo, sem atender os objetivos colimados na licitação.[57]

Charles Debbasch traz à colação o seguinte exemplário: regulamentação restritiva de bailes públicos editada pelo Chefe da Comuna, para evitar concorrência ao seu próprio estabelecimento; 10 atos sucessivos de suspensão do guarda campestre local, com o fito de vingança pessoal; criação de uma escola no exclusivo interesse de beneficiar a pessoa chamada para dirigi-la; interdição de procissão religiosa por móveis políticos.[58] Os mestres franceses trazem, ainda, à balha os seguintes casos de desvio de poder em que a autoridade não busca interesse pessoal ou sectário, pretendendo antes alguma vantagem para a entidade pública ou para o exercício de atribuições que calham a esta: adoção de procedimento de alinhamento, para ampliação de áreas públicas, com o fito de evitar o procedimento oneroso da desapropriação; proibição a banhistas de se trocarem nas praias, salvo se o fizessem em cabinas públicas, cuja utilização é paga,

---

[57] MEIRELLES, Hely Lopes. *Direito administrativo brasileiro*. 15. ed. São Paulo: Revista dos Tribunais, 1990. p. 92 (última em vida do autor).
[58] DEBBASCH, Charles. *Contentieux administratif*. Paris: Dalloz, 1975. p. 728-729, n. 794.

com o fito de incrementar as receitas da Comuna e não por razões de decoro público, como alegado.

10. O desvio de poder, nos atos em que o agente atua com a defeituosa intenção de satisfazer objetivos pessoais, de perseguição ou de favoritismo, é vício particularmente censurável. Como disse Caio Tácito: "A ilegalidade mais grave é a que se oculta sob a aparência de legitimidade. A violação maliciosa encobre os abusos de direito com a capa de virtual pureza".[59] O agente atua – para usar uma oportuna expressão de Hely Lopes Meirelles – embuçado "sob o capuz da legalidade e do interesse público".[60] Com efeito, bem o observou Waline, nestes casos, a autoridade

> [...] está freqüentemente de má-fé; sabe muito bem que traiu a intenção do legislador; assim, não tem a ingenuidade de indicar as razões inconfessáveis que inspiram seu ato; dissimula seus verdadeiros móveis que o juiz deve procurar, em vista de todas as circunstâncias em que o ato foi praticado; e esta prova é difícil de fazer-se.[61]

Tem a doutrina assinalado que não é fácil surpreender o vício em questão de molde a capturá-lo nas malhas do Poder Judiciário, notadamente quando o agente procede com insídia, por estar animado de intuitos de perseguição e favoritismo. Ressaltam os autores que, de regra, quem age mal-intencionado procura cercar-se de cautelas, prevenindo-se contra o risco de exibir sua incorreção. Busca disfarçar o vício, intenta encobri-lo, mediante pretensas justificativas capazes de mascarar o intuito distorcido do ato.

Bem por isso o Judiciário, em casos que tais, deverá enfrentar a questão com olhos de lince, dispondo-se a investigar fundo a etiologia do ato. Não obstante ressaltem a dificuldade da prova, os autores assinalam, como o faz o precitado Hely Lopes Meirelles, que o vício em causa, dado o seu caráter encoberto

> [...] há de ser surpreendido e identificado por *indícios e circunstâncias* que revelem a distorção do fim legal, substituído habilidosamente por um fim ilegal ou imoral não desejado pelo legislador. Dentre os elementos indiciários do desvio de finalidade está a falta de motivo ou

---

[59] TÁCITO, Caio. *Direito administrativo*. São Paulo: Saraiva, 1975. p. 6.
[60] MEIRELLES, Hely Lopes. *Direito administrativo brasileiro*. 15. ed. São Paulo: Revista dos Tribunais, 1990. p. 92.
[61] WALINE, Marcel. *Droit administratif*. 9. ed. Paris: Sirey, 1963. p. 481, n. 795.

a discordância dos motivos com o ato praticado. Tudo isto dificulta a prova do desvio de poder ou de finalidade, mas não a torna impossível se recorrermos aos antecedentes do ato e a sua destinação presente e futura por quem praticou.[62]

11. É claro, pois, que o Judiciário não se poderá prender a rigorismos extremados, na exigência probatória, pois seriam incompatíveis com a índole do vício a ser capturado. Se o fizesse, ficaria inviabilizada a correção jurisdicional da esmagadora maioria dos casos de desvio de poder. Jean Rivero, a este respeito, anota que o Conselho de Estado da França – órgão jurisdicional para as lides administrativas – abrandou a atitude que dantes adotava em relação à demonstração do desvio de poder. Inicialmente, exigia que o vício se detectasse por meio do ato, em si mesmo, evoluindo depois para aceitar que sua exibição provenha de elementos vários, tais como: "outras peças escritas, circunstâncias nas quais se produziu o ato, inexatidão dos motivos alegados que deixam transparecer o motivo verdadeiro, etc.", de tal sorte que "Procura menos uma prova manifesta do que uma convicção, a qual pode resultar de um *feixe de indícios convergentes*".[63]

É a mesma a orientação adotada na Espanha, como esclarece o preclaro publicista Eduardo García de Enterría, com dizer:

> Facilmente se compreende que esta prova não pode ser plena, já que não é presumível que o ato viciado confesse expressamente que o fim que o anima é outro, distinto do assinalado pela norma. Consciente desta dificuldade, assim como a de que um excessivo rigor probatório privaria totalmente de virtualidade a técnica do desvio de poder, a melhor jurisprudência costuma afirmar que para que se possa declarar a existência deste desvio é *suficiente a convicção moral que se forme o Tribunal* (Sentenças de 1º de dezembro de 1959, 16 de junho e 9 de julho de 1997) à vista dos fatos concretos que em cada caso resultem provados, conquanto não bastem «meras presunções nem suspicazes e especiosas interpretações do ato da autoridade e da oculta intenção que o determina» (Sentenças de 7 de outubro de 1963, de 2 de fevereiro de 1996 e 18 de junho de 2001).[64]

---

[62] MEIRELLES, Hely Lopes. *Direito administrativo brasileiro*. 15. ed. São Paulo: Revista dos Tribunais, 1990. p. 92-93. Grifos no original.

[63] RIVERO, Jean. *Droit administratif*. 2. ed. Paris: Dalloz, 1962. p. 224, n. 261.

[64] GARCÍA DE ENTERRÍA, Eduardo; FERNÁNDEZ, Tomás-Ramón. *Curso de derecho administrativo*. 14. ed. Madrid: Thomson Civitas, 2008. v. I. p. 479.

Agustín Gordillo, igualmente, ensina que o necessário é encontrar "provas indiciarias ou elementos circunstanciais", uma vez que raramente será no próprio ato ou em sua motivação que o vício estará desvendado. Daí conclui que, de regra, será em um conjunto de circunstâncias exteriores ao ato que se haverá de encontrar tal prova,[65] pois, o autor do desvio de poder "deixa rastros de sua conduta", demonstráveis por prova testemunhal, documental ou indiciária.[66]

Em suma: para detectar o desvio de poder analisa-se o plexo de circunstâncias que envolve o ato, seus antecedentes, os fatos que o circundam, o momento em que foi editado, a fragilidade ou densidade dos motivos propostos como justificadores, a ocorrência ou inocorrência de fatores que possam ter interferido com a serenidade do agente, a coerência das razões alegadas com o teor da providência em causa, a razoabilidade da medida, sua proporcionalidade com os objetivos que se declara preordenada e até mesmo os precedentes da autoridade, acaso reveladores de atitudes sóbrias e reverentes com as leis ou, pelo contrário, comportamentos exaltados, vindicativos e insubmissos aos parâmetros legais. Deveras, trata-se de colher um "feixe de indícios convergentes", conforme a precitada expressão de Rivero, capaz de levar à "convicção moral", a que se refere García de Enterría, de que o ato distorceu o fim legal. Esta convicção, é bem de ver, forma-se segundo o senso comum de homens normais diante de circunstâncias concretas, imersas na realidade administrativa de seu país, estado, município e governantes.

IV – O controle dos motivos do ato

12. Outro fator de relevo para a averiguação da lisura do ato é a consideração dos motivos sobre os quais a conduta administrativa se assentou. Motivo é a situação de direito ou de fato em face da qual o ato pode ou deve ser praticado.

Cumpre distinguir o motivo legal e o motivo de fato. Motivo legal é a previsão legal *abstrata* da situação fática cuja ocorrência é requerida para a prática do ato. Motivo de fato é a própria situação fática, a própria circunstância ou evento cuja existência *in concreto* foi

---

[65] GORDILLO, Agustín. *Tratado de derecho administrativo*. 7. ed. Belo Horizonte: Del Rey, 2003. t. 1. p. 23. Parte General, Cap. X.
[66] GORDILLO, Agustín. *Tratado de derecho administrativo*. 7. ed. Belo Horizonte: Del Rey, 2003. t. 3. p. 27. Cap. IX.

tomada como apoio para expedição do ato. É lógico que o motivo de fato terá de ser coincidente com o motivo de direito – isto é, com sua previsão legal – para que o ato seja válido.

As competências não são conferidas para serem exercidas a esmo, perante quaisquer circunstâncias. Os poderes administrativos são irrogados para que, em face de determinadas situações, o agente atue com vistas ao escopo legal. Donde, o motivo é a demarcação dos *pressupostos fáticos* cuja ocorrência faz deflagrar *in concreto* a competência que o agente dispõe em abstrato. Se inocorrem os motivos supostos na lei, falta a autoridade um requisito insuprimível para mobilizar poderes cuja disponibilidade está, de antemão, condicionada à presença do evento que lhes justifica o uso.

Importa não confundir os *motivos* – que são, como dito, pressupostos de fato correspondentes a uma categorização legal – com os *móveis* do agente, isto é, com a intenção da autoridade. Móvel ou intenção é algo *subjetivo*, que reside na intimidade *psicológica* do sujeito que atua. Então, enquanto o móvel é interno, subjetivo, psicológico, o motivo é externo, objetivo.[67] A realidade do motivo é exterior ao agente, por ser algo que reside na lei (motivo de direito) ou na realidade empírica (motivo de fato). O móvel corresponde ao intento, ao propósito do agente, a sua *finalidade subjetiva, pessoal* – e por isso sua perquirição ganha relevo na teoria do desvio de poder com intenção viciada – ao passo que o motivo é realidade *objetiva* cuja existência precede o ato e é condição de sua validade, sendo cogitado na teoria dos motivos determinantes.

13. Perante um ato administrativo, é fundamental indagar-se, em primeiro lugar, se existiram ou não os motivos, vale dizer, os pressupostos fáticos alegados ou presumidos para a prática do ato. Tratar-se-á, *in casu*, de conferir, desde logo, a *mera materialidade*, a simples real existência objetiva deles. Não basta, entretanto, que dados eventos hajam, deveras, sucedido. Cumpre, em segundo lugar, que sejam os *próprios*, isto é, aqueles que a lei reputava *devessem existir* para a prática do ato em questão. Importa, pois, que haja subsunção, adequação, correspondência, entre o fato, a situação, que embasou a providência administrativa e aquele a que a lei aludia. Em suma, é de mister haja ocorrido um ajuste entre a realidade concreta e a previsão abstrata da lei, de tal sorte que o suposto normativo se tenha realizado no plano empírico.

---

[67] Cf. WALINE, Marcel. *Droit administratif*. 9. ed. Paris: Sirey, 1963. nº 792.

14. Esta aferição é simples quando a regra de direito caracteriza o motivo mediante conceitos chamados precisos, determinados. Isto ocorre, *exempli gratia*, quando a lei prevê aposentadoria compulsória para os funcionários aos 70 anos de idade, ou quando autoriza a apreensão de alimentos deteriorados ou de medicamentos cujo prazo de validade esteja superado ou ainda quando exige para a inscrição de alguém em um concurso de advogado (suponha-se) que disponha do título de bacharel em direito e inscrição no álbum profissional etc.

Em todas estas hipóteses, o suposto da conduta administrativa, o motivo de fato, em vista do qual agirá de um dado modo, está qualificado pela lei em termos que permitem uma verificação singela, estritamente objetiva, de tal modo que o confronto entre a previsão legal e a realidade empírica se faz sem dificuldade. É que prescinde da chamada "qualificação dos motivos"; dispensa uma análise preordenada a apurar se as circunstâncias do caso eram bem aquelas que a lei tinha em mira quando aludiu ao motivo ensejador do ato.

15. Ocorre que se a lei, ao caracterizar o motivo, utilizar-se de conceitos chamados fluidos, vagos, indeterminados, o confronto entre a previsão normativa e a situação fática tomada como base para a prática do ato apresentará as dificuldades inerentes à *imprecisão relativa* do padrão legal. *Exempli gratia*, se a regra aplicanda mencionar "comportamento indecoroso", "perturbação da tranquilidade pública", "urgência", "valor histórico ou artístico", decurso de "prazo razoável" ou quejandos, obviamente, o campo recoberto por estes conceitos carecerá de uma linha demarcatória definida com rigor e precisão indisputáveis.

É evidente, de um lado, que quaisquer destas expressões têm um campo significativo induvidoso "frente a los cuales nadie vacilaria en aplicar la palabra, y casos claros de exclusión respecto de los cuales nadie dudaria en no usarla", como registrou com precisão Genaro Carrió, ao tratar dos conceitos indeterminados.[68] Há, pois, o que Fernando Sainz Moreno chamou de "zona de certeza positiva", ao lado da "zona de certeza negativa": "el de certeza positiva" (lo que es seguro) y el de certeza negativa (lo que es seguro que no es)".[69]

Porém, haverá, outrossim, entre o círculo de certeza positiva e o de certeza negativa, uma área em que proliferam dúvidas. Para

---

[68] CARRIÓ, Genaro. *Notas sobre derecho y leguaje*. Buenos Aires: Abeledo Perrot, 1972. p. 29.
[69] SAINZ MORENO, Fernando. *Conceptos juridicos, interpretacion y discricionariedad administrativa*. Madrid: Civitas, 1976. p. 70-71.

socorrermo-nos, ainda uma vez das averbações de Carrió: "[...] en el medio hay una zona mas o menos estendida de casos posibles frente a los cuales, cuando se presentan, no sabemos que hacer".[70]

16. Para alguns, como García de Enterría, em afinamento com a moderna doutrina alemã, a fluidez destes conceitos nada tem a ver com a discricionariedade. Esta zona de dúvidas terá de ser dissipada pelo *próprio juiz*, pois sua indeterminação só existirá em abstrato. Conforme diz: "[...] no obstante la indeterminación del concepto, admite ser precisado en el momento de la aplicación [...]", já que:

> al estar refiriendose a supuestos concretos y no a vaguedades imprecisas o contradictorias es claro que la aplicación de tales conceptos a la calificación de circunstáncias concretas no admite mas que una solución: o se da o no se da el concepto; o hay buena fe o no la hay; o el precio es justo o no lo es; o se há faltado a la probidad o no se há faltado. *Tertium non datur*. Esto es el esencial del concepto indeterminado: la indeterminación del enunciado no se traduce en una indeterminación de las aplicaciones del mismo, las cuales solo permiten una "unidad de solución justa" en cada caso.[71]

Outros – e é o ponto de vista que nos parece acertado – admitirão que, embora caiba ao Poder Judiciário tentar reconduzir os casos concretos a uma zona de certeza (positiva e negativa), casos haverá em que tal procedimento só será possível *até um certo ponto*, além do qual as dúvidas são ineliminaveis e o juízo administrativo haverá de prevalecer, por ser o administrador o encarregado de sopesar com exclusividade as circunstâncias do caso, ante a impossibilidade de o juiz pretender que a intelecção dada pela autoridade administrativa desbordou dos limites do direito – ressalvada sempre a hipótese de identificação de desvio de poder.

17. Nota-se, pois (seja qual for a posição que se adote na matéria) que, de toda sorte, ao Judiciário caberá, *quando menos*, verificar se a intelecção administrativa se manteve ou não dentro dos limites do razoável perante o caso concreto e fulminá-la sempre que se vislumbre ter havido uma imprópria qualificação dos motivos à face da lei, uma abusiva dilatação do sentido da norma, uma desproporcional extensão do sentido extraível do conceito legal ante os fatos a que se quer

---

[70] CARRIÓ, Genaro. *Notas sobre derecho y leguaje*. Buenos Aires: Abeledo Perrot, 1972. p. 29.
[71] GARCÍA DE ENTERRÍA, Eduardo; FERNÁNDEZ, Tomás-Ramón. *Curso de derecho administrativo*. 14. ed. Madrid: Thomson Civitas, 2008. v. I. p. 467.

aplicá-lo. É que, como diz Laubadère, reportando-se à jurisprudência francesa, a autoridade jurisdicional se reconhece o direito "não apenas de perquirir se os motivos legais realmente existiram, mas, ainda, se eram suficientes para justificar a medida editada e se a gravidade dela era proporcionada a importância e as características (... dos fatos...) que a provocaram".[72]

Registre-se que o Judiciário brasileiro já há muitos anos passados não se correu de averiguar se o motivo – "valor histórico ou artístico" de dado bem – existia ou não, apurando-o mediante juízo pericial, em caso no qual se contendeu a procedência deste pressuposto fático para um tombamento.[73]

V – O controle da "causa" do ato

18. A lei normalmente alude às circunstâncias, aos pressupostos fáticos, isto é, aos motivos que ensancham o exercício de determinada competência. Contudo, se excepcionalmente não o fizer, cifrando-se a indicar uma finalidade em vista da qual são mobilizáveis determinados poderes, nem por isso caberia imaginar que não há motivos legais ou – o que seria mais grave ainda – que o ato pode ser praticado sem motivo algum. Em casos que tais, os motivos que a lei abona estarão *implícitos*, pois jamais seria de admitir que a autoridade pudesse expedir um ato *sem motivo algum* – porquanto isto seria a consagração da irracionalidade – ou que pudesse escolher *qualquer motivo, fosse qual fosse*, pois redundaria no mesmo absurdo e irracionalidade.

Assim, ter-se-á de entender que, faltando explícita menção legal aos motivos propiciatórios de um ato, serão admissíveis apenas os que possam ser reputados implicitamente respaldados pela lei, por corresponderem a situações que demandariam a prática de um ato idôneo para atendimento da finalidade normativa.

É aqui que se propõe o tema do que chamaremos *causa* do ato administrativo, acolhendo, com pequeno aditamento esclarecedor, a nomenclatura e a acepção que o jurista luso André Gonçalves Pereira atribuiu a este relevante fator de controle da legitimidade do ato.[74]

---

[72] LAUBADÈRE, André de. *Traite élementaire de droit administratif*. 5. ed. Paris: LGDF, 1970. v. I. p. 508, n. 914.
[73] *RDA*, v. II, fasc. 1, 1945. p. 124 e ss.
[74] PEREIRA, André Gonçalves. *Erro e ilegalidade no acto administrativo*. Lisboa: Ática, 1962. p. 122.

Ensina o citado mestre que causa é a relação de adequação lógica entre o pressuposto de fato (motivo) e o conteúdo do ato. Reputamos necessário acrescentar: em vista da finalidade legal. Isto porque o parâmetro, o critério avaliador da pertinência, é necessariamente a finalidade. Será em função dela que se poderá dizer se ocorreu ou não a correlação requerida, pois entre um fato e uma conduta só há nexo lógico em vista de algum fim.

É em face dele que se reconhecerá se uma dada situação *postulava ou não* aquela conduta que a Administração tomou. Donde, se faltar "causa" idônea, se os fatos ou as circunstâncias tomadas em conta para a prática do ato não guardarem relação de adequação lógica suficiente para justificar a conduta administrativa em vista da finalidade que esta se propõe a prover, o ato será inválido.

19. Com efeito, se o administrador embasa-se em determinados eventos ou situações e diante deles pratica ato *desproporcional* ao que era requerido para atingir o fim legal ou *inapto* a lhe dar satisfação, por insuficiente, inadequado, imprestável, verifica-se que os "motivos em que se apoiou não eram justificadores da providência"; em uma palavra: não podiam ser os motivos implícitos na lei, porque não haverá a correlação lógica necessária entre o que se tomou como estribo para expedir o ato e o conteúdo dele. Vale dizer: não era perante aqueles fatos que o bem jurídico consagrado na finalidade legal reclamaria a adoção da medida tomada.

Em casos deste jaez percebe-se que a regra de competência – orientada que é, como se viu, ao suprimento de dado escopo – não autorizava a conduta "senão perante certos eventos *diferentes* dos que embasaram o ato", pois estes não demandavam a medida adotada como meio para atender à finalidade legal. Daí que as situações (motivos) tomadas como apoio do ato não o justificavam, não eram suficientes, bastantes ou apropriados para ensejar-lhe a expedição. Em síntese: não eram "causa" juridicamente idônea para apoiar o ato, do que resultará a invalidade dele.

20. É certo, pois, que os motivos do ato integram sua legitimidade e que o controle jurisdicional se estende ao exame deles. Como observou Caio Tácito: "Se inexiste o motivo, ou se dele o administrador *extraiu consequências incompatíveis com o princípio de direito aplicado*, o ato será nulo por violação da legalidade. Não somente o erro de direito, como o erro de fato autorizam a anulação jurisdicional do ato administrativo".[75]

---

[75] TÁCITO, Caio. *Direito administrativo*. São Paulo: Saraiva, 1975. p. 60. Grifos nossos.

Anotou também e já há muitas décadas:

> Em repetidos pronunciamentos, os nossos tribunais têm modernamente firmado o critério de que a pesquisa da ilegalidade administrativa admite o conhecimento pelo Poder Judiciário das *circunstâncias objetivas do caso*. Ainda recentemente, em acórdão no RE 17.216, o STF exprimiu, em resumo modelar, que cabe ao Poder Judiciário apreciar a realidade e a *legitimidade* dos motivos em que se inspira o ato discricionário da Administração.[76]

Com efeito, ao fixar interesses a serem cumpridos, a lei pressupõe determinadas condições de fato para o agir da Administração e em tal caso, e só nele, se preenchem os requisitos necessários para que a finalidade normativa se considere satisfeita. Não há como separar o motivo (ou pressuposto de fato) da finalidade e do interesse que, pelo cumprimento dela, se vê atendido. São noções inter-relacionadas. Formam verdadeira equação, pois o esquema legal supõe realizado certo interesse apenas quando, ocorridas certas condições, pratica-se um ato que satisfaz um escopo pré-indicado pela norma. Donde, ausentes estas condições, *explicitamente apontadas ou implicitamente presumidas na lei*, não se preenche a relação de adequação necessária entre o ato e a lei, resultando, pois, invalidade indiscutível.

Daí que a realidade dos motivos e sua idoneidade – correlação lógica deles com o ato praticado – para a prática do ato administrativo são jurisdicionalmente aferíveis. Resulta, portanto, sobreposse nos casos em que a lei não enuncia explicitamente os motivos que autorizam uma decisão, a necessidade de que a autoridade administrativa *enuncie as razões* fáticas, lógicas e jurídicas pelas quais praticou um ato. Vale dizer, é de mister que o Poder Público exponha porque praticou dado ato.

VI – A "motivação" do ato

21. A exteriorização das razões que justificam o ato é sua *motivação*. Esta – é bem de ver – não se confunde com os motivos. Estes podem até ter existido e, em despeito disto, a Administração haver-se omitido em declará-los, quando da expedição do ato. Em tal caso, haverá motivos, mas faltará motivação. De revés, podem não ter existido

---

[76] TÁCITO, Caio. A Administração e o controle da legalidade. *Revista de Direito Administrativo*, v. 37, 1954. p. 8. Grifos nossos.

os motivos – ou não serem aqueles aptos a supedanear o ato – e a Administração, equivocadamente ou agindo à falsa-fé, haver motivado o ato, reportando-se a eles, tal como se tivessem existido ou como se fossem idôneos para apoiá-lo.

A autoridade necessita referir não apenas a base legal em que se quer estribada, mas também os fatos ou circunstâncias sobre os quais se apoia e, quando houver discrição, a relação de pertinência lógica entre seu supedâneo fático e a medida tomada, de maneira a se poder compreender sua idoneidade para lograr a finalidade legal. A motivação é, pois, a justificativa do ato.

Faltando a enunciação da *regra jurídica* proposta como aplicanda, não se terá como saber se o ato é adequado, ou seja, se corresponde à *competência* utilizada; omitindo-se a enunciação dos fatos e situações à vista dos quais se está procedendo de dado modo, não se terá como controlar a própria *existência material* de um motivo para ele e, menos ainda, seu *ajustamento à hipótese normativa*; carecendo de fundamentação esclarecedora do *porquê* se agiu da maneira tal ou qual, não haverá como reconhecer-se, nos casos de discrição, *se houve ou não razão prestante* para justificar a medida e, pois, se é, deveras, confortada pelo sistema normativo.

Com efeito, como contestar a validade de um ato se os seus motivos, se sua razão de ser permanecer ignota, oculta? Como impugná-lo, como submetê-lo ao crivo jurisdicional, se forem, desde logo, desconhecidas as bases em que está assentado?

Se até as decisões jurisdicionais têm como requisito essencial a exposição de seus fundamentos (art. 458, II, do CPC), sendo nulas se os omitiram, e conquanto transitadas em julgado, suscetíveis de desconstituição, mediante ação rescisória, quando incursas em erro de fato (art. 485, IX, do CPC), maiormente se compreenderá que o ato administrativo não pode prescindir de "motivação" fundamentadora.

22. Aliás, até mesmo razões esforçadas na lógica do Estado de direito, no exercício democrático do poder, reclamariam a necessidade de motivação. Agustín Gordillo, recorrendo a ensinamentos de Rivero, anota que "ya la democracia es no solo un modo de designación del poder, sino tambien un modo de ejercício del poder".[77] Daí as seguintes palavras suas sobre a motivação:

---

[77] GORDILLO, Agustín. *Tratado de derecho administrativo*. 7. ed. Belo Horizonte: Del Rey, 2003. t. 1. Cap. II-15 nota de rodapé 4(18).

Del mismo modo, lo que fué en el passado exigencia jurídica, que el acto administrativo contuviera una "motivación" o explicitación de sus fundamentos, es hoy una exigencia política: ahora hay que *explicar* al ciudadano por qué se le impone una norma, y hay *que convencerlo* con la explicación; pues si no se le explica satisfatoriamente, faltará su consenso, que es base esencial del concepto democratico actual y futuro del ejercício del poder.[78]

O relevo jurídico da motivação e sua necessidade como requisito para o controle jurisdicional da lisura dos atos administrativos foram amplamente desenvolvidos por Alberto Ramon Real, o pranteado administrativista uruguaio que legou preciosíssimas lições aos estudiosos deste ramo jurídico. Como fecho de excelente trabalho sobre a motivação, o eminente mestre concluiu:

> 1º) La necesidad de motivar, o fundar obligatoriamente, los actos administrativos es un princípio general del Derecho Administrativo Contemporáneo. Ese principio debe ser reconocido como tal en los Estados cuyas leyes y jurisprudência aún no lo han proclamado
>
> 2º) Este nuevo principio general del Derecho Administrativo se arraiga en las bases constitucionales del Estado de derecho y tiene comunidad de fundamentos con la necesidad de fundar los actos jurisdiccionales. Es un aspecto de la "jurisdicionalización" o extensión de los principios del debido proceso a la actividad administrativa.
>
> 3º) La fundamentación obligatoria es prenda de buena administración, a la vez que garantia democratica de los administrados.
>
> 4º) La omisión o defecto grave de la fundamentación produce nulidad por vício de un elemento esencial del acto, que excede su formalidad y toca su contenido y racionalidad.[79]

23. Entre nós há, igualmente, valiosíssimo estudo de Carlos Ari Sundfeld, no qual também se sustenta e de modo enfático a necessidade de motivação que deve ser anterior ou contemporânea ao ato e como requisito indispensável de sua validade, admitindo-se sua dispensa, tão só, "quando estiver contida implícita e claramente no conteúdo do ato vinculado, de prática obrigatória, baseado em fato sem qualquer complexidade".[80]

---

[78] GORDILLO, Agustín. *Tratado de derecho administrativo*. 7. ed. Belo Horizonte: Del Rey, 2003. t. 1. nº 3,2,2. Grifos no original.
[79] RAMON REAL, Alberto. La fundamentación del acto administrativo. *Revista de Derecho Publico*, n. 27, p. 131-132, ene./jun. 1980.
[80] SUNDFELD, Carlos Ari. Motivação do ato administrativo como garantia dos administrados. *RDP*, v. 75, jul./set. 1985. p. 124-125.

A fórmula adotada por este autor, para definir os casos de motivação obrigatória, quando a lei não a haja imposto, é particularmente feliz e atende à preocupação que nos levara, em obra teórica, a defender sua obrigatória contemporaneidade ao ato – como requisito de validade do próprio ato – apenas "nos casos em que a ausência de motivação contemporânea ao ato impeça ulterior *certeza* de que foi expedido segundo os exatos termos e requisitos da lei".[81] Com efeito importa, sobretudo, consoante então salientamos, que a motivação seja obrigatória

> nos casos em que possa prosperar dúvida, por pequena que seja, sobre a pré-ocorrência dos motivos não expressados. Interessa impedir, isto sim, que a Administração possa, ulteriormente, vir a alegar administrativa ou judicialmente, motivos ou razões falsos quando do eventual questionamento do ato.[82]

Releva impedir que o Poder Público ulteriormente possa "fabricar um motivo, uma apreciação ou uma alegação que sirvam para 'justificar' serodiamente a providência que adotou, impedindo um exame seguro, certo, real, da lisura do ato".[83] Daí havermos concluído: "Se a escolha do motivo for discricionária (ou sua apreciação comportar alguma discricionariedade) ou ainda quando o conteúdo do ato for discricionário, a motivação é obrigatória",[84] devendo ser contemporânea ao ato.

Uma vez que os motivos devem ser reais, verdadeiros, existentes e se constituírem em uma razão bastante para a prática do ato, revelando, nos casos de discrição, sua "causa" jurídica, isto é, a adequação lógica entre eles e a medida adotada, a "motivação" terá de preencher estes requisitos. É indispensável, pois, que haja coerência entre as premissas sobre as quais a Administração se declara firmada e a conclusão delas extraída para editar o ato.

---

[81] BANDEIRA DE MELLO, Celso Antônio. *Ato administrativo e direito dos administrados*. São Paulo: Revista dos Tribunais, 1981. p. 76.
[82] BANDEIRA DE MELLO, Celso Antônio. *Ato administrativo e direito dos administrados*. São Paulo: Revista dos Tribunais, 1981. p. 76-77.
[83] BANDEIRA DE MELLO, Celso Antônio. *Ato administrativo e direito dos administrados*. São Paulo: Revista dos Tribunais, 1981. p. 76-77.
[84] BANDEIRA DE MELLO, Celso Antônio. *Ato administrativo e direito dos administrados*. São Paulo: Revista dos Tribunais, 1981. p. 76-77.

VII – A "razoabilidade" e a "proporcionalidade", como requisitos de legitimidade

24. É claro que a lei não faculta a quem exercita atividade administrativa adotar providências ilógicas ou desarrazoadas. Outrossim, como os poderes administrativos são meramente *instrumentais*, isto é, servientes de um dado escopo normativo, a validade de seu uso adscreve-se ao necessário para alcançá-lo. Toda demasia, todo excesso, toda providência que ultrapasse o que seria requerido para – à *face dos motivos que a suscitaram* – atender ao fim legal será uma extralimitação da competência e, pois, uma invalidade, revelada na *desproporção* entre os motivos e o comportamento que neles se queira apoiar.

25. A *razoabilidade* – que, aliás, postula a *proporcionalidade* – *a lealdade e boa-fé*, tanto como o respeito ao *princípio da isonomia*, são princípios gerais do direito que também concorrem para conter a discricionariedade dentro de seus reais limites, assujeitando os atos administrativos a parâmetros de obediência inadversável.

Deveras, como observa García de Enterría, os princípios gerais do direito não se constituem em um abstrato reclamo da moral ou da justiça, porém, são "una condensación de los grandes valores jurídico materiales que constituyen el *substratum* del Ordenamiento y de la experiência reiterada de la vida jurídica".[85]

Sobremodo no Estado de direito, repugnaria ao senso normal dos homens que a existência de discrição administrativa fosse um salvo-conduto para a Administração agir de modo incoerente, ilógico, desarrazoado e o fizesse precisamente a título de cumprir uma finalidade legal, quando – conforme se viu – a discrição representa, justamente, margem de liberdade para eleger a conduta mais clarividente, mais percuciente ante as circunstâncias concretas, de modo a satisfazer com a máxima precisão o escopo da norma que outorgou esta liberdade.

26. Também não se poderiam admitir medidas *desproporcionadas* em relação às circunstâncias que suscitaram o ato – e, portanto, assintônicas com o fim legal – não apenas porque conduta desproporcional é, em si mesma, comportamento desarrazoado, mas também porque representaria um extravasamento da competência.

Este vício jurídico melhor se percebe ante a seguinte consideração. Um ato administrativo é manifestação concreta da função administrativa.

---

[85] GARCÍA DE ENTERRÍA, Eduardo; FERNÁNDEZ, Tomás-Ramón. *Curso de derecho administrativo*. 14. ed. Madrid: Thomson Civitas, 2008. v. I. p. 449.

Tem-se função quando o exercício de um poder corresponde à satisfação do dever de implementar, no interesse de outrem, uma finalidade preestabelecida na regra de direito. Assim, a ideia de função requer estejam concorrentes os seguintes fatores: uma finalidade proposta pela ordenação normativa como algo cuja busca se apresenta como obrigatória e, de conseguinte, é efetuada por alguém a conta de um *dever*, do qual, para se desincumbir, necessita de um poder – que por isso lhe é deferido – manejável no interesse de outrem.

Então, o administrador público, que, enquanto tal, é alguém encarregado de gerir interesses coletivos (não os próprios), tem, acima de tudo, o *dever* de agir em prol de terceiro (a coletividade) e se considera que o faz quando busca as finalidades legais. Não poderia fazê-lo se não tivesse os poderes indispensáveis para tanto. Donde, a fim de que possa atender ao interesse destes terceiros (a coletividade), lhe é atribuído um círculo de poderes. Logo, a razão de existir deste círculo de poderes (competência) é *exclusivamente* propiciar-lhe que supra os fins legais. Então, o administrador dispõe, na verdade, de "deveres-poderes" (e não poderes-deveres), porque o poder é ancilar; é meramente serviente da finalidade. Segue-se que a medida de competência, *in concreto*, é dada pela "extensão e intensidade do poder necessário para, *naquele caso*, alcançar o fim legal".

27. Com efeito, se o poder conferido é meramente *instrumental*, se é tão só serviente de um fim (nada tendo a ver com a ideia de "direito", de "domínio" ou de "propriedade" do direito privado), só se justifica, só existe, na *medida necessária*. Ergo, em todo ato desproporcionado, excessivo, há por definição um *excesso em relação à competência*, pois não guarda a indispensável correlação com ela. Em outras palavras: o agente, em tais casos, supera a demarcação de seu "poder", porque ultrapassa o necessário para se desincumbir do *dever* de bem cumprir a lei. Eis por que todo excesso, toda demasia é inválida, viciando o ato. A final, como disse Jesus Gonzalez Perez, o princípio da proporcionalidade "no postula otra cosa que una adecuación entre medios y fines".[86]

VIII – Lealdade, boa-fé e igualdade como limites da discrição

---

[86] GONZALEZ PEREZ, Jesus. *El principio general de la buena fe en el derecho administrativo*. Madrid: Civitas, 1983. p. 39.

28. A seu turno, os princípios da lealdade e da boa-fé são condições do convívio jurídico. Não se compreenderia que a própria ordenação normativa abonasse ou fosse complacente com a má-fé. Menos, ainda, se compreenderia que os administradores, exatamente quando a lei lhes outorgasse discrição, isto é, esfera de certa liberdade para melhor atender ao ordenamento, pudessem expedir atos desleais ou que burlassem a boa-fé, salvo abraçando-se a tese absurda de que a Administração não tem compromissos com os valores que a lei consagra.

29. Derradeiramente, o princípio da igualdade também é um limite da discrição e não poderia deixar de sê-lo, quando mais não fosse, no caso brasileiro, por sua explícita consagração no art. 5º, *caput* e inc. I do Texto Constitucional. Se as leis devem ser obsequiosas ao preceito isonômico, maiormente terá de sê-lo a Administração, a quem incumbe cumpri-las.

IX – Conclusões

30. Ao cabo das considerações feitas, podem ser sumuladas as seguintes conclusões:

1º) Todo e qualquer ato administrativo é expressão do exercício de uma competência que se preordena ao atendimento de um escopo legal. Logo, a validade do ato depende de seu ajustamento a tal escopo, pois é ele que explica e justifica a competência e, de conseguinte, o próprio ato.

2º) Tanto nos atos vinculados quanto no exercício de discricionariedade, a lei reclama que seja exata e precisamente atendida sua finalidade.

3º) Nos casos de discrição, a autoridade administrativa tem o dever jurídico de buscar a providência capaz de atender com precisão capilar ao fim legal *perante o caso concreto*. Inexiste liberdade para eleger qualquer medida, dentre as abstratamente comportadas pela norma, pois as circunstâncias vertentes afunilam o campo de opção, podendo, até mesmo, fazê-lo desaparecer.

4º) Não há invasão do "mérito" do ato, por parte do Judiciário, quando este analisa atos praticados a título de discrição, a fim de verificar se se conteve no campo onde são inelimináveis as dúvidas sobre a melhor providência ou se foi extravasada esta esfera e excedido, destarte, o espaço em que a discricionariedade teria de se conter.

5º) O controle dos atos praticados no exercício de competência que comporte alguma discrição se faz sobretudo pela análise dos fins, do motivo, da causa e da motivação do ato, além de se aferir sua observância aos princípios gerais de direito.

6º) Ato direcionado – consciente ou indesejadamente – para fim distinto daquele correspondente ao da competência exercida é viciado de "desvio de poder" e, por conseguinte, inválido. Tal vício ocorrerá tanto nos casos em que o ato é praticado com alheamento a qualquer finalidade pública (para atender a interesses pessoais do agente, ou por favoritismo ou perseguição) quanto nos casos em que, embora pretendendo alcançar um fim abstratamente legítimo, o ato não era, de direito, o categoricamente previsto como idôneo para o fim a que foi proposto.

7º) Dada a natureza do vício de "desvio de poder", o Judiciário necessita abster-se de atitude excessivamente cautelosa ou contida, pelo receio de invadir o mérito do ato. Sendo sua prova difícil, o vício será surpreendido por indícios e circunstâncias que revelem a distorção do fim legal, os quais serão captados nos antecedentes do ato, nas circunstâncias precedentes ou contemporâneas dele, na investigação da proporcionalidade dos motivos, da coerência de sua motivação, da razoabilidade da medida e até mesmo em fatores concernentes aos comportamentos pregressos da autoridade que o expediu. A conclusão será determinada por um "feixe de indícios convergentes", capazes de levar o Judiciário a uma "convicção moral" sobre o extravio do ato em relação ao fim legal.

8º) A validade do ato administrativo depende da ocorrência empírica dos motivos abstratamente previstos na regra legal para ensejar o exercício da competência. Sua análise, quanto a este tópico, inclui o exame da materialidade dos motivos e de sua adequação à previsão hipotética da lei. Tal averiguação é simples quando a norma caracteriza os motivos por meio dos chamados conceitos precisos, determinados; propõe dificuldades quando os caracteriza mediante conceitos chamados vagos, fluidos ou indeterminados, dada a imprecisão relativa do padrão legal. De todo modo, sempre haverá uma zona de "certeza positiva", na qual é induvidosa a aplicabilidade do conceito e uma zona de certeza negativa na qual é induvidosa sua não aplicabilidade.

9º) Quer seja de competência jurisdicional reconduzir irrestritamente, nos casos concretos, todo e qualquer conceito às zonas de certeza, como pretendem alguns, quer haja limites para tal redução, consoante entendemos, ante a possibilidade de ocorrerem, nos casos concretos, hipóteses de dúvidas inelimináveis – quando então, deverá prevalecer o juízo administrativo, dada a impossibilidade de o Judiciário pretender que a intelecção do administrador desbordou dos limites do direito (ressalvada identificação de desvio de poder) – sempre caberá ao juiz verificar se a apreciação administrativa se manteve dentro dos limites do razoável e se não houve, em face das particularidades do caso concreto, aplicação dilatada ou abusiva do âmbito significativo do conceito legal. Ocorrendo tal vício, caberá ao Judiciário invalidar o comportamento administrativo.

10º) Quando a lei não alude expressamente aos motivos propiciatórios de um ato, nem por isso haverá liberdade administrativa para expedi-lo sem motivo ou perante um motivo qualquer. Só serão de aceitar os implícitos na lei, por corresponderem a situações que demandariam ou comportariam a prática de ato idôneo para atender à finalidade normativa; vale dizer, os que se revelam logicamente pertinentes, racionalmente adequados ao ato, em vista da finalidade que a lei lhe atribui. Cumpre que exista "causa", ou seja, relação de adequação lógica entre dado fato ou situação e um conteúdo prestante para suprir o escopo normativo. Sua falta ou defeito, aferíveis pelo Judiciário, acarretarão invalidade do ato.

11º) Cumpre que os atos administrativos sejam motivados, ou seja, que a autoridade exponha, quando de sua prática, as razões em que está estribada, de maneira a poder-se compreender sua idoneidade para atender à regra de direito. Importa que seja indicada a precisa base legal, sem o que não se poderia saber se a competência era a especificamente cabível, os fatos e circunstâncias em que se apoia, para controle da materialidade e propriedade dos motivos e, quando houver discrição, as razões pelas quais se praticou o ato a fim de ajuizar-se sobre sua adequação e proporcionalidade.

12º) Mesmo que a lei não reclame expressamente motivação, esta terá de existir quando da prática do ato, sempre que sua ausência tempestiva propicie ao Poder Público ulteriormente "fabricar" motivos, construir alegações serôdias para respaldar o ato, dando-lhe uma aparência de legitimidade. Tal situação praticamente coincide com as hipóteses em que a apreciação do motivo comporte alguma discricionariedade ou o ato seja praticado no exercício de alguma discrição. Em tais casos a falta de motivação faz o ato inválido.

13º) A motivação deve ser coerente, de tal sorte que entre as premissas e a conclusão dela sacada, para produzir o ato, exista uma correlação lógica. É requisito de validade do ato sua "razoabilidade", pois a discrição não é conferida para que o agente use dela com demasias ou de modo impertinente, contraditório, desassisado, pois a medida da liberdade de decisão é outorgada para bem atender ao fim legal.

14º) Ao agir discricionariamente a Administração está balizada pelos princípios gerais de direito.

15º) São inválidas medidas *desproporcionadas* em relação às circunstâncias e fatos embasadores – e, portanto, assintônicas com o escopo normativo – tanto porque seriam desarrazoadas como porque nisto se revelaria extravasamento da competência, já que esta é atribuída para se exercitar na intensidade e medida indispensáveis ao fim legal, por ser mera expressão do dever de atendê-lo, do qual os poderes são a contraface serviente e instrumental.

16º) Tal como a razoabilidade e a proporcionalidade, os deveres de lealdade e boa-fé e o princípio da igualdade também são princípios gerais de direito, condições do convívio jurídico ou – o último deles – expressão fundamental do Estado de direito. A existência de discrição não significa arredamento dos cânones básicos da ordenação jurídica. Daí que o ato discricionário terá de respeitá-los, pena de invalidade.

Referências

ALESSI, Renato. *Sistema istituzionale del diritto amministrativo italiano*. 3. ed. Milão: Giuffrè, 1960.

BANDEIRA DE MELLO, Celso Antônio. *Ato administrativo e direito dos administrados*. São Paulo: Revista dos Tribunais, 1981.

BANDEIRA DE MELLO, Celso Antônio. *Controle judicial dos atos administrativos*. RDP, v. 65, jan./mar. 1983.

CARRIÓ, Genaro. *Notas sobre derecho y leguaje*. Buenos Aires: Abeledo Perrot, 1972.

DEBBASCH, Charles. *Contentieux administratif*. Paris: Dalloz, 1975.

GARCÍA DE ENTERRÍA, Eduardo; FERNÁNDEZ, Tomás-Ramón. *Curso de derecho administrativo*. 14. ed. Madrid: Thomson Civitas, 2008. v. I.

GONZALEZ PEREZ, Jesus. *El principio general de la buena fe en el derecho administrativo*. Madrid: Civitas, 1983.

GORDILLO, Agustín. *Tratado de derecho administrativo*. 7. ed. Belo Horizonte: Del Rey, 2003. t. 1-3.

LAUBADÈRE, André de. *Traite élementaire de droit administratif*. 5. ed. Paris: LGDF, 1970. v. I.

LIMA, Ruy Cirne. *Princípios de direito administrativo*. 5. ed. São Paulo: Revista dos Tribunais, 1982.

MEIRELLES, Hely Lopes. *Direito administrativo brasileiro*. 15. ed. São Paulo: Revista dos Tribunais, 1990.

PEREIRA, André Gonçalves. *Erro e ilegalidade no acto administrativo*. Lisboa: Ática, 1962.

QUEIRÓ, Afonso Rodrigues. *Reflexões sobre a teoria do desvio de poder*. Coimbra: Coimbra Editora, 1940.

RAMON REAL, Alberto. La fundamentación del acto administrativo. *Revista de Derecho Publico*, n. 27, p. 131-132, ene./jun. 1980.

RIVERO, Jean. *Droit administratif*. 2. ed. Paris: Dalloz, 1962.

SAINZ MORENO, Fernando. *Conceptos juridicos, interpretacion y discricionariedad administrativa*. Madrid: Civitas, 1976.

STASSINOPOULOS, Michel. *Traité des actes administratifs*. Athenas: Librairie Sirey, 1954.

SUNDFELD, Carlos Ari. Motivação do ato administrativo como garantia dos administrados. *RDP*, v. 75, jul./set. 1985.

TÁCITO, Caio. A Administração e o controle da legalidade. *Revista de Direito Administrativo*, v. 37, 1954.

TÁCITO, Caio. *Direito administrativo*. São Paulo: Saraiva, 1975.

WALINE, Marcel. *Droit administratif*. 9. ed. Paris: Sirey, 1963.

Nº 4

"RELATIVIDADE" DA COMPETÊNCIA DISCRICIONÁRIA

1. Ainda que sejam correntes as expressões "ato vinculado" e "ato discricionário", em rigor, vinculação ou discricionariedade são predicados atinentes aos condicionantes da válida expedição do ato ou ao seu próprio conteúdo. Querem significar, respectivamente, que o agente administrativo está, no que concerne a quaisquer destes aspectos, previamente manietado de maneira estrita pela lei ou que, pelo contrário, por força da dicção normativa que lhe regula a conduta, disporá, em relação a algum ou alguns deles, de certa liberdade para decidir, *no caso concreto*, sobre o modo de atender com a máxima perfeição possível ao interesse público entregue a seu encargo.

Quer-se dizer: *não é o ato que é vinculado ou discricionário*; tanto que se costuma afirmar que tais ou quais "elementos" dele são sempre vinculados. Donde, por imperativo lógico, o ato, em si mesmo, nunca o seria, como bem observou Vitor Nunes Leal.[87] Em verdade, discricionária é a *apreciação a ser feita pela autoridade quanto aos aspectos tais* ou *quais* e vinculada é sua *situação* em relação a tudo aquilo que se possa considerar já resoluto na lei e, pois, excludente de interferência de critérios da Administração.

---

[87] LEAL, Vitor Nunes. Comentário à acórdão. *RDA*, v. XIV, out./dez. 1948. p. 53 e segs.

Em obra monográfica sobre o tema deixamos averbado que:

> [...] embora seja comum falar-se em "ato discricionário", a expressão deve ser recebida apenas como uma maneira elíptica de dizer "ato praticado no exercício de apreciação discricionária em relação a algum ou alguns dos aspectos que o condicionam ou compõem". Com efeito, o que é discricionária é a competência do agente quanto ao aspecto ou aspectos tais ou quais, conforme se viu. O ato será apenas o "produto" do exercício dela. Então, a discrição não está no ato, não é uma qualidade dele; logo, não é ele que é discricionário, embora seja nele (ou em sua omissão) que ela haverá de se revelar.[88]

2. É a falta desta necessária precisão conceitual o que leva a inúmeras e desnecessárias confusões provocadas pela simplificada linguagem vertida na fórmula "ato discricionário" e "ato vinculado". Com efeito, por meio dela desperta-se a enganosa sugestão de que existe uma radical antítese entre atos de uma ou de outra destas *supostas* categorias antagônicas. Não é o que ocorre, entretanto, pois a discricionariedade não é atributo de ato algum. É apenas a *possibilidade* – aberta pela dicção legal – de que o agente qualificado para produzi-lo disponha de uma *certa* (ou *relativa*) margem de liberdade, seja (a) para avaliar se efetivamente ocorreram os pressupostos (isto é, motivos) que legalmente o ensejariam, seja (b) para produzi-lo ou abster-se, seja (c) para eleger seu conteúdo (conceder ou negar, expedir o ato "x" ou "y"), seja (d) para resolver sobre o momento oportuno de fazê-lo, seja (e) para revesti-lo com a forma tal ou qual. E tudo isto na *medida, extensão e modalidades* que resultem da norma jurídica habilitante e, ademais, apenas quando *comportado pela situação concreta* que lhe esteja anteposta.

Assim, é visível que a noção de discricionariedade não é predicável de um ato propriamente dito, mas da competência que o agente disporá, *in concreto*, para proceder a uma avaliação concernente às condições de sua expedição ou conteúdo.

3. É visível, outrossim, que a discricionariedade é sempre e inevitavelmente *relativa*. E é relativa em diversos sentidos. Veja-se.

É *relativa* no sentido de que, em todo e qualquer caso, o administrador estará sempre cingido – não importa se mais ou menos estritamente – ao que haja sido disposto em lei, já que discrição supõe comportamento *intra legem* e não *extra legem*. Neste sentido pode-se

---

[88] BANDEIRA DE MELLO, Celso Antônio. *Discricionariedade administrativa e controle jurisdicional*. São Paulo: Malheiros, 1992. p. 18.

dizer que o administrador se encontra sempre e sempre "vinculado" aos ditames legais.

4. É *relativa* no sentido de que, seja qual for o âmbito de liberdade conferido, só dirá respeito àqueles tópicos que a lei haja remetido à apreciação do administrador e não a outros tópicos concernentes ao ato, mas sobre os quais a norma já haja resolvido de maneira a não deixar margem para interferência do agente. Assim, *exempli gratia*, se a norma disser que a Administração "*poderá* conferir um prêmio de tantos reais ao funcionário que contar com 40 anos de serviço sem nenhuma falta e sem haver sofrido sanção disciplinar alguma", o agente disporá de certa liberdade para expedir ou não o ato atributivo do prêmio, mas não disporá de liberdade nem quanto ao conteúdo dele (a outorga do número de reais fixado em lei), nem quanto aos pressupostos ensejadores do ato, isto é, seus motivos (o tempo de serviço fixado e a ausência de faltas e sanções). De outro lado, se a lei estatuir que a Administração "*deverá* atribuir um prêmio de tantos reais ao funcionário que no ano de 1996 haja desenvolvido a atividade mais relevante para o serviço público", o agente disporá de certa liberdade para eleger o servidor mais qualificado para recebê-lo, mas não disporá de liberdade nem quanto à expedição do ato atributivo do prêmio, nem quanto ao montante dele.

Vê-se, aí, ao propósito de um *mesmo ato*, o convívio entre vinculação e discricionariedade.

5. A discricionariedade é *relativa*, ainda, no sentido de que, por ampla ou estrita que seja, a liberdade outorgada só pode ser exercida de maneira consonante com a busca da *finalidade legal* em vista da qual foi atribuída a competência. Logo, seja qual for a extensão da liberdade resultante da regra a ser cumprida, o administrador não poderá decidir-se por motivos particulares, de favorecimento ou perseguição, que isto configuraria "desvio de poder", nem por razões de interesse público diferente daquele contemplado na regra *sub* execução, sob pena de também incidir no mencionado vício. Por isto, Seabra Fagundes, depois de anotar que se a lei prevê que um dado ato deva ser praticado em vista de uma dada finalidade, outra não pode ser com ele buscada, averbou: "Não importa que a diferente finalidade com que tenha agido seja moralmente lícita. Mesmo moralizada e justa, o ato será inválido por divergir da orientação legal".[89]

---

[89] FAGUNDES, Miguel Seabra. *O controle dos atos administrativos pelo Poder Judiciário*. 5. ed. rev. e atual. Rio de Janeiro: Forense, 1979. p. 72-73.

Ainda aqui, em relação a qualquer ato, portanto, coexistirão vinculação e discricionariedade.

6. A discricionariedade também é *relativa* no sentido de que a liberdade deferida pela lei só existe na *extensão, medidas ou modalidades* que dela resultem. Assim, se a lei permitir ou determinar que se atribua um prêmio fixado entre tantos e tantos reais na hipótese tal ou qual, ou que se apliquem as sanções "x" ou "y" a quem pratique as infrações de determinada compostura, uma vez ocorrentes os correlatos supostos normativos, haverá liberdade dentro do campo de alternativas abertas, mas não haverá para outorgar um prêmio inferior ou superior ao mínimo e máximo estabelecidos, nem para aplicar a penalidade "z", diversa, portanto, das sanções "x" e "y" predeterminadas.

Logo, estarão concorrentes vinculação e discricionariedade ao propósito dos mesmos atos.

7. É *relativa*, ademais, no sentido de que a liberdade acarretada pela circunstância de haver a lei se servido de expressões vagas, fluidas ou imprecisas não pode ser utilizada de maneira a desprender-se do campo significativo mínimo que tais palavras recobrem, isto é, das chamadas "zonas de certeza positiva" e "certeza negativa" nem do significado social imanente nas palavras legais das quais resultou tal liberdade. Referimo-nos a expressões tais como "notável saber", "situação urgente", "pobreza", "comportamento indecoroso", "reputação ilibada", "ocorrências que comprometam sua situação econômica", as quais, bastas vezes, são adotadas para caracterização dos motivos que facultam ou impõem a prática de determinado ato.

Isto é, o agente público estará sempre "vinculado" ao campo de certeza positiva e ao campo de certeza negativa abrigado nas palavras em questão, pois não está autorizado a fazer delas uma intelecção desarrazoada, arbitrária, distante do senso comum, liberta do sentido corrente que necessariamente lhes terá de ser reconhecido em dado tempo e lugar.

Assim, também, não poderá atribuir-lhes sentido desligado do contexto em que se aloca e de sua ubicação na lei e na inteireza da ordenação jurídica em que esteja encartada.

Segue-se que a discrição administrativa, relativa a qualquer ato praticado a partir de supostos normativos fluidos, estará adstrita a um espaço todo ele circundado de vinculação. Daí havermos, em obra teórica sobre o tema, apostilado:

A discricionariedade ensejada pela fluidez significativa do pressuposto ou da finalidade da norma cingir-se-á sempre ao campo de ineliminíveis dúvidas sobre o cabimento dos conceitos utilizados pela regra de direito aplicanda. Fora daí, não haverá discricionariedade, mas vinculação.[90]

Nota-se, pois, também neste aspecto, que vinculação e discricionariedade se entrelaçam.

8. Cumpre aqui esclarecer um pouco mais esta questão dos conceitos indeterminados e de sua relação com o tema da discricionariedade.

Quando a lei, ao caracterizar o motivo, utilizar-se de conceitos chamados fluidos, vagos, indeterminados, o confronto entre a previsão normativa e a situação fática tomada como base para a prática do ato apresentará as dificuldades inerentes à *imprecisão relativa* do padrão legal, pois o campo recoberto por estes conceitos carecerá de uma linha demarcatória definida com rigor e precisão indisputáveis. É que, no corretíssimo dizer de Renato Alessi, estarão em pauta "condizioni di fatto suscetibili, oltre che di un accertamento, anche di un aprezzamento, di una valutazione della *misura* nella quale sussistono", por se tratar de "condições que *podem subsistir em grau maior ou menor*". O autor exemplifica referindo conceitos como os de pobreza, velhice, estado de necessidade, boa conduta e escasso rendimento.[91]

Sem embargo, é evidente que quaisquer destas expressões têm um campo significativo induvidoso "frente a los cuales nadie vacilaria en aplicar la palabra, y casos claros de exclusión respecto de los cuales nadie dudaria en no usarla", como registrou com precisão Genaro Carrió, ao tratar dos conceitos indeterminados.[92] Há, pois, o que Fernando Sainz Moreno chamou de "zona de certeza positiva", ao lado da "zona de certeza negativa": "el de certeza positiva (lo que es seguro) y el de certeza negativa (lo que es seguro que no es)".[93]

9. É certo que alguns entendem que o tema da fluidez dos conceitos nada tem a ver com o tema da discricionariedade, pois, segundo estes, de que é exemplo García de Enterría, esta indeterminação relativa deve ser dissipada pelo próprio juiz. Pretende a moderna doutrina

---

[90] BANDEIRA DE MELLO, Celso Antônio. *Discricionariedade administrativa e controle jurisdicional*. São Paulo: Malheiros, 1992. p. 31-32. Grifos no original.
[91] ALESSI, Renato. *Principi di diritto amministrativo*. 4. ed. Milão: Giuffrè, 1978. t. I. p. 236.
[92] CARRIÓ, Genaro. *Notas sobre derecho y leguaje*. Buenos Aires: Abeledo Perrot, 1972. p. 29.
[93] SAINZ MORENO, Fernando. *Conceptos juridicos, interpretacion y discricionariedad administrativa*. Madrid: Civitas, 1976. p. 70-71.

alemã que a indeterminação só existe em abstrato e não em concreto. Diz o mestre espanhol que, ao serem aplicadas as circunstâncias do mundo real, verifica-se que ou se dá ou não se dá o conceito. *Tertium non datur*.[94]

Quanto a nós reputamos improcedente esta inteligência, pois nem sempre é possível objetivamente chegar a uma noção unívoca, pois o juiz não poderá pretender em todos e quaisquer casos que sua intelecção é a única admissível e que a do administrador está necessariamente errada, isto é, viciada por haver ultrapassado, na situação vertente, o espaço de significação possível do conceito interpretando. Haverá, algumas vezes, um campo de dúvidas ineliminávéis e perante ele é o juízo do administrador que terá de prevalecer, pois foi a ele que a lei encarregou de sopesar as circunstâncias do caso para adotar a providência mais adequada.

10. De toda sorte, seja por um ou por outro entendimento, ao Judiciário assistirá, no mínimo, o encargo de aferir se a intelecção administrativa se manteve ou não dentro dos limites do razoável perante o caso concreto e anulá-la se verificar que houve uma inadequada qualificação dos motivos à face da lei, uma abusiva dilatação do sentido da norma, uma desproporcional extensão do sentido extraível do conceito legal ante os fatos a que se quer aplicá-lo.

Assinale-se que o Judiciário brasileiro – e há mais de cinquenta anos – não se correu de averiguar se o motivo indicado mediante conceitos imprecisos ("valor histórico ou artístico" de dado bem) existia ou não, apurando-o mediante juízo pericial, em caso no qual se contendeu a procedência deste pressuposto fático para um tombamento.[95]

11. Finalmente, a discricionariedade é *relativa*, no sentido de que, ainda quando a lei haja, em sua dicção, ensanchado certa margem de liberdade para o agente, *tal liberdade poderá esmaecer ou até mesmo esvair-se completamente* diante da situação em concreto na qual deva aplicar a regra. É dizer: ante as particularidades do evento que lhe esteja anteposto, a autoridade poderá ver-se defrontada com um caso no qual suas opções *para atendimento do fim legal* fiquem contidas em espaço mais angusto do que aquele abstratamente franqueado pela lei e pode ocorrer, até mesmo que, *à toda evidência*, não lhe reste *senão*

---

[94] GARCÍA DE ENTERRÍA, Eduardo; FERNÁNDEZ, Tomás-Ramón. *Curso de derecho administrativo*. 14. ed. Madrid: Thomson Civitas, 2008. v. I. p. 467.
[95] *RDA*, v. II, fasc. I, 1945. p. 124 e segs.

uma só conduta idônea para satisfação do escopo normativo, por não ser comportada outra capaz de colimar os propósitos da lei em face da compostura da situação. Em síntese: a discrição ao nível da norma é condição necessária, mas nem sempre suficiente para que subsista nas situações concretas.

A razão disto está no seguinte. A lei, como é óbvio, almeja a adoção do comportamento capaz de atender ao interesse público da maneira mais satisfatória. Ora, se a norma de direito sempre tipificasse em termos rígidos a conduta do administrador – inibindo-o de avaliar e tomar em conta a particularidade das situações – ao ser aplicada, dada a variedade e compostura polifacética da realidade empírica, em vez de bem acudir aos interesses e finalidades pretendidos, resultaria em desatendimento ou mau atendimento deles. Assim, exatamente por pretender a solução adequada para a circunstância, é que a lei, nas hipóteses em que comporta discrição, está redigida em termos aptos a conferir ao administrador – que é quem está acercado das individualizadas situações concretas – o encargo de apurar o modo correto de implementar o escopo legal. Segue-se disto que a variedade de soluções comportadas em lei outorgadora de discrição não significa que repute quaisquer delas igual e indiferentemente adequadas para todos os casos de sua aplicação; *logo, não significa que o administrador está liberado para adotá-las indiscriminadamente perante quaisquer casos*. Significa exatamente o contrário. Ou seja: significa que considera algumas adequadas para certos casos e outras para outros casos, *a serem deslindados à vista das situações concretas*, razão porque necessitou apresentar alternativas ou um leque delas. É, certo, pois, que o administrador, ao decidir-se, está inexoravelmente obrigado a eleger o comportamento cabível "vinculado" à compostura do caso.

12. Veja-se: se a lei admitir, no caso de infrações a regras de trânsito, aplicação de sanções tais como advertência, multa, suspensão do exercício da atividade, e cancelamento da licença para dirigir, sem especificar quais delas aplicar-se-ão a tais ou quais comportamentos infracionais, à toda evidência o administrador não poderia aplicar esta última, a mais grave delas, a um motorista que, permanecendo na direção do veículo, houvesse estacionado em local proibido. E, se estivesse apenas tentando manobrar para efetuar dito estacionamento, é óbvio que mais não caberia senão uma simples advertência. Finalmente, se o ato de estacionar houvesse se efetuado para recolher pessoa que acabara de se acidentar no local e que demandava cuidados para seu transporte, *nenhuma sanção poderia ser aplicada*.

O que se vem de dizer deixa claro que, no primeiro exemplo, o administrador *não teria discricionariedade* para aplicar a sanção nele cogitada; de que, no segundo, estaria *vinculado* a fazer uma simples advertência e, no terceiro, *vinculado* a abster-se de produzir qualquer ato sancionatório. Ora, isto demonstra duas coisas, a saber:

a) uma, a de que a situação concreta *afunila* o campo de liberdade abstratamente aberto na lei e *pode eliminá-lo* por completo e, consequentemente,

b) outra, de que o Judiciário, a instâncias do interessado, pode e deve analisar amplamente as circunstâncias de fato em vista das quais a Administração expediu determinado ato "*sub color* de exercitar discrição comportada pela dicção normativa", *para conferir se, in casu, houve ou não e em que termos o afunilamento ou eliminação da discricionariedade hipoteticamente prevista*, sem que nisto haja qualquer invasão do campo discricionário do agente, mas pura e simples investigação da legalidade de seu comportamento. Com efeito, tratar-se-á aí de averiguar se houve correta subsunção do fato à hipótese ensejadora do uso da discrição, porquanto esta só poderia persistir e ser utilizada em sintonia com a finalidade abrigada na lei ao presumir a liberdade de avaliação.

13. Do que foi dito, resulta também; a saber: *não se pode examinar a existência de discricionariedade ou de sua extensão buscando-a simplesmente no exame da lei que porventura a contemple, porque é imprescindível analisar o caso concreto, pois a discrição ao nível da norma é apenas uma condição necessária, mas não suficiente, para que irrompa ou para dimensionar-lhe a extensão.*

São precisamente estes pontos importantíssimos que ficam escamoteados ao se falar simplificadamente em "ato discricionário" e em "ato vinculado". É que ditas fórmulas, como se procurou demonstrar, induzem a uma errônea compreensão do fenômeno jurídico em causa, distorcem-lhe a fisionomia, obstaculizam seu entendimento e ocultam aspectos capitais dele. Daí que terminam por induzir a conclusões inteiramente falaciosas das quais resulta o danosíssimo efeito de arredar o Poder Judiciário do exame completo da legalidade de inúmeros atos e consequente comprometimento da defesa de direitos individuais.

Se tal risco é menos evidente em face de exemplos como os aventados – pois foram adrede compostos para exibir situações em que intuitivamente aceitar-se-ia, de imediato, o cabimento da correção judicial –, não o é na grande maioria dos casos cuja fisionomia não tenha, por si, a mesma força aliciante, já que a tradicional referência a "ato discricionário" atrairia o espírito para o mero exame da dicção legal e para sua insidiosa resultante, qual seja: a de que se a lei conferiu discrição, "o ato possui tal caráter" e o Judiciário não pode interferir, pena de estar se substituindo ao administrador e sonegando-lhe uma liberdade que a lei lhe outorgou.

Não há como esquivar-se a equívocos de tal monta sem ter da discricionariedade uma noção *teoricamente* correta. Não há como correr-se de erronias na matéria sem se aperceber que a discricionariedade na regra de direito é apenas uma suposição, pois *só irrompe* ante o caso concreto, *só se revela e se dimensiona à vista dele* e que, de conseguinte, o juiz necessita investigar os fatos precisamente para aferir se existia, *in casu*, real consonância entre aquilo que a lei tinha em conta e em mira e aquilo que o ato efetuou.

14. Seria enganoso supor que este tipo de exame implicaria agravar a liberdade conferida pela lei ao administrador. Passa-se que a liberdade que a regra lhe enseja nada tem a ver com a *autonomia da vontade*, própria do direito privado, segundo a qual o sujeito age se quiser e conforme queira, contanto que não transgrida a lei. A "liberdade" do administrador na discrição é de outra natureza, porque assentada em outros fundamentos e animada por outro escopo, visto que concerne ao exercício de uma função: a administrativa. Donde, por ser função, o que está em pauta é a irrogação *de um poder a ser exercido à conta de dever e no interesse alheio*; *in casu*, o da coletividade. Trata-se, pois, de um poder-dever, como muitas vezes se diz, ainda que melhor coubesse a expressão "dever-poder", pois este último tem caráter instrumental, constituindo-se apenas e tão somente no meio necessário para o atendimento do encargo de bem curar o interesse público.

Acresce que a discrição não existe ou foi concebida como um objeto de culto ou como categoria encastelada no mundo abstrato das normas, mas como recurso operacional cujo préstimo óbvio é o de habilitar o administrador para resolver eficazmente questões ubicadas na realidade empírica, logo, impregnadas com toda sua polifacética riqueza e o colorido peculiar a suas infindas variedades e que, bem por isto, nunca se apresentam com a nudez esquemática de que se compõem as figuras do universo normativo, mas surgem encharcadas das circunstancialidades próprias da vida real.

Assim, a franquia da norma não existe para proporcionar ao agente um desfrute, um proveito, uma ampliação de sua esfera pessoal de liberdade, mas *unicamente para ensejar-lhe a adoção do comportamento que, in concreto, seja especificamente o mais adequado ao implemento do interesse público em causa*. É que, como disse Cirne Lima, em magistral construção: "O fim – e não a vontade – domina todas as formas de administração".[96]

E mais: "Na administração, o dever e a finalidade são predominantes; no domínio, a vontade".[97]

Em suma: no reino do direito privado, a vontade é comandante, no do direito administrativo, é serviente. Daí decorre que, na frase lapidar de Caio Tácito, que nunca nos cansamos de reproduzir: "A regra de competência não é um cheque em branco".[98]

Logo, toda vez *que for possível* demonstrar que o ato praticado não era o idôneo para atender ao interesse que a lei tinha em mira, seja porque os supostos da lei não se encontraram reproduzidos ou suficientemente retratados na realidade empírica – *nada importando que tenha sido expedido com base em norma ensejadora de discrição* – seja porque o escopo da lei era diverso daquele a que o ato aportou, cabe correção judicial dele. E cabe porque aí não se estará ajuizando sobre o que é conveniente e oportuno, mas sobre o que a lei deveras ensanchava ao administrador, ou seja, *sobre legalidade propriamente dita*.

Referências

ALESSI, Renato. *Principi di diritto amministrativo*. 4. ed. Milão: Giuffrè, 1978. t. I.

BANDEIRA DE MELLO, Celso Antônio. *Discricionariedade administrativa e controle jurisdicional*. São Paulo: Malheiros, 1992.

CARRIÓ, Genaro. *Notas sobre derecho y leguaje*. Buenos Aires: Abeledo Perrot, 1972.

FAGUNDES, Miguel Seabra. *O controle dos atos administrativos pelo Poder Judiciário*. 5. ed. rev. e atual. Rio de Janeiro: Forense, 1979.

GARCÍA DE ENTERRÍA, Eduardo; FERNÁNDEZ, Tomás-Ramón. *Curso de derecho administrativo*. 14. ed. Madrid: Thomson Civitas, 2008. v. I.

LEAL, Vitor Nunes. Comentário à acórdão. *RDA*, v. XIV, out./dez. 1948.

---

[96] LIMA, Ruy Cirne. *Princípios de direito administrativo*. 5. ed. São Paulo: Revista dos Tribunais, 1982. p. 22.

[97] LIMA, Ruy Cirne. *Princípios de direito administrativo*. 5. ed. São Paulo: Revista dos Tribunais, 1982. p. 51-52.

[98] TÁCITO, Caio. *Direito administrativo*. São Paulo: Saraiva, 1975. p. 5.

LIMA, Ruy Cirne. *Princípios de direito administrativo.* 5. ed. São Paulo: Revista dos Tribunais, 1982.

SAINZ MORENO, Fernando. *Conceptos juridicos, interpretacion y discricionariedad administrativa.* Madrid: Civitas, 1976.

TÁCITO, Caio. *Direito administrativo.* São Paulo: Saraiva, 1975.

Nº 5

ANULAÇÃO DE ATO ADMINISTRATIVO E DEVER DE INVALIDAR

1. O Texto Constitucional brasileiro estabelece em seu art. 37, §6º, que: "As pessoas jurídicas de direito público e as de direito privado prestadoras de serviços públicos responderão pelos danos que seus agentes, nessa qualidade, causarem a terceiros, assegurado o direito de regresso contra o responsável, nos casos de dolo ou culpa".

Este dispositivo filia-se a uma tradição constitucional iniciada com a Constituição de 1946, a partir da qual se consagrou, segundo entendimento corrente e moente de nossa doutrina e jurisprudência, a adoção da responsabilidade objetiva entre nós.

Em todo o período anterior, que se estenderia até a Carta de 1937 (inclusive), os Textos Magnos – tal como o fazia o Código Civil em seu art. 15 – associavam a responsabilidade pública a procedimento "contrário ao direito", "falta a dever prescrito em lei", "negligência", "omissão", "abuso no exercício do cargo", expressões estas que traduziam engajamento à concepção da responsabilidade subjetiva.

Com efeito, responsabilidade subjetiva é a obrigação de indenizar que incumbe a alguém em razão de um procedimento contrário ao direito, culposo ou doloso, consistente em causar um dano a outrem ou deixar de impedi-lo quando a isto juridicamente obrigado.

O assentamento normativo da ruptura deste modelo de responsabilidade estatal – já muito contestado desde o século passado e princípios deste por insignes juristas como Ruy Barbosa, Pedro Lessa,

Amaro Cavalcanti e Filadelfo de Azevedo – viria ocorrer, como dito, com a Constituição de 1946, cujo art. 194, com a redação, proposta pelo eminente administrativista prof. Mario Mazagão, à época deputado constituinte, dispôs o seguinte:

> As pessoas jurídicas de direito público são civilmente responsáveis pelos danos que os seus funcionários, nessa qualidade, causarem a terceiros.
>
> Parágrafo único – Caber-lhes-á ação regressiva contra os funcionários causadores do dano, quando tiver havido culpa destes.

A cabeça do artigo deixava de fazer qualquer referência – ao contrário dos textos precedentes – a procedimento contrário ao direito, descumprimento de dever legal (como estatuído no Código Civil) ou à negligência, omissão ou abuso de poder (como a Constituição de 1934 e a Carta de 1937). Sobremais, dispondo o parágrafo único que se houvesse culpa dos funcionários, caberia ação regressiva contra estes, punha-se claro que o Estado poderia ser responsabilizado fora desta hipótese; ou seja: evidenciava-se que a responsabilidade estatal transcendia os limites da culpa e, depois, da ilegalidade.

2. O inolvidável mestre Seabra Fagundes, reportando-se à Constituição de 1946, procedeu ao seguinte comento:

> Para que houvesse responsabilidade da Fazenda Pública, com base no direito anterior à atual Constituição, era preciso que se somassem as seguintes condições:
>
> a) ter o representante praticado o ato no exercício da função ou a pretexto de exercê-la;
>
> b) ser ilegal o ato por omissão de dever expressamente prescrito ou por violação ativa do direito;
>
> c) do ato advir dano a alguém.
>
> Do segundo destes requisitos já não é de cogitar, em face do art. 194 da Constituição. Adotada, como foi, nesse texto, a teoria do risco criado, já não importa a ilegalidade do ato, conquanto, via de regra, a responsabilidade decorra de atos ilegais. Desde que haja um dano, haverá lugar à indenização, resulte este da violação da lei ou não.[99]

Com efeito, responsabilidade objetiva é a obrigação de indenizar que incumbe a alguém em razão de um procedimento lícito ou ilícito que

---

[99] FAGUNDES, Miguel Seabra. *O controle dos atos administrativos pelo Poder Judiciário*. 5. ed. rev. e atual. Rio de Janeiro: Forense, 1979. p. 186-187.

produziu uma lesão na esfera juridicamente protegida de outrem. Para configurá-la basta, pois, a mera relação causal entre o comportamento e o dano.

Ressalve-se, de passagem, que, ao nosso ver, se é induvidosa, como querem doutrina e jurisprudência pátrias, a responsabilidade objetiva do Estado no direito brasileiro, tal conclusão só é procedente no que concerne a atos comissivos, mas o mesmo não se poderá dizer no caso de danos causados por omissão. Nesta última hipótese, discrepando do pensamento assentado e perfilhando a lição de meu saudoso mestre Oswaldo Aranha Bandeira de Mello, estamos em que ainda vige a responsabilidade subjetiva,[100] ainda que sob a modalidade de culpa presumida, salvo em algumas hipóteses peculiares que (e nisto nos desviamos do jurista citado) também são cobertas pela responsabilidade objetiva.[101]

3. O certo é que dúvida não existe quanto à responsabilidade objetiva do Estado por atos comissivos, ainda que legítimos, sempre que deles resulte um dano especial, isto é, particularizado, em relação ao lesado ou lesados. Os exemplos são mais comuns do que se pode imaginar. Obras públicas realizadas sem falha técnica alguma podem causar aos proprietários dela lindeiros prejuízos econômicos e consideráveis.

Basta lembrar o caso do elevado Costa e Silva, em São Paulo, por força do qual alguns andares dos edifícios marginais perderam iluminação e os ocupantes dos sobreditos prédios passaram a ter que suportar alto nível de ruído e de emissão da fumaça, oriundos do trânsito dos veículos motorizados que trafegam no referido elevado. Tais eventos causaram notória deterioração econômica dos imóveis, gravosos aos proprietários, sendo-lhes judicialmente reconhecido o direito à indenização pelos prejuízos decorrentes da citada obra pública, sempre que a postularam judicialmente.

Nada tem de excepcional, nem aqui, nem no exterior, a responsabilidade do Estado por atos lícitos. Aliás, curiosamente, tal hipótese foi justamente uma das primeiras, senão a primeira, normativamente reconhecida no direito francês, conquanto este se mantenha, até hoje, aferrado à responsabilidade subjetiva do Estado como princípio geral.

---

[100] BANDEIRA DE MELLO, Oswaldo Aranha. *Princípios gerais de direito administrativo*. Rio de Janeiro: Forense, 1969. v. II. p. 487.

[101] Cf. nosso *Curso de direito administrativo*. 26. ed. São Paulo: Malheiros, 2009, notadamente p. 1020-1023, n. 90-95.

Sem embargo, a aceitabilidade da responsabilidade sem culpa por atos legítimos, no direito gaulês, é estendida a diferentes hipóteses, tendo por base, sobretudo, o princípio da igualdade de todos perante as cargas públicas.[102]

4. Sendo, pois, certo e indiscutido que a responsabilidade por atos lícitos é simplesmente uma hipótese como qualquer outra de responsabilidade do Estado, e sendo igualmente certo e indiscutido que entre nós vige, quando menos em relação a atos comissivos, o princípio da responsabilidade objetiva, claramente consagrada no art. 37, §6º, da Constituição vigente, resulta óbvio que as pessoas jurídicas de direito público têm de responder pelos danos que causem a sujeitos de boa-fé, em decorrência da anulação de atos sobre os quais se assentavam situações ou relações jurídicas produzidas na conformidade do ato anulado.

Assim, ainda quando a invalidação do ato corresponda a comportamento legítimo, isto é, reação contra comportamento ilícito anterior, sobreposse se procedida pela própria Administração, emergirá responsabilidade pública pelos prejuízos que, dessarte, resultem ao administrado, desde que este, tendo agido na conformidade do ato anulado, haja procedido de boa-fé. De resto, a hipótese cogitada é precisamente um caso paradigmático de responsabilidade do Estado por ato jurídico lícito.

Com efeito, para a prática de inúmeros atos jurídicos ou mesmo materiais, os administrados dependem da aquiescência do Poder Público, de manifestações deste, que constituem ou dão origem a relações jurídicas, ora provindas de atos unilaterais, ora de atos bilaterais, como sucede com os contratos administrativos. Por força disto, ficam inelutavelmente expostos aos danos que resultarão se, ulteriormente, o ato administrativo que lhes serviu de suporte – e no qual podiam estar tranquilamente arrimados, ante a presunção de legitimidade dos atos administrativos – vier a ser anulado. É natural, então que o Poder Público responda por tais danos.

5. Deveras, quando a Administração anula um ato unilateral ou bilateral que praticou, está precisamente a efetuar pronúncia autoincriminadora. Ou seja: a confessar às expressas que afrontou a ordem jurídica, que a transgrediu; que violou o direito e quer disto

---

[102] Cf., entre tantos, RIVERO, Jean. *Droit administratif*. 2. ed. Paris: Dalloz, 1962. p. 248 e segs., WALINE, Marcel. *Droit administratif*. 9. ed. Paris: Sirey, 1963. p. 867-868, VEDEL, Georges. *Droit administratif*. 3. ed. Paris: Presses Universitaires de France, 1964. p. 278, DEBBASCH, Charles. *Droit administratif*. Paris: Cujas, 1968. p. 335.

se penitenciar mediante fulminação da ilegalidade em que incorreu. Excelente que o faça, pois é isto que lhe cumpre fazer se o ato não for convalidável. Sem embargo, à toda evidência, seria incongruente, rebarbativo, que a expiação da falta que cometeu deva ser sofrida, não por ela, mas por outrem, o particular – mesmo estando de boa-fé – o qual atuou na conformidade de um ato presumidamente legítimo, ornado pelos atributos da oficialidade.

Nem se imagine que os danos porventura surdidos não seriam reparáveis nos casos de nulidade do ato ou da relação, pena de contrariedade ao conhecido brocardo jurídico segundo o qual *quod nullum est nullum producit efectum*, visto que reconhecer direito à indenização em hipóteses que tais corresponderia a assentá-la sobre ato insuscetível de gerar efeitos.

Passa-se que o brocardo é que é incorreto. Os atos nulos produzem ou podem produzir efeitos. Deveras, se não os produzissem ou não pudessem, "de fato", produzi-los, ninguém se ocuparia de anulá-los! Por outro lado, se o vício que os enferma passar desapercebido, produzirão efeitos *per omnia secula seculorum*, tal como se se tratasse de um ato perfeitamente regular.

Então, nulo não é o que não produz ou que não pode produzir efeitos, mas o que não deveria produzi-los. O certo, entretanto, é que os produz, salvo se forem antes abortados. Sem embargo, como "não deveria produzir os efeitos a que estava preordenado", uma vez proclamada sua nulidade desconstituem-se, *ab initio*, os efeitos jurídicos a que se preordenou e que já tenham sido desencadeados, mas emergem efeitos outros, isto é, todos os decorrentes da proclamação de sua invalidade.

6. Assim, ao ser pronunciada pela Administração a invalidade de um ato seu, há que distinguir duas situações, conforme de outra feita deixamos averbado:[103]

> a) casos em que a invalidação do ato ocorre *antes de o administrado incorrer em despesas* suscitadas seja pelo ato viciado, seja por atos administrativos precedentes que o condicionaram (ou condicionaram a relação fulminada). Nestas hipóteses não se propõe qualquer problema patrimonial que despertasse questão sobre dano indenizável;
>
> b) casos em que a invalidação infirma ato ou relação jurídica quando o administrado, na conformidade deles, *já desenvolveu atividade dispendiosa,*

---

[103] BANDEIRA DE MELLO, Celso Antônio. *Curso de direito administrativo.* 26. ed. São Paulo: Malheiros, 2009. p. 473-474.

seja para engajar-se em vínculo com o Poder Público em atendimento à convocação por ele feita, seja por ter efetuado prestação em favor da Administração ou de terceiro.

Em hipóteses desta ordem, *se o administrado estava de boa-fé e não concorreu para o vício do ato fulminado*, evidentemente a invalidação não lhe poderia causar um dano injusto e muito menos seria tolerável que propiciasse, eventualmente, um enriquecimento sem causa para a Administração.

E logo além:

Com efeito, se o ato administrativo era inválido, isto significa que a Administração, ao praticá-lo, feriu a ordem jurídica. Assim, ao invalidar o ato, estará, *ipso facto*, proclamando que fora autora de uma violação da ordem jurídica. Seria iníquo que o agente violador do Direito, confessando-se tal, se livrasse de quaisquer ônus que decorreriam do ato e lançasse sobre as costas alheias todas as conseqüências patrimoniais gravosas que daí decorreriam, locupletando-se, ainda, à custa de quem, não tendo concorrido para o vício, haja procedido de boa fé.[104]

7. Cumpre banir de vez a infundada suposição, altanto disseminada, de que o Poder Público pode fulminar seus atos viciados e ignorar a situação jurídica dos que hajam sido atingidos pelas consequências daí decorrentes. É possível mesmo que se a Administração Pública estivesse bem alertada sobre o dever de reparar os lesados em hipóteses quejandas, os servidores públicos redobrariam cautelas para não incorrerem na prática de atos viciados, prevenindo, dessarte, as correlatas consequências patrimoniais gravosas ao Erário, até porque, nos casos de dolo ou simplesmente de culpa de tais agentes, responderão eles pelos sobreditos danos, em ação regressiva, a teor da parte final do art. 37, §6º da Constituição do país.

Referências

BANDEIRA DE MELLO, Celso Antônio. *Curso de direito administrativo*. 26. ed. São Paulo: Malheiros, 2009.

BANDEIRA DE MELLO, Oswaldo Aranha. *Princípios gerais de direito administrativo*. Rio de Janeiro: Forense, 1969. v. II.

DEBBASCH, Charles. *Droit administratif*. Paris: Cujas, 1968.

---

[104] BANDEIRA DE MELLO, Celso Antônio. *Curso de direito administrativo*. 26. ed. São Paulo: Malheiros, 2009. p. 474.

FAGUNDES, Miguel Seabra. *O controle dos atos administrativos pelo Poder Judiciário*. 5. ed. rev. e atual. Rio de Janeiro: Forense, 1979.

RIVERO, Jean. *Droit administratif*. 2. ed. Paris: Dalloz, 1962.

VEDEL, Georges. *Droit administratif*. 3. ed. Paris: Presses Universitaires de France, 1964.

WALINE, Marcel. *Droit administratif*. 9. ed. Paris: Sirey, 1963.

Nº 6

ANULAÇÃO DE ATO ADMINISTRATIVO: DEVIDO PROCESSO LEGAL E MOTIVAÇÃO

1. É da mais vetusta tradição do direito luso-brasileiro a oitiva do interessado quando alguma decisão lhe possa ser gravosa.

Com efeito, já na *Colleção de Princípios Regras e Axiomas do Direito Divino, Natural, Civil Público, das gentes e criminal adoptados pelas Ordenações, Decretos e mais leis que vigorarão no Brasil*, coligidos por Carlos Antonio Cordeiro,[105] encontram-se multisseculares princípios:

> Ouvir se deve a parte em matérias que lhe podem prejudicar. Ord. Liv. 1 Tit. 24, §12, Tit. 48, §14, Liv. 2, Tit. 59, §11. Liv. 3, Tit. 37 §1. Tit. 66, §6. Liv. 4, Tit. 6 §3. Tit. 43, §§1 e 2.[106]

> Ouvir se deve a parte antes de proceder. Ord. Liv. 2, Tit. 1, 4, 13, Liv. 3, Tit. 30 §1. Liv. 4, Tit. 14 §4 e Tit. 78, fine.[107]

---

[105] CORDEIRO, Carlos Antonio. *Colleção de princípios regras e axiomas do direito divino, natural, civil publico, das gentes e criminal adoptados pelas ordenações, decretos e mais leis que vigorarão no Brasil*. [s.l.]: Tipographia Parisiense, 1859.

[106] CORDEIRO, Carlos Antonio. *Colleção de princípios regras e axiomas do direito divino, natural, civil publico, das gentes e criminal adoptados pelas ordenações, decretos e mais leis que vigorarão no Brasil*. [s.l.]: Tipographia Parisiense, 1859. p. 82.

[107] CORDEIRO, Carlos Antonio. *Colleção de princípios regras e axiomas do direito divino, natural, civil publico, das gentes e criminal adoptados pelas ordenações, decretos e mais leis que vigorarão no Brasil*. [s.l.]: Tipographia Parisiense, 1859. p. 90.

Estas diretivas, consagradas desde tempos remotos, certamente se inspiram em outro cânone, ainda maior, igualmente apontado na *Colleção* referida, como já o fora nos *Princípios de Direito Divino, Natural, Publico Universal e das Gentes Adoptados pelas Ordenações, Leis, Decretos e mais Disposições do Reino de Portugal*, organizados em 1773 por Filippe José Nogueira Coelho:[108] "Defesa he de Direito natural e divino. Ord. Liv. 2, Tit. 1, §13".[109]

Como se vê, desde o tempo das ordenações, exaltava-se a importância da ouvida do interessado.

2. Em nosso tempo histórico, dúvida alguma pode existir ao respeito. Antes mesmo de referir qualquer texto normativo ou decisões jurisprudenciais, convém lembrar que nem aqui, nem em qualquer estado civilizado se admite que a Administração proceda diretamente sem obediência às formas jurídicas necessárias para resguardo de direitos. Sobretudo é certo que a Administração não pode agir à revelia do administrado, criando-lhe surpresas, sobressaltos, sem lisa e lhaneza expor-lhe o que pretende dele e em que está fundamentada para tanto.

A proteção dos indivíduos reside especialmente na prefixação dos *meios, condições* e *formas* a que se tem de cingir o Poder Público para perseguir suas finalidades. Bem por isso, a legislação em todos os países esmera-se em clausular a ação do Estado mediante enunciação dos pressupostos condicionadores do exercício de seus poderes e em formalizar cada vez mais acentuadamente o "processo" ou "procedimento" por meio do qual se formam as decisões estatais. Vale dizer: regula-se o *iter* formativo da medida a ser imposta aos administrados.

Então, como a passagem do poder em abstrato (competência) para sua expressão em concreto (ao ato final) transita por providências intermédias, preestabelecidas, pode-se controlar a correção e procedência do que foi decidido. Verifica-se, pois, se a Administração tinha motivos reais para agir como agiu e se atendeu ao que deveria atender para chegar à decisão que chegou ou se, reversamente, sua conduta foi

---

[108] COELHO, Filippe José Nogueira (Org.). *Princípios de direito divino, natural, publico universal e das gentes adoptados pelas ordenações, leis, decretos e mais disposições do Reino de Portugal.* Lisboa: Offic. de Francisco Borges de Souza, 1773 (2ª edição de 1777).

[109] COELHO, Filippe José Nogueira (Org.). *Princípios de direito divino, natural, publico universal e das gentes adoptados pelas ordenações, leis, decretos e mais disposições do Reino de Portugal.* Lisboa: Offic. de Francisco Borges de Souza, 1773. p. 81.

caprichosa, aleatória, desabrida, interesseira ou simplesmente precipitada, mais extensa ou mais intensa do que o indispensável.

A indicação das *formas adequadas* para aportar nos fins buscados define o *modus procedendi* obrigatório para o Poder Público, com o que sua atuação fica inserida na intimidade de uma trilha cujo percurso correto é a maior garantia para o atendimento dos bens jurídicos que o Estado de direito visa resguardar.

Não por acaso disse Yhering, em uma das mais verdadeiras e formosas frases exaltadoras do valor da forma: "Inimiga jurada do arbítrio a forma é a irmã gêmea da liberdade".[110]

O quanto até aqui se anotou torna visível que o *devido processo* – donde a ouvida formal do interessado, seu direito de pleno conhecimento dos elementos dos autos e a possibilidade de produzir instrução probatória, em suma, a ampla defesa, com os meios e recursos a ela inerentes – *são da própria essência do Estado de direito*.

Deveras, à falta disto, não se asseguraria aos administrados a concretização do fundamento do Estado de direito – qual seja, o de que "todo poder emana do povo e em seu nome será exercido" – e muito menos a realização do projeto nele contido: subordinar o exercício do poder a trâmites que acautelem seu uso injusto ou descomedido; impedir a adoção de medidas inopinadas que ponham em sobressalto os membros da sociedade e lhes dificultem, embarguem ou elidam a possibilidade de obstar agravos indevidos à liberdade e à propriedade.

3. Compreende-se, então, facilmente, por que a doutrina é tão clara e incisiva ao respeito. Valham como exemplo estas lições do famigerado administrativista argentino Agustín Gordillo, que com sua reconhecida autoridade anotou:

> Toda decisión que sea suscetible de afectar los derechos o intereses de la persona debe ser dictada *oído previamente a la persona alcanzada por el acto*. Es ésta una forma o procedimiento de llegar a una resolución, y por ello la regla no debe variar, *cualquiera sea el tipo de decisión a adoptarse*. [...]
>
> La violación de la garantía de la defensa es para nosotros uno de los principales vicios en que puede incurrirse en el procedimiento administrativo, y también uno de los vicios más importantes del acto administrativo que en su consecuencia se dicte. Por lo tanto estimamos que a menos que la transgresión de que se trate sea de

---

[110] YHERING, Rudolf Von. *L'Esprit du droit romain*. 3. ed. rev. e corrig. Paris: Librairie Marescq Ainê, 1887. t. 3. p. 164.

poca trascendencia, la indefensión del particular cometida por la administración *debe sancionarse con la nulidad del procedimiento*.[111]

Eduardo García de Enterría e Tomás-Ramón Fernández, expoentes do direito público em nosso tempo, observaram que entre as garantias da posição jurídica dos administrados:

> El procedimiento administrativo es la primera de esas garantias, en tanto que supone que la actividad de la Administración tiene que canalizar-se obligadamente através de unos cauces determinados como requisito mínimo para que pueda ser calificada de actividad legítima.[112]

A eminente constitucionalista Cármen Lúcia Antunes Rocha, hoje ministra do Supremo Tribunal Federal, enunciou considerações de tal modo judiciosas sobre a relação entre processo e democracia, que merecem literal transcrição:

> A história do processo retrata a própria história do homem em sua luta pela democratização da relação do poder e com o poder.
>
> O processo reflete uma forma de convivência estatal civilizada segundo parâmetros previamente determinados pelo Direito posto à observância de todos. A civilização é formal. As formas desempenham um papel essencial na convivência civilizada dos homens; elas delimitam espaços de ação e modos inteligíveis de comportamento para que a surpresa permanente não seja um elemento de tensão constante do homem em seu contato com o outro e em sua busca de equilíbrio na vivência com o outro e, inclusive, consigo mesmo.[113]
>
> Fora daí, não há solução para a barbárie e para a descrença no Estado. Sem confiança nas instituições jurídicas, não há base para a garantia nas instituições políticas. O processo é, pois, uma garantia da Democracia realizável pelo Direito, segundo o *Direito e para uma efetiva justiciabilidade*.[114]
>
> Como instrumento realizador desses princípios de Justiça, segurança e interesse público, o processo baliza-se segundo os elementos nos quais

---

[111] GORDILLO, Agustín. *Procedimiento y recursos administrativos*. 2. ed. Buenos Aires: Macchi, 1971. p. 84-85. Grifos nossos.
[112] GARCÍA DE ENTERRÍA, Eduardo; FERNÁNDEZ, Tomás-Ramón. *Curso de derecho administrativo*. 11. ed. Madrid: Thomson Civitas, 2008. v. II. p. 452.
[113] ROCHA, Cármen Lúcia Antunes. Princípios constitucionais do processo administrativo no direito brasileiro. *Revista Trimestral de Direito Público*, v. 17, 1997. p. 5-6.
[114] ROCHA, Cármen Lúcia Antunes. Princípios constitucionais do processo administrativo no direito brasileiro. *Revista Trimestral de Direito Público*, v. 17, 1997. p. 6.

eles se compõem e se decompõem, pois o meio presta-se aos fins e não o contrário. O processo é um instrumento de exercício do poder. Assim, a democracia política e mesmo a democracia social tem no processo uma forma de manifestação e realização dos seus princípios.[115]

Pouco além, referindo-se ao processo administrativo anotou:

O processo administrativo democrático não é senão o encontro da segurança jurídica justa. Ela é uma das formas de concretização do princípio da legitimidade do poder, à medida em que se esclareçam e se afirmam os motivos das decisões administrativas. Tais decisões são questionadas e deslindadas no processo administrativo e, nessa sede, o poder no exercício do qual elas foram adotadas recebe a sua condição legítima própria. Quanto mais democrático for o processo administrativo mais demonstrativo ele é da essência e prática do exercício do poder em determinado Estado.[116]

É, pois, para a realização dos princípios democráticos legitimadores do exercício do poder que se põe o processo administrativo como instrumento de ação do agente público, gerando-se em sua base jurídica o conjunto elementar dos subprincípios que dão ao cidadão a segurança de aplicação eficiente do Direito justo.[117]

Com efeito, o próprio do Estado de direito é subordinar o exercício do poder público à obediência de normas adrede concebidas para conformar-lhe a atuação, prevenindo, dessarte, seu uso desatado ou descomedido. Deveras, o propósito que nele se consubstancia é o de oferecer a todos os integrantes da sociedade segurança de que não serão amesquinhados pelos detentores do poder nem surpreendidos com medidas e providências interferentes com a liberdade e a propriedade sem cautelas preestabelecidas para defendê-las eficazmente.

4. Independentemente de todas estas considerações principiológicas extraídas da própria essência do Estado de direito e abonadas por juristas da maior suposição, o direito positivo brasileiro de modo expresso e com a mais incontendível explicitude sufraga estas mesmas observações que foram feitas.

---

[115] ROCHA, Cármen Lúcia Antunes. Princípios constitucionais do processo administrativo no direito brasileiro. *Revista Trimestral de Direito Público*, v. 17, 1997. p. 7.
[116] ROCHA, Cármen Lúcia Antunes. Princípios constitucionais do processo administrativo no direito brasileiro. *Revista Trimestral de Direito Público*, v. 17, 1997. p. 7-8.
[117] ROCHA, Cármen Lúcia Antunes. Princípios constitucionais do processo administrativo no direito brasileiro. *Revista Trimestral de Direito Público*, v. 17, 1997. p. 10-11.

Cite-se, desde logo, o art. 5º, LIV, da Constituição Federal que estatui: "Ninguém será privado da liberdade ou *de seus bens* sem o devido processo legal", e o inc. LV de acordo com o qual: "*aos litigantes*, em processo judicial *ou administrativo*, e aos acusados em geral são assegurados o contraditório e ampla defesa, com os meios e recursos a ela inerentes".

Assim, está estampadamente claro na Constituição do país que a Administração Pública não pode investir contra a liberdade ou contra a propriedade das pessoas sem antes cumprir a sequência itinerária de atos que se constituam em um processo regular, assegurada ampla defesa, quando se trate de adotar providência conducente a qualquer medida gravosa que intente tomar em relação a estes bens jurídicos. Vale dizer: a "privação" deles está condicionada ao "devido processo legal", sem o que será nula, por inconstitucional.

De resto, como se vê, na linguagem do inc. LV, se a providência a ser adotada já significar um litígio ou for redundar nele, será, de todo modo, assegurado o contraditório e ampla defesa, mesmo que a Administração tenha se omitido em assumir, por declaração formal, a existência de processo administrativo instaurado. Ou seja: basta que o ato restritivo pressuponha um agravamento para alguém, o qual certamente desejaria defender-se dele, para que a Administração, antes de agir em seu detrimento, tenha que assegurar-lhe previamente contraditório e ampla defesa. Este é o princípio, excepcionado apenas em algumas hipóteses-limite em que a ausência de medida tomada incontinenti acarretaria o perecimento do bem jurídico que o Poder Público estaria adstrito a defender – casos nos quais a ouvida da parte só poderia ser feita *a posteriori*. Valham como exemplo a dissolução pela polícia de segurança de uma passeata que se transmuda em depredação de bens, a demolição parcial de uma propriedade interrompendo sua contiguidade a imóvel vizinho, efetuada por bombeiros, para evitar que incêndio de grandes proporções se alastre às edificações confinantes etc.

5. A origem longínqua do "devido processo legal" (o *due process of law*) remonta, como se sabe, à Magna Carta que João Sem Terra, em 1215, foi compelido a conceder aos barões. Em seu art. 39, este documento feudal assegurava que nenhum homem livre teria sua liberdade ou propriedade sacrificados, salvo na conformidade da *law of the land*. Tratava-se, na verdade, de uma defesa contra o arbítrio real e a consagração de um direito a julgamento, efetuado pelos próprios pares, na conformidade do direito costumeiro (a "lei da terra"), ou seja: o direito assente e sedimentado nos precedentes judiciais, os quais

exprimiam a *common law*. Esta expressão, *law of the land*, cerca de um século depois, sob Eduardo III, em 1354, no *Statute of Westminster of the liberties of London*, foi substituída por *due process of law*.

Ao trasladar-se para as colônias americanas a ideia nelas abrigada, antes e depois da independência prevaleceu a expressão *law of the land*, até a Constituição de Nova York, de 1821, que foi a primeira a incorporar em seu texto a dicção *due process of law*. Esta terminologia, entretanto – que, a final, seria a definitivamente consagrada – já havia entrado na Constituição norte-americana, por meio da Emenda V, aprovada em 1789 e ratificada pelos Estados em 15.12.1791. Inicialmente concebida como garantia puramente processual (*procedural due process*), evoluiria ao depois, mediante construção pretoriana da Suprema Corte norte-americana, para converter-se em garantia também "substancial" (*substantive due process*), conforme abertura possibilitada pela Emenda XIV (*equal protection of the laws*), abrigando e expandindo a ideia de resguardo da vida, da liberdade e propriedade, *inclusive contra legislação opressiva, arbitrária*, carente de razoabilidade.[118] Demais disto, como anota Carlos Roberto Siqueira Castro:

> Do campo processual penal e civil a garantia do devido processo legal *alastrou-se aos procedimentos travados na Administração Pública*, impondo a esses rigorosa observância dos princípios da legalidade e da moralidade administrativa. Por sua crescente e prestigiosa aplicação, acabou por transformar-se essa garantia constitucional em princípio vetor das manifestações do Estado contemporâneo e das relações de toda ordem entre o Poder Público, de um lado, e a sociedade e os indivíduos de outro.[119]

---

[118] Cf. ao respeito, na doutrina nacional, entre outros, dos quais recolhemos estas anotações: GRINOVER, Ada Pellegrini. *As garantias constitucionais do direito de ação*. São Paulo: Revista dos Tribunais, 1973. Caps. I, II e III; CASTRO, Carlos Roberto de Siqueira. O devido processo legal e a razoabilidade das leis na nova Constituição do Brasil. Rio de Janeiro: Forense, 1989. Caps. II e III; MACIEL, Adhemar Ferreira. Due process of law. *In*: ROCHA, Cármen Lúcia Antunes (Org.). *Perspectivas do direito público*. Estudos em homenagem a Miguel Seabra Fagundes. Belo Horizonte: Del Rey, 1995. p. 409-418; FIGUEIREDO, Lúcia Valle. Princípios constitucionais do processo. *RTDP*, v. 1, 1993. p. 118; FIGUEIREDO, Lúcia Valle. O devido processo legal e a Responsabilidade do Estado por dano decorrente do planejamento. *RTDP*, v. 11, 1995. p. 5; FIGUEIREDO, Lúcia Valle. Estado de direito e devido processo legal. *RTDP*, v. 15, 1996. p. 35; GROTTI, Dinorá Adelaide Musetti. Devido processo legal e o procedimento administrativo. *RTDP*, v. 18, 1997. p. 34; ROCHA, Cármen Lúcia Antunes. Princípios constitucionais do processo administrativo no direito brasileiro. *Revista Trimestral de Direito Público*, v. 17, 1997. p. 6 e BRINDEIRO, Geraldo. O devido processo legal e o Estado democrático de direito. *RTDP*, v. 19, 1997. p. 50.

[119] CASTRO, Carlos Roberto de Siqueira. O devido processo legal e a razoabilidade das leis na nova Constituição do Brasil. Rio de Janeiro: Forense, 1989. p. 40-41. Grifos nossos.

De seu turno, Ada Pellegrini, citando Comoglio, expõe que, na conformidade da lição do autor, entre as consequências do elemento "igualdade", ínsito na noção de devido processo legal, contam-se as de que "os princípios constitucionais de probidade processual aplicam-se sempre que o indivíduo possa sofrer uma perda quanto à vida, a liberdade ou à propriedade, *independentemente da natureza do órgão* perante o qual a *deprivation* deva concretamente efetivar-se", e, demais disto, que "consequentemente; a cláusula é requisito de constitucionalidade no tocante a qualquer procedimento (*mesmo administrativo, tributário* ou arbitral) pelo qual possa ocorrer a perda de direitos individuais constitucionalmente garantidos".[120]

6. De outra feita, em obra teórica, antes mesmo da edição da lei federal de processo administrativo, já havíamos anotado que existe, por força mesmo dos princípios constitucionais brasileiros, obrigatoriedade de instauração de procedimento administrativo em quatro diferentes hipóteses.

(a) *Sempre que o administrado provocar manifestação administrativa.*

Na oportunidade, observamos que isto é simples consequência do direito de petição, previsto no art. 5º, XXXIV, "a" da Lei Magna. Ora, tal direito nada significaria se a Administração pudesse simplesmente despachar "indefiro" ou "arquive-se". Donde, ele existe para que o Poder Público o analise devidamente, com instrução probatória e dando oportunidade ao interessado de exibir a procedência do peticionado, o que evidentemente pressupõe um processo regular;

(b) *Quando a providência administrativa a ser tomada, tendo efeitos imediatos sobre o administrado, envolver privação da liberdade ou de bens.*

Para fundamentar a assertiva, invocamos o precitado art. 5º, LIV, da Constituição, de acordo com o qual: "ninguém será privado da liberdade ou de seus bens sem o devido processo legal", averbando:

> Vale dizer, estando em causa ato restritivo ou ablativo de direitos integrados no patrimônio do sujeito, é obrigatória a prévia instauração de procedimento administrativo externo, ressalvadas, evidentemente, as exceções constitucionais (*exempli gratia*, dos arts. 5º, LVI, 136, §3º, I, e 139);

---

[120] GRINOVER, Ada Pellegrini. *As garantias constitucionais do direito de ação*. São Paulo: Revista dos Tribunais, 1973. p. 40-41.

De seguida referimos outra hipótese, reportando-nos ao inc. LV do mesmo dispositivo constitucional invocado.

c) *Quando a providência administrativa a ser tomada disser respeito à matéria que envolva litígio, controvérsia sobre direito do administrado ou que implique imposição de sanções.*
Com efeito, em tal situação o art. 5º, LV, expressamente o exige ao estatuir que: "aos litigantes, em processo judicial ou administrativo, e aos acusados em geral, são assegurados o contraditório e ampla defesa, com os meios e recursos a ela inerentes.

d) *Quando a Constituição diretamente o exigir, caso dos concursos públicos, a teor do art. 37, II ou da aquisição de obras, bens ou serviços e da alienação de bens, inc. XXI do mesmo artigo, assim como nas concessões e permissões de serviço público, como resulta do art. 175.*[121]

7. A necessidade de um processo perante casos de anulação que afetam interesses econômicos do administrado é praticamente intuitiva. Não se anula ato algum, *de costas para o cidadão, à revelia dele*, simplesmente declarando que o que fora dantes estabelecido de um certo modo em uma relação concreta e específica, passa a ser de outro modo, sem ouvida do que o interessado tenha a alegar na defesa de seu direito. A desobediência a este princípio elementar, esta atuação à valentona, lança de imediato suspeita sobre a boa-fé com que a Administração tenha agido, inclusive porque nele se traduz um completo descaso tanto pelo fundamental princípio da presunção de legitimidade dos atos administrativos quanto por aquele que é talvez o mais importante dentre todos os cânones que presidem o Estado de direito, a saber: o princípio da segurança jurídica.

Mônica Toscano Simões, em obra monográfica que se constitui em trabalho de mão e sobremão precisamente sobre o tema em pauta, averbou que, ao constatar a possível ocorrência de vícios:

> não deve a Administração proceder, de imediato, à invalidação do ato. Com efeito, entre a constatação do vício e a invalidação do ato deve transcorrer o chamado procedimento administrativo invalidador, ao fim do qual poderá ser emitido o ato invalidador.

---

[121] BANDEIRA DE MELLO, Celso Antônio. Procedimento administrativo. *In*: BANDEIRA DE MELLO, Celso Antônio (Org). *Direito administrativo na Constituição de 1988*. São Paulo: Revista dos Tribunais, 1991. p. 39-40.

Quer-se com isto dizer que a invalidação de atos administrativos, mesmo quando pronunciada pela própria Administração Pública, deve observar o devido processo legal, sob pena de ofensa frontal ao sistema constitucional brasileiro.[122]

Logo em seguida ao excerto colacionado, a alumiada doutrinadora traz à balha o corretíssimo ensinamento de Clarissa Sampaio Silva, também proferido em obra monográfica,[123] segundo o qual: "[...] A invalidação já não pode ser vista como ato único, decisão one shot, mas como resultado de um procedimento cujos participantes devem ser aqueles diretamente atingidos por dada medida".

8. A mesma Profa. Mônica Toscano Simões, prodigaliza ainda outras valiosas ensinanças de equivalente teor, quais as de que:

> Não se pode admitir que a Administração invalide atos – os quais, vale lembrar, gozam de presunção de legitimidade – sem conceder àqueles que serão atingidos pela decisão administrativa a chance de sustentar no curso do devido processo legal, que se trata de atos legítimos.[124]

A autora anota que esta linha tem recebido reiterado acolhimento nos Tribunais pátrios, "para os quais afigura-se inviável a anulação do ato administrativo sem a instauração do competente procedimento administrativo que garanta ao interessado o contraditório e a ampla defesa".[125]

Em nota de rodapé, abonando tal assertiva, arrola numerosos julgados, todos recentes, cuja identificação aqui transcrevemos: Supremo Tribunal Federal no RMS nº 21.518-DF (Rel. Min. Ilmar Galvão, *DJU* de 10.11.2000, p. 107). Superior Tribunal de Justiça: ROMS nº 10.673-RJ (Rel. Min. Francisco Falcão, *DJU* de 26.6.2000, p. 137); MS nº 7.218-DF (Rel. Min. Luiz Fux, *DJU* de 29.4.2002, p. 154); MS nº 6.737-DF (Rel. Min. Laurita Vaz, *DJU* de 13.5.2002, p. 143); MS nº 7.228-DF (Rel. Min. Humberto Gomes de Barros, *DJU* de 12.8.2002, p. 161); MS nº 7.841-DF (Rel. Min. Luiz Fux, *DJU* de 23.9.2002, p. 218); MS nº 7.217-

---

[122] SIMÕES, Mônica Toscano. *O processo administrativo e a invalidação de atos viciados*. São Paulo: Malheiros, 2004. p. 160-161.

[123] SILVA, Clarissa Sampaio. *Limites à invalidação dos atos administrativos*. São Paulo: Max Limonad, 2001. p. 142.

[124] SIMÕES, Mônica Toscano. *O processo administrativo e a invalidação de atos viciados*. São Paulo: Malheiros, 2004. p. 160-161.

[125] SIMÕES, Mônica Toscano. *O processo administrativo e a invalidação de atos viciados*. São Paulo: Malheiros, 2004. p. 160-161.

DF (Rel. Min. Humberto Gomes de Barros, *DJU* de 28.10.2002, p. 212); MS nº 7.219-DF (Rel. Min. Luiz Fux, *DJU* de 11.11.2002, p. 140); MS nº 7.978-DF (Rel. Min. Hamilton Carvalhido, *DJU* de 16.12.2002, p. 241); ROMS 12.726-PR (Rel. Min Vicente Leal, *DJU* de 24.3.2003, p. 281); ROMS nº 12.821-GO (Rel. Min Vicente Leal, *DJU* de 24.3.2003, p. 282) e MS nº 7.221-DF (Rel. Min Franciulli Netto, *DJU* de 24.3.2003, p. 133).

Derradeiramente, convém aproveitar a transcrição da ementa de acórdão do STF no RE nº 158-543-RS, relatado pelo eminentíssimo Min. Marco Aurélio, figura pinacular daquele Tribunal, que a referida jurista[126] noticia ser o precedente invocado pelo próprio STF e pelo STJ nas suas decisões sobre a matéria, do seguinte teor:

> Ato administrativo- Repercussões – Presunção de Legitimidade – Situação constituída – Interesses contrapostos – Anulação – Contraditório – tratando-se de anulação de um ato administrativo cuja formalização haja repercutido no campo dos interesses individuais, a anulação *não prescinde da observância do contraditório, ou seja da instauração de processo administrativo que enseje a audição daqueles que terão modificada situação já alcançada* – Presunção do ato administrativo que não pode ser afastada unilateralmente, porque é comum à administração e ao particular.[127]

9. Aliás, a exigência do contraditório e da ampla defesa, prevista no art. 5º, LV, da Constituição, está amplamente regulada e prestigiada na Lei nº 9.784. Assim, logo, de saída, em seu art. 2º, *caput*, está estabelecido que: "A Administração Pública obedecerá, dentre outros, aos princípios da legalidade, finalidade, motivação, razoabilidade, proporcionalidade, moralidade, *ampla defesa, contraditório*, segurança jurídica, interesse público e eficiência".

O parágrafo único deste preceptivo impõe determinados critérios de observância obrigatória nos processos administrativos e entre eles:

> VIII – observância das formalidades essenciais à garantia dos direitos dos administrados; [...];
>
> X – garantia dos direitos à comunicação, à apresentação de alegações finais, à produção de provas *e à interposição de recursos*, nos processos de que possam resultar sanções e nas situações de litígio; [...].

---

[126] SILVA, Clarissa Sampaio. *Limites à invalidação dos atos administrativos.* São Paulo: Max Limonad, 2001. p. 173.

[127] *DJU*, 6 out. 1995. p. 33.135. Grifos nossos.

Na sobredita lei está também expressamente assegurado, como direito do administrado, a teor do art. 3º:

II – ter ciência da tramitação dos processos administrativos em que tenha a condição de interessado, ter vista dos autos, obter cópias de documentos neles contidos e conhecer as decisões proferidas;

III – *formular alegações e apresentar documentos antes da decisão*, os quais serão objeto de consideração pelo órgão competente.

Conforme art. 28: "*Devem ser objeto de intimação* os atos do processo que resultem para o interessado em imposição de deveres, ônus, sanções ou *restrição ao exercício de direitos e atividades e os atos de outra natureza, de seu interesse*".

Só assim o interessado estará em condições de produzir os esclarecimentos e provas que se lhe afigurarem importantes para elucidação dos fatos, na conformidade do art. 29 desta lei: "As atividades de instrução destinadas a averiguar e comprovar os dados necessários à tomada de decisão realizam-se de ofício ou mediante impulsão do órgão responsável pelo processo, sem prejuízo do direito dos interessados de propor atuações probatórias".

Com efeito, de acordo com o art. 38: "O interessado poderá, na fase instrutória e antes da tomada da decisão, juntar documentos e pareceres, requerer diligências e perícias, bem como aduzir alegações referentes à matéria objeto do processo".

Consoante o art. 56 da Lei nº 9.784: "Das decisões administrativas cabe recurso, em face de razões de legalidade e de mérito".

O recurso que é dirigido à mesma autoridade que prolatou a decisão questionada – a qual, se não a reconsiderar em cinco dias, deverá encaminhá-la à autoridade superior (§1º do citado art. 56) – deverá expor os fundamentos do pedido de reexame, conforme dispõe o art. 60 e a ele poderá ser dado efeito suspensivo quando houver justo receio de difícil ou incerta reparação decorrente da execução do ato impugnado (parágrafo único do art. 61).

10. Note-se que o exercício do direito de recorrer, para poder ser eficiente, isto é, para ter possibilidades de sensibilizar a autoridade *ad quem*, necessita rebater os fundamentos que estribaram a decisão administrativa recorrida.

Relembre-se que o precitado art. 2º da Lei nº 9.784 enunciou o princípio da motivação como obrigatório para a Administração Pública e, no item VII, de seu parágrafo único, determinou que fossem observados uns tantos critérios, entre os quais o da "indicação dos pressupostos de fato e de direito que determinarem a decisão". De seu turno, o art. 50 estatui que os atos administrativos devem ser motivados, "com indicação dos fatos e dos fundamentos jurídicos" enunciando as mais variadas hipóteses de tal obrigatoriedade, valendo aqui salientar os casos em que: "I – neguem, limitem ou *afetem direitos ou interesses*; [...] VIII – *importem anulação*, revogação, suspensão ou convalidação de ato administrativo".

O §1º deste preceptivo, estatui que: "A motivação deve ser explícita, clara e congruente, podendo consistir em declaração de concordância com fundamentos de anteriores pareceres, informações, decisões ou propostas, que, neste caso, serão parte integrante do ato".

Todos os dispositivos arrolados, bem como as considerações teóricas precedentes, exalçam a ideia de que, no moderno Estado de direito, quer-se cintar de cuidados a atuação do Poder Público para evitar condutas intemperantes, para prevenir descomedimentos, para assegurar uma atuação imparcial e obsequiosa às liberdades do cidadão e também – cumpre frisá-lo – para efetivar seu ideal democrático, razão por que o Estado não pode agir à valentona, sem dar satisfações aos administrados. Antes e pelo contrário – se todo poder emana do povo e em seu nome é exercido – o mínimo que se espera é que o Poder Público justifique sua conduta perante os integrantes do corpo social, maiormente perante quem será agravado por comportamento seu.

Há, pois, um indisfarçável e amplo reconhecimento de que a Administração só pode agir supeditada em *motivos* suficientes para tanto, como também faz emergir para ela o dever de *motivar* seus atos, de sorte a que se possa conferir se agiu devidamente embasada e que fundamentos de direito e de fato lhe serviram de calço para adotar a providência que tenha tomado.

11. Motivos, como se sabe, são os antecedentes que autorizam ou exigem a prática do ato administrativo. É que "o agir da Administração está sempre ligado à verificação de determinados fatos ou situações a que a norma alude", bem o disse Afonso Rodrigues Queiró, o eminente mestre coimbrão. Em rigor: "A actividade da Administração é uma actividade de subsumpção dos fatos da vida real às categorias legais".[128]

Assim, os motivos são supostos normativos explícitos ou implícitos cuja ocorrência no plano da realidade fática faz irromper *in*

---

[128] QUEIRÓ, Afonso Rodrigues. *Reflexões sobre a teoria do desvio de poder*. Coimbra: Coimbra Editora, 1940. p. 19.

concreto a competência abstratamente prevista na regra de direito. Logo, eles é que condicionam a deflagração da atividade administrativa, seja como comportamento facultado, seja como comportamento obrigatório, pois a realização do ato, conforme palavras de Caio Tácito: "pressupõe certos antecedentes objetivos. A autoridade competente *não atua no vácuo; ela se movimenta em função de aspectos de fato ou de direito que determinam a sua iniciativa.* O ato administrativo se inicia, portanto, com a verificação da *existência dos motivos*".[129]

Deveras, no Estado de direito, a Administração não pode se valer dos poderes de que está equipada – mormente quando se trate de restringir direitos dos administrados, de impor-lhes limitações, gravames ou sanções – simplesmente porque queira fazê-lo. Seria inconcebível que pretendesse impor-se *quia nominor leo*. Donde, é condição de legitimidade do ato o haver-se realizado o *motivo* que justifica racionalmente o exercício da competência.

Já a *motivação* é a enunciação das razões que suportam a prática do ato; é, pois, o aclaramento dos motivos, a fundamentação da conduta adotada. Na motivação, além da remissão à regra de direito habilitante, são referidos os fatos que o agente deu como presentes para justificar a produção do ato e, se a lei não os referiu previamente, cumpre indicar a relação de pertinência entre eles e a conduta adotada em vista do atendimento do escopo próprio da norma aplicanda. A motivação, por alguns, é considerada um requisito integrante da "forma" do ato ou de sua "formalização", enquanto para outros atina a seu próprio conteúdo.

Em preciosa monografia sobre o motivo e a motivação dos atos administrativos, o Prof. e Desembargador Antonio Carlos de Araújo Cintra faz uma resenha de opiniões de juristas eminentes e exara sua própria lição nos seguintes termos:

> Zanobini, por exemplo, entende que "a motivação contém as condições de ordem jurídica, técnica e administrativa que justificam a emanação do ato e com base nas quais se determinou a vontade da Administração". Para Stassinopoulos, a motivação do ato administrativo é a "menção das circunstâncias ou das considerações que fundaram o ato e que se relacionam, ora à oportunidade, ora a sua legalidade". Idêntica é a posição de Diez, que a propósito invoca a autoridade de Stassinopoulos. É de salientar, ainda, com a mesma tendência, a orientação adotada por Cassagne, que declaradamente se inclina por um conceito mais amplo,

---

[129] TÁCITO, Caio. *Direito administrativo*. São Paulo: Saraiva, 1975. p. 5. Grifos nossos.

para incluir na motivação a indicação da finalidade do ato, além de seus motivos.

A nosso ver, acompanhando Taruffo, a idéia de motivação deve partir da constatação de que ela constitui um discurso, ou seja um conjunto de proposições ligadas entre si e inseridas num contexto autonomamente identificável. Considerada como signo linguístico complexo, em sentido próprio, a motivação se caracteriza por sua intencionalidade, apresentando-se como um discurso destinado a justificar racionalmente o ato motivado.[130]

12. Se no passado não se encarecia tanto a obrigação de motivar, a tendência para exigi-la foi se alargando cada vez mais. O reconhecimento desta evolução e de sua conformidade com o espírito do Estado democrático de direito levou um dos mais insignes administrativistas da América Latina, o pranteado Ramon Real, a emitir as seguintes considerações como fecho de notável artigo sobre a matéria:

1º. – La necesidad de motivar, o fundar obligatoriamente, los actos administrativos es un princípio general del derecho administrativo contemporâneo. Esse princípio debe ser reconocido como tal en los Estados cuyas leyes y jurisprudencia aún no han proclamado.

2º. – Este nuevo principio general del derecho administrativo se arraiga en las bases constitucionales del Estado de derecho y tiene comunidad de fundamentos con la necesidad de fundar los actos jurisdiccionales. Es un aspecto de la "jurisdicionalización" o extensión de los princípios del debido proceso a la actividad administrativa.

3º. – La fundamentación obligatória es prenda de buena administración, a la vez que garantia democrática de los administrados.

4º. – La omisión o defecto grave de la fundamentación produce nulidad por vicio de un elemento esencial del acto, que excede su formalidad y toca su contenido y racionalidad.[131]

Em suma: a autoridade necessita referir não apenas a base legal em que se quer estribada, mas também os fatos ou circunstâncias sobre os quais se apoia e, quando houver discrição, a relação de pertinência lógica entre seu supedâneo fático e a medida tomada, de maneira a se poder compreender sua idoneidade para lograr a finalidade legal.

---

[130] AMARAL, Antonio Carlos Cintra do. *Motivo e motivação do ato administrativo*. São Paulo: Revista dos Tribunais, 1979. p. 105-107.
[131] RAMON REAL, Alberto. La fundamentación del acto administrativo. *Revista de Derecho Publico*, n. 27, p. 131-132, ene./jun. 1980 e RAMON REAL, Alberto. La fundamentación del acto administrativo. *RDP*, n. 62, abr./jun. 1982. p. 17.

Faltando a enunciação da *regra jurídica* proposta como aplicanda, não se tem como saber se o ato é adequado, ou seja, se corresponde à competência utilizada; omitindo-se a enunciação dos *fatos* e situações à vista dos quais se está procedendo de dado modo, não se terá como controlar a própria *existência material* de um motivo para ele e, menos ainda, seu *ajustamento à hipótese normativa*; carecendo de fundamentação esclarecedora do *porquê* se agiu da maneira tal ou qual, não haverá como reconhecer-se, nos casos de discrição, *se houve ou não razão prestante* para justificar o ato e, pois, se ele era, deveras, confortado pelo sistema normativo. Com efeito, como contestar a validade de um ato se os seus motivos, se sua razão de ser, permanecerem ignorados, ocultos? Como impugná-lo, como submetê-lo ao crivo jurisdicional, se forem, desde logo, desconhecidas as bases em que está assentado?

Daí a precisa lição da eminente professora e ex-desembargadora do Tribunal Regional Federal da 3ª Região, Lúcia Valle Figueiredo:

> Constitui-se a motivação na exposição administrativa das razões que levaram à prática do ato. Na explicitação das circunstâncias de fato que, ajustadas às hipóteses normativas, determinaram a prática do ato.
>
> Por isso mesmo não se pode conceber que por motivação se entenda a mera alusão dos dispositivos legais. Na verdade, os dispositivos legais apontados não servem a justificar a prática de qualquer ato.
>
> A norma descreve situações que, se acontecidas, demandam a prática do ato.
>
> A motivação, embora possa ser sucinta, deve demonstrar – de maneira cabal – o "iter" percorrido pelo administrador para chegar à prática do ato.[132]

E logo em seguida:

> A motivação é elemento essencial para o controle, sobretudo para o controle judicial.
>
> Não haverá possibilidade de se aferir se o ato se confinou-se dentro da competência administrativa, dentro da razoabilidade, que deve nortear toda competência, caso não sejam explicitadas as razões condutoras do provimento emanado.

---

[132] FIGUEIREDO, Lúcia Valle. *Curso de direito administrativo*. 9. ed. São Paulo: Malheiros, 2008. p. 193-194. Grifos nossos.

Em suma e conclusão: o ato administrativo que pretenda suprimir ato anterior sem atender aos princípios do devido processo legal ofende à força aberta princípios comezinhos de direito administrativo e do próprio Estado de direito, além de afrontar à generala disposições constitucionais e legais explícitas, estas últimas de uma clareza meridiana.

Referências

AMARAL, Antonio Carlos Cintra do. *Motivo e motivação do ato administrativo*. São Paulo: Revista dos Tribunais, 1979.

BANDEIRA DE MELLO, Celso Antônio. Procedimento administrativo. *In*: BANDEIRA DE MELLO, Celso Antônio (Org). *Direito administrativo na Constituição de 1988*. São Paulo: Revista dos Tribunais, 1991.

BRINDEIRO, Geraldo. O devido processo legal e o Estado democrático de direito. *RTDP*, v. 19, 1997.

CASTRO, Carlos Roberto de Siqueira. *O devido processo legal e a razoabilidade das leis na nova Constituição do Brasil*. Rio de Janeiro: Forense, 1989.

COELHO, Filippe José Nogueira (Org.). *Princípios de direito divino, natural, publico universal e das gentes adoptados pelas ordenações, leis, decretos e mais disposições do Reino de Portugal*. Lisboa: Offic. de Francisco Borges de Souza, 1773.

CORDEIRO, Carlos Antonio. *Colleção de princípios regras e axiomas do direito divino, natural, civil publico, das gentes e criminal adoptados pelas ordenações, decretos e mais leis que vigorarão no Brasil*. [s.l.]: Tipographia Parisiense, 1859.

FIGUEIREDO, Lúcia Valle. *Curso de direito administrativo*. 9. ed. São Paulo: Malheiros, 2008.

FIGUEIREDO, Lúcia Valle. Estado de direito e devido processo legal. *RTDP*, v. 15, 1996.

FIGUEIREDO, Lúcia Valle. O devido processo legal e a Responsabilidade do Estado por dano decorrente do planejamento. *RTDP*, v. 11, 1995.

FIGUEIREDO, Lúcia Valle. Princípios constitucionais do processo. *RTDP*, v. 1, 1993.

GARCÍA DE ENTERRÍA, Eduardo; FERNÁNDEZ, Tomás-Ramón. *Curso de derecho administrativo*. 11. ed. Madrid: Thomson Civitas, 2008. v. II.

GORDILLO, Agustín. *Procedimiento y recursos administrativos*. 2. ed. Buenos Aires: Macchi, 1971.

GRINOVER, Ada Pellegrini. *As garantias constitucionais do direito de ação*. São Paulo: Revista dos Tribunais, 1973.

GROTTI, Dinorá Adelaide Musetti. Devido processo legal e o procedimento administrativo. *RTDP*, v. 18, 1997.

MACIEL, Adhemar Ferreira. Due process of law. *In*: ROCHA, Cármen Lúcia Antunes (Org.). *Perspectivas do direito público*. Estudos em homenagem a Miguel Seabra Fagundes. Belo Horizonte: Del Rey, 1995.

QUEIRÓ, Afonso Rodrigues. *Reflexões sobre a teoria do desvio de poder*. Coimbra: Coimbra Editora, 1940.

RAMON REAL, Alberto. La fundamentación del acto administrativo. *Revista de Derecho Publico*, n. 27, p. 131-132, ene./jun. 1980.

RAMON REAL, Alberto. La fundamentación del acto administrativo. *RDP*, n. 62, abr./jun. 1982.

ROCHA, Cármen Lúcia Antunes. Princípios constitucionais do processo administrativo no direito brasileiro. *Revista Trimestral de Direito Público*, v. 17, 1997.

SILVA, Clarissa Sampaio. *Limites à invalidação dos atos administrativos*. São Paulo: Max Limonad, 2001.

SIMÕES, Mônica Toscano. *O processo administrativo e a invalidação de atos viciados*. São Paulo: Malheiros, 2004.

TÁCITO, Caio. *Direito administrativo*. São Paulo: Saraiva, 1975.

YHERING, Rudolf Von. *L'Esprit du droit romain*. 3. ed. rev. e corrig. Paris: Librairie Marescq Ainê, 1887. t. 3.

Nº 7

DESVIO DE PODER

I – Introdução; II – A atividade administrativa e a ideia de função; III – A teoria do desvio de poder; IV – Modalidades de desvio de poder; V – O desvio de poder e a regra de competência; VI – Hipóteses de desvio de poder; VII – O desvio de poder e o vício de intenção; VIII – Desvio de poder: vício objetivo; IX – Desvio de poder por omissão; X – A prova do desvio de poder; XI – Desvio de poder em atos legislativos e jurisdicionais; XII – Desvio de poder e "mérito" do ato; Referências

I – Introdução

1. Para alumbrar o panorama dentro do qual se encarta a temática do desvio do poder, é útil considerar, introdutoriamente, alguns tópicos concernentes à caracterização da atividade administrativa dentro do Estado de direito.

No Estado de direito, quer-se o governo das leis e não o governo dos homens, consoante a clássica assertiva atribuída a James Harrington, filósofo político inglês do séc. XV, consoante informa Santa Maria Pastor.[133] Isto significa que ao Poder Legislativo é que assiste o encargo de traçar os objetivos públicos a serem perseguidos e de fixar

---

[133] PASTOR, Santa Maria. *Fundamentos de direito administrativo*. Madrid: Edit. Centro de Estudos Ramon Areces, 1988. p. 195.

os meios e os modos pelos quais hão de ser buscados, competindo à Administração, por seus agentes, o mister, o dever, de cumprir dócil e fielmente os *desiderata* legais, segundo os termos estabelecidos em lei. Assim, a atividade administrativa encontra na lei tanto seus fundamentos quanto seus limites.

É próprio do Estado de direito que se delineie na regra geral e impessoal, produzida pelo Legislativo, o quadro, o esquema, em cujo interior se moverá a Administração. Esta atuará por meio de agentes cuja qualificação específica, de direito, é a de operadores das disposições legais.

2. No Texto Constitucional brasileiro está estabelecido, em seu art. 5º, II, que "ninguém será obrigado a fazer ou deixar de fazer alguma coisa senão em virtude de lei". Nele também se dispõe, no art. 84, IV, que compete ao chefe do Poder Executivo "sancionar, promulgar e fazer publicar as leis, bem como expedir decretos e regulamentos para sua fiel execução". De outra parte, o art. 1º, §1º, da Lei Maior, estatui que "todo poder emana do povo que o exerce por meio de representantes eleitos ou diretamente [...]". Diz ainda o Texto Constitucional, como é próprio em democracia representativa, que ao Congresso Nacional compete "dispor sobre todas as matérias de competência da União". Note-se que refere todas as matérias, sem prejuízo de encarecer: "especialmente sobre [...]", arrolando umas tantas postas em saliência, tudo conforme dicção do art. 48.

Vale dizer: em estrita sintonia com a lógica do Estado de direito, sagra-se a tese da soberania popular, do primado da lei – regra geral, abstrata e impessoal – expressão da vontade popular, produzida por representação, por meio do órgão denominado Poder Legislativo, de molde a assegurar, graças à generalidade e abstração dos enunciados, respeito ao princípio isonômico, segundo o qual todos são iguais perante a lei, como dispõe o art. 5º *caput* e inc. I da Constituição de 1988. É certo, pois, que nos preceptivos aludidos encontram-se estampados preceitos básicos do Estado de direito e plenamente afiançado que a atividade administrativa, missão a ser desenvolvida tipicamente pelo Poder Executivo, deverá corresponder à concreção final da vontade popular expressa na lei. Fora da lei, portanto, não há espaço para atuação regular da Administração.

3. Existe, pois, entre a atividade administrativa e a lei uma relação de subordinação, isto é, "subordenação": ordenação inferior. Essa subordinação, nô-lo diz Renato Alessi em observação certeira, apresenta-se sob duplo aspecto. De um lado, realça-se seu sentido

positivo, querendo significar que a lei tanto pode erigir vedações à Administração, quanto impor-lhe a busca de certos fins propostos como obrigatórios; de outro lado, acentua-se um sentido *negativo*, ainda mais importante, qual seja: o de que a Administração não pode fazer senão o que de antemão lhe seja permitido por uma regra legal.[134]

Esta mesma ideia foi vincada em frase lapidar por Michel Stassinopoulos, ao averbar que a Administração não apenas está proibida de agir *contra legem* ou *extra legem*, mas só pode atuar *secundum legem*.[135] Assim, também o eminente mestre português, Afonso Rodrigues Queiró, proferiu as seguintes preciosas lições: "A atividade administrativa é uma atividade de subsunção dos fatos da vida real às categorias legais".[136] "O Executivo é a *longa manus* do legislador",[137] já que sua atividade unicamente há de consistir em realização efetiva do que foi disposto pelo Legislativo.

4. São, pois, as normas de direito instauradas pelo Poder Legislativo, à vista de certos objetivos havidos como prezáveis, que comandam todo o desdobrar da atuação administrativa. Não se considera que o administrador possa agir a seu talante, perseguindo os escopos que mais lhe aprazam, como sucedia em período histórico pretérito. Seus agentes, seja de que escalão forem, hão de ser dóceis instrumentos de cumprimento da lei e dos fins nela estampados.

Com efeito, todos os agentes do Executivo, desde o que lhe ocupa a cúspide até o mais modesto dos servidores que detenha algum poder decisório, hão de ter perante a lei – para cumprirem corretamente seus misteres – a mesma humildade e a mesma obsequiosa reverência para com os desígnios normativos. É que todos exercem função administrativa, a dizer, função subalterna à lei, ancilar – que vem de *ancilla*, serva. Daí que mais não podem senão cumprir, à fidelidade, os escopos legais, tal como previstos pelo poder sobranceiro, comandante, que é o Legislativo.

Com estas colocações iniciais desejamos salientar, enfaticamente, que a atividade administrativa, para manter-se afinada com os

---

[134] ALESSI, Renato. *Sistema istituzionale del diritto amministrativo italiano*. 3. ed. Milão: Giuffrè, 1960. p. 9.
[135] STASSINOPOULOS, Michel. *Traité des actes administratifs*. Athenas: Librairie Sirey, 1954. p. 69.
[136] QUEIRÓ, Afonso Rodrigues. *Reflexões sobre a teoria do desvio de poder*. Coimbra: Coimbra Editora, 1940. p. 19.
[137] QUEIRÓ, Afonso Rodrigues. *Estudos de direito administrativo*. Coimbra: Atlântida, 1968. p. 9.

princípios do Estado de direito e com o regramento constitucional brasileiro, necessita ser exata e precisamente uma atividade pela qual se busca o atingimento dos fins pré-traçados em lei.

5. Reiteradas vezes temos insistido em que a essência da atividade administrativa foi captada com luminosa percuciência por um autor brasileiro, Ruy Cirne Lima, o qual, melhor do que ninguém, soube apanhar-lhe a compostura medular, exprimindo-a em palavras sábias e singelas, nos seguintes termos:

> O fim – e não a vontade – domina todas as formas de administração. Supõe, destarte, a atividade administrativa a preexistência de uma regra jurídica, reconhecendo-lhe uma finalidade própria. Jaz, conseqüentemente, a administração pública debaixo da legislação que deve "enunciar e determinar a regra de direito".[138]

São do mesmo mestre as seguintes insuperáveis lições:

> Administração, segundo o nosso modo de ver, é a atividade do que não é proprietário – do que não tem a disposição da coisa ou do negócio administrado.[139]
>
> Opõe-se a noção de administração à de propriedade nisto que, sob administração, o bem se não entende vinculado à vontade ou personalidade do administrador, porém, à finalidade impessoal a que essa vontade deve servir.[140]
>
> Traço característico da atividade assim designada é estar vinculada – não a uma vontade livremente determinada – porém a um fim alheio à pessoa e aos interesses particulares do agente ou do órgão que a exercita.[141]

Com efeito, o alumiado mestre gaúcho constrói sua corretíssima noção de administração a partir da antinomia que existe entre ela e a noção de propriedade. O *dominus*, o senhor, a dizer, o proprietário, dispõe da coisa a seu talante, isto é, segundo a senhoria de sua própria vontade. Antiteticamente, a administração exalça a finalidade, a

---

[138] LIMA, Ruy Cirne. *Princípios de direito administrativo*. 5. ed. São Paulo: Revista dos Tribunais, 1982. p. 22.

[139] LIMA, Ruy Cirne. *Princípios de direito administrativo*. 5. ed. São Paulo: Revista dos Tribunais, 1982. p. 22.

[140] LIMA, Ruy Cirne. *Princípios de direito administrativo*. 5. ed. São Paulo: Revista dos Tribunais, 1982. p. 20.

[141] LIMA, Ruy Cirne. *Princípios de direito administrativo*. 5. ed. São Paulo: Revista dos Tribunais, 1982. p. 21.

subordinação da vontade a um fim que conforma e direciona a conduta do administrador. Em suma: perante propriedade está-se no reino da autonomia da vontade, perante administração, contrariamente, está-se no reino da finalidade, proposta como impositiva, como obrigatória. Na propriedade, a vontade – dir-se-ia – é comandante; na administração, a vontade é serviente.

II – A atividade administrativa e a ideia de função

6. Estas constatações autorizam-nos a dizer que a atividade administrativa é marcada, sobretudo, pela ideia de *função*. Todos sabemos que a palavra "função", em direito, tem sido usada em mais de um sentido, mas há, para ela, uma acepção, um sentido nuclear, que, mais que outros, merece ser explorado. Existe função, em direito, quando alguém dispõe de um poder à conta de dever, para satisfazer o interesse de outrem, isto é, um interesse alheio.

Função, em síntese, é o exercício no interesse alheio de um poder exercido em conta de dever legal.

Por isso, como disse Alessi: "O poder estatal enquanto preordenado às finalidades de interesse coletivo e enquanto objeto de um dever jurídico em relação ao cumprimento delas, constitui uma função estatal".[142]

A ideia de função – é, pois, a ideia de função administrativa – reclama do intérprete a intelecção de que o sujeito que a exerce recebeu da ordem jurídica um dever: o dever de alcançar certa finalidade preestabelecida de tal sorte que os poderes que lhe assistem foram-lhe deferidos para serem manejados instrumentalmente, isto é, como meios reputados aptos para atender à finalidade que lhes justificou a outorga. Donde o poder, em casos que tais – e assim é irrestritamente no direito público –, tem caráter apenas instrumental. Ele não se constitui, se assim podemos exprimir, em um bem em si mesmo, pois o bem (sagrado na ordem jurídica) é a finalidade estampada na lei. A valia do poder, a utilidade e o sentido dele, resumem-se em consistir em instrumento insuprimível, sem o qual o agente administrativo não teria como desincumbir-se desse dever posto a seu cargo: dever de concretizar a finalidade legal, isto é, dever de dar satisfação a um interesse de terceiro, a um interesse alheio; no caso, o interesse da coletividade. Logo, o

---

[142] ALESSI, Renato. *Sistema istituzionale del diritto amministrativo italiano*. 3. ed. Milão: Giuffrè, 1960. p. 9.

administrador não dispõe de poderes-deveres, como às vezes se diz, mas de *deveres-poderes*, locução que expressa com maior fidelidade que o anterior, a verdadeira índole de suas competências.

Deveras, como o Texto Constitucional estabelece que todo poder emana do povo, o poder que o agente administrativo maneja é colhido na fonte legislativa – representativa de nossa voz – e só é exercitável para atender ao nosso interesse (interesse do povo, da coletividade). O terceiro – o sujeito alheio ao administrador enquanto tal – é a coletividade em cujo proveito se exerce o poder. Este exercício apresenta-se como instrumento necessário para que o agente público se desincumba do dever de dar provimento à finalidade configurada pela lei como útil ao todo social. Eis por que o meneio do poder só é legítimo, só é válido, caso esteja de fato coincidente com a finalidade que lhe serve de justificação.

7. Sabe-se que também no direito privado existe função, conquanto seja muito mais rara, exatamente porque no direito privado rege sobranceira a ideia da autonomia da vontade. Daí remanescer-lhe espaço pequeno, restrito a alguns institutos. De revés, como no direito público a ideia retora é a de finalidade, nele é que a função exerce papel dominante. Sem embargo, no direito privado, toda vez que se põe em pauta instituto submisso à tônica de função, ninguém hesita em sacar as interpretações consequentes e apropriadas. Quando são examinadas a tutela, a curatela ou o pátrio poder, a ninguém acudiria interpretar problemas surdidos ao propósito desta temática privilegiando os poderes do tutor, curador ou pai, ao invés de tomar em conta, acima de tudo, os interesses do tutelado, curatelado ou filho. Corretamente, todos entenderiam que os poderes que calham aos exercentes das *funções* em causa lhes assistem para a proteção dos interesses dos representados ou assistidos. É bem de ver que a finalidade da tutela, *e.g.*, não é a de compor poderes em prol de um dado sujeito – o tutor –, mas apenas a de deferir-lhe meios necessários para bem resguardar os interesses do tutelado.

Pois bem, se é fácil perceber que assim é quando estão em pauta questões de direito privado, mais fácil ainda deveria sê-lo ante problemas de direito administrativo, no qual a ideia de finalidade reina absoluta e o caráter funcional da atividade dos agentes apresenta-se como uma constante jamais excepcionável, de sorte a evidenciar a natureza meramente instrumental dos poderes que manejam.

Curiosamente, entretanto, com alarmante frequência, no direito público perde-se esta perspectiva natural, inobstante a todos ocorra espontaneamente adotá-la no direito privado, justamente onde o exercício de função é excepcional. Então, ao contrário do que seria de esperar, proliferam esquemas teóricos – e na conformidade deles, interpretações – que concorrem para fortalecer e exalçar exageradamente os "poderes" dos administradores públicos, as quase incontrastáveis prerrogativas da Administração, a olímpica imunidade das decisões tomadas a título de discrição administrativa e outras deformações da mesma estirpe. Posterga-se, destarte, a finalidade sob cujos auspícios existem os citados poderes, prerrogativas ou discricionariedade, com agravo manifesto aos interesses que a ordenação legal almejou tutelar. Tais deformações, entretanto, sofrem sua mais cabal contestação exatamente pela teoria do "desvio do poder", como causa de invalidade dos atos administrativos.

8. No passado, sublinhavam-se muito os "poderes" da Administração. Ao depois, como hoje já se faz com alguma habitualidade, passou-se a mencionar os "poderes-deveres" da Administração. Ainda, assim, o binômio está mal expressado. O que se deve encarecer é que a Administração – e, pois, o administrador – enfeixam "deveres-poderes" porquanto os poderes têm destino apenas serviente.

Daí calharem à fiveleta os seguintes escólios respigados no eminente Ruy Cirne Lima:

> À relação jurídica que se estrutura ao influxo de uma finalidade cogente, chama-se relação de administração. Chama-se-lhe relação de administração, segundo o mesmo critério pelo qual os atos de administração opõem-se aos atos de propriedade. Na administração o dever e a finalidade são predominantes, no domínio, a vontade.[143]

É lógico, portanto, que o Poder Executivo, órgão administrador, fique por inteiro submisso às finalidades da lei que executa e que, na relação de administração, se defenda tal finalidade também contra o próprio administrador. Assim o disse o nunca assaz citado mestre:

> Preside, destarte, ao desenvolvimento da atividade administrativa do Poder Executivo – não o arbítrio que se funda na força – mas, a necessidade que decorre da racional persecução do fim.[144]

---

[143] LIMA, Ruy Cirne. *Princípios de direito administrativo*. 5. ed. São Paulo: Revista dos Tribunais, 1982. p. 51-2.
[144] LIMA, Ruy Cirne. *Princípios de direito administrativo*. 5. ed. São Paulo: Revista dos Tribunais, 1982. p. 21.

A relação de administração somente se nos depara, no plano das relações jurídicas, quando a finalidade, que a atividade de administração se propõe, nos aparece defendida e protegida, pela ordem jurídica, contra o próprio agente e contra terceiros.[145]

III – A teoria do desvio de poder

9. Se são procedentes as considerações feitas sobre a importância suprema da finalidade legal, como conformadora da atividade administrativa válida, nenhuma dificuldade existe em verificar que a teoria do desvio de poder não é senão concreta aplicação das noções até agora desenvolvidas. Com efeito, *entende-se por desvio de poder a utilização de uma competência em desacordo com a finalidade que lhe preside a instituição.*

A atuação pela qual o Poder Público, no meneio de uma competência que possui, evade-se ao fim que é próprio dela e aporta em interesse diverso daquele que teria de ser alvejado denomina-se desvio de poder. É a seguinte sua clássica definição, nas palavras de André de Laubadère: "Há desvio de poder quando uma autoridade administrativa cumpre um ato de sua competência mas em vista de fim diverso daquele para o qual o ato poderia legalmente ser cumprido".[146]

Consiste, pois, no manejo de um plexo de poderes (competência) procedido de molde a atingir um resultado diverso daquele em vista do qual está outorgada a competência. O agente se evade do fim legal, extravia-se da finalidade cabível em face da lei. Em suma: falseia, deliberadamente ou não, com intuitos subalternos ou não, aquele seu dever de operar o estrito cumprimento do que a lei configurou como objetivo prezável e atingível por dada via jurídica. O desvio de poder representa, de conseguinte, um dos mais graves vícios do ato administrativo.

Tratando-se, como se trata, de um comportamento que desgarra do fim legal, é, em suma, uma transgressão da lei. Por isso o controle jurisdicional do desvio do poder, como disse Eduardo García de Enterría, é um controle de estrita legalidade. De modo algum agride a

---

[145] LIMA, Ruy Cirne. *Princípios de direito administrativo*. 5. ed. São Paulo: Revista dos Tribunais, 1982.p. 52.
[146] LAUBADÈRE, André de. *Traite élementaire de droit administratif*. 5. ed. Paris: LGDF, 1970. v. I. p. 502, nº 894.

margem de liberdade administrativa, isto é, a discrição, que a lei haja conferido ao agente.[147]

Note-se que só há falar em desvio de poder quando a autoridade possui, em tese, competência para prover sobre a matéria objeto do ato. Se mesmo abstratamente lhe falecessem poderes para decidir do modo como o fez, o vício no qual teria incorrido seria outro: pura incompetência formal, quando sequer desfrutasse do plexo de poderes para dispor sobre a questão versada ou simples transgressão da lei, caso dispondo dos poderes em pauta houvesse infringido competência vinculada por decidir de modo contrário ao que a lei impunha.

IV – Modalidades de desvio de poder

10. O vício de desvio de poder, como assentam os doutos, pode apresentar-se sob dupla modalidade.

Em uma delas, o agente administrativo, servindo-se de uma competência que em abstrato possui, busca uma finalidade alheia a qualquer interesse público. Neste caso atua para alcançar um fim pessoal, que tanto pode ser de perseguição a alguém como de favoritismo ou mesmo para atender a um interesse individual do próprio agente.

Em outra modalidade, manejando também uma competência que em abstrato possui, busca atender a uma finalidade pública que, entretanto, não é aquela própria, específica, da competência utilizada. Aí ter-se-á valido de uma competência inadequada, de direito, para o atingimento da finalidade almejada. Nesta segunda hipótese, poderá suceder que a autoridade não tenha agido de má-fé: isto é, poderá ocorrer quando haja equivocadamente suposto que a competência utilizada fosse prestante, de direito, para alcançar a finalidade visada, quando, em rigor de verdade, não o era.

Sobremodo, nos casos em que o desvio de poder é praticado conscientemente pela autoridade e tanto mais naqueles em que o faz por intuitos pessoais, de perseguição ou favoritismo, avulta a percepção de que o controle do ato é mero controle de legalidade. Com efeito, o agente tanto pode ofender a lei, violando-a, à força aberta, ou seja, pisoteando à boca cheia e sem recato às disposições normativas, caso

---

[147] GARCÍA DE ENTERRÍA, Eduardo; FERNÁNDEZ, Tomás-Ramón. *Curso de derecho administrativo*. 14. ed. Madrid: Thomson Civitas, 2008. v. I. p. 478.

em que agride ostensivamente o padrão legal, como pode fazê-lo à capucha, à sorrelfa, de modo soez, embuçado sob capuz de disfarce – para usar uma expressão de Hely Lopes Meirelles – a pretexto de atender ao interesse público. Revela, pois, uma conduta maculada pelo vício de má-fé. E o direito abomina a má-fé.

Esta forma de ilegalidade não é, então, menos grave do que aquela que se estampa quando o administrador atua às claras, afrontando a lei sem recato. Pelo contrário. Denuncia maior grau de periculosidade para o sistema normativo e para a garantia da legalidade. É que, não sendo tão perceptível, pode, às vezes, subtrair-se indevidamente ao crivo do Poder Judiciário. Isto ocorrerá se o Poder Judiciário, em face dele, mostrar-se cauteloso em demasia na investigação dos atos correspondentes, indesejavelmente precavido contra os riscos de invasão do mérito do ato administrativo. Se recusar-se a perscrutar o comportamento da autoridade com olhos de lince, os administrados ficarão à descoberto, sujeitos, portanto, a graves violações de direito que dessarte se evadirão correção jurisdicional.

11. Marcel Waline assim descreve a compostura deste vício e sua consequência:

> Enfim, a lei jamais dá ao administrador poder de agir senão subentendendo: "no interesse público". O administrador desvia, então, seus poderes do fim legal se deles se vem a servir em favor de interesses puramente privados.
>
> Mas, há mais ainda: em numerosos casos a intenção do legislador, conferindo certos poderes à administração, é a de que esta os utilize, não em vista de qualquer interesse público, mas exclusivamente em vista de um fim bem determinado; neste caso, todo uso de um tal poder em vista de um fim, mesmo que de utilidade pública, diverso daquele que foi previsto e querido pelo legislador, é um desvio de poder, e é ainda um caso de nulidade do ato administrativo.[148]

Como se vê, o desvio de poder comporta duas hipóteses básicas. Para, ainda uma vez, fazer uso das expressões de doutrinadores da França – país onde nasceu e se desenvolveu a teoria do desvio de poder, por obra pretoriana do Conselho de Estado – pode-se, com Jean Rivero, dizer:

---

[148] WALINE, Marcel. *Droit administratif*. 9. ed. Paris: Sirey, 1963. n. 741.

1º O caso mais evidente de desvio de poder é a perseguição pelo autor do ato de um fim estranho ao interesse geral: satisfação de uma inimizade pessoal, paixão política ou ideológica [...].

2º Há desvio de poder quando o fim perseguido, se bem que de interesse geral, não é o fim preciso que a lei assinava o tal ato [...].[149]

Ao respeito desta segunda hipótese, sempre repetimos a oportuna frase do eminente Seabra Fagundes: "Não importa que a diferente finalidade com que tenha agido seja moralmente lícita. Mesmo moralizada e justa, o ato será inválido por divergir da orientação legal".[150]

Em ambos os casos, considera-se maculado o ato. Entende-se que assim seja. Posto que as competências têm endereço certo, não podem ser manejadas para um fim distinto daquele a que estão legalmente preordenadas, sem que, com isto, em última instância, seja violada a própria regra de competência. Haveria então desvirtuamento do poder, pois, ao contrário de sua razão de existir, não estaria ao serviço do cumprimento do específico dever que lhe corresponde e do qual é – consoante vimos – a contraface.

12. Em suma: a ilegitimidade pode resultar de manifesta oposição aos cânones legais ou da violação menos transparente, porém tão viciada quanto a outra, que é, então, o desvio de poder.

Na grande maioria dos casos, a administração, agindo em nome do exercício de "poderes discricionários", desgarra deliberadamente da direção mirada pela lei, afasta-se do interesse público e desvirtua o sentido da competência que maneja, agravando, pois, direito de terceiros.

Em outra modalidade, manejando também uma competência que em abstrato possui, busca atender a uma finalidade pública que, entretanto, não é aquela própria, específica, da competência utilizada. Aí ter-se-á valido de uma competência inadequada, de direito, para o atingimento da finalidade almejada. Nesta segunda hipótese, poderá suceder que a autoridade não tenha agido de má-fé: isto é, poderá ocorrer que haja equivocadamente suposto que a competência utilizada fosse prestante, de direito, para alcançar à finalidade visada, quando, em rigor de verdade, não o era.

---

[149] RIVERO, Jean. *Droit administratif*. 2. ed. Paris: Dalloz, 1962. p. 223, n. 260.
[150] FAGUNDES, Miguel Seabra. *O controle dos atos administrativos pelo Poder Judiciário*. 5. ed. rev. e atual. Rio de Janeiro: Forense, 1979. p. 72-73.

Nada importa; quer haja incidido em erro de direito, ao imaginar cabível o meneio da competência para um fim só objetivável por outra competência, quer haja deliberadamente se servido de uma competência imprópria, pretendendo com isto eximir-se de embaraços, dificuldades ou demoras que o estorvariam ou retardariam – se fora utilizada a competência pertinente – haverá, do mesmo modo, incorrido em desvio de poder.

Deveras, no Estado de direito, é uma garantia para os cidadãos, não apenas a segurança de que o Poder Público só pode buscar as finalidades estipuladas nas leis, mas também a de que, ao buscá-las, terá de cingir-se à utilização de meios que o direito antecipadamente e adrede concebeu como sendo os adequados para o atingimento de cada uma delas.

13. Assim, se alguém dispõe de duas competências distintas, isto é, de habilitação para praticar atos diferentes, cada qual com sua finalidade própria, não pode fazer uso indiscriminado de seus poderes, servindo-se da competência que mais lhe apeteça pela prática do ato que, a seu grado, intente expedir. Terá de respeitar a índole de cada qual. Em suma: haverá de adscrever-se ao uso dos meios que o direito reputou correspondentes à finalidade almejada. Cada ato e, portanto, cada competência para praticá-lo, estão, pelas regras de direito, endereçados a uma dada finalidade; por isso não são intercambiáveis.

Cumpre, no Estado de direito, que os administrados estejam, de antemão, assegurados de que o proceder administrativo não lhes causará surpresas. E não as causará tanto porque outros fins, que não os estabelecidos em lei, estão vedados ao administrador, quanto porque estes mesmos fins só podem ser alcançados pelas vias previstas na regra de direito como as adequadas ao caso.

Alguns autores falam mesmo em nominalismo ou tipicidade dos atos administrativos, querendo significar o fato de que cada competência tem endereço certo, cada ato tem uma índole categorial própria, de tal sorte que não podem ser utilizados indiferentemente. Cabe dizer, com Caio Tácito, que "a regra de competência não é um cheque em branco". Ela assinala seu próprio destino; ela presume uma específica direção e só pode ser utilizada perante determinadas circunstâncias.

À lei não é indiferente que se use, para perseguir dado escopo, uma ou outra competência. Cada qual tem seu destino próprio. Cada "poder" – que uma competência administrativa exprime – nada mais é que a face reversa do dever específico de implementar certa finalidade legal. Mesmo quando se trata de buscar um objetivo juridicamente qualificado como prezável, cumpre fazê-lo pelo meio adrede definido pela lei como a via idônea para chegar a tal fim.

É a regra de direito que elege a competência certa para alvejar esta ou aquela finalidade. O administrador – sujeito que, por definição, não é proprietário – carece da possibilidade de conduzir a coisa pública em termos distintos dos que foram fixados pelo *dominus* para o meneio dos interesses que lhe pertencem. O *dominus*, no Estado de direito, é a coletividade, o povo, fonte de todos os poderes conforme expressa dicção do art. 1º, §1º da Carta do país, e sua vontade comandante é exprimida pelo Poder Legislativo, ao qual cabe dispor sobre "todas as matérias" (art. 43 da Lei Maior). É o Legislativo quem institui as competências, e como apostilou com invejável precisão Caio Tácito:

> A destinação da competência do agente preexiste à sua investidura. A lei não concebe a autorização de agir sem um objetivo próprio. A obrigação jurídica não é uma obrigação inconseqüente: ela visa a um fim especial, presume um endereço, antecipa um alcance, predetermina o próprio alvo. Não é facultado à autoridade suprimir essa continuidade, substituindo a finalidade legal do poder com que foi investido, embora pretendendo um resultado materialmente lícito.
>
> A teoria do desvio de poder teve o mérito de focalizar a noção do interesse público como centro da legalidade do ato administrativo. A administração está obrigada, no exercício de suas atividades, a cumprir determinados objetivos sociais e, para alcançá-los, obedece a um princípio de especialização funcional: a cada atribuição corresponde um fim próprio que não pode ser desnaturado.[151]

V – O desvio de poder e a regra de competência

14. Aliás, a bem considerar, poder-se-ia dizer que a totalidade dos vícios dos atos administrativos, em última instância, resolve-se em vício de incompetência, se à competência se der uma acepção que tome em conta suas distintas facetas. É claro que não se está a falar de competência em sentido formal, ou seja, concebida pura e simplesmente como um abstrato plexo de poderes, mas em competência no sentido material: no sentido de que, se alguém é investido de uns tantos poderes, não o é para atuá-los em quaisquer circunstâncias ou perante quaisquer

---

[151] TÁCITO, Caio. *Direito administrativo*. São Paulo: Saraiva, 1975. p. 80-81.

fins ou segundo quaisquer formas, mas só o é para mobilizar ditos poderes ante determinadas circunstâncias, em vista de específicos fins e por meio de certas formas. Donde quem mobilizasse tais poderes fora das circunstâncias estabelecidas, explícita ou implicitamente na lei, ou em desacordo com a finalidade legal ou mediante formas distintas das estabelecidas na regra de direito, estaria, em rigor de verdade, agindo fora da própria competência, isto é, sem competência.

Uma analogia permitirá melhor exibir a procedência da observação que se vem de fazer. Todos sabemos que nos comboios ferroviários existem alavancas que, em ocasiões de emergência e, pois, para atender a certos objetivos, os passageiros podem acionar, visando a que o trem se detenha. Ninguém dirá, contudo, que, fora de circunstâncias emergenciais e para acudir a graves incidentes, os passageiros têm direito a mover estas alavancas. Todos entendem que tal direito depende da ocorrência delas. Ou seja: *que não existe* fora delas e fora da finalidade que lhe justifica a existência.

Em suma: todos entendem *que não há tal direito, salvo* quando acodem as razões que presidem sua razão de ser. Assim, também, não há competência – em última instância – senão quando concorrem todos os requisitos legais que lhe delineiam a concreta compostura.

Bem o disse Eduardo García de Enterría: "Os poderes administrativos não são abstratos, utilizáveis para quaisquer finalidades. São poderes funcionais outorgados pelo ordenamento em vista de um fim específico, com o que, o apartar-se do mesmo estanca sua fonte de legitimidade".[152]

O desvio de poder é tipicamente um caso em que o agente, por apartar-se do fim específico inerente ao poder que lhe estava condicionado, viola a regra de direito, alheia-se da fonte que o legitimava.

VI – Hipóteses de desvio de poder

15. A paternidade da teoria do desvio do poder deve-se ao Conselho de Estado da França, o que não significa que a compostura de tal vício, em tese, já não fosse reconhecível muito antes. Lembre-se que, em carta dirigida a Joaquim de Melo e Povoas, nomeado Governador da Província do Maranhão em 1761, seu tio, Sebastião José de Carvalho e Melo, o Marquês de Pombal, entre outros sábios conselhos que lhe

---

[152] GARCÍA DE ENTERRÍA, Eduardo; FERNÁNDEZ, Tomás-Ramón. *Curso de derecho administrativo*. 14. ed. Madrid: Thomson Civitas, 2008. v. I. p. 477.

ditou, proferiu o seguinte: "A jurisdição que El-Rei confere a V. Exa. jamais sirva para vingar as suas paixões; porque é 'injuria' do poder usar espada da justiça fora dos casos dela". *Injuria* significa *contra jus*, isto é, contra o direito. Naquela frase do estadista está resumido o conceito de desvio de poder: violação jurídica do poder legítimo, por usá-lo fora dos casos que o justificam, de molde a atender a objetivos diversos dos supostos na investidura dele.

Sabe-se que, desgraçadamente, no Brasil, casos de desvio de poder suscitado pela amizade ou inimizade, pessoal ou política, isto é, impulsionado pelo propósito de captar vantagem indevida, angariar prosélitos ou cegado por objetivos torpes de saciar sua ira contra inimigos ou adversários políticos, buscando molestá-los ou, pior ainda, vergá-los a suas conveniências existem aos bolhões, ao ponto de poder-se imaginar que sejamos expoentes nesta matéria. A vida administrativa brasileira, desgraçadamente, pode oferecer inúmeros exemplos desta nefanda modalidade de desvio de poder, muito comum por razões sectárias. Tanto assim é que se põe – como comprovação indireta – a contingência legislativa de vedar, drasticamente, admissões, exonerações e remoções *ex-officio* no período pré e pós-eleitoral. Há nisto um explícito reconhecimento de que ditas práticas, sobremodo vitandas, existiriam em muito maior quantidade não fora pelas cautelas legislativas. Se estas não conseguem evitá-las, podem ao menos restringir em parte suas ocorrências. Coibindo-as liminarmente nas épocas em que os ânimos políticos estão mais encandecidos, guardam a expectativa (tantas vezes frustrada) de que, fora deles, com o arrefecimento das paixões sectárias, os administradores se façam mais contidos.

Ocorre que manifestações patológicas do exercício da autoridade pública sucedem em toda parte. A doutrina alienígena tem-se debruçado com frequência sobre o tema e os repertórios de jurisprudência estrangeiros nos dão notícia da universalidade desta anomalia. Nem existiriam tantos estudos sobre ela nem tantas decisões jurisprudenciais se não fora fenômeno corrente.

Colhem-se, na literatura especializada da França, inúmeros exemplos de decisões do Conselho de Estado fulminando atos administrativos maculados de desvio de poder, por distintos móveis descoincidentes com o interesse público.

Assim, Charles Debbasch traz à colação os seguintes casos: regulamentação, restritiva de bailes públicos editada pelo Chefe Executivo da Comuna (*maire*) para evitar concorrência a seu próprio estabelecimento; 10 sucessivos atos de suspensão do guarda campestre local, com o fito de vingança pessoal; criação de uma escola no exclusivo interesse de beneficiar a pessoa chamada para dirigi-la; interdição de procissão religiosa por móveis políticos.[153]

Waline, entre outras hipóteses, refere a recusa de autorização para estacionamento de carros de praça, tomada em seguida a uma reunião com empresários da localidade que operavam neste setor, efetuada por convocação da municipalidade, fazendo presumir que a decisão fora tornada para proteger os empresários locais contra a concorrência; destituição de um secretário da comuna, em seguida à "renovação política da municipalidade", presumida como resultante de motivos políticos estranhos ao interesse comunal; autorização para abertura de lojas, depois do horário legal, por ocasião de uma festa, concedida a um e recusada a outro.[154]

Também são comumente citados na doutrina francesa, como recolhidos na jurisprudência do Conselho de Estado, a recusa a uma sociedade esportiva de autorização para desfilar em via pública e deferimento, em seguida, a uma sua concorrente, com o fito de favorecer esta última; limitação do uso de via pública para diminuir as despesas de manutenção dela; proibição a frequentadores de praia de se trocarem, salvo nas cabinas públicas pagas, ali instaladas, estabelecida não por razões de decoro público, mas para incrementar as receitas da Comuna; adoção de procedimento de alinhamento da via pública, em vista de ampliar áreas, com o fito de evitar o procedimento oneroso da desapropriação; destituição de um funcionário comunal, por perseguição política, a pretexto de reorganização administrativa etc.

Entre nós, é comum o uso da remoção como forma de sancionar um funcionário descumpridor de seus deveres, quando a finalidade deste instituto é de preencher claros de lotação e não a de punir servidor faltoso, para não mencionar as hipóteses em que a remoção é utilizada como meio para prejudicar adversários políticos ou para perseguir inimigos. Também ocorre, sobretudo na área fazendária, a adoção de expedientes que visam dificultar eventual defesa de direitos dos administrados, como, *e.g.*, exarar atos firmados por autoridades superiores, sediadas em Brasília, não seguidos de atos de autoridades locais, com o objetivo de atrair a competência para o foro de Brasília, dificultando a impetração de mandado de segurança nas próprias unidades federadas.

---

[153] DEBBASCH, Charles. *Contentieux administratif*. Paris: Dalloz, 1975. p. 728-729, n. 794.
[154] WALINE, Marcel. *Droit administratif*. 9. ed. Paris: Sirey, 1963. p. 481, n. 795.

É usual a assertiva de que no desvio de poder há um vício de intenção. Convém recebê-la com cautela.

VII – O desvio de poder e o vício de intenção

16. Realmente, é comum que no desvio de poder haja um móvel incorreto. Esta intenção defeituosa geralmente resulta de propósitos subalternos que animam o agente, como os de vingança ou perseguição por sentimentos pessoais ou políticos, por interesses sectários ou então por favoritismo, em prol de amigos, correligionários, apaniguados ou até mesmo para atender ao proveito individual do próprio autor do ato.

Outras vezes, o vício de intenção não procede da busca de finalidades mesquinhas. Deriva de uma falsa concepção do interesse público. Nestes casos, o sujeito do ato não está animado de interesses pessoais ou facciosos, contudo, desnatura a finalidade da própria competência ao praticar atos visando a objetivos que não são os próprios da providência adotada, ou seja, que não coincidem com a finalidade legal específica. É dizer: com o fito de costear embargos, tornar mais expedita a ação administrativa, ladear obstáculos que se anteporiam se fosse se valer do ato adequado de direito à hipótese ou simplesmente por considerar que a medida incorretamente eleita produz melhores resultados para atender ao objetivo público do que aquela que a lei previu para suprir tal finalidade, o administrador prefere adotar providência que, embora prevista na ordem jurídica, não é, à face da lei, a via idônea para atender ao objetivo almejado.

Em todas estas hipóteses o autor do ato conscientemente rebela-se contra a lei, pois pretende sobrepor seu juízo pessoal ao juízo legislativo. Insurge-se contra o esquema de garantias do administrado, modelo que exige – como reiteradamente se tem insistido – não apenas adscrição aos fins legais previamente estatuídos, mas também sujeição às vias adrede estabelecidas para alcançá-los. Nestes casos de evasão à específica finalidade pública do ato, haverá, na expressão feliz de Oswaldo Aranha Bandeira de Mello, um "desnaturamento do instituto jurídico", por não se conformar, como diz o citado mestre, à categoria própria do ato.

Finalmente, também há vício de intenção que desemboca em desvio de poder quando o agente, ao produzir o ato, o faz compondo-o propositalmente de maneira a forjar empeços, dificuldades, incômodos adicionais à defesa do administrado ou à alegação de direitos em sede administrativa ou jurisdicional. É bem de ver que a expedição de ato nestas condições não está ajustada à finalidade própria dele. Responde a uma falsa noção de interesse público considerar que sua busca justifica o pisoteamento de outros direitos – como o de defesa ampla, do respeito à lealdade e boa-fé –igualmente confortados no sistema normativo.

17. Ora bem, ao lado destes casos em que há intenção viciada por parte do autor do ato, não se podem descartar hipóteses em que o agente, sem nenhuma intenção de evadir-se à finalidade legal, sem qualquer móvel incorreto, ainda assim incide em desvio de finalidade, ao valer-se de um dado ato que não era, categoricamente, o próprio para alvejar o fim buscado. Haverá também aí utilização desviada do poder. Isto sucede quando o sujeito supõe, incorretamente, que dada competência é prestante de direito para buscar certa finalidade, quando deveras não o é. Existirá um erro de direito, por força do qual o agente, ao servir-se de um certo ato, o faz desnaturando-o, pois vale-se dele em desacordo com a finalidade que a lei lhe insculpiu como própria.

Tome-se o exemplo, dantes mencionado, da remoção de funcionário efetuada com intentos sancionadores. Haverá desvio de poder, por desvirtuamento da finalidade específica do ato de remoção, quer tivesse o agente consciência de que o ato em apreço era inidôneo para o objetivo que buscava, qual seja, o de punir um funcionário faltoso (intenção de burlar a lei regedora da competência exercitada), quer houvesse, equivocadamente, suposto que a remoção é medida sancionadora e por isso apta a ser utilizada perante a situação em causa (ausência de intuito de desvirtuar a competência). Em suma: em uma e outra hipótese terá havido, do mesmo modo, desvio de poder, nada obstante em uma delas haja ocorrido propósito de extraviar-se do fim legal concernente à competência utilizada e, em outro, pelo contrário, haja ocorrido intenção de aplicar corretamente a lei.

Daí afirmar-se a necessidade de cautela perante a assertiva de que o desvio de poder é um vício de intenção. Tal assertiva só pode ser aceita no sentido de que a intenção do agente, ao praticar o ato, não coincide objetivamente com a finalidade que a lei assinala para o ato. Entretanto, a assertiva não pode ser irrestritamente aceita se tomarmos "vício de intenção" como um propósito, um intento, de desatender a finalidade legal pertinente à competência utilizada. É que, como visto, em alguns casos, o agente *deseja* escapar ao fim legal, ao passo que em outros, *sem o desejar*, ainda assim, desvia-se dele, por errônea intelecção da finalidade normativa que preside dada competência. Por aí se vê que a qualificação de um ato como viciado por desvio de poder não está atrelada ao aspecto *subjetivo*, residente na "má intenção de seu autor", pois uma vez demonstrada *objetiva* descoincidência entre a finalidade inerente à categoria do ato e a finalidade a que serviu *in concreto*, tem-se por ocorrente esta figura invalidante. E isto conduz a outro tópico, intimamente conexo com o que acaba de ser averbado, mas que, em rigor lógico, não se confunde com ele; a saber: o desvio de poder será sempre um vício objetivo ou, dependendo dos casos concretos, poderá ser um vício subjetivo, em sintonia com as distintas hipóteses que foram examinadas? Logo adiante examinaremos esta questão.

18. O simples fato de haver casos de desvio de poder nos quais não se pode inquinar de viciosa a intenção do agente obriga às seguintes conclusões:

   a) desde logo é impossível generalizar a afirmação de que o desvio de poder é um vício de intenção; quando muito poder-se-ia tentar caracterizá-lo como tal apenas nas hipóteses (as mais comuns, reconheça-se) em que o agente atua por favoritismo, por perseguição (sem buscar qualquer escopo público) ou com o propósito deliberado de usar uma competência inadequada para buscar objetivo público;
   b) igualmente e pelos mesmos fundamentos não se pode generalizar para todas as hipóteses de desvio de poder a suposição de que a prova do desvio de poder depende de móvel incorreto do autor do ato;
   c) conquanto o desvio de poder seja vício apontado como específico dos atos exercidos por ocasião de competência discricionária, não são de excluir hipóteses de sua ocorrência – certamente muito raras – perante situações nas quais a conduta do agente se realiza sob a égide de norma cuja linguagem sugira vinculação. Figuremos dois exemplos.

Suponha-se norma – tal qual a antiga lei prussiana, referida por Jellinek – segundo cujos termos a autoridade policial esteja obrigada a dissolver bandos de ciganos. Agregue-se-lhe um parágrafo único, dispondo: "Considera-se bando o agrupamento de 15 ou mais ciganos". Pois bem, imagine-se que um agente policial se defronte com um grupo de 15 ciganos, os quais, entretanto, conforme se verifique no caso, sejam um casal, seus 12 filhos e a mãe do chefe da família. Se o agente policial determinar a dissolução do grupo estará incidindo em desvio de poder (apesar da dicção da norma exequenda), sobreposse se a Constituição vigente contiver dispositivo análogo ao da brasileira, estabelecendo que o Estado protegerá a família. Não sendo finalidade da regra repressiva em causa desagregar um núcleo familiar, o ato que o dissolvesse corresponderia à "utilização de uma competência com fim diverso daquele em vista do qual foi instituída", ou seja, incidiria em desvio de poder.

Consideremos uma segunda hipótese. Suponha-se lei que, em linguagem desatada, estatua: "É terminantemente proibido o ingresso de veículos automotores no perímetro central da cidade". Imagine-se que dentro deste perímetro alguém sofre um enfarte em plena rua. Se, ante a gravidade e urgência da situação, um médico pretender ali ingressar com seu automóvel, transportando equipamento instalado no veículo para socorrer emergências da espécie, certamente deverá ser-lhe facultado o ingresso com seu automóvel no perímetro central vedado a veículos automotores. Se o agente público responsável pelo trânsito o impedir, sob a alegação de que está a cumprir uma regra que não lhe deixa alternativa, incidirá um desvio de poder. Com efeito, inequivocamente, apesar dos termos peremptórios da norma, não haverá sido finalidade dela gerar embaraços no caso de situações extremas como a indicada. A "lógica do razoável", tão encarecida – com justa razão – por Recasens Siches, impõe a adoção de conduta afinada com uma intelecção fiel à finalidade da regra. Logo, se o agente não o fizer, estará utilizando a competência para finalidade distinta daquela em vista da qual foi instituída. De conseguinte, incorrerá em "desvio de poder".

VIII – Desvio de poder: vício objetivo

19. O que o direito sanciona no desvio de poder, consoante entendemos, é *sempre* o *objetivo* descompasso entre a finalidade a que o ato serviu e a finalidade legal que por meio dele poderia ser servida. É, pois, um desacordo entre a norma abstrata (lei) e a norma individual (ato). Como a norma abstrata é a fonte de validade da norma individual, se esta (ato) não expressa, *in concreto*, a finalidade daquela (lei), terá desbordado de sua fonte de validade. Daí o ser inválida.

Então, mesmo nos casos em que o agente atuou sem a reta intenção de atender à lei, seu comportamento é fulminável, não porque teve o intuito de desatender a lei, mas porque a desatendeu. Donde, não é a má-fé, nos casos em que haja existido (desvio de poder alheio a qualquer interesse público), nem o intuito de alcançar um fim lícito, por meio impróprio, quando haja sido este o caso (desvio do fim específico), aquilo que macula o ato e sim a circunstância deste não realizar a finalidade para a qual a lei o preordenara. É que, no direito público, a satisfação do escopo sobreleva a boa ou má intenção do sujeito que pratica o ato. Se o atendeu com bons ou maus propósitos, nada importa. Se o desatendeu com intentos lisos ou incorretos, praticou, igualmente, uma ilegalidade e o ato não pode prosperar.

Poder-se-á supor que tal asserção levará a tornar incorrigível o desvio de poder na maioria dos casos. É que o agente geralmente dispõe de competência discricionária ao praticar ato incurso neste vício. Não se terá então como exibir e – mais que isto – *não se terá sequer como saber* se o ato efetivamente discrepou do fim legal, nos casos de intenção viciada, já que, em tese, tal ato poderia ser praticado com reta intenção em vista daquele mesmo fim a que foi preposto. A objeção seria realmente irretorquível – e o desvio de poder convertido em concepção quase carente de utilidade – não fora pela solução a seguir indicada que é, a nosso ver, a única capaz de explicar logicamente a invalidade dos atos eivados de desvio de poder e ao mesmo tempo inibir a consequência prática de torná-lo inaplicável na maioria dos casos. A saber: o que faz inválido o ato nestes casos é efetivamente seu descompasso com o escopo legal, porém tal descompasso *é deduzido* do fato de o agente não haver direcionado sua conduta ao escopo devido. Em rigor, haverá presunção, *juris et de jure*, de que a intenção incorreta desemboca em desacordo do ato com seu fim próprio.

O *vício subjetivo* não é a razão jurídica pela qual o ato é invalidado, mas é a razão bastante para depreender-se que, por força dele, se desencontrou com a finalidade a que teria de aceder. Com efeito, se a lei pretendia que o agente mirasse certo alvo e ele não o fez, pois apontou para meta distinta, não é de crer que haja *casualmente* acertado, sobreposse quando agiu de má-fé. Antes, é de supor que, mirando mal, não atingiu o que teria de atingir. Além disso, uma vez existindo nutrida dúvida sobre haver ou não sido atendido o fim legal, não se haverá de dirimi-la, por presunção, adotando critério interpretativo que redunde em prestigiar a má-fé. Pelo contrário, a conclusão mais certeira, por afinada com princípios gerais de direito, é a que repele. Então, procede concluir que a intenção viciada redunda em extravio de finalidade.

Ademais, o objetivo desacordo com a lei evidencia-se também por outro ângulo. É que, se o agente dispunha de discrição, por certo não era para agir segundo seus humores. O que a lei exigia dele era que avaliasse *in concreto* a situação com o fim específico de bem atender ao escopo legal. Ora, isto é precisamente o que o autor do desvio de poder impulsionado por intenção viciada não faz. Faz o oposto: posterga a análise concreta da situação, desconsidera a finalidade que a lei prevê para o ato e procura satisfazer desígnios próprios. Tem-se, pois, que simplesmente não realiza o que a lei lhe impunha. Uma vez que a lei lhe impunha dado procedimento, por considerar ser *por meio dele* que se conseguiria localizar, no caso concreto, a providência *capaz de atender à finalidade legal*, não há como considerá-lo atendida se o autor do ato não seguiu o *iter* subjetivo suposto pela lei como imprescindível para reconhecimento da medida identificada com o fim legal.

Foi dito ainda que o vício teleológico é tomado, em tais situações, como resultado de uma presunção *juris et de jure*. Isto porque, se o agente exercitava discrição e era, deveras, impossível descobrir no conteúdo do ato em si mesmo seu encontro ou desencontro com o fim legal, nada colheria tentar demonstrar que a providência era adequada ao escopo da lei, pois o juiz não poderia conhecer do "mérito" do ato. Só o próprio agente do ato estaria titulado para apreciar aspectos insuscetíveis de redução a um juízo objetivo. Logo, sob o ponto de vista lógico, a argumentação defensiva da oportunidade da medida não teria possibilidade de ser juridicamente conhecida pelo Poder Judiciário.

IX – Desvio de poder por omissão

20. Não é logicamente repugnante a hipótese de desvio de poder por omissão. Com efeito, bem o disse Afonso Rodrigues Queiró: "não agir é também agir (não autorizar é decidir não autorizar)". Ou pelo menos assim o será em inúmeros casos. Tem-se, pois, que o agente administrativo pode decidir abster-se de praticar um ato que deveria expedir para correto atendimento do interesse público, animado por intuitos de perseguição, favoritismo ou, de todo modo, objetivando finalidade alheia à da regra de competência que o habilitava.

Sirva de exemplo uma curiosa hipótese ocorrida em um Município de São Paulo. Dado prefeito firmou contrato de prestação de serviço com certa empresa. Nele se estipulou que o contrato se prorrogaria automaticamente por igual período se a prefeitura, ao cabo do prazo contratual, deixasse de declará-lo findo. Vencido o prazo, o prefeito – que à época já estava à beira da conclusão de seu mandato – omitiu-se em dar por encerrado o contrato, propiciando destarte sua prorrogação. Quinze dias depois, às vésperas de deixar o cargo, rescindiu o contrato sob mera alegação de conveniência administrativa, com o que ensejou a operatividade de cláusula contratual que previa indenização ao contratante por todo o período remanescente (28 meses) tornado frustro, em caso de rescisão unilateral.

Em rigor, foram dois comportamentos administrativos (um omissivo e um comissivo) que geraram o benefício para o contratado. Porém, note-se, o desvio de poder residiu no primeiro comportamento: o omissivo. Manifestamente – como resulta da sequência dos fatos – não havia interesse na continuidade do vínculo contratual. O segundo ato, a rescisão unilateral, era necessário para benefício do contratante e valeu como demonstração de que o comportamento anterior (a omissão em dar por extinto o contrato) é que ocorrera em desacordo com o interesse público. A extinção do contrato já era conveniente ao termo do vínculo precedente. Esta conjugação de uma omissão e de um ato, compondo um quadro de favoritismo, não prosperou, porque o Tribunal de Justiça do Estado denegou a indenização postulada pelo contratado, fundando-se na teoria do desvio de poder.

X – A prova do desvio de poder

21. Tem a doutrina assinalado, com inteira procedência, que não é fácil surpreender o vício de desvio de poder, de molde a capturá-lo nas malhas do Judiciário, notadamente quando o agente procede com insídia, por estar animado dos intuitos de perseguição ou favoritismo. Com efeito, é preciso, de um lado, identificar a má intenção, e de outro, fazer-lhe a prova. Ressaltam os estudiosos que, de regra, quem age mal-intencionado procurar cintar-se de cautelas, precatando-se contra os riscos de exibir ou entremostrar sua incorreção. Daí que procura disfarçar o vício, cercando-se de pretensas justificativas para o ato, a fim de encobrir-lhe a mácula.

É tendo em conta esta particularidade que o Poder Judiciário deverá enfrentar tal vício, dispondo-se a investigar fundo a etiologia do ato. Sobremais, haverá de esquivar-se a rigorismos para dar como estabelecida sua demonstração. Diz Rivero que o Conselho de Estado não exige prova indestrutível, satisfazendo-se com um "feixe de indícios convergentes". Aliás, não fora assim, escaparia incólume, quiçá, a maioria dos casos de desvio de poder. Eduardo García de Enterría informa que, na Espanha, a jurisprudência concorda em que é suficiente a "convicção moral" do Tribunal de que o ato foi praticado com finalidade viciada, a partir da existência, no bojo do processo, de elementos suficientes para instaurar tal convicção.

Concorrem para identificar o desvio de poder fatores como a irrazoabilidade da medida, sua discrepância com a conduta habitual da Administração em casos iguais, a desproporcionalidade entre o conteúdo do ato e os fatos em que se embasou, a incoerência entre as premissas lógicas ou jurídicas firmadas na justificativa e a conclusão que delas foi sacada, assim como antecedentes do ato reveladores de animosidade, indisposição política ou, pelo contrário, de intuitos e favoritismo.

Até mesmo a conduta pregressa do agente, reveladora de temperamento descomedido, vindicativo ou proclive a apadrinhamentos e compadrios políticos, pode acudir para compor um quadro que, em sua globalidade, autorize a reconhecer desvio de poder. Em rigor é o plexo de elementos antecedentes do ato que propicia rastrear seus motivos impulsores, ensanchando que se forme ou não a "convicção moral" sobre seu extravio em relação ao fim a que deveria atender. Por isso mesmo, de revés, não será a mera alegação deste vício, acompanhada de elementos frágeis ou de algum indício fluido ou suspeitas de imprecisa consistência, que autorizarão concluir pela existência de um "feixe de indícios convergentes" ou de elementos que robusteçam a aludida convicção dos julgadores.

22. É em razão deste feitio exterior irrepreensível, sob o qual se disfarça a ilegalidade, que o desvio de poder propõe óbvias dificuldades para ser demonstrado. Precisamente por ser um "sepulcro caiado", não é reconhecível senão quando se lhe desvenda a intimidade. Sempre que esteja em causa o desvio de poder praticado com alheamento a qualquer finalidade pública, descobre-se sua existência penetrando fundo nas intenções do agente faltoso, pois são elas que o denunciam.

É isto que, a uma só voz, registram os estudiosos de direito administrativo, reconhecendo que se impõe para o juiz a indeclinável tarefa de esquadrinhar as intenções do agente para conferir se o móvel que o inspirou a praticar o ato foi bem aquele que deveria impulsioná-lo ou se, pelo contrário, foi animado por intentos diversos. Francis-Paul Benoît anota que "[...] os móveis de um ato devem ser aqueles em consideração dos quais a competência, que lhe serviu de base, foi conferida a seu titular".[155]

O autor adverte, como de resto o faz toda a doutrina francesa, que móvel é o que impulsiona a vontade do agente, ou seja, sua intenção,

---

[155] BENOÎT, Francis-Paul. *Le droit administratif français*. Paris: Dalloz, 1964. p. 543, n. 940.

algo subjetivo; inconfundível, pois, com o que denomina motivo, na técnica do direito administrativo, a saber: pressuposto de fato, algo objetivo, que serve de base para o ato, isto é, situação ocorrente no mundo empírico tomada como o evento cuja existência justifica a providência a ser adotada.

Uma vez que esta forma de desvio de poder se manifesta por meio da intenção viciada, é ela que tem de ser investigada. Conquanto se trate, a nosso ver (em desacordo com o pensamento majoritário), de um vício objetivo, porque residente no objetivo descompasso entre a finalidade legal (algo objetivo) e a finalidade que o ato cumpre, de direito (algo também objetivo), é o desvio de intenção (fator subjetivo) que ocasiona a ocorrência do descompasso aludido.

Na medida em que esta modalidade de desvio de poder se denuncia por meio da intenção viciada, traz consigo as naturais dificuldades de prova que daí decorrem, até porque aquele que age de modo soez procura disfarçar ao máximo sua insídia. Jean Rivero expressa bem esta dificuldade dizendo: "A segunda dificuldade se situa no terreno da *prova*. A intenção é um elemento psicológico, difícil de ser delimitado, salvo quando o autor se explica abertamente o que será tanto mais raro quanto mais inconfessável for ela".[156]

Waline sublinha com maior vigor esta dificuldade averbando:

> Mas, o que ainda é mais difícil é conhecer a verdadeira intenção do autor de um ato cuja legalidade é discutida: com efeito, quando uma autoridade administrativa comete um desvio de poder ela está freqüentemente de má-fé; sabe muito bem que traiu a intenção do legislador; assim, não tem a ingenuidade de indicar as razões inconfessáveis que inspiraram seu ato; dissimula seus verdadeiros móveis que o juiz deve procurar, em vista de todas as circunstâncias em que o ato foi praticado; e esta prova é difícil de fazer-se.[157]

23. Não obstante ressaltem as dificuldades de prova, os autores acentuam também que, por força mesmo da compostura esquiva deste vício, a exigência probatória não poderia ser levada a rigores com ele incompatíveis, sob pena de inviabilizar-se o controle jurisdicional destas condutas viciadas. O mesmo Jean Rivero já citado esclarece que inicialmente o Conselho de Estado – órgão jurisdicional francês, para

---

[156] RIVERO, Jean. *Droit administratif*. 2. ed. Paris: Dalloz, 1962. p. 224, n. 261.
[157] WALINE, Marcel. *Droit administratif*. 9. ed. Paris: Sirey, 1963. p. 481, n. 795.

lides administrativas, como se sabe – exigia que o desvio de poder resultasse do ato em si mesmo, vindo ao depois a evoluir, admitindo que sua demonstração provenha de elementos vários, como: "outras peças escritas, circunstâncias nas quais se produziu o ato, inexatidão dos motivos alegados que deixam transparecer o motivo verdadeiro, etc.". E conclui que o Conselho de Estado: "Procura menos uma prova manifesta que uma convicção, a qual pode resultar de um feixe de indícios convergentes".[158]

É rigorosamente igual a orientação tomada na Espanha, conforme nos dá notícia o eminente e fulgurante Eduardo García de Enterría, anotando que, segundo a jurisprudência espanhola, basta a "convicção moral do Tribunal", como dantes já fizemos referência.[159]

Agustín Gordillo, o reputado administrativista platino, também adverte que o necessário é encontrar "provas indiciárias ou elementos circunstanciais", uma vez que raramente no próprio ato, como em sua motivação, é que apareceria o vício. Donde a prova, de regra, terá de resultar de um conjunto de circunstâncias exteriores ao ato.[160] Observa que o autor do desvio de poder "deixa rastros de sua conduta", que são demonstráveis por prova documental, testemunhal ou indiciária.[161]

24. Em síntese: para detectar o desvio de poder estranho a qualquer interesse público, cumpre analisar todo o plexo de circunstâncias que envolve o ato, verificando-se, assim, se a discricionariedade alegável foi bem usada ou se correspondeu apenas a um pretexto para violar o fim legal e saciar objetivos pessoais.

Para tanto, examinam-se seus antecedentes, fatos que o circundam, momento em que foi editado, fragilidade ou densidade dos motivos que o embasam, ocorrência ou inocorrência de fatores que poderiam interferir com a serenidade do agente, usualidade ou excepcionalidade da providência adotada, coerência do ato com anterior conduta administrativa e até mesmo características da personalidade do agente exibidas em sua atuação administrativa. Com efeito, trata-se de colher "um feixe de indícios convergentes", na expressão já referida de Rivero, capazes de autorizar a "convicção moral do tribunal", a

---

[158] RIVERO, Jean. *Droit administratif*. 2. ed. Paris: Dalloz, 1962. p. 224, n. 261.
[159] GARCÍA DE ENTERRÍA, Eduardo; FERNÁNDEZ, Tomás-Ramón. *Curso de derecho administrativo*. 14. ed. Madrid: Thomson Civitas, 2008. v. I. p. 479.
[160] GORDILLO, Agustín. *Tratado de derecho administrativo*. 7. ed. Belo Horizonte: Del Rey, 2003. t. 1. p. 23. Parte General, Cap X.
[161] GORDILLO, Agustín. *Tratado de derecho administrativo*. 7. ed. Belo Horizonte: Del Rey, 2003. t. 3. p. 27. Cap. IX.

que aludiu García de Enterría, reportando-se à decisão jurisdicional espanhola.

É óbvio que tal convicção forma-se, segundo o senso comum, de homens normais, capazes de avaliar, diante de uma dada realidade concreta, imersa na realidade administrativa de seu país, estado, município e governantes, se dada conduta revela, à face das circunstâncias reais do caso, intenção de cumprir normalmente a lei, provendo uma necessidade administrativa, ou se, de revés, trai o homem com suas paixões, favoritismos ou vinganças, buscando fins alheios aos da norma que executa.

XI – Desvio de poder em atos legislativos e jurisdicionais

25. O desvio de poder não é invalidade específica dos atos administrativos. Por ser, como visto, a utilização de uma competência fora da finalidade, em vista da qual foi instituída, também pode irromper em leis expedidas com burla aos fins que constitucionalmente deveriam prover. Assim, *e.g.*, configuraria desvio de poder a extinção legislativa de cargos públicos decidida com o fito de frustrar decisão judicial que neles reintegrara os anteriores ocupantes. Uma vez que existe no Brasil o controle da constitucionalidade das leis, por via direta ou *incidenter tantum*, seria cabível fulminar-lhe o efeito malicioso.

Assim como o ato administrativo está assujeitado à lei, às finalidades nela prestigiadas, a lei está assujeitada à Constituição, aos desideratos ali consagrados e aos valores encarecidos neste plano superior. Demais disto, tanto como um ato administrativo não pode buscar escopo distinto do que seja específico à específica norma legal que lhe sirva de arrimo, também não pode a lei buscar objetivo diverso do que seja inerente ao específico dispositivo constitucional a que esteja atrelada à disposição legiferante expedida. Ou seja, se a Constituição habilita legislar em vista de dado escopo, a lei não pode ser produzida com traição a ele.

É certamente verdadeiro que o desvio de poder poderá muito mais frequentemente encontrar espaço para irromper em atos administrativos do que em leis. A razão disto demora em que a margem de discrição dos primeiros em relação à lei será (de regra, ao menos) muito menor do que a margem de discrição da lei em relação à Constituição. Sem embargo, isto não interfere com o reconhecimento de que em ambas as hipóteses a compostura do vício é a mesma: consiste sempre no desencontro da providência tomada com a norma superior à que deve obséquio; a saber: no primeiro caso, à lei, e, no segundo, à Constituição.

26. Caio Tácito, em precioso artigo intitulado *O desvio de poder no controle dos atos administrativos, legislativos e jurisdicionais*,[162] enumera decisões do STF, algumas até mesmo antigas, nas quais o desvio de poder é explicitamente reconhecido como vício suscetível de macular a produção legislativa.

Casos há em que o legislador simplesmente fez uso desatado de sua competência legislativa, de maneira a desbordar o sentido da norma constitucional habilitante – desviando-se, assim, de sua razão de ser –, como ocorreu em lei na qual o poder de tributar foi normativamente disciplinado de maneira a produzir tratamento escorchante sobre o contribuinte. Ao respeito, no RE nº 18.331, conforme referido no mencionado artigo do eminente jurista citado, o relator, Min. Orozimbo Nonato, salientou: "É um poder cujo exercício não deve ir até o abuso, o excesso, o desvio, sendo aplicável, ainda aqui, a doutrina fecunda do détournement de pouvoir".

Outras decisões, recolhidas na mesma fonte, exemplificam hipóteses em que o desvio de poder é surpreendido no fato de a lei buscar finalidade visivelmente distinta daquela inerente ao objetivo próprio da competência legislativa exercitada; ou seja: haver autorizado providência administrativa restritiva de direitos com o fito de forçar o contribuinte a satisfazer pretensões tributárias: "é inadmissível a interdição de estabelecimento ou a apreensão de mercadorias como meio coercitivo para cobrança de tributo (Súmulas ns. 70 e 323)". Idem quanto à fulminação dos decretos-leis nºs 5 e 42, de 1937.

Como explica o mestre Caio Tácito, a Suprema Corte,

> dilatando o princípio à inconstitucionalidade dos Decretos-leis ns. 5 e 42, de 1937 – que restringiam indiretamente a atividade comercial de empresas em débito, impedindo-as de comprar selos ou despachar mercadoria –, implicitamente configurou o abuso de poder legislativo (Súmula n. 547 e acórdão no RE n. 63.026, RDA 10/209).[163]

O mesmo autor, colacionando referências doutrinárias, menciona que o publicista luso J. J. Canotilho, em seu *Direito constitucional*, adverte

---

[162] TÁCITO, Caio. O desvio de poder no controle dos atos administrativos, legislativos e jurisdicionais. *RDA*, v. 188. p. 1 e ss.

[163] TÁCITO, Caio. O desvio de poder no controle dos atos administrativos, legislativos e jurisdicionais. *RDA*, v. 188. p. 7.

que "a lei é vinculada ao fim constitucionalmente fixado e ao princípio da razoabilidade", de sorte a fundamentar, nas expressões do renomado jurista português, "a transferência para os domínios da atividade legislativa da figura do desvio de poder dos atos administrativos".[164]

Se o Legislativo, em revide à decisão judicial que reintegrou dado funcionário daquela Casa de Leis, por haver sido indevidamente demitido, extinguir o cargo em questão, terá incidido em desvio de poder. Em sistema, como o brasileiro, no qual existe o controle direto e o controle difuso da constitucionalidade das leis pelo Judiciário, não resta dúvida de que a extinção do cargo, na hipótese em apreço, pode ser fulminada pelo Judiciário, com base no desvio de poder em que terá sido incursa a lei cogitada.

27. Assim como pode haver desvio de poder em atos legislativos, também pode ocorrer em atos jurisdicionais.

Nesta esfera, vale como exemplo de desvio de poder o comportamento de juiz de Tribunal que, não tendo seu voto acompanhado pelo terceiro julgador, ao perceber a inutilidade dele para fins de decidir o pleito no sentido de seu pronunciamento, resolve reconsiderá-lo e adere aos dois outros com o objetivo específico de obstar a interposição de embargo, objetivando maior fluidez na prestação jurisdicional. O caso não é hipotético. Já ocorreu, certa feita, explícita manifestação de um julgador que expôs precisamente ser esta a razão pela qual mudava de voto. É claro que – antes de encerrado o julgamento – poderia rever sua posição original, se houvesse se convencido da tese oposta. Nunca, porém, lhe assistiria fazê-lo com o propósito de inibir a utilização de uma via processual, coartando direito do litigante, tanto mais se estava convencido da procedência dele.

Vê-se, pois, que o desvio de poder é vício que pode afetar comportamento oriundo das funções típicas de quaisquer dos poderes, já que, no Estado de direito, as competências públicas não são "propriedade" de seus titulares, mas simples situações subjetivas ativas, compostas, em vista da satisfação dos fins previstos nas normas superiores que lhes presidem a instituição. O descompasso teleológico entre as finalidades da regra de competência – qualquer que seja ela – e as finalidades do comportamento expedido a título de cumpri-la macula a conduta do agente, viciando-a com o desvio de poder.

---

[164] TÁCITO, Caio. O desvio de poder no controle dos atos administrativos, legislativos e jurisdicionais. *RDA*, v. 188. p. 9.

XII – Desvio de poder e "mérito" do ato

28. A título de consideração postrema, ressalte-se que a investigação jurisdicional do desvio de poder em nada agrava a discricionariedade do agente administrativo. Não afeta o "mérito" do ato. Corresponde a um estrito exame de legalidade, pois "El vicio de desviación de poder es un vicio de estricta legalidad", como anotou García de Enterría.[165]

Bem observa a doutrina que a legalidade de um ato não resulta apenas de elementos reconhecíveis em seus aspectos externos. Obedecer à lei não é homenagear-lhe a forma, mas reverenciar-lhe o conteúdo. Logo, o Poder Judiciário, para conferir se um ato administrativo é legítimo, não se pode lavar de aprofundar seu exame até a intimidade do ato.

Nisto não há ofensa à liberdade que o agente dispõe no exercício de discrição, pois esta o agente possui tão só para poder atender, deveras, àquilo que a lei almeja no caso concreto. Donde não há discrição e sim ilegalidade quando o agente se desvia do fim legal.

Cumpre não deificar esta "liberdade administrativa", pois na província da relação de administração, como inicialmente se enfatizou, não está em pauta um poder de "livre autodeterminação" (que é a essência da "autonomia da vontade", no direito privado), mas um "dever de cumprir a finalidade legal".

Já ressaltamos em outra oportunidade que: "A 'liberdade legal' no direito administrativo não é valor em si, pois não passa de mero instrumento concedido tão só como meio indispensável a que a administração possa, diante das situações concretas, tomar a providência legal reclamada naquele caso".[166]

Segue-se que não existe liberdade administrativa para atuar em descompasso com esta finalidade. Donde averiguar se o agente administrativo operou de maneira idônea para buscar tal finalidade é o mínimo que se pode esperar seja da alçada do Poder Judiciário para que este cumpra sua função própria.

O "mérito" do ato administrativo não pode ser mais que o círculo de liberdade indispensável para avaliar o que é conveniente e

---

[165] GARCÍA DE ENTERRÍA, Eduardo; FERNÁNDEZ, Tomás-Ramón. *Curso de derecho administrativo*. 14. ed. Madrid: Thomson Civitas, 2008. v. I. p. 443.
[166] BANDEIRA DE MELLO, Celso Antônio. Controle judicial dos atos administrativos. *RDP*, v. 65, jan./mar. 1983. p. 34-35.

oportuno à luz do escopo da lei. Nunca será liberdade para decidir em dissonância com este escopo.

29. Por tal razão, extrapolam o mérito e maculam o ato de ilegitimidade os critérios que o agente adote para decidir-se que não tenham sido idoneamente orientados para atingir o fim legal. É o que se passa naqueles: a) contaminados por intuitos pessoais – pois a lei está a serviço da coletividade e não do agente; b) correspondentes a outra regra de competência, distinta da exercitada – pois à lei não são indiferentes os meios utilizados; c) que revelam opção desarrazoada – pois a lei não confere liberdade para providências absurdas; d) que exprimem medidas incoerentes: (1) com os fatos sobre os quais o agente deveria exercitar seu juízo; (2) com as premissas que o ato deu por estabelecidas; (3) com decisões tomadas em casos idênticos, contemporâneos ou sucessivos – pois a lei não sufraga ilogismos, nem perseguições, favoritismos, discriminações gratuitas à face da lei, nem soluções aleatórias; e) que incidem em desproporcionalidade do ato em relação aos fatos – pois a lei não endossa medidas que excedem ao necessário para atingimento de seu fim.

Em todos estes casos, a autoridade haverá desbordado o "mérito" do ato, evadindo-se ao campo de liberdade que lhe assistia, ou seja, terá ultrapassado a sua esfera discricionária para invadir setor proibido. O ato será ilegítimo e o Poder Judiciário deverá fulminá-lo, pois estará colhendo, a talho de foice, conduta ofensiva ao direito, que de modo algum poderá ser havida como insindicável, pena de considerar-se o direito como a mais inconsequente das normações e a mais rúptil e quebradiça das garantias.

Referências

ALESSI, Renato. *Sistema istituzionale del diritto amministrativo italiano*. 3. ed. Milão: Giuffrè, 1960.

BANDEIRA DE MELLO, Celso Antônio. Controle judicial dos atos administrativos. *RDP*, v. 65, jan./mar. 1983.

BENOÎT, Francis-Paul. *Le droit administratif français*. Paris: Dalloz, 1964.

DEBBASCH, Charles. *Contentieux administratif*. Paris: Dalloz, 1975.

FAGUNDES, Miguel Seabra. *O controle dos atos administrativos pelo Poder Judiciário*. 5. ed. rev. e atual. Rio de Janeiro: Forense, 1979.

GARCÍA DE ENTERRÍA, Eduardo; FERNÁNDEZ, Tomás-Ramón. *Curso de derecho administrativo*. 14. ed. Madrid: Thomson Civitas, 2008. v. I.

GORDILLO, Agustín. *Tratado de derecho administrativo*. 7. ed. Belo Horizonte: Del Rey, 2003. t. 1-3.

LAUBADÈRE, André de. *Traite élementaire de droit administratif*. 5. ed. Paris: LGDF, 1970. v. I.

LIMA, Ruy Cirne. *Princípios de direito administrativo*. 5. ed. São Paulo: Revista dos Tribunais, 1982.

PASTOR, Santa Maria. *Fundamentos de direito administrativo*. Madrid: Edit. Centro de Estudos Ramon Areces, 1988.

QUEIRÓ, Afonso Rodrigues. *Estudos de direito administrativo*. Coimbra: Atlântida, 1968.

QUEIRÓ, Afonso Rodrigues. *Reflexões sobre a teoria do desvio de poder*. Coimbra: Coimbra Editora, 1940.

RIVERO, Jean. *Droit administratif*. 2. ed. Paris: Dalloz, 1962.

STASSINOPOULOS, Michel. *Traité des actes administratifs*. Athenas: Librairie Sirey, 1954.

TÁCITO, Caio. *Direito administrativo*. São Paulo: Saraiva, 1975.

TÁCITO, Caio. O desvio de poder no controle dos atos administrativos, legislativos e jurisdicionais. *RDA*, v. 188.

WALINE, Marcel. *Droit administratif*. 9. ed. Paris: Sirey, 1963.

Nº 8

PROTEÇÃO JURISDICIONAL DOS INTERESSES LEGÍTIMOS NO DIREITO BRASILEIRO

I – Introdução; II – Princípio da legalidade; III – Princípio da igualdade; IV – Noção de direito subjetivo; V – Proteção do interesse legítimo; VI – Extensão do conceito de legalidade; Referências

I – Introdução

1. É sabido e ressabido que, no Estado de direito, a Administração só pode agir sob a lei. A Administração não apenas está proibida de agir *contra legem* ou *praeter legem*, mas só pode atuar *secundum legem*.[167] Por isso se diz, generalizadamente, como o fez Renato Alessi que a Administração, além de estar proibida, como qualquer, de atuar em desacordo com a lei, demais disso só pode emitir atos jurídicos em conformidade com lei que a habilite a tanto.[168]

---

[167] STASSINOPOULOS, Michel. *Traité des actes administratifs*. Athenas: Librairie Sirey, 1954. p. 69.
[168] ALESSI, Renato. *Sistema istituzionale del diritto amministrativo italiano*. 3. ed. Milão: Giuffrè, 1960. p. 9-10.

Esta é lição cediça que pode ser encontrada também em qualquer autor nacional. Cite-se, em guisa de exemplo, Hely Lopes Meirelles, o qual, com precisão, averbou: "Enquanto na administração particular é lícito fazer tudo aquilo que a lei não proíbe, na Administração Pública só é lícito fazer o que a lei permite".[169]

No direito administrativo essas noções correspondem à tradução de regras constitucionais explícitas. Assim, o art. 37, *caput*, estabelece, entre os princípios cardeais a que está sujeita a Administração, o princípio da legalidade. O art. 84, IV, dispõe que mesmo os atos administrativos mais conspícuos, como os expedidos por decreto e, nominalmente, os regulamentos, só podem ser produzidos pelo Chefe do Poder Executivo para fiel execução das leis. Assim, também, o art. 5º, II, estatui que ninguém será obrigado a fazer ou deixar de fazer alguma coisa senão em virtude de lei.

II – Princípio da legalidade

2. Por que existe tal sujeição da Administração à legalidade? Qual a razão que levou os povos civilizados a extremar ditas limitações?

O motivo é óbvio.

Eduardo García de Enterría bem o enuncia:

> La legalidad de la Administración no es asi una simple exigencia a ella misma, que pudiese derivar de su condición de organización burocrática y racionalizada: es también antes que eso, una *tecnica de garantizar la libertad*. Toda acción administrativa que fuerze um ciudano a soportar lo que la Ley no autoriza o le impida hacer lo que la Ley permite no solo es una acción ilegal, es una agresión a la libertad de dicho ciudadano. De este modo la oposicion a un acto administrativo ilegal es, en ultimo extremo, una defensa de la libertad de quien ha resultado injustamente afectado por dicho ato.[170]

Em suma, o princípio da legalidade não visou simplesmente à mera estruturação formal de um aparelho burocrático tendo em vista batizar, de forma mediante lei, sua composição orgânica e

---

[169] MEIRELLES, Hely Lopes. *Direito administrativo brasileiro*. 15. ed. São Paulo: Revista dos Tribunais, 1990. p. 78.
[170] GARCÍA DE ENTERRÍA, Eduardo; FERNÁNDEZ, Tomás-Ramón. *Curso de derecho administrativo*. 11. ed. Madrid: Thomson Civitas, 2008. v. II. p. 48.

seus esquemas de atuação. O que se pretendeu e se pretende, à toda evidência, foi e é sobretudo estabelecer em prol de todos os membros do corpo social uma proteção e uma garantia. Quis-se outorgar-lhes, em rigor, uma dupla certeza, a saber:

    a) de um lado, que ato administrativo algum poderia impor *limitação, prejuízo* ou *ônus aos cidadãos*, sem que tais cerceios ou gravames estivessem previamente autorizados em lei, e que ato administrativo algum poderia *subtrair* ou *minimizar vantagens* e *benefícios* que da lei resultariam para os cidadãos se esta fosse observada;

    b) de outro lado, que todos os cidadãos tivessem, dessarte – por força mesmo do que acima se indicou – *a garantia de um tratamento isonômico*, pois é a lei, como norma geral e abstrata (em contraposição ao ato administrativo, disposição individual e concreta) que, por suas características inerentes, enseja um tratamento uniforme, igual para todos.

III – Princípio da igualdade

3. Com efeito, embora se trate de algo óbvio, é bom relembrar sempre que a própria legalidade – valor alçado à categoria de bem extremamente prezável – impôs-se como característica do Estado de direito, sobretudo como meio especificamente apto para preservar *outro valor*, justamente aquele que se pretendia, acima de tudo, consagrar: o da *igualdade*.

Não por acaso o lema da Revolução Francesa foi "Liberté, *Egalité*, Fraternité", ao invés de "Liberté, *Legalité*, Fraternité".

É que o Estado de direito abomina os casuísmos, as ofensas à isonomia, pois estas atacam fundo um objetivo básico que se visou preservar por meio do princípio da legalidade. Deveras, por via dele, almejou-se que houvesse uma regra só, a mesma para todos os colhidos por sua abrangência e efeitos, embargando-se então as perseguições e favoritismos, vale dizer, o arbítrio, cuja eliminação é precisamente o objetivo máximo do Estado de direito.

Em suma: quem ofende o princípio da igualdade ofende, *ipso facto*, a razão de ser do princípio da legalidade, pois, como disse Black,[171]

---

[171] BLACK, Henry Campbell. *Handbook on the constitutional and interpretation of laws*. St. Paul, Minn.: West Publishing Co., 1896. p. 67.

"tanto é parte da lei o que nela está explícito quanto o que nela está implícito" ("It is a rule of construction that which is implied in a statute is as much a part of it as what is expressed"). Assim, também, o que está implícito em um princípio integra-o com a mesma força com que o integra o que nele está explícito.

Aliás, este valor – a isonomia – que a ordem normativa pretende colocar o bom recato está estampado no texto constitucional do país, *não apenas na implicitude que advém do princípio da legalidade, mas por consagração expressa* tanto na própria abertura do título relativo aos "Direitos e Garantias Fundamentais" (art. 5º), como especificamente na qualidade de cânone básico regedor da Administração, no art. 37, ao se consagrar ali o princípio da impessoalidade. Constitui-se, pois, em causa autônoma de proteção aos administrados e, portanto, base de *per si* suficiente para legitimar subjetivamente quem quer que, tendo sofrido agravos decorrentes de sua violação por parte de algum ato administrativo, pretenda insurgir-se judicial ou extrajudicialmente contra o sobredito gravame.

Visto que a legalidade e a isonomia não foram concebidas para deleite da Administração ou para exigir uma aparência de modernidade das instituições jurídico-administrativas de um país, mas, precisamente, *para proteger as pessoas* contra os malefícios que lhes adviriam se inexistissem tais limitações à Administração, cumpre sacar disto pelo menos as conclusões mais óbvias.

A primeira delas, e que ressalta por sua evidência, é que se a restauração ou a correção das violações à legalidade e à isonomia não pudessem ser judicialmente exigíveis pelos agravados em quaisquer hipóteses nas quais fossem ofendidos *contra jus*, ambos os princípios muito pouco valeriam. Seriam inúmeras vezes fictícias.

IV – Noção de direito subjetivo

4. Eduardo García de Enterría, referindo-se à impropriedade de considerar existentes direitos subjetivos apenas nas hipóteses em que tais direitos se apresentassem com a mesma feição estrutural com que se apresentam no direito privado, averbou que:

> [...] en la práctica ello significaria que tal legalidad, al no poder su aplicación ser exigida por ningún otro sujeto, se reduciria a una simples regla moral para la Administración, que ella sola seria libre (a lo sumo

bajo control parlamentario, no bajo del juez, a quien nadie podrá poner en movimiento) de acatar o violar.[172]

A compreensão de que não se pode desembocar em semelhante absurdo comporta apenas duas soluções, quando se esteja perante quebra da legalidade ou da isonomia sem que compareça em favor do agravado situação idêntica à que engendrou a noção de direito subjetivo, construída que foi à vista de relações de direito privado. A saber:

    a) ou bem se atribui dimensão apropriada ao conceito de direito subjetivo, de maneira a ser realmente noção de teoria geral do direito, isto é, prestante, funcional, tanto na esfera do direito privado quanto na esfera do direito público; ou

    b) outorga-se proteção a essas situações que se apresentam com caráter específico na órbita do direito público, designando-as sob outra rotulação, como ocorre no direito italiano, responsável pela introdução da nomenclatura "interesse legítimo".

V – Proteção do interesse legítimo

5. Como se sabe, na Itália, há dualidade de jurisdição, o que de resto ocorre também em inúmeros países do continente europeu. Mas, na Itália, a repartição de competências jurisdicionais entre o Poder Judiciário e a Justiça Administrativa faz-se exata e precisamente com assento na distinção entre "direito subjetivo" (concebido pelo mesmo corte que tem no direito privado) e "interesse legítimo". Disse Enzo Capaccioli, eminente administrativista italiano:[173]

> Como referi supra, a doutrina formula o critério de discriminação das competências das duas jurisdições do seguinte modo: quando se controverte sobre direitos subjetivos, a decisão assiste ao juiz ordinário; quando se trata de interesses legítimos, assiste ao juiz administrativo.

Assim, se está em pauta um "direito subjetivo", delineado na conformidade da visão tradicional, que se montou a partir de

---

[172] GARCÍA DE ENTERRÍA, Eduardo; FERNÁNDEZ, Tomás-Ramón. *Curso de derecho administrativo*. 11. ed. Madrid: Thomson Civitas, 2008. v. II. p. 37.

[173] CAPACCIOLI, Enzo. *Direito e processo*. Padova: Cedam, 1980. p. 357.

perspectiva privatista, o juiz competente é o do Poder Judiciário e não pode anular o ato gravoso, mas, apenas conceder reparação patrimonial. Pelo contrário, se se está perante "interesse legítimo", o juiz competente é o da Jurisdição Administrativa, o qual – ele sim – pode anular o ato, mas *não é a sede própria para conceder reparação patrimonial* (cf. a respeito, Guglielmo Roherssen).[174]

O certo é que tanto os "direitos subjetivos" quanto os interesses legítimos recebem igualmente proteção, embora sob esta forma complexa e pouco prática.

Na França, por exemplo, ambas as situações caem como regra na esfera de competência da Justiça Administrativa e não do Poder Judiciário. Entretanto, no seio da Justiça Administrativa são discriminados os contenciosos de "plena jurisdição" e de "anulação" (cf. Francis-Paul Bénoît).[175] Embora o direito francês não haja trabalhado com a mesma nomenclatura do direito italiano, isto é, sobre a distinção explícita entre "direito subjetivo" e "interesse legítimo", entende-se que no contencioso de plena jurisdição a questão versa sobre uma situação individual subjetiva e que, no de anulação, o ponto controvertido versa sobre a objetiva legalidade, e, por isso, só pode preordenar-se à anulação do ato lesivo (não sobre indenização – cf. A. de Laubadère).[176] Contudo, a ressaltar a especiosidade da distinção, o certo é que também nestes casos se exige que o autor tenha um "interesse" em movimentar dito contencioso, isto é, sua situação não se equipara à de um autor popular.

O que se quis ressaltar, entretanto, é que, de toda sorte, sistema jurídico algum recai no absurdo de impor o princípio da legalidade e renegá-lo ao mesmo tempo. Cada qual constrói suas próprias soluções operacionais para fazê-lo efetivo.

6. Note-se que, inexistindo uma Jurisdição Administrativa nos países de jurisdição única, em que o Poder Judiciário tem competência universal – como é o caso do Brasil –, seria simplesmente ridículo importar dissertações conceituais estrangeiras, concebidas à vista das particularidades de seus direitos positivos, pois isto conduziria a contrassensos, a resultados disparatados, incoerentes e até mesmo grotescos.

---

[174] ROHERSSEN, Guglielmo. *La justicia administrativa in Itália*. Tradução de Jesus Abad Hernando. Buenos Aires: Depalma, 1986. p. 115.
[175] BENOÎT, Francis-Paul. *Le droit administratif français*. Paris: Dalloz, 1968. p. 374.
[176] LAUBADÈRE, André de. *Traite élementaire de droit administratif*. 3. ed. Paris: LGDF, 1963. v. I. p. 431 e segs.

É o que sucederia exatamente se, no Brasil, fosse acolhida a distinção entre direito subjetivo e interesse legítimo para fins de reconhecer-se legitimação à defesa contra violações da legalidade. Veja-se que, a adotar-se tal expediente, se a Administração abrisse um certame licitatório, para atender a objeto cujo vulto demandasse concorrência, realizando-o por tomada de preços ou por mero convite, os interessados em participar da disputa não poderiam impugnar judicialmente a providência, pois não teriam direito subjetivo a postular e sim mero interesse legítimo, já que nada asseguraria que, participando, viessem a ganhar o certame. Idem no caso de editais dirigidos que excluem por antecipação possíveis ofertantes.

Assim também, se fosse aberto, em pretenso cumprimento ao art. 37, II, da Constituição, um concurso público para provimento de cargo público, reservando-se, entretanto, a inscrição apenas aos indivíduos maiores de 60 anos ou àqueles cujos nomes começassem pela letra "Y", os demais interessados em dele participar não estariam legitimados a postular a anulação do sobredito edital de concurso ou as respectivas inscrições, porque teriam apenas um "interesse legítimo"!

Ambas as hipóteses (direito à legalidade nas licitações ou nos concursos) são exemplos comuns de interesse legítimo trazidos à colação pelos doutrinadores alienígenas (cf. Agustín Gordillo[177] e Enzo Capaccioli).[178]

É claro que, em todos esses casos, se tal se desse na Itália, na França ou em outros países europeus, em que há dualidade de jurisdição, obviamente o Poder Judiciário inadmitiria a demanda. Os interessados teriam que recorrer à Jurisdição Administrativa, na qual o princípio da legalidade, o primado dela, se efetuaria. Mas, no Brasil, se o Judiciário fosse recorrer à sobredita distinção, *sub color*, de que:

a) a norma invocada foi posta no interesse geral e não no interesse individual; ou
b) se trata de norma em que o direito não pode ser fruído por alguém em caráter exclusivo, senão apenas em concorrência com outros em igual situação; ou
c) o que está em causa é uma norma de ação e não uma norma de relação – que são distintos critérios entre os quais oscila a

---

[177] GORDILLO, Agustín. *Tratado de derecho administrativo*. 7. ed. Belo Horizonte: Del Rey, 2003. t. 2. Cap. III-9.
[178] CAPACCIOLI, Enzo. *Manuale di diritto amministrativo*. Padova: Cedam, 1980. v. I. p. 258-259.

doutrina italiana para distinguir interesse legítimo e direito subjetivo (cf., a respeito, entre tantos, Landi e Potenza) –[179] desembocaria em inomináveis absurdos, ao menos se pretendesse manter posição coerente em todos os casos em que se reproduzisse a mesma tipologia conceitual.

Foi isto o que, delicadamente, o eminente jurista José Carlos Barbosa Moreira demonstrou em voto lapidar, proferido no Tribunal de Justiça do Rio de Janeiro (Apelação Cível nº 24.449, *RDA*, v. 156, p. 174):

> c) Ante a inexistência, entre nós, de uma justiça administrativa, à qual competisse velar pelas situações rotuladas como interesses legítimos, não é possível importar de modo completo a sistemática vigente na Itália e em outros países. Mas, então, de duas uma: *ou se admite que no Brasil as aludidas situações se submetem ao conhecimento dos órgãos do Poder Judiciário, como as que põem em causa "direitos subjetivos" na acepção restrita, ou se veda pura e simplesmente em relação a elas qualquer perspectiva de controle jurisdicional.* Ora, a optar-se pelo primeiro termo da alternativa, ter-se-á eliminado, ao menos do ponto de vista da acionabilidade, toda a relevância prática da distinção, na qual, em última análise, se afigura preferível não insistir. Já a opção pelo segundo termo, essa seria francamente melancólica na medida em que deixaria ao total desamparo interesses para os quais, até pela denominação mesma de "legítima" que se lhes aplica, *não é razoável nem lógico* reservar sorte tão madrasta.

VI – Extensão do conceito de legalidade

7. Nestas considerações se vê que nada pior do que transplantar doutrinas alienígenas e que resultam da especificidade do direito alheio sem conhecer seu contexto ou sem atinar para ele. Com efeito, adotar-lhes esquemas conceituais, como o que se traduz no aludido discrímen, redundaria – ao contrário do que se passa no direito de origem – em desacertos constrangedores. Seria como vestir um traje de um estrangeiro desconhecido, de estatura muito menor, e, inobstante sobrarem braços e pernas descobertos, persistir imaginando que, se com ele se vestia o proprietário, pode muito elegante e apropriadamente vestir-se quem lhe tomou de empréstimo a roupa...

Bem por isso, tirante algumas raras exceções infelizes, nossos tribunais têm-se guardado de recusar proteção a direitos que, em outros

---

[179] LANDI, Guido; POTENZA, Giuseppe. *Diritto amministrativo*. Padova: Cedam, 1989. v. 1. p. 251 e segs.

países, seriam considerados como interesses legítimos. Recebem suas postulações como pretensões à defesa de direitos subjetivos. É o que se vêm em inúmeros julgados, como em geral ocorre, *verbi gratia*, perante impugnações de editais de licitação viciosos ou quando o certame se desenrola ilegitimamente ou ao serem contendidos concursos públicos instaurados ou desenvolvidos em descompasso com a legalidade ou a isonomia.

Sirvam de exemplo os REs nºs 73.544 (*RDA*, v. 119, p. 107 e segs.) e 71.798 (*RTJ*, v. 62, p. 139-144) ou as seguintes decisões do TJSP: AC nº 65.937 (*RT*, v. 225, p. 242), Recurso de Revista nº 85.399 (*RT*, v. 312, p. 262); AC nº 168.230 (*RT*, v. 398, p. 169); AC nº 171.189 (*RT*, v. 413, p. 136); AC nº 165.152 (*RT*, v. 427, p. 76) e AC nº 244.790 (*RT*, v. 483, p. 93), todas estas últimas referidas no mencionado acórdão do TJRJ Ac nº 24.449, em que foi relator o alumiado Desembargador Barbosa Moreira.

Em suma: uma vez que a legalidade tem caráter protetor dos indivíduos, resulta que estes *têm direito a ela* e pessoal interesse em sua restauração, sempre que a quebra da ordem jurídica implicar agravo ou subtração de uma vantagem (ou de acesso a ela) que os atinja individualmente).

8. Daí que, ao menos em países onde não há dualidade de jurisdição, como no Brasil, deve-se considerar que está em pauta arguição de direito subjetivo quando:

a) a ruptura da legalidade cause ao administrado um agravo pessoal do qual estaria livre se fosse mantida íntegra a ordem jurídica; ou

b) lhe seja subtraída uma vantagem a que acederia ou a que se propõe nos termos da lei a aceder e que pessoalmente desfrutaria ou faria jus a disputá-la se não houvesse ruptura da legalidade.

Referências

ALESSI, Renato. *Sistema istituzionale del diritto amministrativo italiano*. 3. ed. Milão: Giuffrè, 1960.

BENOÎT, Francis-Paul. *Le droit administratif français*. Paris: Dalloz, 1968.

BLACK, Henry Campbell. *Handbook on the constitutional and interpretation of laws*. St. Paul, Minn.: West Publishing Co., 1896.

CAPACCIOLI, Enzo. *Direito e processo*. Padova: Cedam, 1980.

CAPACCIOLI, Enzo. *Manuale di diritto amministrativo*. Padova: Cedam, 1980. v. I.

GARCÍA DE ENTERRÍA, Eduardo; FERNÁNDEZ, Tomás-Ramón. *Curso de derecho administrativo*. 11. ed. Madrid: Thomson Civitas, 2008. v. II.

GORDILLO, Agustín. *Tratado de derecho administrativo*. 7. ed. Belo Horizonte: Del Rey, 2003. t. 2.

LANDI, Guido; POTENZA, Giuseppe. *Diritto amministrativo*. Padova: Cedam, 1989. v. 1.

LAUBADÈRE, André de. *Traite élementaire de droit administratif*. 3. ed. Paris: LGDF, 1963. v. I.

MEIRELLES, Hely Lopes. *Direito administrativo brasileiro*. 15. ed. São Paulo: Revista dos Tribunais, 1990.

ROHERSSEN, Guglielmo. *La justicia administrativa in Itália*. Tradução de Jesus Abad Hernando. Buenos Aires: Depalma, 1986.

STASSINOPOULOS, Michel. *Traité des actes administratifs*. Athenas: Librairie Sirey, 1954.

Nº 9

CONTROLE JUDICIAL DOS ATOS ADMINISTRATIVOS

I – Introdução; II – Da admissibilidade das postulações em juízo; III – Extensão da investigação judicial dos atos administrativos; Referências

I – Introdução

1. Duas questões apresentam relevo nodular para a proteção do administrado ante as vias judiciais. Uma, concerne à admissibilidade do pleito, isto é, ao reconhecimento de que o administrado tem uma postulação suscetível de ser defendida em juízo, é dizer, a sua legitimação para uma dada demanda; outra, refere-se à extensão do controle judicial cabível na investigação do comportamento administrativo.

Pretendemos abordar ambos os tópicos, embora de modo breve e singelo, partindo, porém, de premissas que, a nosso ver, poucos têm explorado, apesar de sua transcendente importância. Ditas premissas são as que tomam direto embasamento na índole do Estado de direito.

2. Convém recordar que o Estado de direito é a consagração jurídica de um projeto político. Nele se estratifica o objetivo de garantir o cidadão contra intemperanças do Poder Público, mediante prévia subordinação do poder e de seus exercentes a um quadro normativo

geral e abstrato cuja função precípua é conformar *efetivamente* a conduta estatal a certos parâmetros antecipadamente estabelecidos como forma de defesa dos indivíduos.

Assim, é seu propósito estabelecer *real* empecilho a que tais limites sejam ultrapassados e – se a despeito disso o forem – assegurar que os comportamentos violadores do direito sejam fulminados, impondo-se aqueles que seriam devidos, além das reparações patrimoniais cabíveis. Nisto, evidentemente, vai suposto um órgão independente ao qual os prejudicados pela atuação ilegítima possam recorrer para dicção do direito e consequente assujeitamento do Estado aos termos estabelecidos. A noção de Estado de direito reclama, pois, como observou Balladore Pallieri, que o Estado esteja "sotoposto, como qualquer outro sujeito, as leis e à *jurisdição*".[180]

Demais disso, o Estado de direito traz consigo, fundando este projeto de contenção do poder, a tese que lhe é imanente: a da soberania popular. Ou seja, esta concreta realização histórica de Estado nega a justificação do poder pelo poder ou por algum direito divino, proclamando, pelo contrário, como consta das Constituições modernas, que todo o poder emana do povo e em seu nome é exercido.

3. Portanto, o regramento jurídico não tem mais o caráter de preceitos impostos pelo "príncipe", por uma autoridade externa ou estranha aos destinatários das regras e por isso estabelecida como instrumento de seus próprios desígnios. Passa a ser, reversamente, uma disciplina produzida em atenção, no interesse, e com vistas a produzir vantagens para os administrados, já agora concebidos como senhores últimos da coisa pública (*res publica*). Em suma: o título competencial para produção do direito muda fundamentalmente, pois seus produtores agem por "representação".

Disto tudo resulta que a ordem normativa no Estado de direito nem se apresenta *apenas* como um valor objetivo, nem se propõe a ser um esquema de condutas que interesse prevalentemente a pessoa do Estado. Antes, assume o caráter de quadro garantidor de interesses, simultaneamente da coletividade e, particularmente, de *cada indivíduo que a compõe*, sempre que a quebra da legitimidade cause ao administrado um *agravo pessoal ou a subtração de uma vantagem que pessoalmente lhe adviria* se fora mantida íntegra a ordem jurídica.

4. A adoção desta tese, encampada pelos textos constitucionais, seja ou não respeitada na *praxis* política, envolve consequências jurídicas

---

[180] PALLIERI, Balladore. *Diritto costituzionale*. 3. ed. Milão: Giufrè, 1953. p. 85.

de transcendente relevo para a interpretação quer da a) "admissibilidade das postulações do administrado em juízo", quer para b) delimitar-se a "extensão do controle judicial dos atos administrativos".

Com efeito, reconhecido que é propósito do Estado de direito submeter o poder, impedindo-o de converter-se em arbítrio detrimentoso para os indivíduos e reconhecido, também, que as normas que enclausuram o poder propõem-se a defender interesses cuja titularidade última reside nos próprios administrados, estar-se-á, *ipso facto*, apontando um importantíssimo vetor interpretativo que deverá reger toda e qualquer inteligência sobre o cabimento de certas demandas em juízo e sobre a amplitude da investigação dos atos administrativos.

Serão estes os critérios que governarão o exame dos tópicos já referidos, a serem de seguida considerados.

II – Da admissibilidade das postulações em juízo

5. Como é notório, tem-se assentado a possibilidade de obter prestação jurisdicional, na ideia de *direito subjetivo* ampliando-se esta abertura em alguns sistemas jurídicos para os chamados interesses legítimos.

Assim, a admissibilidade da postulação está atrelada à invocação de um direito subjetivo ou de um interesse legítimo. Ambas as noções, entretanto, têm sido objeto de sérias discrepâncias quanto às respectivas configurações.

Não é nosso intento proceder a um exame da distinção entre direito subjetivo e interesse legítimo. Acresce que, no direito brasileiro, não se faz uso do discrímen em apreço. Certas hipóteses que, em outros sistemas, seriam consideradas como tipificadoras de interesse legítimo, são havidas, no Brasil, como direito subjetivo, recebendo dessarte proteção judicial equivalente. Vale dizer, sob a rubrica direito subjetivo convivem englobada e indiscriminadamente *certas situações* que, sob o foco de outros sistemas, seriam discernidas, distintamente rotuladas e submetidas a regimes protetores diversos.[181]

---

[181] Não vai nisto a afirmação de que o conceito de direito subjetivo encampado (ao menos pragmaticamente) por nossa jurisprudência e doutrina tenha amplitude suficiente para abarcar o campo recoberto pelas noções de interesse legítimo mais direito subjetivo, tal como concebidos nos países onde a proteção de um e de outro se efetivam em vias e formas diferençadas. Registramos, apenas, que, entre nós, a noção de direito subjetivo tem sido prestante para o amparo de inúmeras situações que, em outros sistemas, qualificar-se-iam como interesses legítimos.

6. Para concretizar, por meio de um exemplo, o que acaba de ser dito, cabe referir que, no direito brasileiro, tem-se como certo que os afluentes a uma licitação podem promover-lhe judicialmente a anulação se o disciplinado no edital contiver cláusula ilegítima suscetível de prejudicá-los, como, *verbi gratia*, a cláusula que permitisse à Administração decidir com total discricionariedade sobre o eventual vencedor do certame. Considera-se existir, aí, em prol de quaisquer dos participantes, direito subjetivo tutelável em juízo ou, o que seria perfeitamente equivalente em termos práticos, "legitimação" para impugnar o edital, buscando um interesse próprio. Sem embargo, hipótese análoga é apresentada, em exemplificação de Gordillo, precisamente como um caso de interesse legítimo ou direito reflexo.[182]

7. Propomo-nos, justamente, a passar ao largo desta distinção corrente, entre direito subjetivo e interesse legítimo. É nosso propósito questionar sobre a *necessária* admissibilidade de certas postulações perante o *Poder Judiciário*, nos países em que há (como entre nós) unidade de jurisdição por força de exigências do Estado de direito.[183]

8. As premissas inicialmente colocadas a propósito da índole do Estado de direito já insinuam a conclusão que nos parece cabível sobre a amplitude das situações que ensejam buscar amparo judicial.

Com efeito, firmando-se que a legalidade tem caráter protetor dos indivíduos, resulta que estes *têm direito a ela e pessoal interesse em sua restauração quando a quebra da ordem jurídica implicar agravo ou subtração de vantagem que os atinja individualmente*, pouco importando se a ilegalidade arguida alcança especificamente um ou um conjunto de indivíduos concorrentemente afetados, por estarem ubicados na mesma situação objetiva e abstrata.[184]

9. O que efetivamente tem relevo é o saber-se se da conduta administrativa ilegítima resulta ou não um prejuízo (de que estaria

---

[182] GORDILLO, Agustín. *Tratado de derecho administrativo*. 7. ed. Belo Horizonte: Del Rey, 2003. t. 2. Cap. III-9.

[183] Na Itália a defesa dos direitos subjetivos faz-se perante o Judiciário e dos interesses legítimos, perante a Justiça Administrativa (Conselho de Estado e Tribunais Regionais Administrativos). A respeito, veja-se o excelente trabalho de CAPACCIOLI, Enzo. Unità della giurisdizione e giustizia amministrativa. *In*: CAPACCIOLI, Enzo. *Diritto e proceso*. Padova: Cedam, 1978. p. 338 e ss.

[184] Para Agustín Gordillo, o interesse legítimo diferencia-se do direito subjetivo porque, neste último, alguém tem, em caráter *exclusivo*, a situação jurídica cuja proteção é postulável; no interesse legítimo, a situação jurídica é detida em concorrência com outros indivíduos e de tal sorte que não é nem pode ser concretizada com exclusividade – vale dizer, com exclusão de outros – em nenhum deles. Cf. GORDILLO, Agustín. *Tratado de derecho administrativo*. 7. ed. Belo Horizonte: Del Rey, 2003. t. 2. Cap. III, especialmente p. 9-20.

livre) ou a elisão de um benefício conferido pela ordem jurídica e que seria fruído pelo indivíduo, na conformidade dela, caso o proceder administrativo estivesse consonante com o direito. É este o ponto central da questão.

Não cabe imaginar que normas postas em benefício da coletividade, mas que proporcionam proveito individual não estejam a tutelar também e com igual proteção aqueles que delas sacariam os benefícios previstos. Não cabe supor que o fato de uma regra ser editada tendo como alvo um interesse da coletividade, ao ser desatendida, não esteja desatendendo, com a mesma intensidade, os interesses concretos e específicos daqueles indivíduos que fazem parte daquela mesma coletividade.[185]

10. Outrossim, se do procedimento injurídico da Administração resulta um gravame patrimonial ou o impedimento à obtenção de um ganho patrimonial, não há razão prestante para negar ao administrado a correlata reparação econômica, *sub color* de que apenas lhe assistira obter a anulação do ato ilegítimo.[186]

---

[185] É corrente a opinião de que o interesse legítimo, diversamente do direito subjetivo, procede das regras que são editadas no interesse da coletividade como um todo, sem colocarem em pauta – salvo por derivação – interesses dos indivíduos, ou seja, dos membros da coletividade considerados de per si. É deste tipo a colocação de Zanobini, comum entre os autores da época, e que ainda encontra muitos adeptos. Dita maneira de conceber e contrapor interesse legítimo e direito subjetivo esta professada e exposta de maneira, simultaneamente, muito clara e sintética pelos Conselheiros de Estado Guido Landi e Giuseppe Potenza: LANDI, Guido; POTENZA, Giuseppe. *Manuale di diritto amministrativo*. 2. ed. Milão: Giuffrè, 1963. p. 151-155, n. 10. Para uma exposição excelente sobre distintas concepções, veja-se CAPACCIOLI, Enzo. *Manuale di Diritto Amministrativo*. Padova: Cedam, 1980. v. I. p. 251 e ss., n. 117 e ss.

[186] Embora o direito francês não haja trabalhado com a mesma nomenclatura, isto é, sobre a distinção explícita entre direito subjetivo e interesse legítimo, a verdade é que faz correspondente discrímen, ao separar os recursos perante a Justiça Administrativa (única que tem competência para apreciar litígios administrativos) em recursos do "contencioso de plena jurisdição" e recursos do "contencioso de anulação". Entende-se que, nos de "plena jurisdição", a questão versa sobre uma situação jurídica individual subjetiva. Nos recursos de "anulação", o ponto controvertido versa sobre a *objetiva* legalidade de um ato administrativo perante uma regra de direito geral e impessoal. Daí que *só podem preordenar-se à anulação do ato atacado* – pois voltam-se à garantia da ordem jurídica objetiva – ao passo que, nos recursos de plena jurisdição, é cabível o pedido de reparação patrimonial do lesado. A distinção temática é, substancialmente, a mesma do direito italiano, embora as consequências não sejam iguais. Com efeito, na Itália, embora administrativa a questão, deverá ser proposta perante o Judiciário, se referida a direito subjetivo, e perante a Justiça Administrativa, se referida a interesse legítimo. Na França será sempre a Jurisdição Administrativa que conhecerá dos feitos administrativos (salvo raros casos previstos em lei e entregues à apreciação do Judiciário). Além disso, na Itália, embora caiba ao Judiciário apreciar as questões atinentes ao direito subjetivo, falta-lhe poder de anular o ato administrativo viciado, assistindo-lhe, apenas o de conferir reparação patrimonial. A similitude temática comprova-se, ainda, pelas modalidades recursais existentes em

Deveras, para o administrado tanto é gravosa a ilegitimidade do ato que o afetou como a consequência patrimonial deste ato.

É artificial, cerebrina e acima de tudo irreal a suposição de que o ataque aos comportamentos ilegítimos – desencadeada pelo administrado nestes casos – seja mera defesa do direito objetivo e que por isso deve esgotar-se na fulminação do ato.

Tem plena razão o eminente García de Enterría, ao profligar a tese de que os recursos cabíveis fora das hipóteses comportadas por uma noção restrita de direito subjetivo tenham o caráter de "un recurso 'objetivo' o en puro interés de la legalidad. Esta idea puede tener curso cuando se trate del ejercício de acciones populares".[187]

11. De outra parte, negar proteção jurisdicional nos casos em que o pleito se assenta em hipóteses excedentes da noção restrita de direito subjetivo corresponderia a assumir posição antinômica aos vetores interpretativos que são impostos pela lógica do Estado de direito.

É forçoso, pois, reconhecer que em todos os casos em que a violação da ordem jurídica pela Administração acarretar um prejuízo pessoal para o administrado – esteja ele colocado em situação relacional concreta ou em situação genérica, objetiva – há também violação a um direito seu, assistindo-lhe, de conseguinte, obter proteção jurisdicional para ele.[188]

12. Que espécie de "direito" a ser protegido é este?

Se nos desapegarmos de uma tradição conservadora, inconscientemente atrelada a reminiscências de um período anterior ao Estado de direito e que, por isso mesmo, vem manejando categorias jurídicas com as mesmas dimensões que tinham em outro quadro jurídico, será

---

ambos os países. No direito italiano, os recursos para defesa do interesse legítimo são os suscitados por questões de a) incompetência; b) violação de lei e c) excesso de poder. No direito francês, os recursos que têm lugar nos casos de defesa da legalidade propriamente (contencioso de anulação), e não das situações subjetivas, têm lugar em questões atinentes a) à incompetência; b) à violação de lei; c) ao desvio de poder (que corresponde ao excesso de poder dos italianos; e d) a vício de forma (que na Itália seria caso de violação de lei). Estas distintas hipóteses recursais caem sob a genérica rubrica de recursos por "excesso de poder".

[187] GARCÍA DE ENTERRÍA, Eduardo; FERNÁNDEZ, Tomás-Ramón. *Curso de derecho administrativo*. 11. ed. Madrid: Thomson Civitas, 2008. v. II. p. 44.

[188] Outro dos critérios propostos para distinguir direito subjetivo de interesse legítimo é o que se estriba nas "normas de relação" e "normas de ação", tal como proposto por Guicciardi. De acordo com este autor, as normas de ação apenas regulam objetivamente o proceder da Administração e delas procedem os interesses legítimos. As normas de relação regulam situações de que derivam relações jurídicas entre o indivíduo e o Estado e delas advêm os direitos subjetivos.

indeclinável reconhecer que este direito, de que ora se fala, é pura e simplesmente um "direito subjetivo" em sua expressão na esfera pública e considerado na dimensão que lhe corresponde no Estado de direito.[189]

Eduardo García de Enterría lapidarmente sintetizou a questão ao dizer que, no Estado de direito, "La legalidad de la Administración no es así una simple exigencia a ella misma, que pudiese derivar de su condición de organización burocrática y racionalizada: es también antes que eso, una técnica de garantizar la libertad".

E arremata fornecendo substancioso calço teórico para caracterizar tal direito como direito subjetivo, ao dizer:

> Toda acción administrativa que fuerce un ciudadano a suportar lo que la Ley no autoriza o le impida hacer lo que la Ley permite no sólo es una acción ilegal, es una agresión a la libertad de dicho ciudadano. De este modo la oposición a un acto administrativo ilegal es, en último extremo, una defensa de la libertad de quien ha resultado injustamente afectado por dicho acto.[190]

Eis, pois que, com ser ofensa a uma liberdade constitucional, a ilegalidade em tais casos apresenta-se, *ipso facto*, como ofensa a um direito subjetivo público.

13. Esta conclusão é do mais elevado realce nos países em que há, por disposição constitucional, unidade de jurisdição e assiste ao Poder Judiciário dizer, com definitividade, sobre os *direitos* questionados.

Nestes países, por um lado, o Judiciário não poderá deixar de conhecer das questões aludidas, sob fundamento de que estão em pauta apenas interesses legítimos e, de outro lado, não lhe poderão

---

[189] É que todo o regramento jurídico no Estado de direito propõe-se a ser um dique à ação do Estado, precisamente para outorgar proteção a todos e a cada um dos indivíduos. A visão tradicional do direito subjetivo, montada em vista de relações privadas, não teve sob seu foco de mira relações de direito público ou situações de direito público que se marcam pelo específico propósito de assujeitar-se o Estado a um completo respeito aos interesses dos indivíduos. Assim, ao ser extrapolada do direito privado para o direito público, apanhou sob sua mirada apenas as situações que se apresentavam mais aparentadas com a estrutura das situações de direito privado. O lógico, portanto, é alargar a visão tradicional de direito subjetivo, para colocar em seus quadrantes um universo tão compreensivo quanto aquele que possui em relação ao direito privado. Trata-se, em suma, de outorgar-lhe igual nível de funcionalidade em ambos os ramos do direito, pois não há razão lógica prestante para dimensioná-lo em termos tão angustos que impliquem negar, no direito público, proteção a situações que o Estado de direito reclama estejam sob cabal amparo.

[190] GARCÍA DE ENTERRÍA, Eduardo; FERNÁNDEZ, Tomás-Ramón. *Curso de derecho administrativo*. 11. ed. Madrid: Thomson Civitas, 2008. v. II. p. 48.

ser subtraídas estas questões e reservadas ao exame final de órgãos da Administração constituídos ou não sob forma de contencioso.

14. Por derradeiro, é importante ressaltar que exigências constitucionais não podem ficar submetidas à previsão (ou não) de vias processuais adrede concebidas para a defesa dos direitos em causa. Não se interpreta a Constituição processualmente. Pelo contrário, interpretam-se as contingências processuais à luz das exigências da Constituição. Por isso, os caminhos processuais têm que se alargar, com base na interpretação e na analogia (se insuficientes as previsões normativas vigorantes), para abrir espaço à passagem e cômoda instalação de direitos que emergem das imposições constitucionais.

Por todas as razões colacionadas cremos ser necessário *conceber o direito subjetivo, na esfera pública, de acordo com uma visão ampla, que guarde sintonia com os objetivos transfundidos no Estado de direito*, ao invés de fazê-lo, como habitualmente, com a preocupação de restringir suas dimensões e coartar as possibilidades de o administrado extrair completa proteção judicial ante ilegalidades administrativas.

III – Extensão da investigação judicial dos atos administrativos

15. A *res publica* não é, obviamente, propriedade pessoal dos administradores. Estes simplesmente gerem-na. Mais não lhes assiste que curar, do melhor modo possível, interesses de toda a coletividade.

Os poderes que a Administração desfruta justificam-se única e exclusivamente como meios necessários ao cumprimento de certas finalidades legalmente estabelecidas. Portanto, são *deveres-poderes*, antes que *poderes-deveres*. A ideia de dever e que é predominante, enquanto a ideia de poder vem marcada por um destino ancilar, já que os poderes são conferidos como simples instrumentos necessários ao cumprimento dos deveres.

O mestre Rui Cirne Lima resumiu, com grande felicidade, a essência de atividade administrativa em frases concisas e exatas que merecem literal transcrição. Disse ele que: "O fim – e não a vontade – domina todas as formas de administração".[191] "Na administração o dever e a finalidade são predominantes, no domínio a vontade".[192]

---

[191] LIMA, Rui Cirne. *Princípios de direito administrativo*. 5. ed. São Paulo: Revista dos Tribunais, 1982. p. 22.
[192] LIMA, Rui Cirne. *Princípios de direito administrativo*. 5. ed. São Paulo: Revista dos Tribunais, 1982. p. 52.

A relação administrativa e, portanto, a "relação jurídica que se estrutura ao influxo de uma finalidade cogente";[193] "supõe, destarte, a atividade administrativa a preexistência de uma regra jurídica, reconhecendo-lhe uma finalidade própria. Jaz, consequentemente, a administração pública debaixo da legislação, que deve enunciar e determinar a regra de direito".[194]

16. No Estado de direito incumbe ao Poder Legislativo traçar as finalidades – que a Administração deve perseguir – e estabelecer os meios e modos pelos quais serão perseguidos.

É a regra geral e abstrata expedida pelo corpo representativo dos cidadãos – titulares últimos do poder – que define os rumos a serem seguidos, que caracteriza as situações perante as quais cabe produzir os comportamentos reputados úteis para a sociedade, de tal sorte que, por este meio, enclausura-se a atuação do Executivo – sucessor do rei.

Assim, a relação que se instaura entre a lei e a atividade administrativa é uma relação de dependência e subordinação muito mais estrita do que o vínculo que perpassa entre a lei e os particulares. Enquanto estes podem fazer tudo que não lhes seja proibido por lei, a Administração só pode fazer o que lhe seja, de antemão, permitido pela lei. Mais que o simples princípio da não contradição, vigora, ainda, o princípio da conformidade.

17. Ocorre, entretanto, que entre a abstrata previsão da lei e a concreta efetivação de seu comando, para o atingimento das finalidades por ela consagradas, ocorrerá um intervalo que é preenchido pela conduta administrativa. É por meio dela que o Estado promove a ligação entre o projeto e a realização, entre o abstrato e o concreto, entre o plano ideal e o real.

Por isso, como bem o afirmou Afonso Rodrigues Queiró: "A atividade da Administração é uma atividade de subsunção dos fatos da vida real as categorias legais".[195]

A lei pode descrever com absoluto rigor e precisão as situações fáticas perante as quais seja *obrigatório* um *único*, determinado e *específico comportamento* administrativo. Nestes casos, a atuação administrativa aparece de antemão travada, e de tal forma que o cumprimento exato

---

[193] LIMA, Ruy Cirne. *Princípios de direito administrativo*. 5. ed. São Paulo: Revista dos Tribunais, 1982. p. 51.
[194] LIMA, Ruy Cirne. *Princípios de direito administrativo*. 5. ed. São Paulo: Revista dos Tribunais, 1982. p. 22.
[195] QUEIRÓ, Afonso Rodrigues. *Reflexões sobre a teoria do desvio de poder em direito administrativo*. Coimbra: Coimbra Editora, 1940. p. 6.

da lei é, consequentemente, de sua finalidade; nos casos concretos, não ensejará questionamentos.

Com efeito será facílima e de imediata percepção a tarefa de aferir a consonância ou dissonância do ato praticado com o comando legal. Não será aí, pois, que residirão problemas concernentes à extensão da investigação judicial sobre a lisura jurídica dos atos administrativos.

18. Contudo, as hipóteses em que a disciplina legal está fixada nas condições mencionadas são relativamente raras. É muito mais frequente, como todos sabemos, que a regra de direito modeladora do comportamento administrativo enseje ao administrador certa liberdade, isto é, que lhe confira discricionariedade. Nestes casos a Administração desfrutará de campo para decidir-se, pois a dicção da norma poderá atribuir-lhe o encargo de resolver sobre certos tópicos não decididos de antemão por ela. Assim, ora terá a Administração que decidir-se sobre "se" praticará um dado ato; ora terá de resolver-se sobre "quando" o praticará; ora terá que solucionar-se sobre "que" ato praticará, entre os permitidos ou impostos pela lei. Em suma: incumbir-lhe-á *valorar* a respeito daquilo que convém fazer para efetivamente conseguir dar satisfação ao interesse previsto na lei.

19. Não é, nem de longe, nosso intuito versar aqui o tema da discricionariedade, mas, tão só, frisar certas ideias, postuladas pela índole do Estado de direito, atinentes à extensão da investigação judicial nos casos em que a Administração atua gozando desta esfera de liberdade referida.

Adstritos a este circunscrito propósito, cabe frisar, inicialmente, que a existência da liberdade aludida fundamenta-se no fato de que o propósito legal é, justamente, o de obter, graças à outorga dessa liberdade à Administração, a solução *mais conveniente* para os interesses que se propôs a curar. Se não fosse seu intuito assegurar, *nos casos concretos*, a solução que atendesse com exata perfeição a seus objetivos, haveria regulado a matéria diversamente. É a certeza de que os *objetivos almejados*, para serem *efetivamente atendidos in concreto*, dependeriam de um juízo mais acertado das circunstâncias fáticas, aquilo que leva a lei – em nome destes mesmos objetivos – a deferir discricionariedade.

20. Disto resulta uma importante consequência lógica. O dever jurídico que se põe para a Administração é *necessariamente* o de escolher a *melhor solução* – e não qualquer solução comportada, *in abstrato*, pelo âmbito de liberdade que lhe deferiu a norma legal. Em outras palavras, existe para a Administração um "dever jurídico de boa administração".

Não se trata apenas de um dever ético, ou de um dever político, ou de um dever de ciência da Administração.

Com efeito, a atividade jurídico-administrativa consiste no cumprimento de uma função. E a ideia de função traz consigo a de "dever" em vista de uma "finalidade", isto é, exercício, no interesse alheio, de um poder cujo desempenho é obrigatório.

Como disse Guido Falzone:

> Può dirsi pertanto che un elemento di doverosita sia insito nell'esercicio delle funzioni in genere, ed ancora, poiche la cura di determinati interessi si sostanzia nell'amministrazione dei medesimi, che tale carattere di doverosita, si riduca, in ogni caso, alla exigenza che il soggetto titolare della funzioni amministri rettamente ed opportunamente tali interessi.[196]

Então, dado que a Administração está jungida ao cumprimento de uma finalidade legal e que, para cumpri-la, terá que buscar o exato atendimento do interesse que a lei tutela, segue-se que está peada por um "dever de boa administração".

21. Deveras, existe uma incindível relação lógica entre o atendimento de um interesse (que é obrigatório) e a idoneidade das medidas tomadas para alcançá-lo. Em outras palavras: não se consegue alcançar um dado fim senão quando as medidas adotadas para lográ-lo são convenientes e oportunas, ou seja, adequadas. Se não o forem, irão desencontrar-se com o fim, deixando, pois, de alcançá-lo. Ora, como a Administração está, *de direito*, obrigada a atender ao fim legal, resulta que o "dever de boa administração" – condição, que é, para atingimento do fim a que está preposta – configura-se claramente como "um dever jurídico".

22. Pois bem, se assim é, resulta que o campo de liberdade discricionária, abstratamente fixado na regra legal, *não coincide com o possível campo de liberdade do administrador diante das situações concretas*. Perante as circunstâncias fáticas reais, esta liberdade será *sempre muito menor* e *pode até desaparecer*. Ou seja, pode ocorrer que ante uma situação real, específica, exigente de pronúncia administrativa só um comportamento seja, a toda evidência, capaz de preencher a finalidade legal.

Em suma – e antes de precisões maiores – cumpre, desde logo, suprimir a ideia, muito frequente, de que a outorga de liberdade

---

[196] FALZONE, Guido. *Il dovere di buona amministrazione*. Milão: Giuffre, 1953. p. 55. Parte I.

discricionária na lei significa, inevitavelmente, que a matéria esteja isenta de apreciação judicial quanto à procedência da medida administrativa adotada.

Deveras, a situação real em que está posta a Administração necessariamente restringe o campo de eleição de comportamentos juridicamente possíveis. Na regra legal, o âmbito de liberdade aparece mais amplo, porque se quer delimitado em vista das situações reais. Efetivamente, sucederá em alguns casos que, *apesar de a lei permitir opção entre dois ou mais comportamentos* – exatamente para que fossem sopesadas as circunstâncias fáticas, como requisito insuprimível ao atendimento do interesse tutelado –, estas mesmas circunstâncias evidenciem, para além de qualquer dúvida, que só cabe um comportamento apto para atingir o objetivo legal. Neste caso, dito comportamento é *obrigatório* e não pode ser adotado outro.

O mesmo se diga, analogamente, quando a lei faculta um dado comportamento, ao invés de fixá-lo como obrigatório.

23. Por força do que se vem de dizer, depreende-se que existindo um "dever de boa administração" – isto é, de adequada escolha em vista da finalidade legal – existe, também, correlatamente, *para o administrado, direito* a que a providência administrativa incidente sobre ele esteja ajustada a estes parâmetros. Com efeito, se não estiver, o ato administrativo ter-lhe-á sonegado uma vantagem que – ante o caso concreto – a lei pretendia lhe fosse deferida, ou ter-lhe-á inculcado um gravame que a lei não desejava lhe fosse irrogado.

Ora, estando em pauta a subtração de um bem jurídico ou a atribuição de um prejuízo, efetuados *contra o desígnio legal, tal ilegitimidade,* na medida em que afeta pessoalmente alguém, viola direito subjetivo seu. E, se o faz, cabe proteção judicial contra esta violação. Dado que para apurar-se esta violação é indispensável uma investigação ampla sobre a adequação ou inadequação do ato administrativo ao parâmetro da "boa administração" e tendo em conta que esta substancia um "dever jurídico", segue-se que pertence ao campo de atribuições do juiz proceder a esta investigação.

Ao fazê-lo – conforme se esclarece em seguida – o Judiciário não extravasa o campo do exame da legitimidade nem ingressa na esfera da discricionariedade que assiste ao administrador. Isto ser-lhe-ia defeso, por ofensivo à tripartição do exercício do poder.

24. As precedentes digressões não pretendem, de forma alguma, que a amplitude da investigação judicial dos atos administrativos chega ao ponto de levar à substituição do juízo do administrador sobre a

oportunidade e conveniência de uma providência pelo juízo do Poder Judiciário. Pretendem, simplesmente, frisar que o juízo administrativo discricionário, para manter-se no quadro da legitimidade e, portanto, em seu correto âmbito de expressão, há de acantonar-se dentro dos limites impostos pelo dever de "boa administração", isto é, os que decorrem de uma racional adequação entre os atos praticados e a finalidade legal que os justifica.

Pretende-se, além disso, que o *quadro das circunstâncias fáticas em vista do qual a Administração terá de agir promove um balizamento suplementar da discrição abstratamente conferida* pela norma, estreitando-a – tal como é desejado pela lei – até o ponto de compor os limites da "boa administração".

Pretende-se, finalmente, sustentar que este estreitamento *pode, em certas circunstâncias concretas,* chegar ao ponto de elidir, *ante o caso específico,* a liberdade que, *in abstracto,* fora suposta na lei.

25. Com efeito, esta "liberdade" deferida pela lei quer-se, *in concreto,* ver-se convertida em "necessidade", posto que a norma não almeja uma solução qualquer não proibida, porém, unicamente, aquela solução *permitida em face do caso concreto*; vale dizer: a que satisfaça *excelentemente* o interesse público naquele caso real.

Esta "necessidade" que a situação específica faz irromper – quando da passagem do plano abstrato para o concreto – não é uma violência contra a "liberdade" conferida pela lei à Administração. Isto porque não se está, como no direito privado, perante uma liberdade legal prestigiadora da "autonomia da vontade", mas reversamente, perante uma *função* (e função pública). Por força disto, vigora a ideia de *dever* ante uma finalidade preestabelecida. A "liberdade legal" no direito administrativo não é um valor em si, pois não passa de mero instrumento, concedido tão só como meio indispensável para que a Administração possa, diante das situações concretas, tomar a providência *exata* que a finalidade legal *reclama naquele caso*. Por isso tal liberdade restringe-se ou desaparece ante a situação concreta.

O plexo de circunstâncias fáticas ocorrente na realidade empírica afunila o campo de opções aberto na disposição abstrata da lei e pode até chegar ao ponto de elidir as alternativas (que existiam em tese) de maneira a tornar exigente uma única providência.

26. Sem dúvida, na discrição administrativa, opostamente ao que se passa na vinculação, a norma não particularizou antecipadamente qual seria a conduta única suscetível de ser adotada. Contudo,

isto não significa que, para a lei, seja indiferente a solução escolhida pelo administrador, se estiver adstrita no âmbito de liberdade abstratamente prefigurado na regra de direito. Pelo contrário. Significa o oposto. Significa que, não podendo estatuir, de antemão, qual seria a providência ideal – mas porque a deseja –, correu-se de adotar fórmula rígida, capaz de comprometer, *in concreto*, a realização do interesse que quer ver prestigiado. Precisamente por isso (porque só quer a solução excelente) a lei impõe ao administrador, que é aquele que se defronta com os casos concretos, o dever de adotar, diante de cada uma destas situações, a específica medida – e não mais que ela – adequada para satisfazer, com exatidão, o objetivo legal.

27. Sendo, assim, entende-se porque a noção de "liberdade legal" é muito relativa e porque seu conteúdo efetivo não se depreende nem se esgota tão só com a análise da dicção abstrata da regra. Tem que se completar com o exame da situação concreta, posto que a própria regra está – implícita, mas irrefragavelmente – reportada à situação real que venha a ocorrer no plano das realidades empíricas.

Em suma: tanto nas hipóteses de vinculação quanto nas de discrição, a lei propõe, *igualmente*, um comportamento que satisfaça de maneira "cabal" o interesse público estampado em sua finalidade. Em ambos os casos, a adscrição ao dever de produzir o ato *precisamente adequado* à satisfação do escopo normativo é idêntica. A diferença entre os casos de vinculação e discrição reside em que, na vinculação, o comportamento que levará à plena satisfação da finalidade legal está predefinido e na discrição sua definição é posterior, já que vai depender das situações, pois não foi estabelecido em abstrato.

28. Dado que o dever administrativo imposto pelo direito é sempre e sempre o de produzir unicamente o ato capilarmente ajustado ao interesse público, tem-se que é ilegítima a conduta administrativa – inobstante praticada no exercício de competência ensejadora de discrição – que não realize de maneira ótima o interesse público aferível *in concreto*, isto é, diante das circunstâncias do caso.

Logo, o problema do controle da validade dos comportamentos praticados a título de discrição administrativa converte-se, *em larga medida*, num problema de prova. Fica a cargo de quem impugna o ato demonstrar que a providência tomada não realiza, *in concreto, a perfeita satisfação* do interesse tutelado em abstrato pela regra de direito. Se o fizer, o ato terá que ser fulminado pelo Judiciário porque revelada estará sua desconformidade com o direito.

29. Note-se que, em alguns casos, será possível comprovar que uma única providência – distinta da que a Administração adotou – seria a adequada para realizar a finalidade normativa. Em outros casos, tal demonstração será impossível, mas possível será demonstrar que, de toda sorte, aquela específica medida adotada não era a idônea para atender com exatidão à finalidade da lei. Deveras, muitas vezes não se pode saber o que uma coisa é, mas pode-se saber o que aquela coisa não é. Portanto, em certos casos, não será possível dizer qual o comportamento único obrigatório para atender ao interesse público, mas será possível dizer que aquele comportamento específico adotado não é o que lhe atende, conforme bem registra o Prof. Afonso Rodrigues Queiró.[197]

Não se pense, todavia, que reduzimos o tema da discricionariedade à mera problemática da "prova judicial".

30. As considerações feitas podem, num primeiro súbito de vista, sugerir a impressão de que, em última instância, está-se negando entidade lógica substante à categoria discricionariedade e admitindo, tão só, uma eventual impossibilidade fática de efetuar-se a correção do ato por ausência de meios efetivos para demonstrar-se qual o comportamento único admissível. Deveras, a assertiva de que o ato praticado com base em competência discricionária também está sujeito ao indeclinável dever de dar apenas a solução *ótima* – a única que satisfaça excelentemente o interesse tutelado pela regra, pena de invalidade –, aliada à afirmação de que o interessado pode procurar demonstrar ao juiz a inocorrência desta solução, suscitará a impressão de que todo o problema da discrição cinge-se ao drama processual da prova.

Não é assim, contudo. Quem teoriza sobre o direito o faz a partir da premissa da finitude e limitação da intelecção humana. Este é um dado insuprimível; preliminar suposta em qualquer raciocínio. Ora, a mente humana simplesmente não pode, em todos os casos, saber, com certeza, qual a solução ótima para atender ao interesse tutelado na regra, quando a lei não a predetermina antecipadamente.

31. Assim, é forçoso admitir que, em inúmeros casos, em decorrência desta limitação humana, será impossível conhecer (e não apenas impossível provar) com exatidão, qual a providência cabível.

---

[197] QUEIRÓ, Afonso Rodrigues. *Reflexões sobre a teoria do desvio de poder em direito administrativo*. Coimbra: Coimbra Editora, 1940. p. 79.

Queiró[198] reproduz passagem da lição de Bernatzik que esclarece perfeitamente o que se quer dizer. Registra o citado autor que em certas decisões existe "um limite além do qual nunca terceiros podem verificar a exatidão ou não exatidão da conclusão atingida. Pode dar-se que terceiros sejam de outra opinião, mas não podem pretender que só eles estejam na verdade, e que os outros tenham uma opinião falsa".

É exatamente nesta esfera que reside verdadeiramente a *real* discricionariedade. É esta esfera que, segundo entendemos, se constitui, no "mérito" do ato administrativo. É este campo e só este que é insindicável pelo Judiciário.

32. Assim, há, realmente, uma área *incognoscível*. Não é, apenas, uma impossibilidade concreta de o interessado provar que o ato deixou de realizar o que cabia, mas uma impossibilidade lógica (limite à intelecção humana) de saber-se qual a providência cabível que satisfaz, completamente, *in casu*, a finalidade da lei. E, repita-se, nesta esfera que o agente administrativo exercita verdadeiramente a discrição: a área em que desfruta de liberdade insindicável, por haver sido titulado pela regra de direito para proceder, com seu juízo exclusivo, ao reconhecimento concreto da medida ajustada ao interesse público e por isso coincidente com o almejado pela lei. Assim, se a providência tomada se encontra na intimidade deste campo, se não o desborda, o ato não pode ser censurado. Se o fez, entretanto, cabe fulminá-lo.

33. Então, trata-se de firmar a premissa teórica de que não é *necessariamente* invasão da discricionariedade a apreciação, pelo juiz, sobre a procedência de um comportamento administrativo (comissivo ou omissivo) nos casos em que a lei confere à Administração possibilidade de agir ou não agir, deferir ou indeferir, optar por este ou aquele ato.

Haverá indevida intromissão judicial na discricionariedade administrativa se o juiz se propuser a sobrepor seu critério pessoal a outro critério, *igualmente admissível e razoável*, adotado pelo administrador. Não haverá indevida intromissão judicial na correção do ato administrativo se o critério ou opção do administrador houverem sido *logicamente insustentáveis, desarrazoados, manifestamente impróprios ante o plexo de circunstâncias reais envolvidas*, resultando por isso na eleição de providência desencontrada com a finalidade legal a que o ato deveria servir.

---

[198] QUEIRÓ, Afonso Rodrigues. *Reflexões sobre a teoria do desvio de poder em direito administrativo.* Coimbra: Coimbra Editora, 1940. p. 31.

34. Sucede que, para chegar-se a tal conclusão, que deverá levar o juiz a abster-se de fulminar o ato ou, pelo contrário, a fazê-lo, é indispensável a) que pleitos envolvendo hipóteses de ampla discrição normativa sejam admitidos e b) que perante eles o Judiciário investigue amplamente os fatos e que não titubeie em controlar a legitimidade destes atos, coibindo-se de assumir – como muitas vezes tem ocorrido no Brasil – posição demasiado cautelosa pelo receio de invadir a esfera de discrição administrativa.

35. Na verdade, se o objetivo central do Estado de direito é conferir real proteção aos administrados, efetiva tutela aos seus direitos, e se a maneira indeclinável de assegurá-los implica rigorosa submissão da Administração à lei, em sua letra e seu espírito, não há como recusar ao Poder Judiciário atribuição para diligente investigação e controle dos atos administrativos cuja prática possa ter significado ofensa aos direitos que se querem protegidos.

Referências

CAPACCIOLI, Enzo. *Manuale di diritto amministrativo*. Padova: Cedam, 1980. v. I.

CAPACCIOLI, Enzo. Unità della giurisdizione e giustizia amministrativa. *In*: CAPACCIOLI, Enzo. *Diritto e proceso*. Padova: Cedam, 1978.

FALZONE, Guido. *Il dovere di buona amministrazione*. Milão: Giuffre, 1953.

GARCÍA DE ENTERRÍA, Eduardo; FERNÁNDEZ, Tomás-Ramón. *Curso de derecho administrativo*. 11. ed. Madrid: Thomson Civitas, 2008. v. II.

GORDILLO, Agustín. *Tratado de derecho administrativo*. 7. ed. Belo Horizonte: Del Rey, 2003. t. 2.

LANDI, Guido; POTENZA, Giuseppe. *Manuale di diritto amministrativo*. 2. ed. Milão: Giuffrè, 1963.

LIMA, Ruy Cirne. *Princípios de direito administrativo*. 5. ed. São Paulo: Revista dos Tribunais, 1982.

PALLIERI, Balladore. *Diritto costituzionale*. 3. ed. Milão: Giufrè, 1953.

QUEIRÓ, Afonso Rodrigues. *Reflexões sobre a teoria do desvio de poder em direito administrativo*. Coimbra: Coimbra Editora, 1940.

Nº 10

A ESTABILIDADE DOS ATOS ADMINISTRATIVOS E A SEGURANÇA JURÍDICA, BOA-FÉ E CONFIANÇA LEGÍTIMA ANTE OS ATOS ESTATAIS

1. A função nuclear do direito é o estabelecimento de uma ordem. Vale dizer: o objetivo essencial buscado pelas normas jurídicas é a fixação de pautas de comportamento, graças ao que tanto a sociedade como seus membros têm por definido *o que pode e o que não pode ser feito*. Sem isto, haveria o caos, a incerteza, a insegurança completa.

São as normas que permitem a convivência entre os homens, pois os liames em seu nome travados os protegem contra a álea total que equivaleria à instabilidade, à insegurança absolutas. Ordem e estabilidade formam um binômio indissociável. Uma não existe sem outra e ambas proporcionam a segurança nas relações humanas, aí incluído o social e dentro dele o direito.

O direito é *per definitionem* um esquema de ordem e por isso se fala em ordenação jurídica, em ordenamento jurídico. A surpresa, o imprevisível, a instabilidade, são, precisamente, noções antitéticas ao direito, que com elas não poderia conviver, nem seria exequível, tanto mais porque tem como função eliminá-las.

2. Numerosos institutos exibem que as situações e relações jurídicas constituídas à sombra das normas – até mesmo quando malformadas, isto é, em descompasso com elas ou produzidas em face de interpretações que ao depois não prosperam – são protegidas

pelo manto da estabilidade que o direito necessita estender a bem da segurança jurídica, por ser este um objetivo sem cujo atendimento as relações sociais não poderiam prosperar com tranquilidade.

Com efeito, a "segurança jurídica" coincide com uma das mais profundas aspirações do homem: a da segurança em si mesma, a da certeza possível em relação ao que o cerca, sendo esta uma busca permanente do ser humano. É a insopitável necessidade de poder assentar-se sobre algo, reconhecido como estável ou relativamente estável, o que permite vislumbrar com alguma previsibilidade o futuro; é ela, pois, que enseja projetar e iniciar, consequentemente – e não aleatoriamente, ao mero sabor do acaso – comportamentos cujos frutos são esperáveis em médio e longo prazo. Dita previsibilidade é, portanto, o que condiciona a ação humana. Esta é a normalidade das coisas.

Bem por isto o chamado princípio da "segurança jurídica", se não é o mais importante dentre todos os princípios gerais de direito é, indisputavelmente, um dos mais importantes. Posto que um altíssimo porcentual das relações compostas pelos sujeitos de direito constitui-se em vista do porvir e não apenas da imediatidade das situações, cumpre, como inafastável requisito de um ordenado convívio social, livre de abalos repentinos ou surpresas desconcertantes, que haja uma certa estabilidade nas situações dessarte constituídas.

3. Dessarte, conquanto o direito seja, como tudo o mais, uma constante mutação para ajustar-se a novas realidades e para melhor satisfazer interesses públicos, ele revela e sempre revelou, em épocas de normalidade, um compreensível empenho em efetuar suas inovações causando o menor trauma possível, a menor comoção, às relações jurídicas passadas que se perlongaram no tempo ou que dependem da superveniência de eventos futuros previstos.

O instituto da prescrição corresponde ao fecho insuprimível deste esquema de ordem que é o direito. Com efeito, se as relações jurídicas fossem sempre questionáveis, a ordem seria ilusória, a segurança precária e a estabilidade nenhuma. Vigoraria o reino da surpresa, do imprevisto, situações – como averbado – antinômicas ao direito. Nenhum ordenamento jurídico, seja em que tempo for, pode se passar de instrumentos que pacifiquem as relações jurídicas.

O instituto do direito adquirido, o da decadência, o da preclusão, o da coisa julgada são também demonstrativos da insuperável necessidade de assegurar a tranquilização que o convívio social e o jurídico reclamam.

4. Assim, não é de estranhar que na própria Constituição Federal se encontrem manifestações reveladores deste extremado cuidado, que vai mesmo ao ponto de, por amor à pacificação definitiva de situações compostas no passado, consolidá-las de vez para que não sofram comoções traumáticas – ainda que surdidas ao arrepio do direito. Quer-se dizer: a estabilização de situações desta ordem, constituídas no passado, *até quando incursas em inconstitucionalidade*, foi reconhecida pela Lei Magna como um interesse preservável, certamente em atenção aos mesmos fundamentos que dantes foram encarecidos ao ser sublinhada a notável importância que a ideia de segurança tem para os homens e para a normalidade da vida.

Veja-se que o art. 19 das "Disposições Transitórias" conferiu estabilidade aos que contassem, à data da promulgação da Lei Magna, cinco anos de serviços continuados, a servidores que haviam ingressado no serviço público *com violação da Constituição* dantes vigente e em desacordo com a atual, isto é, sem concurso. O art. 29, §3º, preservou os direitos e garantias dos que já fossem membros do Ministério Público e que por eles optassem, ressalvando-os da situação nova que a Constituição veio a impor. O art. 17, §2º, consolidou a acumulação *inconstitucional* (que o era antes, à vista da Carta de 1969 e que continuaria a sê-lo em face da Constituição de 88) de cargos ou empresas na área de saúde. Estes exemplos são mais que suficientes para exibir a extrema importância que no direito brasileiro se atribui ao princípio da segurança jurídica.

5. Ante comportamentos administrativos, o princípio da estabilidade e segurança jurídicas bem como o da boa-fé dos administrados possuem tão assinalada relevância que inspiraram Almiro do Couto e Silva – iluminado professor de Direito Administrativo da Faculdade de Direito da Universidade Federal do Rio Grande do Sul – a produzir magistral ensaio no qual demonstra que até mesmo o fundamental princípio da legalidade administrativa, para bem cumprir-se seu objetivo essencial, terá de ceder passo, inúmeras vezes, à prevalência dos reclamos da boa-fé e da segurança jurídica, decorrendo disto relevantíssimas consequências para o tema da revisibilidade dos atos administrativos pela Administração.[199] Vale a pena transcrever

---

[199] SILVA, Almiro do Couto e. Princípios da legalidade da Administração Pública e da segurança jurídica no Estado contemporâneo. Conferência realizada no VI Congresso Brasileiro de Direito Administrativo, outubro de 1987, em Belém, Pará. *RDP*, v. 84. p. 46 e segs.

oportuníssimas considerações tecidas pelo ilustre jurista a respeito do eventual contraste entre os princípios da legalidade e da segurança jurídica.

Disse o eminente autor:

> Faz-se modernamente, também, a correção de algumas distorções do princípio da legalidade da Administração Pública, resultantes do esquecimento de que sua origem radica na proteção dos indivíduos contra o Estado, dentro do círculo das conquistas liberais obtidas no final do século XVIII e início do século XIX, e decorrente, igualmente da ênfase excessiva no interesse do Estado em manter integro e sem lesões seu ordenamento jurídico.
>
> A noção doutrinariamente reconhecida e jurisprudencialmente assente de que a Administração pode desfazer seus próprios atos, quando nulos, acentua este último aspecto, em desfavor das razões que levaram ao surgimento do princípio da legalidade, voltadas todas para a defesa do indivíduo contra o Estado. Serve à concepção de que o Estado tem sempre o poder de anular seus atos ilegais a verdade indiscutida no Direito Privado, desde o Direito Romano, de que o ato nulo jamais produz efeitos, convalida, convalesce ou sana, sendo mesmo insuscetível de ratificação. Se assim efetivamente é, então caberá sempre à Administração Pública revisar seus próprios atos, desconstituindo-os de oficio, quando eivados de nulidade, do mesmo modo como sempre será possível, quando válidos, revogá-los, desde que inexista óbice legal e não tenham gerado direitos subjetivos.
>
> Aos poucos, porém, foi-se insinuando a idéia de proteção à boa-fé ou da proteção à confiança, a mesma idéia, em suma, da segurança jurídica, cristalizada no princípio de irretroatividade das Leis ou no de que são válidos os atos praticados por funcionários de fato, apesar da manifesta incompetência das pessoas que deles emanaram.[200]

6. O mestre citado[201] explica que o primeiro estágio desta evolução foi o de considerar que a faculdade reconhecida ao Poder Público de anular seus atos encontra limites não só em direitos subjetivos regularmente constituídos, mas também no respeito à boa-fé e à confiança dos administrados, para o que invoca as autorizadas lições

---

[200] SILVA, Almiro do Couto e. Princípios da legalidade da Administração Pública e da segurança jurídica no Estado contemporâneo. Conferência realizada no VI Congresso Brasileiro de Direito Administrativo, outubro de 1987, em Belém, Pará. *RDP*, v. 84.

[201] SILVA, Almiro do Couto e. Princípios da legalidade da Administração Pública e da segurança jurídica no Estado contemporâneo. Conferência realizada no VI Congresso Brasileiro de Direito Administrativo, outubro de 1987, em Belém, Pará. *RDP*, v. 84.

de Fritz Fleiner e Walter Jellinek. Esclarece, logo, que o passo seguinte, conforme elucida o consagrado publicista tedesco Otto Bachof, foi a aceitação, pela doutrina e pela jurisprudência daquele país – firmada na década de 1950 –, de que o princípio da possibilidade de anulação administrativa dos próprios atos veio a ser substituído por princípio oposto: princípio da impossibilidade da anulação em aras à boa-fé e à segurança jurídica. Donde a preponderância do princípio da legalidade sobre a da proteção à confiança só ocorreriam nas hipóteses em que "a vantagem é obtida pelo destinatário por meios ilícitos e por ele utilizados, com culpa sua, ou resulta de procedimento que gera sua responsabilidade. Nesses casos não se pode falar em proteção à confiança do favorecido".

Sempre trazendo à balha a concepção modernamente vigorante na doutrina e jurisprudência alemãs, o referido publicista expõe que "é absolutamente defeso o anulamento quando se trate de atos administrativos que concedam prestações em dinheiro, que se exauram de uma só vez ou que apresentem caráter duradouro, como os de índole social, subvenções, pensões ou proventos de aposentadoria".

O autor coleciona ainda ensinamentos de Fragola e Sandulli, na Itália, segundo os quais o decurso de tempo prolongado erige barreiras à anulação de ofício pela Administração.

7. Na França, como se sabe e também disto nos dá notícia Almiro do Couto e Silva, desde o aresto *Dame Cachet*, de 1922, tanto a revogação como a anulação administrativa só se podem efetuar no mesmo prazo de interposição do recurso contencioso de anulação, isto geralmente dentro de dois meses da edição do ato revisando, pois este é o prazo do recurso por "excesso de poder".

O mesmo se passa no direito belga, conforme noticia André Mast.[202]

Na Espanha, Jesus Gonzalez Perez encarece que a Lei de Procedimento Administrativo, em seu art. 112, impõe limitações a faculdades administrativas revisionais. "Las facultades de anulación y revocación no podram ser exercitadas – dice – cuando [...] por el tiempo transcurrido u otras circunstancias, su ejercicio resultase contrario a la equidad".[203]

---

[202] MAST, André. *Précis du droit administratif belge*. Bruxelles-Gand: Ed. Scientifique E. Story, 1966. p. 311-312.
[203] GONZALEZ PEREZ, Jesus. *El principio general de la buena fe en el derecho administrativo*. Madrid: Civitas, 1983. p. 104.

8. Embora o princípio da estabilidade jurídica e da boa-fé não recebam em todos os países tratamento de igual realce no que concerne aos limites que daí derivariam para a anulabilidade dos atos administrativos pela própria administração (caso do Brasil), é fácil ver-se – pelo quanto se expôs – que *mesmo em tema de atos com vício de legitimidade (cuja prática dependeu da manifestação de vontade com outro órgão estatal, aferidor de sua correção jurídica)*, tanto o princípio da estabilidade das relações jurídicas quanto o da boa-fé dos administrados opõem barreiras à livre anulabilidade de ofício, conforme ressuma das anotações coletadas pelo eminente autor.

Por força mesmo deste princípio, tanto como dos princípios da presunção de legitimidade dos atos administrativos e da lealdade e boa-fé, firmou-se o correto entendimento de *que orientações firmadas pela Administração em dada matéria não podem, sem prévia e pública notícia, ser modificadas em casos concretos* para fins de sancionar, agravar a situação dos administrados ou denegar-lhes pretensões, de tal sorte que *só se aplicam aos casos ocorridos depois de tal notícia*.

De fato, a notória vigência de tais princípios não toleraria solução diversa.

9. Com efeito, é sabido e ressabido que os atos administrativos gozam de *presunção de legitimidade*, de tal sorte que os administrados, ao atuarem arrimados em decisão do Estado, devem presumir, salvo prova em contrário ou fundadas razões de suspeita, que o Poder Público ao travar o liame o fez de modo juridicamente incensurável.

Deveras, como disse Hely Lopes Meirelles:

> Os atos administrativos, quaisquer que seja a sua categoria ou espécie, nascem com a presunção de legitimidade, independentemente de norma legal que a estabeleça. Essa presunção decorre do princípio da legalidade da Administração, que nos Estados de Direito, informa toda a atuação governamental.[204]

Nós mesmos, de outra feita, anotamos:

> O ato administrativo goza de uma presunção de legitimidade, até prova em contrário. Pressupõe-se que foi expedido na conformidade do

---

[204] MEIRELLES, Hely Lopes. *Direito administrativo brasileiro*. 15. ed. São Paulo: Revista dos Tribunais, 1990. p. 135-136.

Direito. É compreensível que assim seja. Exatamente porque sua função é executar a lei, manifestando um dos "poderes do Estado", desfruta deste crédito de confiança para cumpri-la expeditamente.[205]

Compreende-se, pois, que se o Poder Público, atuando em claras, em abertas e publicadas, firma a posição jurídica de alguém, este não terá como ou porque presumir que no decurso das providências concernentes ao travamento do vínculo ocorreu alguma impropriedade, sobremodo se esta diz com atuação interna e alheia à composição do vínculo propriamente dito.

A presunção de legitimidade é o atributo do ato administrativo, graças ao qual as declarações jurídicas da Administração, até prova em contrário, são havidas como afinadas com o direito.

Ao respeito Juan Carlos Cassagne averbou:

> Dentro de las prerrogativas "hacia afuera", de que dispone la Administracion, uno de los pilares de nuestro regimen juridico administrativo es la denominada presunción de legitimidad – tambien llamada presunción de validez del acto administrativo – por lo cual se presume que éste ha sido dictado en armonia con el ordenamiento juridico, es decir, con arreglo a derecho.[206]

E acrescenta: "La presunción de legitimidad constituye un principio del acto administrativo que encuentra su fundamento en la presunción de validez que acompaña a todos los actos estatales, princípio en el que basa a su vez el deber del administrado de cumplir el acto administrativo".[207]

Trata-se de noção corrente e moente no direito administrativo, pacificamente aceita entre nós, sem bulha doutrinária ou jurisprudencial, e que, por isso mesmo, dispensa maiores considerações.

10. O que importa ressaltar é a consequência imediata deste princípio. Uma vez expedido o ato administrativo, o particular *tem o direito* de supor regulares os comportamentos que pratique na conformidade dele. Em outras palavras: o administrado que atua em

---

[205] BANDEIRA DE MELLO, Celso Antônio. *Ato administrativo e direito dos administrados*. São Paulo: Revista dos Tribunais, 1981. p. 24.
[206] CASSAGNE, Juan Carlos. *El acto administrativo*. Buenos Aires: Abeledo Perrot, 1974. p. 326.
[207] CASSAGNE, Juan Carlos. *El acto administrativo*. Buenos Aires: Abeledo Perrot, 1974. p. 327-328.

consonância com um ato administrativo – pelo menos se este tiver aparência de regularidade – está respaldado pelo ato, escorado nele. Donde quem atuou arrimado neles tem o direito de esperar que tais atos se revistam de um mínimo de seriedade. Este mínimo consiste em não serem causas potenciais de fraude ao patrimônio de quem neles confiou – como, de resto, teria de confiar.

Com efeito, por força da presunção de legitimidade do ato, o administrado pode, sem receios, afiançado por uma declaração da Administração Pública, desenvolver as atividades que o poder estatal afirmou serem exercitáveis legitimamente.

A Administração Pública está sujeita a um dever de probidade – no que se inclui a lealdade perante os administrados. O dever de probidade administrativa não é apenas imposto pela ética, mas está consagrado pelo Texto Constitucional, nos arts. 37 e 85, V. Bem por isso, a Administração está jungida a comportar-se de modo leal com os administrados.

Em quaisquer de seus atos, o Estado – tanto mais porque cumpre a função de ordenador da vida social – tem de emergir como interlocutor sério, veraz, responsável, leal e obrigado aos ditames da boa-fé. De seu turno, os administrados *podem agir fiados na seriedade, responsabilidade, lealdade e boa-fé do Poder Público*, maiormente porque a situação dos particulares é, em larguíssima medida, condicionada por decisões estatais, ora genéricas, ora provenientes de atos administrativos concretos.

Daí que, se o Poder Público toma dada orientação e ao depois se convence de seu desacerto, não tem porque sonegar um direito que dantes deu por certo. Quem se retrata de orientação anterior não pode – sem violar a boa-fé – pretender que aquele que agiu nela embasado seja ao depois onerado em razão desta inconstância no entendimento administrativo.

11. Pode-se, pois, dizer que, de par com o princípio da presunção de legalidade, o princípio da boa-fé é, conjugadamente com ele, outro cânone que concorre para a consagração da ideia segundo a qual a mudança de entendimento administrativo só produz efeitos para os casos futuros e depois de pública notícia desta alteração de entendimento.

O eminente professor espanhol Jesus Gonzalez Perez, em monografia preciosa sobre o princípio da boa-fé *em direito administrativo*, anota que tal princípio independe de consagração legal, ressalta sua importância no direito administrativo, aclara-lhe o conteúdo e indica o âmbito de sua aplicação, em diversas passagens nas quais encarece que os valores de lealdade, honestidade, moralidade que sua aplicação pressupõe são especialmente necessários nas relações entre administração e administrados.[208]

12. O fato é que todas estas ideias expressadas com apoio em fundamentos teóricos *encontram-se plenamente consagradas legislativamente*. Em matéria tributária, o art. 146 do Código Tributário Nacional (Lei nº 5.172, de 25.10.1966), expressamente, prescreve que:

> A modificação introduzida, de ofício ou em conseqüência de decisão administrativa ou judicial, nos critérios jurídicos adotados pela autoridade administrativa no exercício do lançamento somente pode ser efetivada, em relação a um mesmo sujeito passivo, quanto a fato gerador ocorrido posteriormente à sua introdução.

Mas não apenas em matéria tributária é que haverá de prevalecer solução de tal ordem, porquanto esta mesma determinação existe generalizadamente para qualquer atividade administrativa, consoante imposição do art. 2º e seu parágrafo único, inc. XIII, da lei que regula o processo administrativo no âmbito federal (Lei nº 9.784, de 29.1.1999). Dispõem os mencionados preceptivos:

> Art. 2º A Administração Pública obedecerá, dentre outros, aos princípios da legalidade, finalidade, motivação, razoabilidade, proporcionalidade, moralidade, ampla defesa, contraditório, segurança jurídica, interesse público e eficiência.
>
> Parágrafo único. Nos processos administrativos serão observados, entre outros, os critérios de: [...]
>
> XIII – interpretação da norma administrativa da forma que melhor garanta o atendimento do fim público a que se dirige, *vedada aplicação retroativa de nova interpretação*.

13. Anote-se, derradeiramente que, mesmo se não existisse a presunção de legitimidade dos atos administrativos, o administrado não teria que arcar com consequências patrimoniais gravosas resultantes de falhas administrativas, *salvo se fosse seu dever* assumir – mais que

---

[208] GONZALEZ PEREZ, Jesus. *El principio general de la buena fe en el derecho administrativo*. Madrid: Civitas, 1983. p. 31.

uma atividade neutra, carente de predicação sobre a lisura dos comportamentos administrativos – uma posição de suspicácia rotineira quanto à legitimidade das condutas da Administração. Em suma, a menos que existisse um insólito princípio da presunção de ilegalidade dos atos administrativos, descaberia agravar o administrado em nome de defeitos irrogáveis à contraparte pública.

Assim, é meridianamente claro que o sujeito que se vincula em certas relações afiançado por atos do Poder Público não pode ser prejudicado por defeitos que acaso se venham a irrogar ao comportamento governamental, por increpar-se-lhe a adoção de solução jurídica até então tida como juridicamente correta e ao depois havida como inválida.

O administrado que com base em decisão administrativa compõe com a Administração um liame de conteúdo válido, por meio do órgão hábil para travá-lo, nada tem a ver com o procedimento interior administrativo, que sucede fora de sua interveniência. É um estranho em relação a ele e, salvo o caso de má-fé, obviamente não pode sofrer detrimentos causados por eventuais falhas administrativas para as quais não concorreu, com as quais não aquiesceu e nem podia, de direito, concorrer ou aquiescer.

14. Sergio Ferraz e Adilson Dallari, em pitoresca observação, anotaram que:

> A Administração não pode ser volúvel, errática em suas opiniões. La donna è móbile – canta a ópera; à Administração não se confere, porém, o atributo da leviandade. A estabilidade da decisão administrativa é uma qualidade do agir administrativo, que os princípios da Administração Pública impõem.[209]

Cogitando da modificação de interpretação jurídica por parte da Administração, tendo em mira o princípio da segurança jurídica, em obra teórica, deixamos averbado que:

> Por força mesmo deste princípio (conjugadamente com os da presunção de legitimidade dos atos administrativos e da lealdade e boa-fé), firmou-se o correto entendimento de que orientações firmadas pela Administração em dada matéria não podem, sem prévia e pública

---

[209] FERRAZ, Sérgio; DALLARI, Adilson. *Processo administrativo*. São Paulo: Malheiros, 2001. p. 44.

notícia, ser modificadas em casos concretos para fins de sancionar, agravar a situação dos administrados ou denegar-lhes pretensões, de tal sorte que só se aplicam aos casos ocorridos depois de tal notícia.[210]

Em artigo recente, Eduardo de Souza Coelho[211] reporta-se a acórdão da lavra do desembargador Sergio Pitombo, em que este assinala:

> De fato o ordenamento jurídico impõe limites à prerrogativa da Administração Pública rever e modificar ou invalidar seus atos. Um desses limites, fundado no *princípio da boa-fé e da segurança jurídica,* reside na mudança da orientação normativa interna ou jurisprudencial. Assim é que a alteração da orientação da Administração, no âmbito interno ou em decorrência de jurisprudência, não autoriza a revisão e invalidação dos atos que, *de boa-fé,* tenham sido praticados sob a égide de orientação então vigente, os quais, por assim dizer, geram *direitos adquiridos.*

15. O princípio da boa-fé, da lealdade e o da confiança legítima, tanto como o da segurança jurídica, têm aplicação em todos os ramos do direito e são invocáveis perante as condutas estatais em quaisquer de suas esferas: legislativa, administrativa ou jurisdicional.

Na órbita do Legislativo, a pacífica aceitação da *irretroatividade das leis,* tanto como a consagração constitucional da proteção ao direito adquirido, ao ato jurídico perfeito e à coisa julgada, garante a vigência da segurança jurídica, da boa-fé e da proteção à confiança legítima contra eventuais indevidos descomedimentos que pudessem provir de leis.

16. Estes fundamentais princípios jurídicos a que se vêm aludindo são igualmente aplicáveis perante decisões do Supremo Tribunal Federal, sem prejuízo de ser certo e indiscutível que este obviamente deve modificar intelecção anterior, seja em razão de fatos novos, evolução sociocultural ou mesmo se os seus ministros entenderem que não era confortada pelo direito a interpretação que dantes fora dada a fatos da mesma compostura.

Advirta-se que não milita contra a vigência dos mencionados princípios jurídicos a circunstância de que o normal das decisões

---

[210] BANDEIRA DE MELLO, Celso Antônio. *Curso de direito administrativo.* 26. ed. São Paulo: Malheiros, 2009. p. 125.
[211] COELHO, Eduardo de Souza. Ordem jurídica – Administração Pública e o princípio da segurança jurídica. *Revista Consultor Jurídico,* 29 mar. 2005.

judiciais é volverem para o passado, para a época das relações *sub judice*, diversamente do que ocorre em relação aos demais atos estatais (os expedidos no exercício das funções legislativa e administrativa) que hão de se voltar tão só para o futuro.

Deveras, por força desta índole própria das decisões jurisdicionais, elas não causam, na quase totalidade dos casos, insegurança jurídica nem desrespeitam a lealdade, a boa-fé e a confiança legítima. Isto não ocorre desde logo (embora não apenas por isto), ante o fato de que é de sua própria natureza, como é de todos sabido, retornar em seus efeitos à época em que se produziram os eventos postos sob questionamento judicial. *Daí que ninguém é surpreendido*.

Sucede que, em despeito disto, poderão vir a se produzir situações nas quais esta mesma generalizada ciência a que se aludiu é rigorosamente incapaz de elidir a insegurança jurídica resultante da mudança de orientação jurisdicional. Ou seja, poder-se-ão produzir, por força de mudança jurisprudencial no STF, resultados nos quais, para além de qualquer dúvida ou entredúvida, o conhecimento desta índole das decisões judiciais é insuficiente para impedir que seja burlada a confiança legítima que os jurisidicionados teriam que depositar em uma orientação jurisdicional e para elidir a violação da boa-fé com que travaram relações assentadas nela.

É certo que isto não é comum. Sem embargo, ocorre o que, de resto, é sabido e ressabido. Por isto, quando ocorra, ou seja, nas raras hipóteses da eclosão de tais efeitos danosos, emergem naturalmente os princípios de que se vem cogitando ao longo deste estudo. Logo, tudo se resume a verificar se, deveras, veio ou não a se propor *in concreto* hipótese na qual seja reconhecível a irrupção de um abalo sério aos magnos princípios jurídicos em questão. Se ocorreu, não pode haver dúvida de que dita mudança jurisdicional haverá de ter seus efeitos adaptados à peculiaridade da situação, de sorte a respeitar as situações passadas, limitando-se, então ao desencadeamento de efeitos prospectivos ou quando menos modulados.

Deveras, ao lume de princípios jurídicos fundamentais seria teratológico, em tais casos, que situações constituídas à sombra de entendimento firmado do Supremo Tribunal Federal e logicamente confirmadas por numerosas decisões dos Tribunais em geral pudessem ser, ao depois, afetadas pelo fato de este, anos mais tarde, sem a ocorrência de fato novo, vir a modificar sua intelecção sobre a tese jurídica que dantes merecera seu agasalho. Não apenas o princípio da segurança jurídica, como visto, mas também o princípio da lealdade e da boa-fé e da confiança legítima se oporiam e do modo mais cabal possível a que uma mudança de orientação do Poder Judiciário na matéria viesse a ter tão gravosos efeitos.

17. Em rigor, o princípio da segurança jurídica, tanto como o da lealdade e boa-fé ou o da proteção à confiança legítima são da própria essência do direito e, sobretudo no Estado democrático de direito, sua vigência é irrefragável. Enquadram-se entre os chamados princípios gerais de direito dos quais o nunca assaz citado Eduardo García de Enterría disse, com irretocável perfeição:

> Conviene recordar a este propósito que los principios generales del Derecho son una condensación de los grandes valores jurídicos materiales que constituyen el substractum del ordenamiento y de la experiencia reiterada de la vida jurídica. No consisten, pues, en una abstracta e indeterminada invocación de la justicia o de la conciencia moral o de la discreción del juez, sino, más bien, en la expresión de una justicia material especificada técnicamente en función de los problemas jurídicos concretos y objetivada en la lógica misma de las instituciones.[212]

Deveras, princípios gerais de direito são vetores normativos *subjacentes* ao sistema jurídico-positivo, não, porém, como um dado externo, mas como *uma inerência da construção em que se corporifica o ordenamento*. É que os diversos institutos nele compreendidos – quando menos considerados em sua complexidade íntegra – revelam, nas respectivas composturas, a absorção dos valores substanciados nos sobreditos princípios.

Nas palavras de O. A. Bandeira de Mello, tais princípios "se infiltram no ordenamento jurídico de dado momento histórico" ou traduzem "o mínimo de moralidade que circunda o preceito legal, latente na fórmula escrita ou costumeira", são "as teses jurídicas genéricas que informam o ordenamento jurídico-positivo do Estado".[213]

Sua aplicabilidade não é algo restrito a alguma função do Estado, mas diz respeito a todas elas. Por outro lado, a incidência destes princípios não implica o uso de um recurso externo ao direito ao qual se pudesse recorrer ou não. Pelo contrário, sua força obrigatória é incontendível.

---

[212] GARCÍA DE ENTERRÍA, Eduardo; FERNÁNDEZ, Tomás-Ramón. *Curso de derecho administrativo*. 14. ed. Madrid: Thomson Civitas, 2008. v. I. p. 484.

[213] BANDEIRA DE MELLO, Oswaldo Aranha. *Princípios gerais de direito administrativo*. 3. ed. São Paulo: Malheiros, 2007. v. I. p. 420.

18. Não corresponde à novidade alguma o fato de a decisão jurisdicional definitiva necessitar cingir-se, em alguns casos, a efeitos meramente prospectivos, quando expressa intelecção firmada, notadamente, se resulta de pronunciamento do Supremo Tribunal Federal. Pelo contrário, é simples confirmação de uma linha de intelecção prestigiada naquela Corte nos casos em que corresponde a um procedimento substancialmente obsequioso ao direito. Esta várias vezes adotou tal orientação levando em conta a necessidade de preservar o respeito à segurança jurídica e impedir incidência no *summum jus summa injuria*.

Desde logo, relembre-se que, em matéria de controle concentrado de inconstitucionalidade, o art. 27 da Lei nº 9.768, de 11.11.1999, estabelece que:

> Ao declarar a inconstitucionalidade de lei ou ato normativo, e tendo em vista razões de segurança jurídica ou de excepcional interesse social, poderá o Supremo Tribunal Federal, por maioria de dois terços de seus membros, restringir os efeitos daquela declaração ou decidir que ela só tenha eficácia a partir de seu trânsito em julgado ou de outro momento que venha a ser fixado.

Aí está o expresso reconhecimento normativo, conquanto restrito à declaração de inconstitucionalidade, quanto à conveniência de evitar efeitos danosos que poderiam advir da comum retroação do que haja sido decidido jurisdicionalmente. Aliás, a Lei nº 9.882, de 3.12.1999, que cuida da arguição de descumprimento de preceito fundamental, em seu art. 11 reproduz a mesma diretriz.

É relevante notar que o STF adotou o mesmo procedimento contemplado nos referidos preceptivos *fora da hipótese de controle concentrado*, isto é, em alguns casos, embora raros, de declarações de inconstitucionalidade no exercício do controle difuso. Vale dizer, em nome dos mesmos fundamentos foi além da hipótese referida nas aludidas leis, no que tornou claro que ele mesmo, em sendo necessário, construiria suas balizas perante situações que demandassem igual tratamento, por certo animado pela notória parêmia: "ubi eadem ratio ibi idem legis dispositio". De resto, é multissecular a lição de Celsus, de acordo com a qual: "Scire leges non est verba earum tenere sed vim ac potestatem".[214]

---

[214] *Digesto* – livro I, tít. III, frag. 17.

Referências

BANDEIRA DE MELLO, Celso Antônio. *Ato administrativo e direito dos administrados*. São Paulo: Revista dos Tribunais, 1981.

BANDEIRA DE MELLO, Celso Antônio. *Curso de direito administrativo*. 26. ed. São Paulo: Malheiros, 2009.

BANDEIRA DE MELLO, Oswaldo Aranha. *Princípios gerais de direito administrativo*. 3. ed. São Paulo: Malheiros, 2007. v. I.

CASSAGNE, Juan Carlos. *El acto administrativo*. Buenos Aires: Abeledo Perrot, 1974.

COELHO, Eduardo de Souza. Ordem jurídica – Administração Pública e o princípio da segurança jurídica. *Revista Consultor Jurídico*, 29 mar. 2005.

FERRAZ, Sérgio; DALLARI, Adilson. *Processo administrativo*. São Paulo: Malheiros, 2001.

GARCÍA DE ENTERRÍA, Eduardo; FERNÁNDEZ, Tomás-Ramón. *Curso de derecho administrativo*. 14. ed. Madrid: Thomson Civitas, 2008. v. I.

GONZALEZ PEREZ, Jesus. *El principio general de la buena fe en el derecho administrativo*. Madrid: Civitas, 1983.

MAST, André. *Précis du droit administratif belge*. Bruxelles-Gand: Ed. Scientifique E. Story, 1966.

MEIRELLES, Hely Lopes. *Direito administrativo brasileiro*. 15. ed. São Paulo: Revista dos Tribunais, 1990.

SILVA, Almiro do Couto e. Princípios da legalidade da Administração Pública e da segurança jurídica no Estado contemporâneo. Conferência realizada no VI Congresso Brasileiro de Direito Administrativo, outubro de 1987, em Belém, Pará. *RDP*, v. 84.

Nº 11

A NOÇÃO JURÍDICA DE INTERESSE PÚBLICO

1. Ninguém duvida da importância da noção *jurídica* de interesse público. Se fosse necessário referir algo para encarecer-lhe o relevo, bastaria mencionar que, como acentuam os estudiosos, qualquer ato administrativo que dele se desencontre será necessariamente inválido. Sem embargo, não se trata de uma noção tão simples que se imponha naturalmente, como algo de per si evidente que dispensaria qualquer esforço para gizar-lhe os contornos abstratos. Convém, pois, expor aquilo que nos parece seja o interesse público propriamente dito.

Ao se pensar em interesse público, pensa-se, habitualmente, em uma categoria *contraposta à de interesse privado, individual*, isto é, ao interesse pessoal de cada um. Acerta-se em dizer que se constitui no *interesse do todo*, ou seja, do *próprio conjunto social*, assim como acerta-se também em sublinhar que não se confunde com a somatória dos interesses individuais, peculiares de cada qual. Dizer isto, entretanto, é dizer muito pouco para compreender-se verdadeiramente o que é interesse público.

2. Deveras, na medida em que se fica com a noção altanto obscura de que transcende os interesses próprios de cada um, sem se aprofundar a compostura deste interesse tão amplo, *acentua-se um falso antagonismo entre o interesse das partes e o interesse do todo*, propiciando-se a errônea suposição de que se trata de um interesse *a se stante*, autônomo, *desvinculado dos interesses de cada uma das partes que compõem o todo*.

3. Em rigor, o necessário é aclarar-se o que está contido na afirmação de que interesse público é o interesse do todo, do próprio corpo social, para precatar-se contra o erro de atribuir-lhe o *status* de algo que existe por si mesmo, *dotado de consistência autônoma*, ou seja, como realidade independente e estranha a qualquer interesse das partes. O indispensável, em suma, é prevenir-se contra o erro de, consciente ou inconscientemente, promover uma separação absoluta entre ambos, *ao invés de acentuar, como se deveria, que o interesse público, ou seja, o interesse do todo, é "função" qualificada dos interesses das partes*, um aspecto, uma forma específica, de sua manifestação.

Uma pista importante para perceber-se que o chamado *interesse público* – em despeito de seu notável relevo e de sua necessária prevalência sobre os interesses pessoais peculiares de cada um – não é senão uma dimensão dos interesses individuais encontra-se formulando a seguinte pergunta: "Poderá haver um interesse público que seja discordante do interesse de *cada um dos membros da sociedade*?". Evidentemente, não. Seria inconcebível um interesse do todo que fosse, ao mesmo tempo, contrário ao interesse de cada uma das partes que o compõem. Deveras, corresponderia ao mais cabal contrassenso que o bom para todos fosse o mal de cada um, isto é, que o interesse de todos fosse um anti-interesse de cada um.

4. Embora seja claro que pode haver um interesse público contraposto a *um dado* interesse individual, sem embargo, a toda evidência, não pode existir um interesse público que se choque com os interesses de cada um dos membros da sociedade. Esta simples e intuitiva percepção *basta para exibir a existência de uma relação íntima, indissolúvel, entre o chamado interesse público e os interesses ditos individuais*.

É que, na verdade, o interesse público, o interesse do todo, do conjunto social, nada mais é que a *dimensão pública dos interesses individuais*, ou seja, dos interesses *de cada indivíduo enquanto partícipe da sociedade* (entificada juridicamente no Estado), nisto se abrigando também o *depósito intertemporal destes mesmos interesses*, vale dizer, já agora, encarados eles em sua continuidade histórica, tendo em vista a sucessividade das gerações de seus nacionais.

5. Veja-se: um indivíduo pode ter, e provavelmente terá, pessoal – e máximo – interesse em não ser desapropriado, *mas não pode, individualmente, ter interesse em que não haja o instituto da desapropriação*, conquanto este, eventualmente, venha a ser utilizado em seu desfavor.

É óbvio que cada indivíduo *terá pessoal interesse em que exista dito instituto*, já que, enquanto membro do corpo social, necessitará que sejam liberadas áreas para abertura de ruas, estradas, ou espaços onde se instalarão aeródromos, escolas, hospitais, hidroelétricas, canalizações necessárias aos serviços públicos etc., cuja disponibilidade não poderia ficar à mercê da vontade dos proprietários em comercializá-los. Equivalentes observações, como é claro a todas as luzes, obviamente, podem também ser feitas em relação à existência de multas e outras sanções por violação de regras que, também elas, visam a oferecer condições de vida organizadas e satisfatórias ao *bem-estar de cada um*, conquanto ninguém se considerasse individualmente interessado em sofrer tais limitações quando o tolhessem, ou sanções, quando nelas incurso.

6. O que fica visível, como fruto destas considerações, é que existe, de um lado, o interesse individual, particular, atinente às conveniências de cada um no que concerne aos assuntos de sua vida particular – interesse, este, que é o da pessoa ou grupo de pessoas *singularmente consideradas* –, e que, de par com isto, existe também o interesse *igualmente pessoal destas mesmas pessoas ou grupos*, mas que compareçam *enquanto partícipes de uma coletividade maior na qual estão inseridos*, tal como nela estiveram os que os precederam e nela estarão os que virão a sucedê-los nas gerações futuras.

Pois bem, é este último interesse o que nomeamos de *interesse do todo* ou *interesse público*. *Não é, portanto, de forma alguma, um interesse constituído autonomamente, dissociado do interesse das partes e, pois, passível de ser tomado como categoria jurídica que possa ser erigida irrelatamente aos interesses individuais*, pois, em fim de contas, ele nada mais é que uma *faceta* dos interesses dos indivíduos: aquela que se manifesta enquanto estes – inevitavelmente membros de um corpo social – *comparecem em tal qualidade*. Então, dito interesse, o público – e esta já é uma primeira conclusão –, *só se justifica na medida em que se constitui em veículo de realização dos interesses das partes que o integram no presente e das que o integrarão no futuro*. Logo, é destes que, em última instância, promanam os interesses chamados públicos.

Donde o interesse público deve ser conceituado como o interesse resultante do conjunto dos interesses que os indivíduos pessoalmente têm quando considerados em sua qualidade de membros da sociedade e pelo simples fato de o serem.

7. De outra parte, *exatamente em razão do quanto até agora se anotou*, percebe-se que seria um equívoco de proporções teratológicas, para dizer o menos, imaginar que não é interesse público o interesse residente

na defesa dos particulares sempre que tal interesse, por muito real que seja, também transcenda o de suas individualidades.

Assim, quando a Constituição estabelece que a desapropriação depende de justa indenização do desapropriado, o que está em pauta, afora o interesse individual do desapropriado, é o *interesse público* consistente em que só desta forma se realizem as expropriações. Quando a Constituição estabelece o princípio segundo o qual o Estado responderá pelos danos que causar a terceiros, é óbvio que qualificou como sendo de *interesse público* o direito do lesado a ser indenizado pelo Estado, de fora parte o interesse estritamente individual do agravado em obter a cabível recomposição de seu patrimônio. Assim, também, quando a Constituição proíbe que as pessoas sejam punidas sem o devido processo legal, salta aos olhos que este é um interesse induvidosamente público, conquanto seja, outrossim, um manifesto interesse individual de cada um o de que haja estrito respeito ao sobredito interesse. Donde nestes casos, à toda evidência, não estão em choque interesses individuais e interesse público, pelo que seria a mais rematada e gritante impropriedade supor que em tais hipóteses a supremacia do interesse público sobre o interesse privado estaria sendo sobrepujada pelo interesse privado! Só mesmo não tendo a menor ideia do que significa interesse público é que se poderia sustentar uma erronia de tal calibre.

8. *Qual a importância destas observações*, por via das quais buscou-se firmar que o interesse público é uma faceta dos interesses individuais, *sua faceta coletiva*, e, pois, *que é, também, indiscutivelmente, um interesse dos vários membros do corpo social* – e não apenas o interesse de um todo abstrato, concebido desligadamente dos interesses de cada qual?

Sua extrema importância reside em um duplo aspecto, a saber:

(a) De um lado, enseja mais facilmente desmascarar o mito de que interesses qualificados como públicos são insuscetíveis de serem defendidos por particulares (salvo em ação popular ou civil pública) mesmo quando seu desatendimento produz agravo pessoalmente sofrido pelo administrado, *pois aniquila o pretenso calço teórico que o arrimaria: a indevida suposição de que os particulares são estranhos a tais interesses*; isto é: o errôneo entendimento de que as normas que os contemplam foram editadas em atenção a interesses coletivos, que não lhes diriam respeito, por irrelatos a interesses individuais.

(b) De outro lado, mitigando a falsa desvinculação absoluta entre uns e outros, adverte contra o equívoco ainda pior

– e, ademais, frequente entre nós – de supor que, sendo os interesses públicos interesses do Estado, todo e qualquer interesse do Estado (e demais pessoas de direito público) seria *ipso facto* um interesse público. Trazendo à balha a circunstância de que tais sujeitos são apenas depositários de um interesse que, na verdade, conforme dantes se averbou, é o "resultante do conjunto dos interesses que os indivíduos pessoalmente têm quando considerados em sua qualidade de membros da Sociedade", permite admitir que na pessoa estatal podem se encarnar, também, interesses que não possuam a feição indicada como própria dos interesses públicos.

Aclaremos estes dois tópicos.

9. Ao lume do conceito de interesse público apontado como o correto, será evidentemente descabido contestar que os indivíduos têm *direito subjetivo* à defesa de interesses consagrados em normas expedidas para a instauração de interesses propriamente públicos, naqueles casos em que *seu descumprimento pelo Estado acarreta ônus ou gravames suportados individualmente por cada qual*. O mesmo dir-se-á em relação às correspondentes hipóteses em que o descumprimento pelo Estado (frequentemente por omissão) de norma de direito público desta mesma tipologia não acarreta ônus, mas priva da obtenção de vantagens, de proveitos, que o irresignado pessoalmente, em sua individualidade, desfrutaria se a norma de direito público fosse cumprida.

A assertiva se sustenta, igualmente, nos casos em que tal desfrute (ou, inversamente gravame), ao atingi-los individualmente, atingiria, também, *conatural e conjuntamente, uma generalidade de indivíduos ou uma categoria deles, por se tratar de efeitos jurídicos que pela própria natureza ou índole do ato em causa se esparziriam inexoravelmente sobre uma coletividade de pessoas* (direitos difusos), de tal sorte que não haveria como incidir apenas singularmente. E isto até mesmo porque tais interesses só são públicos, e mereceram ser entificados como tal, precisamente por responderem às conveniências da multiplicidade de indivíduos destarte neles abrangidos.

10. Valha como exemplo de situações desta ordem a norma constitucional que determina a instituição de um salário mínimo que atenda a dados requisitos (art. 7º, IV, da Constituição brasileira).[215]

---

[215] De acordo com o dispositivo citado, são direitos dos trabalhadores: "IV – salário mínimo, fixado em lei, nacionalmente unificado, capaz de atender a suas necessidades vitais

Se for estabelecido em nível suficiente para atendê-los, todo e qualquer indivíduo que receba salário mínimo será *individualmente* beneficiado pelo ato que o instituir, sendo certo que a regra em apreço contempla proveito abrangente de toda a coletividade inserta em tal situação, não havendo como produzir vantagem para um sem que todos os demais deixem de colhê-la conjunta e concomitantemente. Identicamente, se o ato que o fixar desatender a estes requisitos, o prejuízo, o dano, será *individualmente* sofrido por todos e cada um dos que estariam livres de tal prejuízo se fora obedecida a regra. Em suma: em um e outro caso, quer o benefício, quer o prejuízo, conquanto afetem individualmente a cada sujeito, não têm como afetá-los senão atingindo toda uma classe ou categoria de pessoas.

11. Uma vez absorvida a noção de interesse público nos termos propostos, percebe-se que é muito maior do que o habitualmente suposto o campo de defesa que deve ser reconhecido a *cada particular* contra desvios na conduta estatal, isto é, contra atos em que esta, *por violar substancialmente a legalidade,* se desencontra daquilo que é verdadeiramente o interesse público. Na medida em que o faça e em que onere *pessoalmente* (embora em conjunto com inúmeros outros) alguém que estaria livre de tal oneração ou sonegue proveitos que muitos captariam se a legalidade fosse obedecida, tal conduta terá sido agressiva a um *direito subjetivo de cada prejudicado*, mesmo quando a norma transgredida haja sido posta em atenção a interesses que necessariamente se irradiam sobre muitos ou sobre todos.

12. Recordem-se ao propósito as lições proferidas por Eduardo García de Enterría, um dos maiores publicistas de nosso tempo, segundo o qual a legalidade a que a Administração está sujeita é antes de tudo uma "técnica para garantir a liberdade", de tal sorte que a violação à legalidade que leve o cidadão a suportar o que a lei não permite é uma agressão à sua liberdade e sua oposição a isto é uma defesa dela.[216]

Com efeito, o princípio da legalidade não visou simplesmente à mera estruturação formal de um aparelho burocrático tendo em vista balizar, de fora, mediante lei, sua composição orgânica e seus esquemas

---

básicas e às de sua família com moradia, alimentação, educação, saúde, lazer, vestuário, higiene, transporte e previdência social, com reajustes periódicos que lhe preservem o poder aquisitivo, sendo vedada sua vinculação para qualquer fim". Ao respeito v. nosso Eficácia das normas constitucionais sobre justiça social. *RDP*, v. 57-58, p. 233-256, 1981.

[216] GARCÍA DE ENTERRÍA, Eduardo; FERNÁNDEZ, Tomás-Ramón. *Curso de derecho administrativo*. 11. ed. Madrid: Thomson Civitas, 2008. v. II. p. 48.

de atuação. O que se pretendeu e se pretende, a toda evidência, foi e é, sobretudo, *estabelecer em prol de todos os membros do corpo social uma proteção e uma garantia.*²¹⁷

13. Aliás, se a restauração ou a correção das violações à legalidade não pudessem ser judicialmente exigíveis pelos próprios agravados em todas e quaisquer hipóteses nas quais fossem ofendidos *contra jus*, o princípio da legalidade em muitos casos pouco valeria, neles se convertendo em simples "ficção". Deveras, conforme resulta do pensamento do renomado autor colacionado, se fossem considerados existentes direitos subjetivos apenas em hipóteses estritas – que, a final, são aquelas em que se apresentam com a mesma feição estrutural que têm no direito privado:

> [...] en la prática, ello significaría que tal legalidad, al no poder su aplicación ser exigida por ningún otro sujeto, se reduciría a una simple regla moral para la Administración, que ella sola sería libre (a lo sumo bajo control parlamentario, no bajo del juez, a quien nadie podrá poner en movimiento) de acatar o violar.²¹⁸

Como remate a este tópico, melhor não se fará que transcrever uma vez mais o abalizado pensamento de Eduardo García de Enterría:

> Cuando un ciudadano se ve perjudicado en su ámbito material o moral de intereses por actuaciones administrativas ilegales *adquiere*, por la conjunción de los dos elementos de perjuicio y de la ilegalidad, un *derecho subjetivo* a la eliminación de esa actuación ilegal, de modo que se defienda y restabelezca la integridad de sus intereses.²¹⁹

---

²¹⁷ Yhering, valorizando o "direito concreto", ao mostrar a íntima relação entre direito objetivo e direito subjetivo, colaciona a seguinte passagem de Shakespeare, no *Mercador de Veneza*, na qual Shilock diz: "A libra de carne que pretendo, comprei-a bem caro, é minha e quero tê-la; Se m'a recusais ai das vossas leis! O direito de Veneza então está sem força". E comenta-a, nestes termos: "Já não é o judeu quem reclama a sua libra de carne, é a própria lei de Veneza quem bate à porta do Tribunal – porque o *seu* direito e o direito de Veneza são um só; no seu direito é o direito de Veneza que desmorona" (YHERING, Rudolf Von. *A luta pelo direito*. 17. ed. Tradução de João Vasconcelos. Rio de Janeiro: Forense, 1999. p. 54).
²¹⁸ YHERING, Rudolf Von. *A luta pelo direito*. 17. ed. Tradução de João Vasconcelos. Rio de Janeiro: Forense, 1999. p. 38.
²¹⁹ GARCÍA DE ENTERRÍA, Eduardo; FERNÁNDEZ, Tomás-Ramón. *Curso de derecho administrativo*. 11. ed. Madrid: Thomson Civitas, 2008. v. II. p. 51. Sobre os direitos subjetivos do administrado, é fundamental a leitura do Capítulo XV, n. III, itens 1 a 3 do citado *Curso de derecho administrativo*. 11. ed. Madrid: Thomson Civitas, 2008. v. II. p. 34-54.

14. Outrossim, a noção de interesse público, tal como a expusemos, impede que se incida no equívoco muito grave de supor que o interesse público é exclusivamente um interesse do Estado, engano, este, que faz resvalar fácil e naturalmente para a concepção simplista e perigosa de identificá-lo com quaisquer interesses da *entidade que representa o todo* (isto é, o Estado e demais pessoas de direito público interno).

Uma vez reconhecido que os interesses públicos correspondem à *dimensão pública dos interesses individuais*, ou seja, que consistem no plexo dos interesses *dos indivíduos enquanto partícipes da sociedade (entificada juridicamente no Estado)*, nisto incluído o *depósito intertemporal destes mesmos interesses*, põe-se a nu a circunstância de que *não existe coincidência necessária entre interesse público e interesse do Estado* e demais pessoas de direito público.

15. É que, além de subjetivar estes interesses, o Estado, tal como os demais particulares, é, também ele, uma pessoa jurídica, que, pois, existe e convive no universo jurídico em concorrência com todos os demais sujeitos de direito. Assim, independentemente do fato de ser, por definição, encarregado dos interesses públicos, o Estado pode ter, tanto quanto as demais pessoas, interesses que lhe são particulares, individuais, e que, tal como os interesses delas, concebidas em suas meras individualidades, se encarnam no Estado enquanto pessoa. Estes últimos *não são interesses públicos*, mas interesses individuais do Estado, similares, pois (sob prisma extrajurídico), aos interesses de qualquer outro sujeito. Similares, mas não iguais. Isto porque a generalidade de tais sujeitos pode defender estes interesses individuais, ao passo que o Estado, concebido que é para a realização de interesses públicos (situação, pois, inteiramente diversa da dos particulares), só poderá defender seus próprios interesses privados quando, sobre não se chocarem com os interesses públicos propriamente ditos, coincidam com a realização deles. Tal situação ocorrerá sempre que a norma donde defluem os qualifique como *instrumentais* ao interesse público e na medida em que o sejam, caso em que sua defesa será, *ipso facto*, simultaneamente a defesa de interesses públicos, por concorrerem indissociavelmente para a satisfação deles.

16. Esta distinção a que se acaba de aludir, entre interesses públicos propriamente ditos – isto é, interesses primários do Estado – e interesses secundários (que são os últimos a que se aludiu), é de trânsito corrente e moente na doutrina italiana, e a um ponto tal que, hoje, poucos doutrinadores daquele país se ocupam em explicá-los, limitando-se a fazer-lhes menção, como referência a algo óbvio, de

conhecimento geral. Este discrímen, contudo, é exposto com exemplar clareza por Renato Alessi,[220] colacionando lições de Carnelutti e Picardi, ao elucidar que os interesses secundários do Estado *só podem ser por ele buscados quando coincidentes com os interesses primários*, isto é, com os interesses públicos propriamente ditos.

17. O autor exemplifica anotando que, enquanto mera subjetivação de interesses, à moda de qualquer sujeito, o Estado poderia ter interesse em tributar desmesuradamente os administrados, que assim enriqueceria o Erário, conquanto empobrecesse a sociedade; que, sob igual ótica, poderia ter interesse em pagar valores ínfimos aos seus servidores, reduzindo-os ao nível de mera subsistência, com o que refrearia ao extremo seus dispêndios na matéria; sem embargo, tais interesses não são interesses públicos, pois estes, que lhe assiste prover, são os de favorecer o bem-estar da sociedade e de retribuir condignamente os que lhe prestam serviços.

18. Já, de outra feita, aos exemplos aportados pelo insigne mestre precitado colacionamos outros, de busca indevida de interesses secundários, todos extraídos, infelizmente, da desmandada prática administrativa brasileira. Assim:

> Poderíamos acrescentar que seria concebível um interesse da pessoa Estado em recusar administrativamente – e até a questionar em juízo, se convocado aos pretórios – responsabilidade patrimonial por atos lesivos a terceiros, mesmo que os houvesse causado. Teria interesse em pagar valor ínfimo nas desapropriações, isto é, abaixo do justo, inobstante o preceito constitucional.
>
> Com todos estes expedientes, muitos dos quais infelizmente (e injustamente) adota, resguardaria ao máximo seu patrimônio, defendendo interesses à moda de qualquer outro sujeito, mas agrediria a ordem normativa. Ocorre que em todas estas hipóteses estará agindo contra o Direito, divorciado do interesse público, do interesse primário que lhe assiste cumprir. Este proceder, nada obstante seja comum, é fruto de uma falsa compreensão do dever administrativo ou resultado de ignorância jurídica. Os interesses a que se aludiu são todos interesses secundários e que a pessoa governamental tem apenas segundo os termos em que o teria qualquer pessoa. Não são interesses públicos. *Não respondem à razão última de existir própria das pessoas governamentais em geral.*[221]

---

[220] ALESSI, Renato. *Sistema istituzionale del diritto amministrativo italiano*. 2. ed. Milão: Giuffrè, 1960. p. 197 e notas de rodapé 3 e 4.

[221] BANDEIRA DE MELLO, Celso Antônio. *Ato administrativo e direito dos administrados*. São Paulo: Revista dos Tribunais, 1981. p. 16-17. Grifos atuais.

19. Estas assertivas até agora feitas não pretendem se constituir senão em uma referência à *estrutura* desta categoria que nominamos de *interesse público*. Tratando-se de um conceito jurídico, entretanto, é óbvio que a concreta individualização dos *diversos interesses qualificáveis como públicos* só pode ser encontrada no próprio direito positivo.

Com efeito, a *estrutura* do conceito de interesse público responde a uma categoria lógico-jurídica, que reclama tal identificação. Inversamente, a individuação dos múltiplos interesses públicos responde a conceitos jurídico-positivos.[222]

Esclareçamos o alcance desta afirmativa. Uma coisa é a estrutura do interesse público, e outra é a inclusão e o próprio delineamento, no sistema normativo, de tal ou qual interesse que, *perante este mesmo sistema, será reconhecido como dispondo desta qualidade*. Vale dizer: não é de interesse público a norma, medida ou providência que tal ou qual pessoa ou grupo de pessoas estimem que deva sê-lo – por mais bem fundadas que estas opiniões o sejam do ponto de vista político ou sociológico –, mas aquele interesse que como tal haja sido qualificado em dado sistema normativo.

Com efeito, dita qualificação quem faz é a Constituição e, a partir dela, o Estado, primeiramente por meio dos órgãos legislativos, e depois por via dos órgãos administrativos, nos casos e limites da discricionariedade que a lei lhes haja conferido.

20. Tomem-se alguns exemplos para aclarar o que foi dito. Algumas ou múltiplas pessoas, talvez mesmo a maioria esmagadora, considerarão de interesse público que haja, em dado tempo e lugar,

---

[222] Juan Manoel Teran bem esclarece a distinção entre estas duas ordens de conceitos, da seguinte forma: "[...] la validez de un concepto jurídico-positivo está sujeta a la vigencia del derecho mismo en que se apoya. En cambio, cuando se formula un concepto lógico que sirve de base para la conceptuación jurídico-positiva, esa noción se formula con pretensión de validez universal. [...] En conclusión: uno es el plano de los conceptos jurídico-positivos y otro el plano de las nociones o fundamentos lógico-jurídicos. Los conceptos jurídico-positivos tienen un ángulo equivalente al de la positividad del derecho concreto que los ha comprendido e implantado, en tanto que los fundamentos lógicos pretenden tener una validez común y universal para todo sistema jurídico y, por lo tanto, para toda conceptuación jurídica. [...] Por otra parte, los conceptos jurídico-positivos son calificados como nociones *a posteriori*; es decir, se obtienen una vez que se sienta la experiencia del derecho positivo, de cuya comprensión se trata; en tanto que los otros conceptos, los lógico-jurídicos son calificados como conceptos *a priori*; es decir con validez constante y permanente, independiente de las variaciones del derecho positivo" (TERAN, Juan Manuel. *Filosofia del derecho*. 14. ed. México: Porrua, 1998. p. 82-83). Daí haver dito: "Por ejemplo: la noción genérica de persona en derecho, como sujeto de imputación, no se alterará porque varíen los sistemas jurídico-positivos: seguirá valiendo" (TERAN, Juan Manuel. *Filosofia del derecho*. 14. ed. México: Porrua, 1998. p. 86).

monopólio estatal do petróleo, que se outorgue tratamento privilegiado a empresas brasileiras de capital nacional ou que se reserve a exploração mineral exclusivamente a brasileiros, ou quando menos aos integrantes do bloco regional em que o Brasil se integra. Outras pessoas, sobretudo se estrangeiras ou mais obsequiosas a interesses alienígenas do que aos nacionais, pensarão exatamente o contrário. Encarada a questão de um ângulo político, sociológico, social ou patriótico, poderá assistir razão aos primeiros e sem-razão completa aos segundos; mas, *do ponto de vista jurídico*, será de interesse público a solução que haja sido adotada pela Constituição ou pelas leis quando editadas em consonância com as diretrizes da Lei Maior.[223]

Referências

ALESSI, Renato. *Sistema istituzionale del diritto amministrativo italiano*. 2. ed. Milão: Giuffrè, 1960.

BANDEIRA DE MELLO, Celso Antônio. *Ato administrativo e direito dos administrados*. São Paulo: Revista dos Tribunais, 1981.

BANDEIRA DE MELLO, Celso Antônio. Eficácia das normas constitucionais sobre justiça social. *RDP*, v. 57-58, p. 233-256, 1981.

GARCÍA DE ENTERRÍA, Eduardo; FERNÁNDEZ, Tomás-Ramón. *Curso de derecho administrativo*. 11. ed. Madrid: Thomson Civitas, 2008. v. II.

TERAN, Juan Manuel. *Filosofia del derecho*. 14. ed. México: Porrua, 1998.

YHERING, Rudolf Von. *A luta pelo direito*. 17. ed. Tradução de João Vasconcelos. Rio de Janeiro: Forense, 1999.

---

[223] Basta lembrar que a Constituição brasileira consagrava estas soluções de proteção aos nacionais até o Presidente Fernando Henrique Cardoso assumir a Chefia do Executivo e conseguir que o Congresso editasse emendas constitucionais para eliminar estas garantias instituídas em prol dos brasileiros.

Nº 12

PRINCÍPIO DA ISONOMIA: DESEQUIPARAÇÕES PROIBIDAS E DESEQUIPARAÇÕES PERMITIDAS

1. A Constituição de 1988 estabelece em seu art. 5º, *caput*, que "todos são iguais perante a lei", disposição esta, aliás, de nossa tradição constitucional republicana. Correspondente preceptivo já havia na Carta de 1969 (art. 153, §1º), na de 1967 (art. 150, §1º), na Constituição de 1946 (art. 141, §1º), na Carta de 1937 (art. 122), na Constituição de 1934 (art. 112, I) e na Constituição de 1891 (art. 72, §2º).

Qual o alcance deste preceptivo?

Para responder à indagação é preciso, desde logo, formular outras, a saber: a final, o que significa o princípio da igualdade? Que é que se pretende com ele?

2. Se fôssemos percorrer os caminhos mais tradicionais, poder-se-ia apenas acompanhar a trilha elaborada a partir da célebre lição de Aristóteles e que desemboca na assertiva segundo a qual a igualdade consiste em tratar igualmente os iguais e desigualmente os desiguais, na medida das respectivas desigualdades. Sem dúvida este é um excelente ponto de partida, mas não é um termo de chegada onde se resolva o âmago da questão. Com efeito, poder-se-ia sempre indagar: *quem são os iguais ou, inversamente, quem são os desiguais?*

Recorde-se que Agustín Gordillo, colacionando lições do filósofo Hospers, bem anotou que:

possivelmente não haverá duas coisas no universo que sejam exatamente iguais em todos os aspectos [...] De igual modo provavelmente não haverá duas coisas no universo tão diferentes entre si que careçam de algumas características comuns, de maneira a constituírem uma base para ubicá-las em uma mesma classe.²²⁴

Vê-se, pois, que delas poderia dizer-se que são iguais... ou que são desiguais, dependendo dos fatores que se tomassem em conta!

3. Aduza-se, mais, que o próprio das leis em geral é desigualar situações; ou seja, conferir tratamentos distintos às pessoas, inobstante todas sejam igualadas quanto ao fato de serem pessoas.

Assim, o funcionário público, por sê-lo, assujeita-se a um dado regime jurídico, de compostura estatutária; o chamado "celetista" encarta-se em outra disciplina, de caráter contratual, inobstante possam ambos exercer trabalho materialmente idêntico.

O comerciante, inscrito na junta comercial, assujeita-se a um regime que lhe confere certos direitos, os quais não são reconhecidos a quem, embora exercendo mister absolutamente igual, não está inscrito como comerciante.

O cidadão maior de 16 anos *pode* votar, mas não ser votado; o cidadão maior de 18 tem o *dever* de votar e pode ser votado para certos cargos.

O militar é colhido por certas normas, que lhe perfazem o estatuto próprio, as quais, é bem de ver, não se aplicam aos civis.

Se se quiser agregar ainda outro complicador ao problema, basta pensar-se que, apesar de o Texto Constitucional estabelecer que homens e mulheres são *iguais em direitos e obrigações* (art. 5º, I), o servidor público, se homem, aposenta-se voluntariamente com proventos integrais aos trinta e cinco anos e a mulher, aos trinta. E mais: se acaso um candidato do sexo masculino pretender inscrever-se para um concurso público para cargo de polícia feminina, certamente ser-lhe-á vedada a inscrição, sem que se considere por isso que está sendo violado o art. 5º ou seu inc. I!

Esta cópia de exemplos – e que poderia ser multiplicada por centenas de outros – é mais que suficiente para demonstrar ou sugerir que: (a) o próprio das leis é *desigualar* situações; (b) até mesmo desigualações que parecem discrepar à força aberta de dispositivo

---

²²⁴ GORDILLO, Agustín. *Tratado de derecho administrativo*. 7. ed. Belo Horizonte: Del Rey, 2003. t. 1. p. I-21.

constitucional explícito são – com justeza – por todos recebidas como perfeitamente cabíveis e consentâneas com o princípio da igualdade; (c) o conteúdo do princípio da igualdade, seu alcance (ou seja, àquilo que realmente com ele se visa), é impedir *determinadas* discriminações.

Com efeito, discriminações terão de haver; as normas sempre fazem e sempre farão distinções entre coisas, seres, situações. Estas coisas, seres e situações sempre possuem entre si pontos comuns, os quais permitiriam considerá-las "iguais" com relação a determinados aspectos. É certo, de outro lado, que também sempre apresentarão "diferenças" em relação a outros aspectos e circunstâncias que os envolvem, fato que ensejaria considerá-los distintos entre si.

4. Para melhor vincar tudo que se acabou de dizer, arrolemos algumas supostas normas que tomem por base certos fatores de desigualação e, em seguida, comparemos com outras presumíveis normas, de conteúdo diverso, mas que *também* se assentem nos sobreditos fatores. Ver-se-á que as primeiras hipóteses parecerão chocantes, enquanto as segundas receberemos naturalmente como livres de qualquer vício em face da igualdade.

Suponha-se que uma dada lei diferenciasse os homens altos dos baixos, para fins de outorgar a uns férias de 40 dias anuais, ao passo que aos outros seriam deferíveis apenas 30 dias. Certamente há entre estas pessoas uma *desigualdade* induvidosa, perfeitamente reconhecível: a da *estatura*. Sem embargo, todos concordariam, a uma só voz, que se fosse estabelecida em lei a discriminação aludida ocorreria ofensa ao princípio da igualdade.

Figure-se, agora, que outra norma estatuísse ser vedado às pessoas de *olhos azuis* o ingresso no serviço público. Ainda aqui seria pacífico o entendimento de que o princípio isonômico teria sido frontalmente agravado, conquanto seja claríssimo que há uma visível *diferença* entre olhos castanhos e olhos azuis.

De igual modo, caberia censura a uma regra de direito que impedisse as pessoas de raça branca (ou de raça negra) de assistirem a espetáculos musicais, facultando-os apenas às pessoas de outra raça, sem embargo de serem umas e outras manifestamente *desiguais* quanto à raça ou quanto à cor.

Outrossim, seria unânime o assentimento de que não se poderia, sem ofender o princípio isonômico, vedar que os adeptos da *ideologia* comunista adquirissem ingresso para partidas de futebol, permitindo-o, entretanto, aos partidários de facções ideológicas de centro-direita (ou então, reversamente, vedando a estes últimos e facultando aos primeiros), conquanto entre uns e outros haja claríssima *desigualdade* no que concerne a opiniões políticas.

Tem-se, aí, pois, uma série de casos em que, apesar de existirem *desigualdades inequívocas* entre as pessoas, suas características ou convicções, não seria possível validamente atribuir-lhes estes direitos distintos a que se aludiu.

Poderia parecer que nestas hipóteses o princípio da igualdade foi transgredido por haver sido tomado como critério distintivo entre elas um fator diacrítico (estatura, cor dos olhos, raça, credo político), que, embora existente, era insuscetível de ser adotado como critério de desigualação. Não é assim, entretanto. Os mesmos fatores, ao contrário do que se imaginaria, podem perfeitamente ser tomados em conta para fins de atribuir-se-lhes tratamentos jurídicos distintos.

É fácil demonstrá-lo. Veja-se.

A norma que estabelecesse ficar reservado apenas às pessoas de *alta estatura* fazer parte de guardas de honra em cerimônias militares de grande pompa (com exclusão, portanto, dos mais baixos) seria perfeitamente compatível com o cânone da igualdade. Pessoa alguma, em sã consciência, pretenderia haver nela algum desrespeito ao art. 5º, *caput* da Constituição.

A lei que impedisse a pessoas de *olhos azuis* o acesso a cargo público cujo ofício fosse o de manter contato para pacificação de hipotéticas tribos de selvagens que tivessem temor (ou aversão) a indivíduos de olhos azuis haveria de ser aceita como absolutamente válida ante o preceito isonômico. Todos, por certo, concordariam em que a regra em questão não mereceria qualquer censura.

Se um centro de pesquisas esportivas estivesse realizando testes, mediante seleção pública, para perquirir se o biotipo da *raça negra (ou da raça branca)* influiria no nível de desempenho atlético conforme a modalidade de esporte, poderia, sem dúvida alguma, negar inscrição a candidatos alheios à raça pesquisada. Não haveria nisto ofensa alguma ao princípio da igualdade.

A rejeição que um partido político de centro-direita fizesse à filiação de um notório *comunista* em seus quadros ou, inversamente, o embargo que um partido comunista opusesse ao ingresso de um centro-direitista professo seriam perfeitamente conviventes com a regra isonômica. A ninguém acudiria supor ter havido nisto uma ofensa à igualdade de todos, uma inconstitucional discriminação em razão de convicção política. Aliás, dantes, já se trouxe à colação a perfeita legitimidade de se impedir que um homem concorra ao cargo de polícia feminina (em despeito do art. 5º, I, da Lei Magna), conquanto seja claro que estariam aí diferenciados homens de mulheres no que atina ao acesso a cargo público.

5. Uma vez que os fatores de discrímen adotados em todos os exemplos foram os mesmos, por que, então, nos primeiros era evidente a ofensa à isonomia e, nos segundos, pelo contrário, apareceu como óbvio não ter havido violação da igualdade?

Respondida esta questão-chave, ter-se-á franqueado as portas para compreender quando se pode e quando não se pode estabelecer distinções de tratamento em face do preceito isonômico.

A razão é simples. Aquilo que se há de procurar para saber se o cânone da igualdade sofrerá ou não ofensa em dada hipótese *não é o fator de desigualação* assumido pela regra ou conduta examinada, porquanto, como se disse (citando Gordillo), sempre haverá nas coisas, pessoas, situações ou circunstâncias múltiplos aspectos específicos que poderiam ser colacionados em dado grupo para apartá-lo dos demais. E estes mesmos aspectos de desigualação, colhidos pela regra, ora aparecerão como transgressores da isonomia ora como conformados a ela.

Em verdade, o que se tem de indagar para concluir se uma norma desatende a igualdade ou se convive bem com ela é o seguinte: *se o tratamento diverso outorgado a uns for "justificável", por existir uma "correlação lógica" entre o "fator de discrímen" tomado em conta e o regramento que se lhe deu, a norma ou a conduta são compatíveis com o princípio da igualdade; se, pelo contrário, inexistir esta relação de congruência lógica ou – o que ainda seria mais flagrante – se nem ao menos houvesse um fator de discrímen identificável, a norma ou conduta serão incompatíveis com o princípio da igualdade.*

6. É exatamente por isso que, dentre os exemplos anteriormente colacionados, todos atinentes ao mesmo fator de desigualação, uns exibiram-se *prima facie* como agressivos à isonomia e outros revelaram-se perfeitamente sintonizados com ela. Para dizê-lo numa palavra: algumas das discriminações eram *ilógicas* e outras eram *lógicas*, racionais, visivelmente justificáveis.

É sempre possível desigualar entre categorias de pessoas desde que haja uma razão prestante, aceitável, que não brigue com os valores consagrados no Texto Constitucional; isto é, que não implique exaltar desvalores, como em seguida melhor se dirá.

Logo, existindo a relação de pertinência lógica referida, os não abrangidos pela regra carecerão da possibilidade de reclamar em seu prol o tratamento deferido a outros e que não lhes foi outorgado. Inversamente, inexistindo uma relação de pertinência (tal como a indicada) os não abrangidos pela regra poderão invocar em seu favor a necessidade de atender-se ao preceito igualitário.

7. Finalmente, cumpre esclarecer que o reconhecimento da sobredita relação de pertinência lógica, como é compreensível, está atrelado a fatores culturais (dependentes, portanto, de tempo e espaço) e sobreposse ao que na ordenação constitucional houver sido consagrado como valor ou desvalor.

Expliquemo-nos: em certa época e local considerou-se, por exemplo, que dadas profissões ou atividades não se compatibilizavam com a "índole", com a "natureza" da mulher ou, se se quiser, com o perfil sociopsicológico que se lhe reconhecia pertinente. Donde considerar-se, então, logicamente correlacionado com tais diferenças, outorgar aos homens possibilidades não deferidas equivalentemente às pessoas do sexo feminino. Por tal motivo, certas profissões, certas atividades ou especificamente certos direitos – como o de votar e ser votado – não lhes era deferido, sem que, à época, tal discriminação (que hoje nos parece aberrante) fosse havida como incompatível com o princípio da igualdade.

Por outro lado, parece-nos ainda hoje muito normal – e nada garante que assim será para sempre – que haja cargos de polícia reservados às mulheres: os de "polícia feminina". Parte-se, provavelmente, do pressuposto, verdadeiro na atualidade, que certas atividades policiais se farão com menor constrangimento de mulher para mulher, além de que também se reconhece a este sexo maior inclinação para tratar com crianças e idosos no exercício de misteres próprios da polícia. E por isso que o discrímen entre mulheres e homens nesta hipótese parece "logicamente correlacionado" com a sobredita específica diferença de tratamento que a este respeito se lhes dá.

8. Demais disso, é bem de ver, o próprio ordenamento constitucional absorve valores sociais tidos como relevantes e por isso tanto repele preconceitos que os adversam como rejeita comportamentos que agravariam a situação de pessoas, camadas sociais ou instituições sociais que pretende resguardar ou valorizar. Bem por isso, não são aceitáveis em face do princípio da igualdade distinções que, embora tenham em seu abono uma racionalidade em abstrato, contendem com estes valores sociais que a Constituição prestigiou.

Por isso seria inconstitucional a regra ou providência que vedasse ou dificultasse o ingresso de mulheres grávidas, quer no serviço público quer em empresas privadas ou então que embargasse a admissão de casadas, no pressuposto de que entre elas a incidência de gravidez seria muito maior. Conquanto seja certo que ficariam impedidas de trabalhar no período pré-parto e de aleitamento, para mencionar apenas alguns inconvenientes, decisões deste jaez adversariam tanto a proteção à maternidade quanto a proteção ao casamento, valores que o Texto Constitucional prestigia.

Sem dúvida, nas hipóteses cogitadas, haveria uma correlação lógica entre o fator de discrímen e a discriminação procedida, já que, por razões econômicas, certamente é preferível admitir alguém que ficará disponível para o trabalho por um tempo maior do que alguém que irá interrompê-lo nas circunstâncias aludidas.

De revés, sempre que a correlação lógica entre o fator de discrímen e o correspondente tratamento encartar-se na mesma linha de valores reconhecidos pela Constituição, a disparidade professada pela norma exibir-se-á como esplendorosamente ajustada ao preceito isonômico. Será fácil, pois, reconhecer-lhe a presença em lei que, *exempli gratia,* isente do pagamento de imposto de importação automóvel hidramático para uso de paraplégico.

9. Ao cabo do quanto se disse, é possível afirmar, sem receio, que o princípio da igualdade consiste em assegurar regramento uniforme *às pessoas que não sejam entre si diferenciáveis por razões lógica e substancialmente (isto é, à face da Constituição), afinadas com eventual disparidade de tratamento.*

Não há nele, pois, garantia alguma de que pessoas diferenciadas de outras façam jus a tratamento normativo idêntico ao que a estas foi dispensado quando tal diferenciação se haja estribado em razões que – não sendo incompatíveis com valores sociais residentes na Constituição – possuam fomento lógico na correlação entre o fator de discrímen e a diversidade de tratamento que lhe foi consequente.

O que se visa com o preceito isonômico é impedir favoritismos ou perseguições. É obstar agravos injustificados, vale dizer que incidam apenas sobre uma classe de pessoas em despeito de inexistir uma racionalidade apta a fundamentar uma diferenciação entre elas que seja compatível com os valores sociais aceitos no Texto Constitucional.

Referências

GORDILLO, Agustín. *Tratado de derecho administrativo.* 7. ed. Belo Horizonte: Del Rey, 2003. t. 1.

Nº 13

O EQUILÍBRIO ECONÔMICO NOS CONTRATOS ADMINISTRATIVOS

I – O equilíbrio das prestações nos contratos comutativos; II – O equilíbrio econômico-financeiro como coadjuvante do interesse público; III – O equilíbrio econômico-financeiro e o princípio da boa-fé; IV – O equilíbrio econômico-financeiro e o direito positivo; Referências

I – O equilíbrio das prestações nos contratos comutativos

O contrato é uma composição consensual de interesses e substancia uma "transfusão de vontades", na imagem feliz de *Clovis Bevilaqua*. Daí que é firmado para atendimento de conveniências recíprocas das partes.

Em sintonia com esta sua índole, nos tempos presentes considera-se inadmissível que, por fatores inesperados, meramente eventuais, o contrato seja subvertido em sua razão de ser e convertido em instrumento prestante para que uma das partes se locuplete a expensas de outra. Com isto, de resto, nada mais se fez senão retomar uma tradição jurídica proveniente da época medieval, mas que ficará obscurecida na centúria passada. Deveras, no século XIX atribuiu-se uma extremada rigidez à dicção expressada nas avenças, invocando-se a literalidade da vetusta máxima *pacta sunt servanda*.

Esta visão estreita, que rendia homenagem idólatra às aparências em detrimento da substancia real do pactuado, não resistiu, entretanto, ao peso das razões que se lhe antepunham e ao advento de novas realidades sociais e econômicas.

Assim, hoje, é sabido e ressabido, como bem o expressou Orlando Gomes, que "O princípio da fidelidade ao contrato perdeu a rigidez com que se expressava na locução *pacta sunt servanda*".[225]

Deveras, sempre consoante palavras do referido doutrinador, a sujeição ao *pacta sunt servanda* em sua desatada literalidade: "Conduz, em certas circunstâncias, a situações manifestamente injustas. Torna-se descabida, em consequência, sua aplicação. Passou-se a admitir, então, que deve comportar exceções."[226]

Em nosso tempo histórico se reconhece, como bem o disse Maria Helena Diniz, que:

> [...] o princípio da autonomia da vontade não é omnímodo, mas sofre limitações, oriundas do dirigismo contratual, que, ao invocar a supremacia do interesse público, intervém na economia do contrato, aplicando normas de ordem pública e impondo a adoção de sua revisão judicial. Isso acontece quando da superveniência de casos extraordinários e imprevisíveis por ocasião da formação do contrato, que o tomam, de um lado, excessivamente oneroso para um dos contraentes, gerando a impossibilidade subjetiva de sua execução, e acarretam, de outro, lucro desarrazoado para a outra parte. Isso é assim porque impera o entendimento de que, se se permitisse aos contratantes convencionar, a seu bel-prazer, o ato negocial, estipulando quaisquer cláusulas sem que o juiz pudesse intervir, mesmo quando se arruinasse uma das partes, a ordem jurídica não cumpriria o seu objetivo de assegurar a igualdade econômica.[227]

Deveras, o mundo civilizado acolhe a ideia de que o contrato comutativo pressupõe uma certa relação de igualdade, incompatível, portanto, com ulterior desnivelamento extremo, ruinoso para uma das partes, provocado por circunstâncias supervenientes que, se porventura fossem antevistas, a relação não se teria formado. Com efeito, é bem

---

[225] GOMES, Orlando. *Transformações gerais do direito das obrigações*. 2. ed. aum. São Paulo: Revista dos Tribunais, 1980. p. 95. Grifos no original.
[226] GOMES, Orlando. *Transformações gerais do direito das obrigações*. 2. ed. aum. São Paulo: Revista dos Tribunais, 1980. p. 95.
[227] DINIZ, Maria Helena. *Curso de direito civil brasileiro* – Teoria das obrigações contratuais e extra contratuais. São Paulo: Saraiva, 1984. v. III. p. 127-128.

de ver que, por certo, ninguém, salvo um demente, poderia desejar ou assumir um negócio que lhe causaria prejuízos desastrosos. Antes é de entender-se que as partes se ligaram na pressuposição de um vínculo de conveniência recíproca.

Se, no contrato, o Direito justamente prestigia a autonomia da vontade, como poderia ele conduzir ao oposto do que as vontades tiveram presente ao constituí-lo? Por isso mesmo, o princípio da autonomia da vontade há de ser entendido sem excessos ou, se se quiser, com os contemperamentos que evitem efeitos absurdos, no que se estará reconduzindo-o ao único sentido em que pode ser útil ao comércio jurídico.

Acresce que a boa ordem das relações sociais, o equilíbrio necessário para seu normal desenvolvimento e os valores éticos absorvidos nos sistemas jurídicos positivos modernos se incompatibilizam desenganadamente com o locupletamento de uma das partes à custa da outra. Compreende-se, pois, que, tanto nos trabalhos científicos dos juristas quanto no âmbito dos pretórios, hajam ressoado vigorosamente estas preocupações. Daí o seguinte comento da referida civilista ilustre:

> Ante os interesses da realidade social, a moderna doutrina jurídica e os tribunais estão admitindo, em casos graves, a possibilidade de revisão judicial dos contratos, quando a superveniência de acontecimentos extraordinários e imprevisíveis, por ocasião da formação dos pactos, torna sumamente onerosa a relação contratual, gerando a impossibilidade subjetiva de se executarem esses contratos. É, portanto, imprescindível uma radical, violenta e inesperada modificação da situação econômica e social, para que se tenha previsão do contrato, que se inspira na equidade e no princípio do justo equilíbrio entre os contraentes (RF 113/92, 150/250).[228]

Deveras, hoje, tem-se por superadas as concepções que, no paroxismo individualista, pretendiam atribuir ao contrato uma rigidez pétrea, postergando, inclusive, lições históricas sábias, respigáveis até mesmo em textos romanos antigos, mas que só se desenvolveram e impuseram como fruto da obra dos canonistas e pós-glosadores.

Para alguns, tais lições devem ser filiadas a comentos muito vetustos, como os de Sêneca e Cícero e aos textos de Africano e Neratio.

---

[228] DINIZ, Maria Helena. *Curso de direito civil brasileiro* – Teoria das obrigações contratuais e extra contratuais. São Paulo: Saraiva, 1984. v. III. p. 28.

É o que sustenta Othon Sidou.[229] Para a maioria dos doutrinadores, sua procedência é o direito medieval, invocando-se lições de Graciano, Santo Tomás de Aquino e sobretudo a célebre fórmula atribuída a Bartolo: *"contractus qui habent tractum sucessivum et dependentiam de futuro rebus sic stantibus inteliguntur"*, assim como os estudos de Alciato.

Seja verdadeira uma outra tese, o certo é que está incorporada ao patrimônio jurídico e moral dos povos cultos a compreensão de que os contratos não devem ser fonte de prejuízos ruinosos para uma das partes, acarretados pela mudança das circunstâncias vigorantes ao tempo em que foram travados.

Esta doutrina consagrada e que se contrapunha às durezas do *pacta sunt servanda* do direito romano (onde, se atenuações houve, foram excepcionais, como todos reconhecem), no passado viveria seu apogeu entre o século XIV e meados do século XVIII. Entrou de declinar nos finais de centúria, obscurecendo por inteiro ao longo do século XIX. Contudo, ressurgiu vigorosa em nosso tempo, conforme relato evolutivo traçado, entre eminentes monografistas do tema, por Arnoldo Medeiros da Fonseca, em trabalho clássico sobre o assunto[230].

Caio Mário da Silva Pereira expõe seu ressurgimento nos seguintes termos:

> Passada a fase do esplendor individualista, que foi o século XIX, convenceu-se o jurista que a economia do contrato não pode ser confiada ao puro jogo das competições particulares. Deixando de lado outros aspectos, e encarando o negócio contratual sob o de sua execução, verifica-se que, vinculada as partes aos termos da avença, são muitas vezes levadas, pela força incoercível das circunstâncias externas, a situações de extrema injustiça, conduzindo o rigoroso cumprimento do obrigado ao enriquecimento de um e ao sacrifício de outro. Todo contrato é previsão, e em todo contrato há margem de oscilação do ganho e da perda, em termos que permitem o lucro ou o prejuízo. Ao direito não podem afetar estas vicissitudes, desde que constritas nas margens do ilícito. Mas, quando é ultrapassado um grau de razoabilidade, que o jogo da concorrência livre tolera, e é atingido o plano de desequilíbrio, não pode omitir-se o homem de direito, e deixar que em nome da ordem jurídica e por amor ao princípio da obrigatoriedade do contrato um dos contratantes leve o outro à ruína completa, e extraia para si o máximo

---

[229] SIDOU, Othon. *A cláusula rebus sic stantibus no direito brasileiro*. Rio de Janeiro: Livraria Freitas Bastos S.A., 1962. p. 7-14.
[230] FONSECA, Arnoldo Medeiros da. *Caso fortuito e teoria da imprevisão*. 3. ed. Rio de Janeiro: Forense, 1958. p. 197 e segs.

benefício. Sentindo que este desequilíbrio na economia do contrato afeta o próprio conteúdo de juridicidade, entendeu que não deveria permitir a execução rija do ajuste, quando a força das circunstâncias ambientes viesse criar um estado contrário ao princípio da justiça do contrato. E acordou de seu sono milenar um velho instituto que a desenvoltura individualista havia relegado ao abandono, elaborando então a tese da resolução do contrato em razão da onerosidade excessiva da prestação.[231]

Assim, no final do século passado, iniciou-se o que se converteria em autêntica avalanche de elucubrações doutrinárias preordenadas a fundamentar em entendimento mais racional, mais afinado com a realidade dos tempos e ou mais justo das obrigações contratuais cujo cumprimento implicava em oneração excessiva e desproporcionada para uma das partes. De resto, a grande instabilidade econômica a partir da Primeira Guerra Mundial, ou seja, o fim daquele mundo estável em que se viveu durante o século XIX, forçaria decisivamente a expansão do reconhecimento da revisibilidade dos contratos pela mudança inesperada das circunstâncias.

Tão numerosos foram os fundamentos aduzidos ou privilegiados pelas concepções dos diversos teóricos do Direito a fim de lastrear dita revisibilidade que, entre nós, Anisio José de Oliveira[232] encontrou campo para, em interessante esforço de arrolamento e sistematização, colecionar e ordenar as orientações encontradas, agrupando-as em teorias *intrínsecas* e *extrínsecas*. Dentre as primeiras, apartou, de um lado, as embasadas: a) na vontade e, de outro, b) na prestação. Indicou como compreendidas nas teorias arrimadas na vontade: 1. a teoria da pressuposição *(Windscheid);* 2. a teoria da vontade marginal *(Osti);* 3. a teoria da base do negócio *(Oertmann),* 4. a teoria do erro *(Giovène);* 5. a teoria da situação extraordinária *(Bruzin),* e 6. a teoria do dever de esforço *(Hartmann).* Apontou como estribadas no exame da prestação: 1. a teoria do estado de necessidade *(Lemann* e *Coviello)* e 2. a teoria do equilíbrio das prestações *(Giorgio* e *Lenel).* Já as teorias *extrínsecas* compreenderiam aquelas cujo fundamento reside: 1. na Moral *(Ripert* e *Voirin);* 2. na boa-fé *(Wendt* e *Klenke);* 3. na extensibilidade do fortuito (jurisprudência alemã, inglesa e francesa); 4. na socialização do direito *(Badenes Gasset);* e 5. na equidade e na justiça (Arnoldo Medeiros da Fonseca).

---

[231] PEREIRA, Caio Mario da Silva. *Instituições de direito civil*. Rio de Janeiro: Forense, 1963. v. III. p. 107-108.

[232] OLIVEIRA, Anísio José de. *A cláusula 'rebus sic stantibus' através dos tempos*. Belo Horizonte: Ibérica, 1968. p. 87.

A simples menção desta cópia de teorias e das diferentes tendências em que o autor citado as encartou é suficiente para exibir o nível e a importância da acolhida que a doutrina internacional – e também a jurisprudência – conferiram ao reconhecimento da necessidade de mitigar os rigores das cláusulas contratuais nas relações comutativas onerosas quando delas viesse a resultar, ulteriormente, por força de eventos surpreendentes, desequilíbrio notável entre as prestações recíprocas, com efeitos patrimoniais desastrosos para uma das partes.

Aliás, se não fora assim, o Direito consagraria o *summum jus summa injuria*. Proporcionaria que, em casos do gênero, sob seu amparo, uma das partes tivesse, à custa da contraparte, um *enriquecimento sem causa juridicamente aceitável*. É o que assinalam muitos doutrinadores. Haveria nisto, pois, um verdadeiro *abuso de direito,* conforme enfatizam outros, advertindo que a consequência ruinosa para o onerado constituiria autentica *lesão* e, até mesmo, em certas hipóteses, a chamada *lesão enorme* ou *enormíssima,* na terminologia das Ordenações Manuelina e Filipina, vícios jurídicos estes duramente profligados por doutores ilustres.

De resto, também a legislação de inúmeros países veio a traduzir de modo explícito sua adesão aos mesmos propósitos de impedir a ocorrência destes resultados indesejáveis. Assim, os monografistas registram o repudio a eles no Código polonês de 1934 (art. 269), no Código grego, de 1940 (art. 338), no Código Civil italiano, de 1942 (arts. 1.467 e 1.469), no velho Código Civil português (por meio de parágrafo introduzido, em 1930, no art. 1.401), diretriz ao depois também consagrada no Código Civil de 1966[233]. Reincorporava-se, dessarte, ao direito escrito o que, primitivamente, merecera agasalho explícito no Codex Maximilianeus Bavaricus, de 1756.

Ressalta o eminente Arnoldo Medeiros da Fonseca que, em muitos outros países, onde inexistia tal conforto expresso da lei, "a revisão judicial dos contratos administrativos e pacificamente admitida, pela jurisprudência, com apoio na noção de boa-fé, num conceito mitigado de impossibilidade, ou ainda por outros fundamentos [...]".[234] É o caso, *exempli gratia,* da Alemanha, da Suíça e da Noruega. Em outros ordenamentos a solução para o problema apareceria vinculada a algumas

---

[233] Cf. dentre tantos, REBUS Sic Stantibus. *In*: MAIA, Paulo Carneiro. *Enciclopédia Saraiva*. São Paulo: Saraiva, 1977. v. 63; SIDOU, Othon. *A cláusula rebus sic stantibus no direito brasileiro*. Rio de Janeiro: Livraria Freitas Bastos S.A., 1962. p. 293 e segs.

[234] FONSECA, Arnoldo Medeiros da. *Caso fortuito e teoria da imprevisão*. 3. ed. Rio de Janeiro: Forense, 1958. p. 248.

espécies de relações contratuais (*e ubi idem ratio ibi idem legis dispositio*), de fora parte o calço genérico que outorgavam em dispositivos amplos sobre os critérios de aplicação da lei, como sucede no caso brasileiro.

Entre nós, o art. 5º da Lei de Introdução ao Código Civil, como referem alguns julgados, ao estabelecer que, "Na aplicação da lei, o juiz atenderá aos fins sociais a que ela se dirige e as exigências do bem comum", aponta a diretriz interpretativa, dentro da qual se abriga confortavelmente a aplicação de todos os contemperamentos a rigores exacerbados que proviriam de uma concepção estreita do *pacta sunt servanda*.

Demais disto, como em nosso direito não há uma cláusula expressa e específica voltada diretamente para a generalidade dos contratos comutativos regulando-lhes o reequilíbrio ou liberando o devedor extraordinariamente onerado – conquanto o art. 5º dantes referido aponte nesta direção –, há de se entender que ocorre autêntica *omissão* de norma legal que discipline especificamente a matéria no atinente aos contratos. Segue-se, então, que no concernente a eles vigoram, simultaneamente, tanto o art. 5º, que acoberta a hipótese em termos genéricos, quanto o art. 4º, de acordo com o qual: "Quando a lei for omissa o juiz decidirá o caso de acordo com a analogia, os costumes e os princípios gerais de direito". Ora, ninguém duvidaria que, existindo solução normativa para os desequilíbrios de que se cogita em inúmeras leis voltadas para hipóteses determinadas, analogicamente, haveriam de aplicar-se soluções equivalentes para os casos não previstos. Além disso, o atendimento à boa-fé, a equidade e a proscrição do abuso de direito são, para além de qualquer dúvida ou entredúvida (como diria o eminente Orozimbo Nonato), princípios gerais de direito e, nesta qualidade, invocáveis para a solução de questões em que uma das partes se locupletaria a expensas de outra pela mera álea de circunstâncias supervenientes.

Deveras, como bem o disse o nunca assaz louvado Aguiar Dias – ao criticar um acórdão expressivo de mentalidade retrógrada, aferrada à inflexibilidade contratual –, somente um "romanismo feroz [*sic*]" poderia opor-se à revisibilidade que em toda parte se impunha.

Daí sua preciosa lição proferida já em 1949, ao comentar dito acórdão:

> Ao passo que o brocardo *pacta sunt servanda* se sujeita, cada vez mais, ao interesse coletivo, a cláusula *rebus sic stantibus* entra progressivamente na consciência jurídica universal como corretivo necessário das iniqüidades

geradas pelas circunstâncias. Posta na fábula, para que mais facilmente penetrasse nos espíritos a parábola do homem que matou a galinha dos ovos de ouro, nem assim se convencem os romanistas ferrenhos de que não é útil, mas pernicioso à coletividade impor o cumprimento de contrato que arruine o devedor. O próprio credor, conforme a repercussão do empobrecimento do devedor, sofre as conseqüências de sua intransigência.[235]

Não é de estranhar, então, que nossos Tribunais, afinados com o mesmo pensamento, hajam se sensibilizado perante situações de injustiça manifesta, nas quais a mudança das circunstâncias sobre as quais se assentava a vontade originária das partes colocara uma delas em situação desastrosa pelo manifesto desequilíbrio das prestações recíprocas. Bem por isto os pretórios brasileiros trataram de coartar a possibilidade de o direito constituir-se em instrumento para a contradita de seus fundamentos e diligenciaram em impedir que em nome da ordem jurídica se realizasse sua própria antítese.

Por isso mesmo, Alcino Salazar,[236] ainda em 1953, há mais de meio século, portanto, pode recensear uma cópia de decisões de nossos Tribunais em que se admitia a aplicação da cláusula *rebus sic stantibus*. No referido trabalho colacionou julgados do STF,[237] do TJDF,[238] do TJSP,[239] assim como do TJ da Bahia.[240]

Registrem-se, ainda, dentre tantos outros, os acórdãos do STF[241] e os do TJSP,[242] nos quais fica explícito, inclusive com remissão a outros julgados, que a aplicação da "cláusula *rebus sic stantibus*" frequenta com naturalidade e êxito os nossos pretórios. De resto, para negar-lhe cabimento, só mesmo assumindo o "romanismo feroz" (já hoje completamente ultrapassado) a que aludia o festejado Aguiar Dias.

Inúmeras vezes nossos Tribunais, ao tempo do Código Civil de 1916, deixaram claro que nem mesmo a rigidez de seu art. 1.246[243]

---

[235] DIAS, Aguiar. *Revista Forense*, v. 123, jun. 1949. p. 189.
[236] SALAZAR, Alcino. *RDA*, v. 31, 1953. p. 303 *et seq*.
[237] *RF*, v. 77, p. 79 e v. 113, p. 92.
[238] *RF*, v. 95, p. 334, v. 97, p. 111, v. 98, p. 77 e v. 104, p. 269.
[239] *RF*, v. 92, p. 222; *RT*, v. 156, p. 654 e v. 191, p. 177.
[240] *RF*, v. 144, p. 1.383.
[241] *RTJ*, v. 51, p. 187 e v. 96, p. 667,
[242] *RF*, v. 171, p. 340; *RT*, v. 191, p. 169, v. 254, p. 213 e v. 305, p. 847.
[243] "Art. 1.246. O arquiteto, ou construtor, que, por empreitada, se incumbir de executar uma obra segundo plano aceito por quem a encomenda, não terá direito a exigir acréscimo no preço, ainda que o dos salários, ou o do material, encareça, nem ainda que se altere

poderia servir como calço para uma das partes locupletar-se à custa da outra, razão pela qual recusavam a imutabilidade do valor estipulado na empreitada quando este resultado injurídico viesse a resultar das circunstâncias supervenientes.

Assim, de fora parte os julgados dantes referidos, que se assentavam na cláusula *rebus sic stantibus* ou que se apoiavam na vestimenta jurídica da teoria da "imprevisão", vários outros tomam por estribo, para admitir a flexibilização do valor contratual, a *teoria da lesão*, do *abuso do direito* e sobretudo a do *enriquecimento sem causa*. Valham como exemplo os seguintes excertos de acórdãos, todos colhidos na *Jurisprudência das obrigações* de Darcy Arruda Miranda Jr.:[244]

> Não se pode admitir o locupletamento do proprietário à custa do empreiteiro. O art. 1.246 do Código Civil, que estabelece a invariabilidade do preço da empreitada, só admitindo o pagamento de acréscimos ou de extras mediante uma autorização por escrito do proprietário não pode receber uma interpretação puramente literal e restritiva. Por isso a jurisprudência e a doutrina a ele opõem um princípio geral de direito cuja aplicação dispensa acolhida em dispositivo expresso: o do enriquecimento sem causa (cf. Alfredo de Almeida Paiva, Aspectos do direito de empreitada, 1955, p. 73-86, e E. V. de Miranda Carvalho, Contrato de empreitada, 1953, p. 79-88; Revista dos Tribunais 4/334, 15/406, 27/468, 34/228, 44/213, 46/498, 61/505, 181/72, 216/259, 248/161 e 262/543).
>
> A única restrição, portanto, é a sua prova inequívoca a concludente, de maneira a afastar do espírito do julgador qualquer dúvida ou incerteza (ac. da 4ª Cam. Civ. do TJ de São Paulo, de *21/8/58*, na Ap. Civ. n. *86.904*; rel.: Des. O. A. Bandeira de Mello. RT 283/193*)*. O Código Civil pátrio sob o influxo do individualismo então reinante, rompendo a tradição do nosso Direito, deixou de consignar o instituto da lesão. Não obstante, nos seus arts. 85, em que faz prevalecer a "vontade real", e 160, em que subordina a licitude do ato jurídico ao exercício regular de direito, impôs o princípio da equidade a presidir a ordem social, subordinando o Direito à Moral, segundo uma elevada concepção do sentido de Justiça. A *circunstância de deixar de legislar sobre a lesão não impede a aplicação da teoria*, ante a estrutura acolhida, *que veda o enriquecimento à custa de outrem, sem causa justa*. Mas, há direito positivo a respeito e consubstanciado na Lei Maior. De fato, o art. 154 da Constituição Brasileira, de 1946,

---

ou aumente, em relação à planta, a obra ajustada, salvo se se aumentou, ou alterou, por instruções escritas do outro contratante e exibidas pelo empreiteiro".

[244] MIRANDA JR., Darcy Arruda. *Jurisprudência das obrigações*. São Paulo: Revista dos Tribunais, [s.d.]. v. II. p. 906-907.

proscreve a usura "em todas as suas modalidades". Não se pode admitir o locupletamento do proprietário à custa do empreiteiro. O art. 1.246 do Código Civil, que estabelece a invariabilidade do preço da empreitada, só admitindo o pagamento de acréscimos ou de extras mediante uma autorização por escrito do proprietário, não pode receber interpretação puramente literal e restritiva. Por isso, a jurisprudência e a doutrina a ele opõem um princípio geral de Direito, cuja aplicação dispensa acolhida em dispositivo expresso: o do *enriquecimento sem causa*. A única restrição, portanto, é a sua prova inequívoca e concludente, de modo a afastar do espírito do julgador qualquer dúvida ou incerteza (ac. do 2º Grupo Cams. Civis do TJ de São Paulo, de *5/2/59*, nos Embs. Infs. n. *86.904*; rel.: Des. *Prado Fraga*. RT 291/198). [...]

No que se refere a aplicação do art. 1.246 do Código Civil, a regra aí estabelecida não pode ser interpretada na forma pretendida pelos réus, como observou o ilustre Magistrado reportando-se as eruditas considerações do acórdão inserto na Revista dos Tribunais 283/193, do qual foi relator o eminente Des. *Bandeira de Mello*. O princípio firmado pelo referido dispositivo, quando a situação econômica do País revelava maior estabilidade, não pode ser aplicado na atualidade com demasiado rigor. Não havia, então, ao tempo da promulgação do Código Civil, leis reguladoras do salário mínimo, e no terreno jurídico havia maior estabilidade. A época em que vivemos se caracteriza por alterações súbitas nas relações contratuais de certa espécie, ditadas por imposições classistas ou sindicalistas, de sorte que nem sempre atua somente a vontade dos contratantes na execução das cláusulas convencionadas. Nessas condições é de admitir-se que o princípio adotado pelo art. 1.246 do Código Civil, no caso de aumento de nível do salário mínimo, só é aplicável quando expressamente convencionado. Não pode qualquer das partes, firmada na inalterabilidade da convenção, valer-se da influência de um fato externo, modificadora de condições essenciais à sua manutenção, locupletar-se à custa da outra, beneficiando-se com um *enriquecimento sem causa*. Nestas condições, merece mantida a sentença no que se refere a procedência da ação, sendo, porém, fixada a condenação nos termos de início mencionados. São Paulo, 26 de abril de 1961 – Moura Bittencourt, pres. com voto –*Ulisses Dória,* rel.: – *Virgílio Manente* (ac. un. da 4ª Cam. Civil do TJ de São Paulo, na Ap. Civ. n. 107.510. *RT 314/247*).

A contestação do réu se funda em que o art. 1.246 do Código Civil não permite alteração do valor do contrato de empreitada, a não ser quando houver autorização por escrito do proprietário da obra. Ora, como mostrou a sentença, o referido art. 1.246 não pode ser interpretado em termos rígidos, e hoje a jurisprudência tem amenizado esta interpretação haja vista os acórdãos mencionados na sentença, um dos quais deste E. Tribunal de Justiça *(Revista Justiça* 41/34) e outros dos demais Tribunais do País *(Revista Forense* 139/119; 140/145; 143/337 e 154/266). O próprio Supremo Tribunal Federal reconheceu que não seria possível impor ao empreiteiro a inadequada rigidez da regra do art. 1.246 do Código Civil, com o que facilitaria a *locupletação de um contratante com a espoliação do outro (Revista Forense* 123/93, Ac. da 1ª Cam. Civil do TJ do Rio Grande do Sul, de 27/12/60, na Ap. Civ. n. 13.900; rel.: Des. *Júlio Martins Porto. Revista Jurídica* 52/258).

Como se vê, múltiplas são as teorias e variados os fundamentos em que se afirmam doutrinadores e magistrados para acolher a revisibilidade dos contratos quando sobrevêm eventos que subvertem violentamente o equilíbrio contratual.

Este tema que às vezes é enfocado sob o nome de "teoria da imprevisão", ora sob a titulação de "risco imprevisível", ora como "lesão superveniente" ou "revisão jurisprudencial dos contratos" ou simplesmente "superveniência",[245] foi até aqui considerado quase que exclusivamente por meio de estudos efetuados por privatistas e por decisões proferidas em feitos nos quais estavam em causa contratos de direito privado. Sem embargo, o eminente Lúcio Bittencourt averba que a teoria da imprevisão "terá necessariamente, em qualquer ramo do direito, *o mesmo fundamento jurídico*". Diz o alumiado publicista:

> "O fundamento jurídico está, segundo pensamos, assim no direito público como no direito privado, na existência implícita da cláusula *rebus sic* stantibus, porque a manifestação da *vontade* dos contratantes só pode ser considerada válida em relação aos fatos existentes no momento da constituição do vínculo contratual e aqueles que poderiam ser *razoavelmente* previstos". E todas as correntes e doutrinas que se têm formado, negando a existência implícita daquela cláusula, não fazem outra coisa senão confirmá-la. Realmente, a "teoria da pressuposição" de *Windscheid,* a da "superveniência," de *Osti,* a da "situação extracontratual" de Bruzin, as teorias morais de *Ripert* e de Voirin, a teoria italiana do "fato condicionado" *(Coviello, Bonfante, Ferrara, Mazzoni, Lalanne),* a teoria da "equivalência das prestações" *(Giorgi, Velasco* e *Carlomagno),* todas partem, em última análise, da alteração do *estado de fato existente ou previsível* no momento da formação do vínculo. Todas acabam por condicionar a possibilidade de revisão do contrato às alterações corridas em circunstâncias sociais. Todas se baseiam, por isso mesmo, quer confirmem ou neguem, no princípio da cláusula implícita: *rebus* sic *stantibus.*[246]

---

[245] BITTENCOURT, Lúcio. As cláusulas 'rebus sic stantibus' no direito administrativo. *RDA*, v. 2, fasc. 2. p. 812 e seg.

[246] BITTENCOURT, Lúcio. As cláusulas 'rebus sic stantibus' no direito administrativo. *RDA*, v. 2, fasc. 2. p. 822-823.

Isto posto, cumpre verificar qual a compostura do problema nos *contratos administrativos*.

Notoriamente, os chamados *contratos administrativos* estão sujeitos a um regime peculiar, específico, hoje estabelecido na Lei nº 8.666, de 21.6.1993, com as alterações provenientes da Lei nº 8.883, de 8.6.1994.

É sabido e ressabido que a revisibilidade de tais contratos para restabelecimento do equilíbrio econômico-financeiro de há muito tem recebido ampla acolhida doutrinária e em termos mais generosos do que nos demais contratos. Ademais, existe, em nosso direito, consistente embasamento para tanto, como ao diante melhor se dirá.

Na teoria do contrato administrativo, a *mantença do equilíbrio econômico-financeiro* – não sem razão – é aceita como verdadeiro "artigo de fé". Doutrina e jurisprudência brasileiras, em sintonia com o pensamento alienígena, assentaram-se pacificamente em que, neste tipo de avença, o contratado goza de sólida proteção e garantia no que concerne ao angulo patrimonial do vínculo, até mesmo como contrapartida das prerrogativas reconhecíveis ao contratante governamental.

É de universal consenso que o contratado, nos contratos administrativos, faz jus à garantia da equação econômico-financeira constituída por ocasião do travamento do vínculo com a contraparte governamental. Este indiscutido direito, como é óbvio – mas importa dizê-lo –, corresponde a uma garantia verdadeira, *real*, substancial e não a uma garantia *fictícia, simulada, nominal*.

Entende-se por equação econômico-financeira a relação de igualdade, ou seja, de equivalência, entre as obrigações a cargo do contratado e a compensação econômica que lhe haverá de corresponder em razão das referidas obrigações. E que, como muito bem o disse Hely Lopes Meirelles, "O contrato administrativo, por parte da Administração, destina-se ao atendimento das necessidades públicas, mas por parte do contratado, *objetiva um lucro*, através da remuneração consubstanciada nas cláusulas econômicas e financeiras".[247]

Georges Pequignot, um clássico no tema contrato administrativo, apostilou a respeito:

> O contratado tem direito a remuneração inscrita em seu contrato. É o princípio da fixidez do contrato. *Ele não consentiu seu concurso senão na esperança de um certo lucro.* Aceitou tomar a seu cargo trabalhos e

---

[247] MEIRELLES, Hely Lopes. *Licitação e contrato administrativo*. 9. ed. atual. São Paulo: Revista dos Tribunais, 1990. p. 184.

áleas que, se não houvesse querido contratar, seriam suportados pela Administração. É normal que seja remunerado por isso. Além disso, seria contrário à regra da boa-fé, contrário também a qualquer segurança dos negócios, e portanto perigoso para o Estado social e econômico que a Administração pudesse modificar, especialmente reduzir, esta remuneração.[248]

É induvidoso que a equação econômico-financeira é um dos pilares da teoria do contrato administrativo. Para dizê-lo com palavras de Marcelo Caetano:

> O contrato assenta, pois, numa determinada equação financeira (o valor em dinheiro dos encargos assumidos por um dos contraentes deve eqüivaler às vantagens prometidas pelo outro) e às relações contratuais tem de desenvolver-se na base do equilíbrio estabelecido no ato de estipulação.[249]

A palavra "equação" econômico-financeira significa igualdade, equivalência. Corresponde ao termo de equilíbrio que se definiu na conformidade do que os contratantes estipularam quando do travamento do liame. Esta noção de equivalência, de igualdade que deverá persistir, fica muito bem esclarecida nas seguintes expressões com que Marcel Waline a descreve:

> Assim, o equilíbrio econômico e financeiro do contrato é uma relação que foi estabelecida pelas próprias partes contratantes no momento da conclusão do contrato, entre um conjunto de direitos do contratante e um conjunto de encargos deste, que pareceram equivalentes, donde o nome de "equação". *Desde então esta equivalência não mais pode ser alterada.*[250]

Cumpre dizer e sublinhar que, rigorosamente falando, a equação econômico-financeira não se define no momento em que é travado o liame contratual, mas, normalmente, *antes dele*. Isto porque os contratos administrativos, salvo situações de exceção, são obrigatoriamente precedidos de um certame licitatório e é nesta oportunidade que são feitas as propostas. Assim, o acolhimento da melhor delas, e

---

[248] PEQUIGNOT, George. *Théorie general du contract administratif*. Paris: A. Pedone, 1945. p. 434-435. Grifos nossos.
[249] CAETANO, Marcello. *Princípios fundamentais do direito administrativo*. Rio de Janeiro: Forense, 1977. p. 255-256.
[250] WALINE, Marcel. *Droit administratif*. 5. ed. Paris: Sirey, 1963. p. 618. Grifos nossos.

consequente proclamação de que foi aceita, configura, aí sim, *o instante em que determinada contrapartida financeira é reputada idônea para remunerar os encargos estabelecidos na conformidade dos termos do edital* (ou convite).

O respeito à sobredita equação só existe quando ambas as partes cumprem à fidelidade o que nela se traduziu. Então, uma delas, o contratado, tem que executar a prestação ou as prestações devidas com absoluto rigor e exatidão. A outra parte, o contratante público, está, de seu turno, adstrito a assegurar ao contratado, com o pagamento ou pagamentos, o valor que, à época do ajuste, por ambos foi havido como remuneração apta a acobertar o custo da prestação e o lucro que a ela corresponderia.

Jean Rivero, referindo-se à remuneração do contratado, assim se expressou:

> As disposições relativas à remuneração *escapando poder de modificação unilateral da administração*. Mas, além disto, o elemento de associação já assinalado se manifesta neste ponto com uma força particular: é o princípio do equilíbrio financeiro do contrato, *que é uma das características essenciais do contrato administrativo* e a contrapartida das prerrogativas da administração.[251]

Dessarte, nenhuma das partes se locupleta à custa da outra. Ambas recebem o que as incitou a travar o liame. Nem o contratante nem o contratado sacam outras vantagens além das que consentiram reciprocamente em outorgar-se e que se constituíram na própria razão do engajamento havido. Cada qual obtém o que previra e ajustara. Há, pois, satisfação dos respectivos escopos e perfeita realização do direito contratualmente estipulado.

II – O equilíbrio econômico-financeiro como coadjuvante do interesse público

Acresce que, no contrato administrativo, como bem acentuou Francis-Paul Benoît, *ambas* as partes estão "atreladas a uma mesma tarefa de interesse geral", o que se constitui, conforme diz, em uma "ideia de base" inerente a tal espécie de contrato, levando a que contratante e contratado sejam havidos como *colaboradores*, excluída,

---

[251] RIVERO, Jean. *Droit administratif.* 3. ed. Paris: Dalloz, 1965. p. 111.

portanto, a hipótese de que possam se apresentar como antagonistas, "cada qual procurando as fraquezas de seu adversário, como no direito privado [...]".[252]

Não há duvidar, pois, que é da índole dos contratos administrativos a formação de um ajuste equilibrado, obsequioso aos interesses de ambos os contratantes, empenhados em um esforço comum útil ao interesse público e forjado sobre condições que tornem *economicamente exequíveis* as prestações a que se tenha obrigado o contratado, já que uma "tarefa de interesse geral" não poderia assujeitar-se às áleas de um contrato que lhe fosse ruinoso.

Não é de estranhar, pois, que os autores acentuem que o contratado da Administração, em termos de garantias econômicas, dispõe de uma situação superior àquela existente nas relações de direito privado. Averbações deste gênero são encontráveis, entre outros, nos mestres franceses Rivero e Benoît. Disse o primeiro: "[...] O contratado, nesta matéria, beneficia-se de garantias *que o direito privado ignora* e que tendem a lhe assegurar, de todo modo e seja qual for o uso que a Administração faça de suas prerrogativas, uma remuneração conforme a suas previsões iniciais".[253]

De seu turno, Benoît, confrontando o contrato administrativo com o de direito privado, chama a atenção para um aspecto importante e que realça, por outro ângulo, a necessidade da preservação do equilíbrio econômico da avença, ao anotar:

> O regime do contrato de direito público pode, inversamente, revelar-se muito mais favorável aos particulares contratantes da Administração do que é o regime do contrato de direito privado, na medida em que aparece necessário defender o interesse geral através dos interesses do contratado: a jurisprudência administrativa sobre imprevisão ilustra este fato de maneira impressionante.[254]

Com efeito, interessa ao contratante governamental resguardar seus contratados no caso de alterações econômicas que lhe descomponham a economia do contrato como meio para obstar que tais efeitos danosos se reflitam no bom, fiel e tempestivo cumprimento de uma tarefa que é necessária para atender a um interesse coletivo. É de sua conveniência, pois, assegurar a mantença das condições que foram

---

[252] BENOÎT, Francis-Paul. *Le droit administratif français*. Paris: Dalloz, 1968. p. 592.
[253] RIVERO, Jean. *Droit administratif*. 3. ed. Paris: Dalloz, 1965. p. 108.
[254] BENOÎT, Francis-Paul. *Le droit administratif français*. Paris: Dalloz, 1968. p. 588.

reputadas adequadas para a boa realização da obra ou serviço a cargo da contraparte.

É certo, portanto, que à Administração não é dado desconhecer os interesses econômicos dos contratados, até porque, se tal se desse, "não encontraria contratantes" como disse o precitado Francis-Paul Bénoît.[255] E cabe acrescentar: se os encontrasse não poderia com eles contratar, pois haveriam de ser ou irresponsáveis ou sujeitos de má-fé.

Ora, à Administração é defeso contrair vínculos com tal espécie de pessoas, tanto que no procedimento pré-contratual obrigatório (licitação) existe uma fase preliminar de averiguação da idoneidade dos proponentes. Pois bem, quem aceitasse firmar contrato com o Poder Público sem direitos quanto à estabilidade econômica avençada estaria assumindo a hipótese de um negócio ruinoso e até mesmo inexequível. Só alguém pouco sério ou, mais exatamente, um irresponsável aceitaria a realização de um engajamento nestas condições. E isto, de direito, é qualificado como inadmissível, pois, como se sabe, a lei *exige desclassificação* de propostas manifestamente inexequíveis (art. 38, II, do Decreto-Lei nº 2.300, de 23.11.1986) já que, se aceitas, *poriam em risco o interesse público substanciado no contrato*.

De revés, se o eventual contratado estivesse, deveras e desde logo, resoluto em absorver o prejuízo, assumindo contratos antieconômicos, revelaria nisto o propósito de eliminar seus concorrentes, a qualquer preço, para obter dominação do mercado. Este seria um procedimento abusivo, adversado pelo art. 173, §4º, da Constituição. Neste caso, então, exibir-se-ia como sujeito de má-fé.

Por qualquer ângulo que se considere o assunto, resulta sempre que a estabilidade da equação econômico-financeira é requisito insuprimível do contrato administrativo e que sua falta chocar-se-ia contra princípios e normas de direito cujo desatendimento seria *gravoso para o próprio interesse público* que preside tais vínculos.

III – O equilíbrio econômico-financeiro e o princípio da boa-fé

Milita, ainda, em prol do equilíbrio econômico-financeiro o princípio da boa-fé que, no direito público, apresenta ainda maior relevo do que no direito privado.

---

[255] BENOÎT, Francis-Paul. *Le droit administratif français*. Paris: Dalloz, 1968. p. 588.

Bem observou Orlando Gomes que entre os princípios sobre os quais se assenta o direito dos contratos está o da *boa-fé*. A respeito, apostilou:

> Por ele se significa que o literal da linguagem deve prevalecer sobre a intenção manifestada na declaração de vontade ou dela inferível. Ademais, subentende-se, no conteúdo do contrato, proposições que decorrem da natureza das obrigações contraídas, ou se impõem por força de uso regular e da própria eqüidade. Fala-se na existência de condições subentendidas.

E logo além:

> Ao princípio da boa-fé empresta-se, ainda, outro significado. Para traduzir o interesse social das relações jurídicas, diz-se, como está expresso no Código Civil alemão, que as partes devem agir com lealdade e confiança recíprocas. Numa palavra, devem proceder com boa-fé.[256]

Mas, se é da índole dos contratos o respeito à boa-fé, devendo, pois, interpretar-se tais vínculos levando em conta esta natural presunção dos contratantes, no direito público tal exigência assume particular relevo e se impõe às entidades governamentais, as quais devem ser respeitosas guardiãs desta pauta de conduta. Com efeito, o dever jurídico imposto pelo princípio em apreço é sobremodo sério no caso das pessoas de direito público e de suas entidades auxiliares, por força mesma de sua posição jurídica peculiar que lhes impõe a obrigação de manterem comportamentos sintônicos com suas funções e naturezas. Deveras, o Poder Público e seus coadjuvantes perseguem e só podem perseguir fins lícitos e consentâneos com a "moralidade administrativa", a qual está expressamente qualificada pelo Texto Constitucional como princípio obrigatório para a Administração direta ou indireta (art. 37). Nos quadrantes da moralidade administrativa, obviamente, *está implicado o pleno respeito aos direitos alheios* e, portanto, no caso dos contratos administrativos, a deferência para com o equilíbrio econômico-financeiro estipulado.

Discorrendo, em monografia preciosa, sobre o princípio da boa-fé *em direito administrativo*, o eminente jurista espanhol Jesus Gonzalez Perez observou:

---

[256] GOMES, Orlando. *Contratos*. Rio de Janeiro: Forense, [s.d.]. p. 46.

El princípio general de la buena fe no solo tiene aplicación en el Derecho Administrativo, sino que en este ámbito adquiere especial relevancia. Como disse Guasp todos los campos del derecho estatal son clima propicio, como cualquier otro, al desarrollo de esta verdadera patología de lo juridico. Y es más, ella se da en el seno de los principales elementos que conjuga la relación juridica estatal: la Autoridad y el súbdito. Porque, en efecto, la presencia de los valores de lealtad, honestidade y moralidad que su aplicación comporta es especialmente necesaria en el mundo de las relaciones de Ia Administración con los administrados.[257]

Perante estas averbações, não é difícil deduzir que num liame contratual a parte pública não possui *real interesse público* em desequilibrar ou manter desequilibrada a equânime composição estabelecida no ajuste. Todo propósito de extrair do contrato vantagens desmesuradas para o contratante governamental, deixando que venham a pesar ônus demasiados às costas do outro contratante, com desconhecimento daquilo que poderia estar sendo razoavelmente buscado no acordo de vontades, significará privilegiar interesses *secundários*, ao invés de interesses primários.

Com efeito, o contratante governamental não agiria de acordo com o direito, mas *estaria a violá-lo*, se acaso se fizesse cego aos direitos da contraparte, fundado na errônea suposição de que tal proceder ser-lhe-ia imposto para defesa do "interesse público". *Não há interesse público contra lei. Não há interesse público no sacrifício de direito alheio* para colher vantagens patrimoniais. Não é lícito a uma pessoa governamental esquivar-se a cumprir ou reconhecer o direito de terceiros.

Com efeito, o Estado não é um especulador e não se pode converter em explorador ganancioso. Sobreposse em um contrato administrativo, onde primam os deveres de lealdade e boa-fé, descabe à Administração procurar esquivar-se ao dever de restaurar o equilíbrio econômico-financeiro, acaso rompido.

Aliás, referindo-se especificamente ao contrato administrativo, Agustín Gordillo, o iluminado mestre argentino, observou:

> Diz-se, assim, que os contratos administrativos são essencialmente de boa-fé, do que resulta que a Administração não deve atuar como se se tratasse de um negócio lucrativo, nem de intentar obter ganhos

---

[257] GUASP, Jaime. *El principio general de la buena fe en el derecho administrativo*. Madrid: [s.n.], 1983. p. 31.

ilegítimos à custa do contratado, nem a aproveitar-se de situações legais ou fáticas que a favoreçam em prejuízo do contratado.[258]

IV – O equilíbrio econômico-financeiro e o direito positivo

Em tempo algum se contestou que a equação econômico-financeira do contrato administrativo merecesse a proteção de nosso direito positivo. Pelo contrário, isto sempre foi tido por certo. Antes da Constituição de 1988, Hely Lopes Meirelles afirmou a respeito disto:

> Trata-se de doutrina universalmente consagrada, *hoje acolhida na nossa vigente Constituição da República* [o autor referia-se à Carta Constitucional de 1969] [...] que, ao cuidar da concessão de serviço público, estabelece que as tarifas devem assegurar o equilíbrio econômico e financeiro do contrato (art. 167, II).

Atualmente, em nosso direito positivo, há previsão expressa, tanto em nível constitucional, como em nível legal, abonando, *independentemente de previsão contratual*, a necessidade de respeito à equação econômico-financeira do contrato. Desde logo, a precitada Lei nº 8.666, em seu art. 65, II, "d", prevê alteração do contrato por acordo das partes:

> para *restabelecer a relação que as partes pactuaram inicialmente*, entre os encargos do contratado e a retribuição da Administração para a justa remuneração da obra, serviço ou fornecimento, *objetivando a manutenção do equilíbrio econômico-financeiro inicial do contrato*, na hipótese de sobrevirem fatos imprevisíveis, ou previsíveis porem de conseqüências incalculáveis, retardadores ou impeditivo, da execução do ajustado, ou ainda, em caso de força maior, caso fortuito ou fato do príncipe, configurando álea econômica extraordinária e extracontratual.

Acresça-se que o §5º deste preceptivo estabelece que:

> Quaisquer tributos ou encargos legais, criados, alterados ou extintos, bem como a superveniência de disposições legais, quando ocorridas após a data da apresentação da proposta, de comprovada repercussão nos preços contratados, implicarão revisão destes para mais ou para menos, conforme o caso.

---

[258] GORDILLO, Agustín. *Contratos administrativos*. Buenos Aires: Asociación Argentina de Derecho Administrativo, 1977. p. 15.

Os preceitos citados estão a revelar o reconhecimento da necessidade de assegurar-se o equilíbrio econômico-financeiro do contrato administrativo.

Mas o certo é que dita exigência resulta diretamente do próprio *Texto Constitucional*. É que a Lei Magna – como anteriormente se disse – impõe de modo incontendível o respeito ao citado equilíbrio. E o faz tanto de forma implícita como por meio de regra explícita.

Com efeito, de um lado erige como um dos princípios da Administração Pública direta ou indireta o princípio da *moralidade* (art. 37). Ora, a moralidade administrativa não se compadeceria com intuitos de a Administração sacar vantagens de um negócio em detrimento da outra parte, isto é, de obter ganhos não previstos nem consentidos pelo contratado quando do travamento da avença.

De outro lado, o art. 37, em seu inc. XXI, refere que obras, serviços, compras e alienações governamentais serão contratados com obediência a cláusulas de pagamento "mantidas as condições *efetivas* da proposta". Parece óbvio, pois, que há uma correlação entre estas obrigações de pagamento e as condições efetivas da proposta. Vale dizer, como ambos se obrigaram à face daquelas condições *efetivas*, são elas que presidem, por uma parte, a obrigação de prestar fielmente o convencionado para fazer jus ao correspectivo e, por outra parte, a obrigação de pagar em correlação com as condições *efetivas* que residiram na proposta. Posto que esta é feita na presença de certas *condições* efetivas, para que as obrigações de pagamento se façam com mantença delas, *obviamente, é necessário que conservem a correlação inicial entre prestações e remuneração*.

A não ser assim, haveria, como é de solar clareza, um *enriquecimento ilícito*, um *locupletamento do contratante beneficiado auferido a expensas do lesado*.

Em suma: à vista do caráter peculiar do contrato administrativo e da regra constitucional aludida, a garantia do equilíbrio econômico é, nele, mais sólida e mais ampla do que na generalidade dos contratos. Não é necessário, para a restauração da equação inicial, um desequilíbrio grave; basta que se descomponha a equivalência originalmente contemplada pelas partes.

Referências

BENOÎT, Francis-Paul. *Le droit administratif français*. Paris: Dalloz, 1968.

BITTENCOURT, Lúcio. As cláusulas 'rebus sic stantibus' no direito administrativo. *RDA*, v. 2, fasc. 2.

CAETANO, Marcello. *Princípios fundamentais do direito administrativo*. Rio de Janeiro: Forense, 1977.

DIAS, Aguiar. *Revista Forense*, v. 123, jun. 1949.

DINIZ, Maria Helena. *Curso de direito civil brasileiro* – Teoria das obrigações contratuais e extra contratuais. São Paulo: Saraiva, 1984. v. III.

FONSECA, Arnoldo Medeiros da. *Caso fortuito e teoria da imprevisão*. 3. ed. Rio de Janeiro: Forense, 1958.

GOMES, Orlando. *Contratos*. Rio de Janeiro: Forense, [s.d.].

GOMES, Orlando. *Transformações gerais do direito das obrigações*. 2. ed. aum. São Paulo: Revista dos Tribunais, 1980.

GORDILLO, Agustín. *Contratos administrativos*. Buenos Aires: Asociación Argentina de Derecho Administrativo, 1977.

GUASP, Jaime. *El principio general de la buena fe en el derecho administrativo*. Madrid: [s.n.], 1983.

MEIRELLES, Hely Lopes. *Licitação e contrato administrativo*. 9. ed. atual. São Paulo: Revista dos Tribunais, 1990.

MIRANDA JR., Darcy Arruda. *Jurisprudência das obrigações*. São Paulo: Revista dos Tribunais, [s.d.]. v. II.

OLIVEIRA, Anísio José de. *A cláusula 'rebus sic stantibus' através dos tempos*. Belo Horizonte: Ibérica, 1968.

PEQUIGNOT, George. *Théorie general du contract administratif*. Paris: A. Pedone, 1945.

PEREIRA, Caio Mario da Silva. *Instituições de direito civil*. Rio de Janeiro: Forense, 1963. v. III.

REBUS Sic Stantibus. *In*: MAIA, Paulo Carneiro. *Enciclopédia Saraiva*. São Paulo: Saraiva, 1977. v. 63.

RIVERO, Jean. *Droit administratif*. 3. ed. Paris: Dalloz, 1965. p. 108.

SALAZAR, Alcino. *RDA*, v. 31, 1953.

SIDOU, Othon. *A cláusula rebus sic stantibus no direito brasileiro*. Rio de Janeiro: Livraria Freitas Bastos S.A., 1962.

WALINE, Marcel. *Droit administratif*. 5. ed. Paris: Sirey, 1963.

Nº 14

EXTENSÃO DAS ALTERAÇÕES DOS CONTRATOS ADMINISTRATIVOS: A QUESTÃO DOS 25%

1. O tema da *extensão das alterações* dos contratos administrativos tem dado margem ao prosperar de diferentes soluções. Deveras, mesmo os doutrinadores de prol que mais se detiveram sobre o assunto divergem entre si no que atina à interpretação dos textos normativos regentes da matéria. Acresce que, ao longo do tempo, as soluções legais nem sempre foram integralmente uniformes, ao menos em sua linguagem explícita, suscitando discórdias sobre o alcance que teriam.

2. Assim, parece bem oferecer um panorama do assunto, levando em conta os subsídios doutrinários e referenciando as sucessivas dicções normativas antes de expender maiores considerações elucidando o ponto de vista que, de modo singelo e sem maiores detenças, expendemos há alguns anos e temos continuado a expender sobre a possível admissibilidade de alterações consensualmente estipuladas para além do limite de 25%, no caso de obras e serviços e de 50% no caso de reformas.

Deveras, ontem como hoje, nosso entendimento é o de que há lugar para tais superações diante de "situação anômala, excepcionalíssima que a justifique, ou, então, perante as chamadas sujeições imprevistas".[259] Restaria ver quais os fundamentos deste ponto de

---

[259] BANDEIRA DE MELLO, Celso Antônio. *Curso de direito administrativo*. 26. ed. São Paulo: Malheiros, 2009. p. 622.

vista e qual a compostura das situações que devem ser havidas como correspondentes aos caracteres mencionados.

3. Comecemos por examinar, ainda que sumariamente, a questão da evolução legislativa na matéria.

Antes do advento do Decreto-Lei federal nº 2.300, de 21 de novembro, na órbita da União vigia o Decreto-Lei nº 200, de 25.2.1967. Este tratava muito sumariamente da matéria entre os arts. 125 e 144, nada trazendo de interesse para elucidação do tema, posto que só tratava de licitação.

4. A partir do Decreto-Lei nº 2.300, os contratos administrativos e suas alterações vieram a ser minuciosamente regulados pela União. Assim, o art. 55, disciplinando as modificações contratuais, estatuiu:

> Os contratos regidos por este Decreto-lei poderão ser alterados nos seguintes casos:
>
> I – unilateralmente, pela Administração:
>
> a) quando houver modificação do projeto ou das especificações, para melhor adequação técnica dos seus objetivos;
>
> b) quando necessária a modificação do valor contratual em decorrência de acréscimo ou diminuição quantitativa de seu objeto, nos limites permitidos por este Decreto-lei;
>
> c) quando necessária a modificação da forma de pagamento, por imposição de circunstâncias supervenientes mantido o valor inicial;
>
> II – por acordo das partes:
>
> a) quando conveniente a substituição da garantia de execução;
>
> b) quando necessária a modificação do regime de execução ou do modo de fornecimento, em face de verificação técnica da inaplicabilidade dos termos contratuais originários;
>
> c) quando necessária a modificação da forma de pagamento, por imposição de circunstâncias supervenientes, mantido o valor inicial;
>
> d) para restabelecer a relação, que as partes pactuaram inicialmente, entre os encargos do contratado e a retribuição da Administração para a justa remuneração da obra, serviço ou fornecimento, objetivando a manutenção do inicial equilíbrio econômico e financeiro do contrato.
>
> §1º O contratado fica obrigado a aceitar, nas mesmas condições contratuais, os acréscimos ou supressões que se fizerem nas obras, serviços ou compras, até 25% do valor inicial do contrato, e, no caso particular de reforma de edifício ou de equipamento, até o limite de 50% para os seus acréscimos. [...]
>
> §4º No caso de acréscimo de obras, serviços ou compras, os aditamentos contratuais poderão ultrapassar os limites previstos no §1º deste artigo, desde que não haja alteração do objeto do contrato. [...].

Por força, então, do mencionado art. 55, §1º, o contratante governamental podia *impor* acréscimos ou supressões até 25% ou 50% do valor do contrato (conforme o caso), mas, *por acordo entre as partes*, mantido o objeto do contrato e suas condições, estes limites, ao menos aparentemente, podiam ser ultrapassados sem reservas. De um modo geral, a doutrina assentia nisto, conquanto houvesse, já, por parte de alguns estudiosos, certas restrições no que atina à superação consensual dos sobreditos limites.

5. Assim, Raul Armando Mendes referia a necessidade de o administrador ser cauteloso em seu uso, precatando-se contra incabíveis demasias, como resulta das seguintes considerações:

> No caso de acréscimos de obras, serviços ou compras, reza o parágrafo 4º, os aditamentos contratuais poderão ultrapassar os limites previstos no parágrafo 1º deste artigo, desde que não haja alteração do objeto do contrato, mas, para tanto, o contratado deverá concordar com isso. Nesse caso, estaria dispensada a licitação, desde que obedecidas as cláusulas da avença original, obviamente com as adaptações pertinentes. O administrador deve ser cauteloso nessas contratações, pois elas podem abrir margem a vultoso negócio, com burla ao princípio da licitação e da probidade administrativa.[260]

6. Carlos Ari Sundfeld, também examinando o tema em face do Decreto-Lei nº 2.300, sustentou, em última instância, que tal superação só seria possível quando, para cumprimento de objeto da mesma natureza e da mesma "dimensão" (*excluídos pois acréscimos no objeto contratado*), fossem necessários trabalhos ou serviços indispensáveis excedentes do previsto para a conclusão de objeto idêntico em tudo ao que foi contratado. Estriba-se em que a identidade do objeto não é dada apenas pela "natureza" dele, mas inclui o que denomina sua "dimensão", que, "grosso modo" – parece-nos – coincidiria com o que haja sido "contratualmente descrito como a obra ou serviço que especificamente deveria ser concluído pelo contratado".[261]

7. De outra parte, Toshio Mukai buscou em outra trilha o cerceamento à liberdade administrativa na matéria. Assim:

---

[260] MENDES, Raul Armando. *Estatuto das licitações e contratos administrativos*. São Paulo: Revista dos Tribunais, 1988. p. 148.
[261] SUNDFELD, Carlos Ari. Parecer. *RTDP*, n. 2/93. p. 149-163.

Este parágrafo 4º veio trazer perplexidade, pois parece desdizer o parágrafo 1º. Para nós, o único caso em que poderá ele ser aplicado é no de renovação de contrato anterior, celebrado com dispensa ou inexigibilidade de licitação. Isto porque os limites de 25% ou de 50% são impostos também no interesse dos licitantes, além de constituírem bases de cláusula exorbitante.[262]

8. Estamos em que a observação de Raul Armando Mendes, embora vaga, encaminhava-se para o rumo correto ao advertir para a necessidade de cautela na utilização da faculdade prevista no §4º *sub examine*, sem o que haveria desvirtuamento do princípio da licitação e da probidade administrativa.

Buscando maior concreção, Carlos Ari amparou-se em uma noção de objeto contratual, ao nosso ver excessivamente restrita e *demasiadamente rígida*, alheia ao sentido em que terá sido utilizada no dispositivo comentado, pois, a ser aceita nos termos em que a defende, a Administração ficaria muitas vezes *impossibilitada de dar solução satisfatória para interesses públicos ante problemas concretos que a realidade impõe enfrentar*, comprometendo, assim, o verdadeiro préstimo que, segundo entendemos, seria legitimamente extraível do §4º, como ao diante melhor se esclarecerá.

9. A noção de objeto contratual inclusiva do que foi chamado de "dimensão dele" à primeira vista impressiona em sua aliciante engenhosidade, sobretudo ante os exemplos que foram colacionados em seu abono: a pavimentação de cem quilômetros de estrada "dimensiona" o objeto, não sendo possível pavimentar cento e dez, com base no §4º do art. 55. Um edifício de dois andares não pode ser ampliado, com apoio no aludido preceptivo, para dez andares. Sem embargo, a formulação em apreço, mais bem examinada, despoja-se da força atrativa inicialmente sedutora.

Deveras, em um contrato para pavimentação de estrada, se o projeto houver sido defeituoso e existirem cento e dez quilômetros entre os pontos a serem ligados – e não cem – o objeto certamente compreenderia estes dez adicionais, autorizando ultrapassar, com base no §4º em comento, o limite de 25%, dada a *excepcionalíssima* situação provocada por um erro tão grosseiro no projeto básico. De outra parte, se depois de iniciada a execução do contrato, fosse declarada

---

[262] MUKAI, Toshio. *Estatutos jurídicos de licitações e contratos administrativos.* 2. ed. rev. e ampl. São Paulo: Saraiva, 1990. p. 88.

de preservação ambiental uma parte da área que deveria ser cortada pela estrada, exigindo, para bom atendimento do interesse público, um desvio que consumisse mais vinte ou trinta quilômetros, estar-se-ia diante de uma circunstância *anômala*, justificadora do acréscimo, pois seria prejudicial interromper a construção, rescindir o contrato, pagar perdas e danos, e licitar novamente, incidindo, de um lado, em retardamentos e, de outro, em custos muito maiores. O objeto contratual presume um certo fim, um dado escopo que necessita ser atendido, ainda quando eventos invulgares sobrevenham ou sejam detectados.

Já a mudança de um edifício de dois andares para dez andares é coisa diversa de uma simples mudança de "dimensão" do objeto. Com efeito, o escopo a ser atendido com edifício de modesto porte pressupõe "um tipo de necessidade a ser suprida" pelo objeto contratual muito distinta daquela que é demandada por um de dez andares.

Assim, a noção de objeto contratual não pode se compor sobre uma indeclinável concorrência dos fatores "natureza" e "dimensão". Não será pelo fato de, por vezes, a "dimensão" interferir com a "natureza" do objeto (esta última também um de seus concorrentes elementos, conforme acertadamente registra o autor) que se haverá de incluir *necessariamente* este aspecto quantitativo para reputá-lo *sempre* definitório do objeto. Em suma: sem um exame das circunstâncias e dos casos não se poderá, de antemão, verificar se ocorreram ou não os pressupostos para a utilização do art. 4º e se persiste o mesmo objeto contratual, pois a compostura dele depende do "sentido" do próprio contrato, da razão de ser dele.

10. De seu turno, temos também por excessiva e discordamos da fundamentação de Toshio Mukai para sustentar sua posição.

O §4º do art. 55 – ao contrário do que afirmava Toshio Mukai – seguramente não estava adstrito aos casos em que o contrato inicial fora celebrado diretamente, fruto de dispensa ou inexigibilidade de licitação. A abertura legal de que se cogitava seguramente não fora concebida para hipóteses deste jaez. Fácil é demonstrá-lo.

Desde logo, o §4º do art. 55 seria despiciendo para todos os casos de inexigibilidade de licitação, pois esta tinha lugar (e ainda hoje é assim) "quando houver inviabilidade de competição" (produtor, fornecedor ou representante exclusivo; serviços técnicos de natureza singular; profissional de setor artístico consagradamente reputado; compra ou locação de imóvel condicionada pela situação do bem e aquisição ou restauração de obras de arte, tudo conforme art. 23 daquele decreto-lei e exemplário contido nos incs. I a V). Ora, se a competição fora e prosseguiu inviável, para contratar diretamente bastaria o art. 23 daquele diploma. O §4º do art. 55 nada lhe acrescentava.

Se, diversamente, a competição fora inicialmente inviável, porém deixara de sê-lo – fato que poderia ocorrer na hipótese do inc. I do art. 23 (com o fim da exclusividade) ou na hipótese do inc. II (com a deterioração da reputação do profissional ou empresa contratados diretamente) –, a inexigibilidade originária não poderia, só por si, oferecer qualquer calço, lógico ou jurídico, para que a Administração e o contratado se valessem do §4º do art. 55.

O mesmo, por idênticas razões, podia-se dizer em casos de dispensa de licitação. Bastaria lembrar que se determinada obra ou serviço era urgente – e por isto se recorreu à contratação direta, para evitar comprometimento ou prejuízo, para a segurança de pessoas, obras, serviços ou bens, a teor do art. 22, IV, tal como era no Decreto-Lei nº 2.300 – e os quantitativos inicialmente estipulados ou acrescidos até o limite de 25% ou 50%, conforme o caso e como ali se previa, já haviam removido o perigo que se quis obviar, os fatores que justificavam a contratação direta não mais compareceriam para autorizar a superação de certame licitatório e, portanto, não serviriam para embasar aumento dos quantitativos do contrato. Assim, não seriam eles que propiciariam recurso ao §4º do art. 55.

Acresce que entre os casos de dispensa e subsequente contratação direta figurava, então, a complementação de obra, serviço ou fornecimento (art. 22, inc. V) até o limite máximo de 25% ou 50%, conforme o caso. Assim, este não podia ser ultrapassado – ao contrário do que previa o §4º do art. 55. Logo, é evidente que dito parágrafo nada tinha a ver com os casos de dispensa de licitação ou com as hipóteses de inexigibilidade. Não havia como relacioná-los precedentemente. Descabia, pois, atrelar a utilização do §4º em apreço a situações advindas de anterior inexigibilidade ou dispensa de licitação.

11. Fácil é ver-se que as advertências ou cautelas de balizamento ao permissivo contido no §4º teriam de fundar-se em outro calço e este só poderia ser o objetivo de prevenir que se convertesse em meio de fraude ao princípio da licitação, isto é, aos interesses jurídicos nela abrigados; a saber: o da igualdade dos administrados na disputa de negócios que o Poder Público intente travar com terceiros, o da probidade administrativa e o da busca do vínculo jurídico mais vantajoso para o Poder Público.

Sendo o contrato administrativo um vínculo instaurado *publicae utilitatis causae*, como é de todos sabido, o que importava e importa verificar é quando – em que circunstâncias – a realização do interesse público justificaria a superação *consensual* dos limites de acréscimo determináveis unilateralmente pela Administração, sem com isto comprometer os impostergáveis valores residentes no princípio da licitação.

Sobre isto voltaremos mais além, depois de prosseguir no exame da evolução legislativa e da doutrina que subsequentemente se formaria com o advento da Lei nº 8.666, inclusive porque – consoante nos parecia já ao tempo do Decreto-Lei nº 2.300 e continua a nos parecer sob o império do atual regramento – *nunca houve* (nem mesmo no passado) *permissão absoluta, assim como não há, no presente, vedação absoluta,* a que se superem os limites de valor de 25% ou 50%, conforme o caso.

Dantes, como hoje, tal ultrapassagem só pode ser feita perante circunstâncias invulgares que a justifiquem, mas, na ocorrência delas, descaberia opor-lhe ritualísticas objeções. Como sempre, em questões jurídicas, é necessário buscar a racionalidade que inspira as normas e interpretá-las nesta conformidade, com atenção centrada firmemente no espírito que as anima. Dessarte, as mesmas razões que nos levavam a contender, sob o império do Decreto-Lei nº 2.300, irrestrita liberdade para Administração e contratados, de comum acordo, excederem os limites que pareciam, em tal caso, livremente franqueados pela dicção normativa, concorrem com a mesma força para considerá-los superáveis quando presentes os fatores que outrora e atualmente os fariam justificáveis.

12. Finalmente, reitere-se, o Decreto-Lei nº 2.300, em seu art. 88, estabelecia que suas disposições não se aplicariam às licitações instauradas e aos contratos assinados antes de sua vigência. Dessarte, as normas nele contidas, inclusive, portanto, as que fossem reputadas normas gerais, por si mesmas, em nada interfeririam com a disciplina dos precedentes contratos ainda em curso.

13. O mencionado Decreto-Lei nº 2.300 – cujo exame foi necessário porque a disciplina que outorgava à matéria em foco é habitualmente contrastada com a da legislação subsequente – foi sucedido pela Lei nº 8.666, de 21.6.1993, ora em vigor. De acordo com seu art. 65, que é o correspondente do art. 55 do Decreto-Lei nº 2.300:

> Os contratos regidos por esta Lei poderão ser alterados, com as devidas justificativas, nos seguintes casos:
> I – unilateralmente, pela Administração:
> a) quando houver modificação do projeto ou das especificações, para melhor adequação técnica dos seus objetivos;

b) quando necessária a modificação do valor contratual em decorrência de acréscimo ou diminuição quantitativa de seu objeto, nos limites permitidos por esta Lei;

II – por acordo das partes:

a) quando conveniente a substituição da garantia de execução;

b) quando necessária a modificação do regime de execução da obra ou do serviço, bem como do modo de fornecimento, em face de verificação técnica da inaplicabilidade dos termos contratuais originários;

c) quando necessária a modificação da forma de pagamento, por imposição de circunstâncias supervenientes, mantido o valor inicial atualizado, vedada a antecipação de pagamento, com relação ao cronograma financeiro fixado, sem a correspondente contraprestação de fornecimento de bens ou execução de obra ou serviço;

d) para restabelecer a relação, que as partes pactuaram inicialmente entre os encargos do contratado e a retribuição da Administração para a justa remuneração da obra, serviço ou fornecimento, objetivando a manutenção do equilíbrio econômico e financeiro inicial do contrato, na hipótese de sobrevirem fatos imprevisíveis, ou previsíveis porém de conseqüências incalculáveis, retardadores ou impeditivos da execução do ajustado, ou ainda, em caso de força maior, caso fortuito ou fato do príncipe, configurando álea econômica extraordinária e extracontratual.

§1º O contratado fica obrigado a aceitar, nas mesmas condições contratuais, os acréscimos ou supressões que se fizerem nas obras, serviços ou compras, até 25% (vinte e cinco por cento) do valor inicial atualizado do contrato, e no caso particular de reforma de edifício ou de equipamento, até o limite de 50% (cinqüenta por cento) para os seus acréscimos.

§2º Nenhum acréscimo ou supressão poderá exceder os limites estabelecidos no parágrafo anterior, salvo:

I – (vetado)

II – as supressões resultantes de acordos celebrados entre os contratantes.
[...]

14. Como se nota, ao contrário do Decreto-Lei nº 2.300, deixou de existir o parágrafo que expressamente autorizava ultrapassagem dos limites de 25% e 50% (conforme o caso) e foi incluído, no §2º, I, um versículo reforçadamente proibitivo de acréscimo ou supressão além dos limites estabelecidos no §1º. Cumpre, então, verificar como a doutrina passou a considerar o tema dos acréscimos excedentes dos limites mencionados, ressalvadas supressões feitas por comum acordo das partes (§2º, II).

Alguns doutrinadores, em vista das mudanças aludidas, cifraram-se a dar como certo, sem maiores considerações, que não mais se admite qualquer ultrapassagem dos percentuais referidos (*exempli gratia*, Jessé Torres Pereira Júnior[263] e Diógenes Gasparini).[264]

Todavia, os que se debruçaram sobre o tema com alguma detença *assumiram outra posição*. Vejamos, em resenha, que disseram estes últimos. Entre eles cumpre salientar, inicialmente, as lições de Caio Tácito, por se tratar, para além de qualquer dúvida ou entredúvida, de um dos mais notáveis administrativistas brasileiros de todos os tempos, de Antonio Carlos Cintra do Amaral e de Marçal Justen Filho, por serem eles, com justa razão, reputadíssimos monografistas sobre licitação e contratos.

15. Caio Tácito[265] sustenta que os limites a que se reporta a lei, inclusive, pois, em seu §2º, I, atinam à hipótese de modificações meramente quantitativas mencionadas na letra "b", do art. 65, I, *não, porém em relação às qualitativas, é dizer, às contempladas na letra "a" do art. 65, I* (modificação do projeto ou das especificações, para melhor adequação técnica aos seus objetivos), as quais, em sendo necessárias para a "plena consecução da finalidade do contrato", são admissíveis. Disse o referido mestre:

> As alterações quantitativas do contrato, objeto do capítulo anterior, são manifestações unilaterais da Administração, por motivo de conveniência do serviço, que podem processar, dentro dos limites permitidos, sem que se modifiquem as especificações do contrato e os critérios definidos nas planilhas que o integram. A ordem a ser emitida, de obrigatório acatamento pelo contratado, pressupõe nos explícitos termos da lei, o atendimento das "mesmas condições contratuais".[266]

E pouco além: "As alterações qualitativas, precisamente porque são, de regra, imprevisíveis, senão mesmo inevitáveis, não têm limite pré-estabelecido, sujeitando-se a critérios de razoabilidade, de modo a não se desvirtuar a integridade do objeto do contrato".[267]

16. Antonio Carlos Cintra do Amaral,[268] em seu aprofundado exame, também entende que a alteração do projeto – a qual em certos

---

[263] PEREIRA JÚNIOR, Jessé Torres. *Comentários à Lei das Licitações e Contratos da Administração Pública*. 3. ed. Rio de Janeiro: Renovar, 1995. p. 417.
[264] GASPARINI, Diógenes. *Direito administrativo*. 4. ed. São Paulo: Saraiva, 1995. p. 400-401.
[265] TÁCITO, Caio. Parecer. *RDA*, v. 198. p. 363 e segs.
[266] TÁCITO, Caio. Parecer. *RDA*, v. 198. p. 365-366.
[267] TÁCITO, Caio. Parecer. *RDA*, v. 198. p. 366.
[268] AMARAL, Antonio Carlos Cintra do. *Ato administrativo, licitação e contrato administrativo*. São Paulo: Malheiros, 1995. p. 122-135.

casos pode e em outros deve ser efetuada – não fica sujeita sempre aos aludidos limites percentuais. O autor, ao que parece, não estabelece cerceamentos quanto à extensão ou profundidade das alterações, entendendo que, *respeitado o objeto do contrato* – o qual não inclui em sua delimitação o que Carlos Ari denominou de "dimensão" do objeto – e desde que suscitadas por circunstâncias supervenientes, imprevisíveis e excepcionais, haverão de ser aceitas todas as que sejam impostas pelo interesse público primário ainda que nada se tolere além delas "[...] já que o limite real é ditado pelo satisfatório atendimento do 'interesse coletivo primário'".[269] Além disto, ao contrário de Caio Tácito, é explícito em dizer que *para exceder os limites legais é necessária a concordância do contratado*.[270]

Ao seu ver, do Decreto-Lei nº 2.300 para a Lei nº 8.666, mudou a linguagem, mas não a situação. Averba que:

> O exame da *ratio juris* do §4º do art. 55 do Decreto-lei 2.300/86 e do §2º do art. 65 da lei 8.666/93 conduz à conclusão de que ambos dizem a mesma coisa, embora com palavras diferentes. Considerando-se, como acima foi dito, que não há limite quando o agente público se depara com situações supervenientes e excepcionais, o §4º do art. 55 do Decreto-lei 2.300/86 devia ser entendido em seu *"sentido"*, como expressando a *fórmula "pode, desde que [...]"*, enquanto o §2º do art. 65 da Lei 8.666/93 deve ser entendido como dizendo *"não pode, salvo se [...]"* O resultado é o mesmo.[271]

Pela linha de fundamentação desenvolvida por este ilustre jurista ao longo do trabalho citado – busca do interesse público primário, sem apego fetichístico à literalidade da lei, mas com deferência ao seu "sentido", além de cauteloso resguardo dos valores que essa se propõe a colocar a bom recato – *talvez* se possa depreender que não adscreveria uma possível superação dos limites referidos apenas aos casos de "modificação do projeto" (hipótese da letra "a", do art. 65, inc. I) mas, até mesmo, aos de "acréscimo ou modificação quantitativa do objeto" (hipótese da letra "b") .

17. Marçal Justen Filho, em seus *Comentários à Lei de Licitações e Contratos Administrativos*,[272] reporta-se, para uma análise mais minuciosa

---

[269] SUNDFELD, Carlos Ari. Parecer. *RTDP*, n. 2/93. p. 131.
[270] TÁCITO, Caio. Parecer. *RDA*, v. 198. p. 133, letra "h".
[271] SUNDFELD, Carlos Ari. Parecer. *RTDP*, n. 2/93. p. 125-126. Grifos no original.
[272] JUSTEN FILHO, Marçal. *Comentários à Lei de Licitações e Contratos Administrativos*. 5. ed. São Paulo: Dialética, 1988. p. 514.

do assunto em foco, a um seu artigo – Limites às alterações de contratos administrativos – publicado no *ILC – Informativo Licitações e Contratos* (agosto de 1997, n. 42, p. 105 e segs.). Neste trabalho, tal como Antonio Carlos Cintra do Amaral também encampa a tese de que os limites mencionados nos §§1º e 2º do art. 65 não estão reportados à hipótese de alteração do projeto, pelo que podem ser excedidos nos casos da alínea "a" do inc. I. Com efeito, assevera Marçal Justen:

> O texto da alínea "a" não alude diretamente a qualquer limite de valor. É na alínea "b" que consta expressa previsão de que as modificações quantitativas não poderão superar os limites previstos na Lei. Ora, o dispositivo que estabelece tais limites é o §do mesmo art. 65. Logo, os §§1º e 2º do art. 65, referem-se, a meu ver, à hipótese da alínea "b" do inc. I. A previsão da alínea "a" não se relaciona com limites quantitativos – mesmo porque se relaciona com alterações qualitativas.[273]

Presume-se, entretanto, que é mais restritivo do que Antonio Carlos Cintra do Amaral, por afirmar que se deve "interpretar o dispositivo na acepção de que *adequação técnica* consiste em modificação moderada, que não produza alteração do objeto licitado".[274] Com efeito, colhe-se a impressão de que, para ele, alterações técnicas de maior tomo afetam o objeto contratual, pois, a breve trecho, retorna à mesma ideia, anotando: "Mas uma grande modificação técnica – mesmo que não envolvesse qualquer alteração de valor contratual – não seria albergada pela regra da alínea 'a'".

18. Agregue-se, de passagem, que estes dois últimos autores *registram enfaticamente que as normas da Lei nº 8.666 não poderiam ser aplicadas aos contratos anteriores a ela*, pena de ofensa ao Texto Constitucional. Assim, ressaltam que a redação original do art. 121 da citada lei, ao excluir de sua incidência licitações e contratos em curso, mantinha-se corretamente obsequiosa à Lei Magna, ao passo que a nova dicção que lhe foi aportada pela Lei nº 8.883, de 8.6.1994, por força da qual pretendeu tornar imediatamente aplicável o disposto nos §§1º e 2º do art. 65 (entre outros dispositivos) é juridicamente intolerável pela visível afronta que faz ao art. 5º, XXXVI da Constituição, de acordo com

---

[273] JUSTEN FILHO, Marçal. *Comentários à Lei de Licitações e Contratos Administrativos*. 5. ed. São Paulo: Dialética, 1988. p. 610.

[274] JUSTEN FILHO, Marçal. *Comentários à Lei de Licitações e Contratos Administrativos*. 5. ed. São Paulo: Dialética, 1988. p. 610.

o qual "a lei não prejudicará o direito adquirido, o ato jurídico perfeito e a coisa julgada".

19. Extrai-se da lição dos autores colacionados que a persistência de tal possibilidade advém de que a vedação contida no §2º da do art. 65 da Lei nº 8.666 está reportada tão somente à alteração unilateral a que se remete a letra "b" do inc. I do art. 65 ("quando necessária a modificação do valor contratual em decorrência de acréscimo ou diminuição quantitativa de seu objeto, nos limites permitidos por esta lei", os quais estão fixados no §1º e não ao que está mencionado na letra "a" ("modificação do projeto ou das especificações para melhor adequação técnica aos seus objetivos").

De fato, o §2º do art. 65 (que declara inaceitáveis quaisquer acréscimos ou supressões excedentes dos limites fixados) se remete expressamente ao parágrafo anterior. Ora, neste, ou seja, no §1º, está estabelecido que o contratado fica "obrigado a aceitar *acréscimos* ou *supressões* que se fizerem nas obras, serviços ou compras" até 25% ou, no caso de reforma, 50%. Portanto, ambos os parágrafos (1º e 2º) estão reportados à "acréscimo" ou diminuição: expressões idênticas ou equivalentes às utilizadas na letra "b" do art. 65, I ("acréscimo ou diminuição"), que é o que trata de *alteração de quantitativos*.

Demais disto, é também nesta letra "b" – *e unicamente nela* – que se faz referência a "nos limites permitidos por esta lei" – expressão que *inexiste* na letra "a" (que trata de "modificação do projeto ou das especificações para melhor adequação técnica aos seus objetivos"). Esta inclusão dos limites em uma e exclusão em outra não pode ser desconsiderada.

Registre-se que o entendimento dos autores citados nada tem de incomum. Pelo contrário. Dele compartilham numerosos administrativistas de escol, cabendo mencionar, exemplificativamente, estudiosos de grande suposição e ademais notoriamente dedicados ao tema de licitação e contratos administrativos, quais, Antonio Marcello da Silva,[275] Marcio Cammarosano[276] e Floriano de Azevedo Marques Neto, em parecer no qual procedeu à minuciosa análise da questão.[277]

---

[275] SILVA, Antonio Marcello da. Alteração de projeto, variação de quantidades e direito ao equilíbrio financeiro do contrato. *RDA*, v. 198, out./dez. 1994, notadamente p. 64-65.

[276] CAMMAROSANO, Marcio. Aumentos quantitativos e qualitativos do contrato e limites do art. 65 da Lei nº 8.666/93. *ILC – Informativo Licitações e Contratos*, n. 41, p. 520-523, jul. 1997.

[277] MARQUES NETO, Floriano de Azevedo. Contrato administrativo: superveniência de fatores técnicos dificultadores da execução da obra – Inaplicabilidade dos limites de 25% de acréscimos. *Boletim de Direito Administrativo*, ano XIV, n. 2, fev. 1998, notadamente p. 112-114.

Assim, pois, uma primeira conclusão, que, de logo sufragamos, pode ser firmada: a Lei nº 8.666 admite, nas hipóteses da letra "a", superação dos limites que menciona, pois estes só dizem respeito à letra "b". Trata-se, apenas, de ver, mais além, quais os contingenciamentos de tal possibilidade.

Antes disto, contudo, para um descortino mais completo do tema, cumpre anotar que, com relação especificamente ao tópico examinado, caberiam, ainda, dois questionamentos, a saber: (a) no caso de modificação de projeto, o contratado estaria forçado a aceitar ditas superações ou seria necessária sua concordância, em despeito de tal hipótese não haver sido arrolada entre os casos de alteração consensual previstos nas letras do inc. II do art. 65?; (b) na hipótese da letra "b", *jamais* caberia superação dos limites em apreço, ou existiriam situações em que ela seria de aceitar, em despeito da redação enfática do §2º?

Nenhuma destas respostas exsurge de modo evidente. Ambas demandam o meneio de considerações mais genéricas, afim de arrecadar elementos suficientes para desatá-las, a menos que se enverede pela solução, ao nosso ver simplista ante o tema vertente, de um apego demasiado rigorístico à letra da lei.

20. Quanto à primeira delas, estamos em que, nas hipóteses de modificação do projeto, havendo ultrapassagem dos limites de 25 e 50% (conforme o caso) é necessário o consenso do contratado para que se excedam os limites legais. Deveras, mesmo não estando catalogada no arrolamento dos casos de alteração bilateral, ou seja, procedida por acordo das partes, comparece aqui uma razão teórica suficiente para reputar-se necessário o sobredito consenso. É que, para servirmo-nos de palavras de Marçal Justen Filho:

> A ilimitação do dever-poder de alteração unilateral dos contratos seria incompatível com os postulados de um estado democrático de direito. Importaria, de resto, tamanho risco para o contratado que a Administração Pública nunca lograria encontrar parceiros para tanto – ou, no mínimo produziria elevação de custos de ordem a lesionar o interesse público. Por fim tornaria inútil a prévia realização de licitação.
>
> A superioridade do interesse público sobre o privado não autoriza o espezinhamento do particular. O interesse do particular, ainda que deva ceder passo ao coletivo não pode ser ignorado. Reside neste ponto uma diferença fundamental entre Estados democráticos e totalitários, afirmada no curso deste século.[278]

---

[278] JUSTEN FILHO, Marçal. *Comentários à Lei de Licitações e Contratos Administrativos*. 5. ed. São Paulo: Dialética, 1988. p. 609.

Por este motivo entendemos que, embora os limites legais não hajam sido estatuídos para a hipótese de alteração de projeto, a aludida necessidade de *garantir o contratado* contra ilimitada intensidade e extensão do poder de alteração unilateral, obriga a colocar-lhe balizas. Como referencial limitador (além do respeito à natureza do objeto, o que é intuitivo), é razoável estabelecer aquele mesmo que foi fixado para os casos de aumento e supressão de quantitativos.

Donde, ainda quando esteja em questão alteração de projeto, para que sejam superados os limites legais cumpre que o contratado expenda sua concordância, a qual, entretanto, é bem de ver, não poderia ser negada por mero capricho, por abuso de direito ou para captar indenização pela rescisão de contrato do qual se desinteressara, até porque o contrato administrativo é um contrato de colaboração.

Lembre-se, ao respeito, a oportuna lição de Francis-Paul Benoît, de acordo com a qual, no contrato administrativo, ambas as partes estão "atreladas a uma mesma tarefa de interesse geral", o que se constitui, conforme diz, em uma "ideia de base" inerente a tal espécie de contrato, levando a que contratante e contratado sejam havidos como *colaboradores*, excluída, portanto, a hipótese de que possam se apresentar como antagonistas, "cada qual procurando as fraquezas de seu adversário, como no direito privado [...]".[279]

21. Quanto ao segundo questionamento, ou seja, o de saber-se se a superação dos limites em apreço poderia ocorrer única e exclusivamente na hipótese da letra "a" (jamais se admitindo na hipótese da letra "b"), é nosso entendimento o de que, *em despeito da incisiva linguagem do §2º*, podem apresentar-se casos nos quais dita superação teria que ser aceita, mesmo não estando em pauta "modificação do projeto", mas, simplesmente, "alterações de quantitativos". Tal situação poderia ocorrer, ao menos em um caso particular: o das chamadas "sujeições imprevistas".

Estas, como o dissemos em obra teórica, são dificuldades naturais, materiais, isto é, de fato,

> que dificultam ou oneram a realização de uma obra contratada, as quais ainda que preexistentes, eram desconhecidas ou, ao menos, se conhecidas, não foram dadas a conhecer ao contratado ou o foram erroneamente, quando do estabelecimento das condições determinantes do contrato [...].[280]

---

[279] BENOÎT, Francis-Paul. *Le droit administratif français*. Paris: Dalloz, 1968. p. 592.
[280] BANDEIRA DE MELLO, Celso Antônio. *Curso de direito administrativo*. 26. ed. São Paulo: Malheiros, 2009. p. 632-633.

Assim, a existência de um perfil geológico diferente daquele constante dos dados oferecidos pela Administração e que levante dificuldades suplementares, insuspeitadas, para a execução do contrato e, que, pois, acarrete dispêndios não previstos é um caso típico desta figura. Estas "sujeições", conforme palavras de Vedel, constituem-se em "dificuldades de ordem material que as partes não podiam prever e que fazem pesar uma carga grave e anormal para o empreendedor (p. ex., encontro de um lençol d'água insuspeitado na escavação de um túnel)".[281] As "sujeições imprevistas" têm seu domínio de aplicação, por excelência, nos contratos de obras públicas. Como esclarece Benoît, diferem da hipótese específica da teoria da imprevisão, em que, nesta última, o que altera o equilíbrio contratual são "circunstâncias, incidentes econômicos", ao passo que nas sujeições especiais o contratante choca-se com "fatos materiais, incidentes técnicos".[282]

22. Em hipóteses deste jaez, *mesmo que não fosse o caso de alteração do projeto*,[283] mas simplesmente o de *alteração de quantitativos* (hipótese da letra "b" e não da letra "a", tanto do Decreto-Lei nº 2.300, como da Lei nº 8.666) consideramos cabível a superação dos limites legais em apreço. Seria literalmente *absurdo* que a Administração devesse simplesmente rescindir o contrato em execução, pagar perdas e danos ao contratado, abrir nova licitação e incorrer em dispêndios muito maiores, para não superar os 25% estabelecidos na lei. Talvez, como se disse, entendimento desta ordem fosse também comportável na lição expendida pelo precitado Antonio Carlos Cintra do Amaral.

Com efeito, ao interpretar é preciso sempre ter presente no espírito esta certeira lição de Carlos Maximiliano: "Deve o Direito ser interpretado inteligentemente, não de modo a que a ordem legal envolva um absurdo prescreva inconveniências, vá ter a conclusões inconsistentes ou impossíveis".[284]

Deveras, de um dispositivo legal não se pode extrair nem resultados alheios à razão de existir da norma, nem que prejudiquem desnecessariamente interesses, maiormente quando públicos, se disto

---

[281] VEDEL, Georges. *Droit administratif*. 3. ed. Paris: Presses Universitaires de France, 1964. p. 634.
[282] BENOÎT, Francis-Paul. *Le droit administratif français*. Paris: Dalloz, 1968. p. 626.
[283] Relembre-se que, ao tempo do Decreto-Lei nº 2.300, a teor de seu art. 6º, bastava um "projeto básico" para a licitação da obra, o qual, inúmeras vezes, era muito genérico e carente de especificações maiores.
[284] MAXIMILIANO, Carlos. *Hermenêutica e aplicação do direito*. 15. ed. Rio de Janeiro: Forense, 1995. p. 103.

não resultar proveito para quem quer que seja, nem que conduzam a incongruências ou ilogismos.

Tanto isto é verdadeiro que doutores de incontestada autoridade, com fundamentação teórica mais ou menos extensa, mais ou menos explícita, indicam claramente que não se pode perder de vista a razão de existir de determinada regra, o espírito que a informa, advertindo, consequentemente, contra a erronia de recebê-la como um "tabu", pena de chegar-se a resultados incompatíveis com os seus fundamentos e com a própria lógica que lhe deve presidir o exame.

23. O iluminado jusfilósofo Recaséns Siches, com indiscutível acerto, averbou:

> A norma legislativa se formula em termos gerais, porém quem a formula tem em mente um determinado tipo de casos, bem reais, dos quais teve experiência, ou tem mentalmente antecipados por sua imaginação, em relação aos quais pretende que se produza um determinado resultado, precisamente porque considera este resultado o mais justo.
>
> Então resulta evidente que o juiz, ante qualquer caso que se lhe apresente tem, antes de tudo, que verificar mentalmente se a aplicação da norma, que em aparência cobre dito caso, produzirá o tipo de resultado justo em que se inspirou a valoração que é a base daquela norma [...] Se, o caso que se coloca perante o juiz é de um tipo diferente daqueles que serviram como motivação para estabelecer a norma e se a aplicação dela a tal caso produziria resultados opostos à aqueles a que ela se propôs, ou opostos às conseqüências das valorações em que a norma se inspirou, entendo que se deve considerar que a norma não é aplicável àquele caso.[285]

A recíproca, à toda evidência, é igualmente verdadeira. O mesmo iluminado jurista o demonstra com um exemplo de grande força aliciante, ao defender, como critério interpretativo do direito, a aplicação de sua "lógica do razoável". Ei-lo, nas palavras daquele reverenciado mestre:

> Na plataforma de embarque de uma estação ferroviária da Polônia havia um letreiro que transcrevia um artigo do regulamento ferroviário cujo texto rezava: "É proibido passar à plataforma com cachorros". Ocorreu certa vez que alguém ia penetrar na plataforma acompanhado de um urso. O funcionário que vigiava a porta lhe impediu o acesso. A pessoa que se fazia acompanhar do urso protestou dizendo que

---

[285] RECASÉNS SICHES, Luis. *Filosofia del derecho*. 2. ed. México: Porrua, 1961. p. 659.

aquele artigo do regulamento somente proibia ingressar na plataforma com cachorros, não porém com outra espécie de animais; deste modo surgiu um conflito jurídico centrado em torno da interpretação daquele artigo do regulamento [...].

Com as obras de Aristóteles, de Bacon, de Stuart Mill, de Sigwart, ou inclusive com as de Husserl em mãos, não se encontraria maneira de converter um urso em um cachorro, e teríamos que dar razão ao obstinado camponês que queria entrar na plataforma com o urso.

Entretanto, não só o jurista, mas, inclusive qualquer leigo em matéria de Direito, porém dotado de senso comum, haveria de reputar como descabelada esta interpretação, ainda que ela seja incontrovertivelmente correta, a única absolutamente correta, do ponto de vista da lógica tradicional. Este caso, certamente tão simples, constitui um impressionante sintoma do fato de que, pelo visto, a lógica tradicional é inadequada, ao menos em parte, para iluminar-nos na interpretação do conteúdo dos preceitos jurídicos.

A contemplação deste caso nos sugere irresistivelmente as veementíssimas suspeitas de que há problemas de interpretação jurídica para os quais a lógica tradicional não nos serve; antes, produz consequências disparatadas. Porque? Porque a lógica tradicional é meramente enunciativa do ser e do não ser, porém não contém pontos de vista de valor, nem apreciações sobre a correção dos fins, nem sobre a congruência entre meios e fins, nem sobre a eficácia dos meios em relação a um determinado fim.[286]

24. De seu turno, Black, em seu vetusto e monumental estudo sobre a interpretação das leis, obra justamente merecedora da consagração que recebeu e recebe, proferiu ao propósito a seguinte sintética e esclarecedora lição: "Uma lei deve ser interpretada em consonância com seu espírito e razão; as Cortes têm poder para declarar que um caso conformado à letra da lei não é por ela alcançado quando não esteja conformado ao espírito e à razão da lei e da plena intenção legislativa".[287]

Citando decisão da Suprema Corte americana, o referido jurista transcreve-lhe as seguintes considerações que calham à fiveleta para fundamentar a posição que viemos de expor com relação ao tema examinado:

---

[286] RECASÉNS SICHES, Luis. *Filosofia del derecho*. 2. ed. México: Porrua, 1961. p. 645-646.
[287] BLACK, Henry Campbell. *Handbook on the constitutional and interpretation of laws*. St. Paul, Minn.: West Publishing Co., 1896. p. 48.

É uma regra cediça a de que algo pode estar conforme à letra de uma lei e, entretanto, não com a própria lei, porque não está conforme ao seu espírito nem com o de seus fautores. Isto tem sido freqüentemente afirmado e os repertórios estão repletos de casos ilustrativos de sua aplicação. Isto não é a substituição da intenção do juiz pela do legislador; pois, freqüentemente palavras de sentido geral são usadas em uma lei, palavras amplas o bastante para abarcar o ato em questão, e, todavia, a consideração da legislação em sua totalidade, ou das circunstâncias que envolvem sua produção *ou dos resultados absurdos que promanariam de se atribuir tal sentido amplo às palavras, fazem com que seja descabido admitir que o legislador pretendeu nelas abranger o caso específico.*[288]

De resto, Celsus, em antiquíssima lição, advertiu: "Scire leges non est verba earum tenere sed vim ac potestatem".[289]

Deveras, o conhecimento das leis não é o da simples dicção de suas palavras, mas o da força que traduzem. É possível obedecer-se formalmente um mandamento, mas contrariá-lo em substância, pois "Littera enim occidit spiritus autem vivificat".[290] Assim, o espírito da regra é o que lhe dá vida, já que a literalidade dela pode, pelo contrário, fazer perimir seu sentido em dados casos concretos.

25. É sob a iluminação destes cânones que há de ser entendida a asserção, dantes feita, de que, sobretudo nos casos da letra "a" do art. 65, mas não exclusivamente neles, cabe superação dos limites porcentuais estabelecidos na Lei nº 8.666. É também ao lume destes mesmos vetores exegéticos que se haverão de estabelecer cerceios a tal possibilidade, para, a final, buscar caracterizar a espécie de situações em que se deve considerar justificada, *em nome do interesse público e sem gravames para o princípio da licitação* (com os valores nele resguardados), a superação dos aludidos limites de 25 ou 50%, conforme o caso, contemplados na Lei nº 8.666.

Não há duvidar que nem a Administração por si só, nem ela e os contratados, em comum acordo, são livres para promover acréscimos contratuais ao bel prazer de um ou de ambos. Se o fossem, o princípio da probidade administrativa, o da busca do negócio mais vantajoso ou o da igualdade dos licitantes ficariam em total desamparo.

26. A possibilidade de serem superados os quantitativos de 25% do valor dos contratos (ou 50%, no caso de reformas) só ocorrerá em

---

[288] *Rector of Holy Trinity Cherch v. U.S.* Grifos nossos.
[289] *Digesto*, livro I, tít. III, frag. 17.
[290] São Paulo aos Coríntios, Epístola II, Cap. III, vers. 6.

situações anômalas, especialíssimas, para bom atendimento do interesse público primário.[291]

As situações a que aludimos, desde logo, são, evidentemente, aquelas em que o contrato não pode se desenvolver em sua normalidade. Certos fatores invulgares, anômalos, desconcertantes de sua previsão inicial – portanto, que não haviam sido inicialmente supostos ou que lhe são supervenientes – vêm a tornar inalcançável o bom cumprimento do escopo que o animara, sua razão de ser, seu "sentido", a menos que, para satisfatório atendimento do interesse público, se promovam os ajustes contratuais necessários.

Os fatores invulgares, desconcertantes do contrato inicial, *em dadas circunstâncias* que a seguir referiremos, ensejarão que, à vista destes pressupostos (eventos não previstos e muitíssimas vezes imprevisíveis), seja excedido ou reduzido o valor do contrato em mais do que 25% (ou 50%, no caso de reformas).

27. Busquemos elucidar que circunstâncias são estas, reputáveis como situações anômalas, especialíssimas, excepcionais, justificadoras (ou até mesmo, em alguns casos, visivelmente impositivas) da ultrapassagem dos limites em causa, para correto atendimento do interesse público primário.

a) Desde logo, a superação referida seria cabível na hipótese das *sujeições imprevistas*, perante as quais, seja no caso de mera alteração de quantitativos (letra "b" do art. 65), seja no caso de modificação no projeto (letra "a" do art. 65), parece-nos óbvio que não poderia prosperar a limitação de incremento do valor contratual. Este é, dentre todos, o mais evidente dos casos e que, por já ter sido objeto de consideração nos precedentes números, prescinde de quaisquer outras averbações. Deveras, se, conforme buscou-se anteriormente demonstrar trazendo à colação lições de hermenêutica extraídas de eminentíssimos mestres – haveriam de ser admitidas ditas superações até mesmo no caso de meros acréscimos (ou supressões) de

---

[291] O interesse público primário, noção distinta de interesse meramente secundário do Estado, consoante lições de Renato Alessi (*Sistema istituzionale del diritto amministrativo italiano*. 3. ed. Milão: Giuffrè, 1960. p. 197) que nos servimos de acompanhar "são os interesses da coletividade como um todo" – e interesses secundários são "os que o Estado (pelo só fato de ser sujeito de direitos) poderia ter como qualquer outra pessoa, isto é, independentemente de sua qualidade de servidor de interesses de terceiros: os da coletividade" (cf. nosso *Curso de direito administrativo*. 26. ed. São Paulo: Malheiros, 2009. p. 72).

quantitativos, em despeito da cortante linguagem legal em contrário, *a fortiori*, teriam de ser aceitas perante hipóteses configuráveis na intimidade da ideia de "modificação de projeto" ou "de suas especificações", em relação às quais a lei não se contrapôs.

b) também parece claro o cabimento da ultrapassagem dos limites referidos quando o projeto inicial ou suas especificações devam ser modificados, "para melhor adequação técnica aos seus objetivos" (letra "a" do art. 65 da Lei nº 8.666) em decorrência de *eventos supervenientes*, por força dos quais os termos iniciais do projeto se tornaram defasados, inadaptados a circunstâncias novas, emergentes, de tal sorte que, se não houver alterações nele e ou em suas especificações, frustrar-se-ão os objetivos que o contrato visara quando de seu travamento, ou, quando menos, revelar-se-ão insuficientes para acobertar a necessidade pública que se predispunha a suprir.

Bem se vê que aqui estará em pauta situação anômala, invulgar e, pode-se mesmo dizer, especialíssima, porquanto eventos de tal ordem são incomuns. De regra só ocorrerão em contratos que perduraram por longo tempo, seja porque seu prazo de duração era extenso, seja por haverem sido suspensos durante algum período, em cujo intercurso eclodiram transformações sensíveis na realidade fática. Assim, se o panorama urbanístico ou suas implicações se modificaram (como, *exempli gratia*, o incremento significativo do fluxo de tráfego na área), disto resultando que as soluções previstas não mais serão suficientes para atender à finalidade contratual, cumpre alterar o projeto, inclusive, em sendo necessário, com a inclusão de obras complementares idôneas ao asseguramento da finalidade contemplada no contrato.

c) Igualmente terão de ser admitidas quando, em razão de falha grave, não detectável facilmente, no projeto informador da licitação os quantitativos nele contemplados se revelem insuficientes ou as soluções técnicas presumidas se demonstrem inviáveis, exigindo alteração de uns ou de outros para cumprimento do escopo contratual. A ocorrência de tal anomalia por certo tinha maior probabilidade de ocorrer ao tempo do Decreto-Lei nº 2.300, pois este, ao contrário da Lei nº 8.666, ora vigente, só exigia um projeto básico para instauração do certame, dispensando a necessidade de projeto executivo.

28. Evidentemente, se o projeto básico houver sido elaborado com grande esmero e razoável precisão, a margem de erro na avaliação dos quantitativos será modesta e conter-se-á certamente dentro dos 25% supostos no §1º do art. 65. Pelo contrário, se o projeto básico houvesse sido excessivamente genérico e incorresse em falhas sérias em suas estimativas, se contivesse indicações inexatas, dados incorretos que alimentaram a proposta de certas soluções técnicas e não de outras que seriam as adequadas ou até mesmo inafastáveis ante a situação fática real, ocorrerá um descompasso grande entre o inicialmente previsto e aquilo que terá de ser feito para cumprimento da finalidade contratual, seja no que concerne às obras previstas, seja no que atina aos quantitativos originais e o mais que fosse necessário para cumprimento do objeto do contrato. Daí decorreria, então, a inevitabilidade de superação dos limites de 25% ou 50%, pena de interrupção da obra em curso, rescisão do contrato, pagamento de perdas e danos ao contratado, instauração de novo certame licitatório com o inevitável retardamento da satisfação do interesse público e o dispêndio de importâncias maiores que as demandadas para as correções devidas.

Questões desta ordem, aliás, não seriam radicalmente descartáveis nem mesmo perante projetos executivos, pois também eles, ainda que com muito menor probabilidade, poderiam incidir em falhas geradoras das aludidas consequências.

Bem se vê que em situações deste feitio estar-se-ia perante circunstância anômala e especialíssima, porquanto erros de tal monta são (ou ao menos é de presumir que o sejam) verdadeiramente excepcionais, por exibirem autêntica patologia nos dados informadores da licitação, que geram efeitos transtornadores da normalidade da execução contratual.

29. Posto que o norte de toda e qualquer decisão administrativa invariavelmente haverá de ser o interesse público – se este aconselha determinada providência confortada explicitamente na dicção legislativa ou no espírito que a informa – *é ela que terá de ser tomada*, ainda quando a solução conveniente e adequada assim se tenha apresentado como decorrência de comportamento administrativo anterior falho e censurável. É por tal razão que em tais casos poderá não haver outra solução conveniente ou mesmo indispensável senão superar os quantitativos mencionados no §1º do art. 65.

Encareça-se que o fato de o interesse público haver sido mal curado em dada oportunidade não postula que, em ocasião sucessiva, seja postergada a solução mais obsequiosa àquele interesse. A procedência de tal assertiva transparece ao se fazer um paralelismo com outra espécie de situação, mas na qual também se reproduz a necessidade de adotar providência de exceção motivada por conduta administrativa precedente merecedora de censura. Perante "casos de emergência ou de calamidade pública, quando caracterizada a urgência no atendimento de situação que possa ocasionar prejuízos ou comprometer a segurança de pessoas, obras, serviços, equipamentos e outros bens, públicos ou particulares" (art. 25, IV, da Lei nº 8.666), evidentemente a Administração deverá dispensar a licitação e realizar o contrato necessário para obviar incontinenti a sobredita situação danosa, *ainda que ela tenha irrompido como fruto de grave negligência em preveni-la a bom tempo*. Ou seja: o fato de a Administração haver descurado em contratar tempestivamente, mediante licitação (como devido), as obras ou serviços que (se procedidas na época asada), teriam inibido a eclosão de evento exigente de providências agílimas, não seria razão prestante para deixar de acudir, *mediante contratação direta*, o interesse público cujo provimento é de seu dever e que de outro modo soçobraria.

Claro está, de outro lado, que falhas tais como as referidas, se não foram fruto de circunstâncias releváveis, oriundas de fatores meramente ocasionais dirimentes de comprometimento do servidor, ou ligados a uma intrínseca deficiência do aparelho administrativo como um todo, acarretarão responsabilidade do agente ou agentes responsáveis, quando reveladoras de culpa ou dolo.

30. O precitado Antonio Carlos Cintra do Amaral, no trabalho referido, bordou considerações nas quais são abarcadas as distintas hipóteses que arrolamos nas letras "a", "b" e "c" do item 27 deste artigo como sendo expressivas de ocorrências anômalas, excepcionais, justificadoras das ultrapassagens dos limites que a lei menciona no §1º do art. 65. Fê-lo, mediante averbações que merecem transcrição:

> A modificação do projeto pode acarretar extensões contratuais independentemente de o fato motivador ser superveniente ou de conhecimento superveniente. Por outro lado, esse fato tanto pode ser um fato da natureza quanto outro, como alteração da configuração urbana de Municípios a serem atravessados por uma rodovia, alteração essa posterior à elaboração do projeto e que torne impossível ou excessivamente onerosa a observância do traçado previsto; alteração de legislação federal estadual ou municipal que impeça a execução do projeto tal como inicialmente concebido; ou reivindicação político-social com vista à preservação do meio ambiente, todos fatos extrínsecos à relação contratual.[292]

---

[292] AMARAL, Antonio Carlos Cintra do. *Ato administrativo, licitação e contrato administrativo*. São Paulo: Malheiros, 1995. p. 128-129.

Pouco adiante o autor se refere, outrossim, às sujeições imprevistas e, mais além, demonstra a sem-razão de se considerar, em casos do gênero, insuplantáveis os limites de que se vem cogitando, pela visível impropriedade de, em face deles, "(a) desistir de realizar a obra; ou (b) modificar o projeto, abrir outra licitação e efetuar nova contratação". Em face tais alternativas, pondera:

> A primeira decisão pode contrariar *"o interesse coletivo primário"* na medida da necessidade ou indispensabilidade da obra. A segunda pode ferir o princípio constitucional da *economicidade*, quer por acarretar custos extraordinários decorrentes da paralisação da obra, quer por conduzir a uma contratação mais cara. Provocaria atraso considerável nos prazos previstos e poderia, ainda, gerar dificuldades operacionais, na hipótese de o novo contratado não ser o mesmo (remanejamento dos canteiros de obras, por exemplo). Além do mais, há que se analisar o impacto econômico da rescisão do contrato, em termos de possíveis indenizações a serem pagas ao contratado.
>
> Tal situação, que a Administração costuma enfrentar na prática, evidencia que o limite legal de 25% (vinte e cinco por cento) para extensões contratuais, examinado à luz de sua *"ratio"*, constitui *regra geral*, que comporta exceções. A decisão de ultrapassar esse limite, em casos excepcionais – como é a modificação necessária ou indispensável do projeto –, contém-se na margem de discricionariedade do agente público, a quem cabe valorar os fatos e adotar a decisão que considere mais compatível com o *"interesse coletivo primário"* a atender.[293]

31. Ao cabo das considerações até então feitas, impende dizer que nas hipóteses aludidas não há ferimento ao princípio da licitação e dos valores que nele se albergam. Não há ferimento ao princípio da igualdade, pois todos os que disputaram o certame fizeram-no sob determinadas condições e a quem quer que fosse o vencedor aplicar-se-iam as mesmas eventualidades de superação dos limites referidos no §1º do art. 65, perante as circunstâncias aludidas. Não há ferimento ao princípio da busca do negócio mais vantajoso às conveniências públicas por serem precisamente elas que reclamam dita superação. Não há, igualmente, ofensa ao princípio da probidade administrativa porquanto, conforme dito, as autoridades públicas, em comum acordo com os contratados, não têm liberdade para agir ao seu sabor nas ampliações mencionadas, já que só poderão fazê-lo ante hipóteses

---

[293] AMARAL, Antonio Carlos Cintra do. *Ato administrativo, licitação e contrato administrativo.* São Paulo: Malheiros, 1995. p. 132. Grifos no original.

do gênero indicado. A possibilidade de agravos à probidade nestas situações não é distinta da que pode irromper na grande maioria dos atos administrativos, inexistindo, pois, o que a peculiarizasse em confronto com quaisquer outras.

Assim, uma vez presentes as situações anômalas, especialíssimas, a que se fez alusão, nada concorre contra a ultrapassagem dos limites previstos no §1º do art. 65; antes e pelo contrário militam razões de tomo para que sejam aceitas.

32. Em conclusão: *desde que seja demandado para atender ao interesse público primário, respeitado o objeto contratual, os limites de 25% ou 50%, a que se reportam os §§1º e 2º do art. 65 da Lei nº 8.666/93 podem ser excedidos tanto nos casos de "sujeições imprevistas", quanto naqueles em que, por força de "eventos supervenientes imprevisíveis" ou de "falhas do projeto inicial ou de suas especificações", seja preciso modificá-lo para eficaz atendimento do escopo contratual, mediante correção dos quantitativos, complementação de obras ou alteração das soluções técnicas, sem o que frustrar-se-ia ou restariam insatisfatoriamente atendidas as necessidades que o objeto contratual se propunha a suprir.*

Referências

ALESSI, Renato. *Sistema istituzionale del diritto amministrativo italiano*. 3. ed. Milão: Giuffrè, 1960.

AMARAL, Antonio Carlos Cintra do. *Ato administrativo, licitação e contrato administrativo*. São Paulo: Malheiros, 1995.

BANDEIRA DE MELLO, Celso Antônio. *Curso de direito administrativo*. 26. ed. São Paulo: Malheiros, 2009.

BENOÎT, Francis-Paul. *Le droit administratif français*. Paris: Dalloz, 1968.

BLACK, Henry Campbell. *Handbook on the constitutional and interpretation of laws*. St. Paul, Minn.: West Publishing Co., 1896.

CAMMAROSANO, Marcio. Aumentos quantitativos e qualitativos do contrato e limites do art. 65 da Lei nº 8.666/93. *ILC – Informativo Licitações e Contratos*, n. 41, p. 520-523, jul. 1997.

GASPARINI, Diógenes. *Direito administrativo*. 4. ed. São Paulo: Saraiva, 1995.

JUSTEN FILHO, Marçal. *Comentários à Lei de Licitações e Contratos Administrativos*. 5. ed. São Paulo: Dialética, 1988.

MARQUES NETO, Floriano de Azevedo. Contrato administrativo: superveniência de fatores técnicos dificultadores da execução da obra – Inaplicabilidade dos limites de 25% de acréscimos. *Boletim de Direito Administrativo*, ano XIV, n. 2, fev. 1998.

MAXIMILIANO, Carlos. *Hermenêutica e aplicação do direito*. 15. ed. Rio de Janeiro: Forense, 1995.

MENDES, Raul Armando. *Estatuto das licitações e contratos administrativos*. São Paulo: Revista dos Tribunais, 1988.

MUKAI, Toshio. *Estatutos jurídicos de licitações e contratos administrativos*. 2. ed. rev. e ampl. São Paulo: Saraiva, 1990.

PEREIRA JÚNIOR, Jessé Torres. *Comentários à Lei das Licitações e Contratos da Administração Pública*. 3. ed. Rio de Janeiro: Renovar, 1995.

RECASÉNS SICHES, Luis. *Filosofía del derecho*. 2. ed. México: Porrua, 1961.

SILVA, Antonio Marcello da. Alteração de projeto, variação de quantidades e direito ao equilíbrio financeiro do contrato. *RDA*, v. 198, out./dez. 1994.

SUNDFELD, Carlos Ari. Parecer. *RTDP*, n. 2/93.

TÁCITO, Caio. Parecer. *RDA*, v. 198.

VEDEL, Georges. *Droit administratif*. 3. ed. Paris: Presses Universitaires de France, 1964.

Nº 15

CONTRATO ADMINISTRATIVO: FUNDAMENTOS DA PRESERVAÇÃO DO EQUILÍBRIO ECONÔMICO-FINANCEIRO

1. Quando a constituição de uma relação jurídica onerosa pressupõe o voluntário engajamento de partes contrapostas que se outorgam reciprocamente direitos, entende-se que buscaram prestações correlatas que se equilibram. Ninguém duvidaria disto.

Vale dizer, considera-se que os sujeitos, tendo em pauta os respectivos interesses, sopesando-os, bem como aos correspondentes engajamentos, procuraram um termo de equivalência justificador do liame que os inter-relaciona. É justamente a procura deste relativo equilíbrio e a conclusão de que os encargos assumidos de parte a parte são idôneos para compô-lo aquilo que leva os sujeitos à formação do vínculo. Na medida em que a relação travada envolve um ponto de coincidência de interesses, os sujeitos se afinam em torno dele, fazendo-o pela livre conjunção de suas vontades, as quais, dessarte, se atrelam para obter a recíproca satisfação de suas aspirações. Também sobre estes pontos é de crer que não lavrariam discórdias.

De conseguinte, tem-se por claro que toda situação dessarte composta – e é o caso dos contratos em geral – substancia-se em vínculo assentado nas premissas de *lealdade e boa-fé*, vez que as partes não estariam obrigadas a se relacionar; se o fazem é precisamente expectantes de que seus objetivos podem ser satisfeitos pela ação da parte contraposta e de que sê-lo-ão, dada a *normal* conduta do coobrigado, ou seja, dado o correto proceder de ambos.

2. Assim, é da índole de tais liames jurídicos o respeito à boa-fé e, por isso mesmo, interpretam-se tais vínculos levando em conta esta natural presunção das partes, pois supõe-se que ao se atrelarem devem estar não apenas dispostas a cumprir ritualisticamente os compromissos empenhados, mas a assumir o dever de respeito aos recíprocos interesses concertados. Comprometem-se a proceder segundo determinados termos e vai nisto implícito que ambas creem que assim será, pelo que se outorgam, reciprocamente, a garantia de suas prestações na conformidade do sentido com que a estipularam. Daí que ambas haverão de suportar os encargos e captar as vantagens pertinentes.

Com efeito, *Qui sentit onus, sentire debet commodum et contra*. A este respeito disse Carlos Maximiliano: "Quem suporta ônus, deve gozar as vantagens respectivas – 'pertence o cômodo a quem sofre o incômodo'. O adágio conclue – et contra: e 'inversamente', isto é – os que têm direito ao cômodo, devem sofrer os incômodos que lhe estão anexos, ou do mesmo decorrem".[294]

São numerosos os brocardos antigos que consagram os reclamos a este equilíbrio necessário. Disse Paulo: "Secundum naturam est commoda cujusque rei eum sequi quem sequentur incommoda", ou seja: "É conforme à natureza, que as comodidades de qualquer coisa correspondam àquele ao qual correspondem os encargos".[295]

Também a equidade demanda tratamento equilibrado às partes de uma relação, pois, na lição de Paulo: "In omnibus quidem maxime tamem in jure equitas spectanda est", ou seja: "Em todos os casos, e especialmente nos de direito, a equidade deve ser atendida", de tal sorte que os vínculos se interpretam tomando em conta também o que é honesto, consoante lição de Modestino: "Semper in conjuntionis non solum quid liceat considerandum est sed et quid honestum sit", vale dizer: "Sempre nas vinculações, não só o que é lícito deve ser ponderado, senão também o que é honesto".[296] Afinal, é notório que ninguém deve

---

[294] MAXIMILIANO, Carlos. *Hermenêutica e aplicação do direito*. 15. ed. Rio de Janeiro: Forense, 1995. p. 250.
[295] Cf. FRANÇA, Rubens Limongi. *Brocardos jurídicos*. 3. ed. São Paulo: Revista dos Tribunais, 1977. p. 52-53; 110-111.
[296] Cf. FRANÇA, Rubens Limongi. *Brocardos jurídicos*. 3. ed. São Paulo: Revista dos Tribunais, 1977. p. 89-90; 134-135.

locupletar-se com o dano alheio ("nemo locupletari debet cum aliena injuria").

3. Pois bem, o dever de agir com deferência ao princípio da lealdade e da boa-fé não é próprio apenas das relações entre particulares. Antes, corresponde a um dos mais prezáveis *princípios gerais de direito*, valendo, portanto, também para os vínculos constituídos sob a égide do direito público.

Note-se que sendo a boa-fé um princípio geral de direito, a adoção de interpretações que o prestigiem *não significa uma liberalidade por parte do intérprete*, seja ele juiz, seja outro aplicador do direito, mas representa atendimento obrigatório ao próprio sistema jurídico, pois, como disse Eduardo García de Enterría, figura pinacular do direito público contemporâneo:

> Conviene recordar a este proposito que los principios generales del Derecho son una condensación de los grandes valores jurídicos materiales que constituyen el substractum del Ordenamiento y de la experiencia reiterada de la vida jurídica. No consisten, pues, en una abstracta e indeterminada invocación de la justicia o de la consciencia moral o de la discreción del juez, sino, más bien, en la expresión de una justicia material especificada técnicamente en función de los problemas jurídicos concretos y objetivada en la lógica misma de las instituciones.[297]

Demais disto, cumpre acentuar que o princípio da boa-fé possui *particular importância na órbita do direito administrativo* e se impõe notadamente às entidades governamentais que devem ser respeitosas guardiãs desta pauta de conduta.

O eminente publicista espanhol Jesus Gonzalez Perez, em monografia preciosa sobre o princípio da boa-fé *em direito administrativo*, após indicar-lhe o âmbito de aplicação, com dizer que "es exigible en los actos juridicos, en el ejercicio de los derechos y en el cumplimiento de las obligaciones",[298] registra-lhe o caráter de princípio geral de direito, assinalando: "El de buena fe aparece *como uno de los principios generales que sirvem de fundamento al Ordenamiento*, informan la labor interpretativa

---

[297] GARCÍA DE ENTERRÍA, Eduardo; FERNÁNDEZ, Tomás-Ramón. *Curso de derecho administrativo*. 14. ed. Madrid: Thomson Civitas, 2008. v. I. p. 484.

[298] GONZALEZ PEREZ, Jesus. *El principio general de la buena fe en el derecho administrativo*. Madrid: Civitas, 1983. p. 1.

y constituyen decisivo instrumento de integración",[299] ressalta sua específica importância no direito administrativo, ao esclarecer:

> El principio general de la buena fe *no solo tiene aplicacion en el Derecho Administrativo, sino que en este ámbito adquiere especial relevancia*. Como disse GUASP "todos los campos del derecho estatal son clima propicio, como cualquier otro, al desarrollo de esta verdadera patologia de lo jurídico. Y es más, ella se dá en el seno de los principales elementos que conjuga la relacion jurídica estatal: la Autoridad y el súbdito". Porque, en efecto, la presencia de los valores de lealtad, honestidad y moralidad que su aplicación comporta *es especialmente necesaria en el mundo de las relaciones de la Administración con los administrados*.[300]

E aclara-lhe o conteúdo na seguinte passagem:

> La buena fe, a cuyas exigencias han de ajustar su actuación todos los miembros de la comunidad, sólo puede predicarse, en sus recíprocas relaciones, de la actitud de uno en relación con otro. Significa – dice LACRUZ – que este otro, según la estimación habitual de la gente, puede esperar determinada conducta del uno, o determinadas consecuencias de su conducta, o que no ha de tener otras distintas o perjudiciales. La jurisprudencia civil ha delimitado correctamente su âmbito de aplicación. Como en la sentencia de 24 de junio de 1969 (Ponente: BONET), al decir que la buena fe *"significa confianza, seguridad y honorabilidad basadas en ella, por lo que se refieren sobre todo al cumplimiento de la palavra dada; especialmente, la palabra fe, fidelidad, quiere decir que una de las partes se entrega confiadamente a la conducta leal de otra en el comportamiento de sus obligaciones, fiado en que ésta no le engañará*.[301]

4. Não se imagine que o conjunto de observações feitas e as próprias lições dos mestres colacionados devem, de toda sorte, ser recebidas com as maiores reservas quando em pauta um contrato administrativo, dado que nas relações de direito público o que se há de ter em mira são sobretudo interesses desta alçada, os quais terão de sobrelevar (conquanto, evidentemente, na conformidade da Constituição e das leis) aos de caráter privado quando se antagonizem.

---

[299] GONZALEZ PEREZ, Jesus. *El principio general de la buena fe en el derecho administrativo.* Madrid: Civitas, 1983. p. 15. Grifos nossos.
[300] GUASP, Jaime. *El principio general de la buena fe en el derecho administrativo.* Madrid: [s.n.], 1983. p. 31. Grifos nossos.
[301] GUASP, Jaime. *El principio general de la buena fe en el derecho administrativo.* Madrid: [s.n.], 1983. p. 40. Grifos nossos.

Conquanto a supremacia dos interesses públicos sobre os particulares, nos termos aludidos, seja absolutamente inquestionável, cumpre, todavia, estar vivamente alertado contra o gravíssimo erro de supor que existe coincidência necessária entre o interesse público e certos interesses, *de ordem meramente patrimonial*, que o Estado ou entidades coadjuvantes suas poderão ter pelo só fato de serem pessoas, isto é, centros subjetivados de interesses.

Referimo-nos à distinção, corrente e moente nos doutrinadores italianos, entre o *interesse público* propriamente dito, também denominado *interesse primário*, e o interesse dito *secundário*, que pode encarnar-se no Estado ou pessoa auxiliar dele, tal como se encarnaria em qualquer pessoa jurídica. Este último *só pode ser perseguido pelas entidades públicas quando coincidir com um interesse primário*.

5. Em obra geral, colacionando lições preciosas de Renato Alessi, constantes de seu *Sistema istituzionale del diritto amministrativo italiano*,[302] grafamos:

> O interesse coletivo primário ou simplesmente interesse público é o complexo de interesses coletivos prevalentes na sociedade ao passo que o interesse secundário é composto pelos interesses que a Administração pode ter como qualquer sujeito de direito, interesses subjetivos, *patrimoniais em sentido lato*, na medida em que integram o patrimônio do sujeito. Cita [referiamo-nos a Alessi] [...] como exemplo de interesse secundário da Administração, o de pagar o mínimo possível a seus servidores e de aumentar ao máximo os impostos, ao passo que o interesse público primário exige, respectivamente, que os servidores sejam pagos de modo suficiente a colocá-los em melhores condições e tornar-lhes a ação mais eficaz e a não gravar os cidadãos de impostos além de certa medida. Este é o ensinamento de Alessi, em tradução livre.[303]

Deveras: nem tudo que é "vantajoso" para o aparelho estatal – ou para criaturas estatais que o auxiliam – é interesse público ou interesse sufragado pelo direito e suscetível de ser perseguido.

Ampliando o esclarecimento, em outra obra teórica, deixamos consignados vários exemplos de interesses secundários, extraídos da

---

[302] ALESSI, Renato. *Sistema istituzionale del diritto amministrativo italiano*. 2. ed. Milão: Giuffrè, 1960. p. 197 e notas de rodapé 3 e 4.
[303] BANDEIRA DE MELLO, Celso Antônio. *Curso de direito administrativo*. 26. ed. São Paulo: Malheiros, 2009. p. 650.

prática administrativa brasileira, cuja busca é vedada ao Estado e às pessoas governamentais:

> Poderíamos acrescentar que seria concebível um interesse da pessoa Estado em recusar administrativamente – e até a questionar em juízo, se convocado aos pretórios – responsabilidade patrimonial por atos lesivos a terceiros, mesmo que os houvesse causado. Teria interesse em pagar valor ínfimo nas desapropriações, isto é, abaixo do justo, inobstante o preceito constitucional. Com todos estes expedientes, muitos dos quais infelizmente (e injustamente) adota, resguardaria ao máximo seu patrimônio, defendendo interesses à moda de qualquer outro sujeito, mas agrediria a ordem normativa.
>
> Ocorre que em todas estas hipóteses estará agindo contra o Direito, divorciado do interesse público, do interesse primário que lhe assiste cumprir. Este proceder, nada obstante seja comum, é fruto de uma falsa compreensão do dever administrativo ou resultado de ignorância jurídica.
>
> Os interesses a que se aludiu são todos interesses secundários e que a pessoa governamental tem apenas segundo os termos em que o teria qualquer pessoa. Não são interesses públicos. *Não respondem à razão última de existir própria das pessoas governamentais em geral.*[304]

6. Na mesma ordem de raciocínios poderíamos acrescentar que, em um vínculo constitutivo de direitos e obrigações recíprocos, uma entidade pública poderia ter o "interesse" de extrair o máximo de vantagens, ainda que não previstas ou pressupostas logrando irrogar a outra parte tantos ônus quantos pudesse, e de eximir-se de todos os encargos de que se conseguisse evadir, minguando, pois, os proveitos captáveis pela contraparte com postergação do equilíbrio originalmente estabelecido. É bem de ver, contudo, que procedimentos deste jaez não estariam a retratar o cumprimento de um interesse público, transcendente, produtor de utilidade coletiva, mas tão só implicaria satisfação de um interesse *secundário* residente apenas em sua unidade subjetivada e que nela se encarna de acordo com o mesmo critério e razões segundo os quais se encarnaria em qualquer pessoa de direito privado alheia à persecução do interesse público, o que bem demonstra falecer-lhe o caráter de interesse público propriamente dito.

Perante estas averbações, não é difícil deduzir que num liame desta espécie a parte pública não possui *real interesse público* em

---

[304] BANDEIRA DE MELLO, Celso Antônio. *Ato administrativo e direito dos administrados*. São Paulo: Revista dos Tribunais, 1981. p. 16-17. Grifos atuais.

desequilibrar ou manter desequilibrada a equânime composição inicialmente estabelecida. Todo propósito de sacar da relação vantagens econômicas desmesuradas para a entidade governamental, deixando que venham a pesar ônus insupeitados sobre as costas do outro sujeito, com desconhecimento daquilo que poderia estar sendo razoavelmente buscado na conformidade dos termos a partir dos quais se ligaram, significará privilegiar interesses *secundários*, ao invés de interesses primários.

7. Os interesses puramente patrimoniais da Administração, como o disse Georges Pequignot, ao tratar do contrato administrativo, assunto sobre o qual produziu uma obra clássica, não prevalecem sobre a imutabilidade dos interesses econômicos nele concertados. É que os poderes de modificação unilateral não se propõem nesta seara, já que faltaria base jurídica que lhes servisse de calço. Deveras, aí, como anotou, não entrariam em causa necessidades ou conveniências do serviço público. Compareceriam tão só interesses de ordem financeira, "[...] mas, o interesse financeiro da Administração é um interesse da mesma natureza que o do particular. Os direitos que então se fazem presentes são idênticos e tão respeitáveis uns quanto os outros".[305]

8. O que se pretende encarecer é que o Poder Público, suas autarquias, sociedades mistas, empresas públicas ou quaisquer modalidades de entidades estatais não atuam de acordo com o direito, mas *violam-no*, quando se fazem cegas aos direitos alheios fundados na errônea suposição de que estão, dessarte, a defender o "interesse público". *Não há interesse público contra lei. Não há interesse público no sacrifício de direito alheio* para colher vantagens patrimoniais. Não é lícito a uma pessoa governamental esquivar-se a cumprir ou a reconhecer o direito de terceiros.

Com efeito, o Estado, não é um especulador e não se pode converter em explorador ganancioso. Em relação que pressupõe um voluntário atrelamento de vontades convergentes, onde primam os deveres de lealdade e boa-fé, descabe à Administração procurar esquivar-se ao dever de restaurar o equilíbrio econômico segundo cujos termos obteve a vinculação espontânea de outrem.

A ideia de respeito ao equilíbrio constituído pelas partes no contrato administrativo é absolutamente pacífica, não sendo, pois, de estranhar que, para assegurá-lo, hajam sido concebidas, difundidas e

---

[305] PEQUIGNOT, George. *Théorie general du contract administratif*. Paris: A. Pedone, 1945. p. 434.

generalizadamente acolhidas, tanto a *teoria da imprevisão* quanto a do *fato do príncipe*.

Ambas se assentam na ideia de que as obrigações contratuais hão de ser entendidas *em função das circunstâncias à luz das quais se travou o ajuste* e que a ocorrência de eventos supervenientes *não pode ser causa justa de sacrifício para uma das partes*. Os fatores que cada qual toma em conta como eventos transformadores da situação original é que são distintos.

9. A teoria da imprevisão defende o equilíbrio contratual *em face de agravos econômicos acarretados* por *fatos imprevisíveis produzidos por forças alheias às pessoas contratantes* e que convulsionam gravemente a economia do contrato. Seria o caso, por exemplo, de acentuada elevação do preço de matérias-primas, causada por desequilíbrios de qualquer ordem.

A teoria do fato do príncipe defende o equilíbrio contratual em face de *agravos econômicos oriundos de atos do Poder Público supervenientemente expedidos com base em competência alheia a sua posição contratual*.

10. Aliás, esta ideia básica de que as obrigações têm de ser entendidas em correlação com o estado de coisas ao tempo em que se contratou longe está de ser construção moderna. Sua origem remonta ao medievo e se estratificou na pressuposição de uma cláusula implícita nos contratos: a cláusula *rebus sic stantibus*. A esmagadora maioria dos doutrinadores filia sua origem nas lições de Graciano, Santo Tomás de Aquino e sobretudo na célebre fórmula atribuída a Bartolo: "contractus qui habent tractum sucessivum et dependentiam de futuro rebus sic stantibus inteliguntur", assim como nos estudos de Alciato, ainda que alguns, como Othon Sidou,[306] considerem que ensinanças da mesma índole podem ser radicadas em textos ainda mais vetustos devidos a Sêneca, Cícero, Africano e Neratio.

O fato, todavia, é que a cláusula surgiu em contraposição às durezas do *pacta sunt servanda* do direito romano (onde, se atenuações houve, foram excepcionais, como todos reconhecem) e viveria seu apogeu entre os séculos XIV e meados do século XVIII. Entrou de declinar nos finais da centúria, e ficou por inteiro obscurecida ao longo do século XIX. Contudo, ressurgiu vigorosa em nosso tempo, sob as vestes da *teoria da imprevisão*, conforme relato evolutivo traçado, entre

---

[306] SIDOU, Othon. *A cláusula rebus sic stantibus no direito brasileiro*. Rio de Janeiro: Livraria Freitas Bastos S.A., 1962. p. 7-14.

tantos eminentes monografistas do tema, por Arnoldo Medeiros da Fonseca, em trabalho clássico sobre o assunto.[307]

11. Na França, pátria do direito administrativo, a teoria da imprevisão irrompe justamente para acudir problemas surdidos ao propósito de contratos travados *pela Administração Pública*. É célebre o aresto do Conselho de Estado em caso da Cia. de Gás de Bordeaux, em 1916, após o qual surgiu uma ampla jurisprudência receptiva.[308] Também no Brasil foi amplamente agasalhada na esfera do direito administrativo e há, inclusive, acórdãos antigos atestando a longevidade de sua acolhida. Citem-se, *exempli gratia*, os publicados na RDA (v. 53, p. 202 e v. 82, p. 217), assim como decisões recentes, demonstrativas de sua atualidade (como o acórdão do TFR publicado na RDA, v. 163, p. 248). Também se encontram decisões muito antigas neste sentido proferidas no âmbito da própria Administração,[309] tal como na órbita do Tribunal de Contas.[310]

12. Já a teoria do fato do príncipe é uma das "mais clássicas e mais conhecidas" dentre as teorias do direito administrativo na expressão de René Chapus.[311] Tomada tal expressão com o âmbito específico a que se reporta Francis-Paul Benoît: "Convém entender por 'fato do príncipe' os atos jurídicos e operações materiais, tendo repercussão sobre o contrato, e que foram efetuados pela coletividade que celebrou o contrato, mas agindo em qualidade diversa da de contratante".[312]

O fato do príncipe não é um comportamento ilegítimo. Conquanto não consista no uso de competências extraídas da qualidade jurídica de contratante, também não se constitui em inadimplência ou falta contratual. É o meneio de uma competência pública diversa da contratual cuja utilização repercute diretamente sobre o contrato, onerando, destarte, o contratado. Seria o caso, *e.g.*, da decisão oficial de alterar o salário mínimo, afetando, assim, decisivamente, o custo dos serviços de limpeza dos edifícios públicos contratados com empresas especializadas neste mister ou o de alterar o preço de combustíveis quando se constituam em insumos importantes na formação do custo

---

[307] FONSECA, Arnoldo Medeiros da. *Caso fortuito e teoria da imprevisão*. 3. ed. Rio de Janeiro: Forense, 1958. p. 197 e segs.
[308] Cf. LAUBADÈRE, André de. *Traite élementaire de droit administratif*. 3. ed. Paris: LGDF, 1963. v. I. p. 315.
[309] RDA, v. 2/812, v. 5, p. 277, v. 10, p. 284, v. 25, p. 357, v. 73, p. 359.
[310] RDA, v. 11, p. 231 e 13, p. 266.
[311] CHAPUS, René. *Droit administratif général*. 6. ed. Paris: Montchrestien, 1992. t. I. p. 883.
[312] BENOÎT, Francis-Paul. *Le droit administratif français*. Paris: Dalloz, 1968. p. 639.

das prestações do contratado ou *o de estabelecer alterações tributárias que tenham igual repercussão* etc.

É certo que esse agravo patrimonial não libera, como diz Benoît, o contratante de executar as obrigações avençadas com o Poder Público: "Mas o contratante tem direito a uma indenização reparando integralmente o prejuízo por ele sofrido em razão do fato agravante dos seus encargos".[313]

13. Averbe-se, apenas, que nem por ser das teorias "mais clássicas e mais conhecidas", do direito administrativo existe assentimento quanto ao seu âmbito de abrangência. Foi o que já há muitos anos deixáramos anotado, ao indicar sua aplicação às concessões de serviço público. Naquela oportunidade averbamos:

> Não há acordo, contudo, com relação aos atos suscetíveis de propiciarem a invocação da teoria. Assim, registrando que no passado a teoria do fato do príncipe possuía maior amplitude, por abranger também os atos provenientes de outra pessoa de direito público que não o próprio concedente, os autores acordam apenas em que, para ser alegada, é forçoso que o ato gravoso proceda do concedente. Neste sentido, Laubadére, Waline, Vedel, Rivero e Bénoît. Contudo, Laubadère, Waline e Rivero entendem que a teoria em causa cobre tanto os prejuízos que resultem da modificação unilateral das cláusulas da concessão quanto os que provenham de medida tomada com base em competência diversa daquela que o concedente exercitou ao praticar o ato concessivo. Já Vedel e Bénoît consideram que só nesta última hipótese tem cabimento a remissão à teoria do fato do príncipe. Julgam que a indenização devida no caso de utilização pelo concedente dos poderes de alteração unilateral de cláusulas funda-se na própria relação específica da concessão e não no exercício de um poder genérico (que os italianos qualificariam como "de supremacia geral") ao qual se deve ligar o fato do príncipe.
>
> Além disto, segundo Laubadère, nem todos os casos de exercício do poder estatal pelo concedente – manifestado em nome da supremacia geral – atraem a teoria do fato do príncipe. Considera que em alguns deles a teoria invocável é o da imprevisão. Disto faz extrair a consequência de que a distinção entre álea administrativa e álea econômica (cabível a primeira nos casos de fato do príncipe e a segunda nos casos de imprevisão) não é absoluta, posto que também poderá existir álea econômica em razão de comportamento do próprio concedente.[314]

---

[313] BENOÎT, Francis-Paul. *Le droit administratif français*. Paris: Dalloz, 1968. p. 641.
[314] BANDEIRA DE MELLO, Celso Antônio. *Prestação de serviços públicos e Administração indireta*. 2. ed. São Paulo: Revista dos Tribunais, 1979. p. 45-46, nota de rodapé 11.

14. De uma ou de outra sorte, o fato é que a conservação do equilíbrio nos contratos administrativos sustenta-se tanto sobre o princípio da lealdade e da boa-fé – princípio geral de direito – quanto sobre a teoria do fato do príncipe ou, dependendo da extensão que a este se reconheça, sobre a teoria da imprevisão, ambas, de resto, suportadas igualmente sobre o princípio geral do direito que impõe tratamento equânime e respeitador das condições em vista das quais se assentou a manifestação de vontade das partes ao tempo em que ocorreram.

15. De fora parte tais bases teóricas, a preservação do equilíbrio econômico-financeiro nos contratos administrativos recebe inquestionável acolhida na Lei nº 8.666, de 21.6.1993, atualizada pela Lei nº 8.883, de 8.6.1994.

Não apenas inúmeros de seus dispositivos revelam dita orientação (arts. 5º e parágrafos; 7º, §7º; 40, XI e XIV, letras "a" e "c"; 57, §1º; 58, §§1º e 2º; 65, §5º), mas, expressamente, assegura-se seu resguardo nas hipóteses abrangidas pela teoria da imprevisão e do fato do príncipe, conforme se lê no art. 65, II, "d", a teor do qual os contratos administrativos podem ser alterados por acordo das partes:

> para restabelecer a relação que as partes pactuaram inicialmente entre os encargos do contratado e a retribuição da Administração para a justa remuneração da obra, serviço ou fornecimento, objetivando a manutenção do equilíbrio econômico-financeiro inicial do contrato, na hipótese de sobrevirem *fatos imprevisíveis, ou previsíveis porém de conseqüências incalculáveis*, retardadores ou impeditivos da execução do ajustado, ou ainda, em caso de força maior, caso fortuito ou *fato do príncipe*, configurando álea econômica extraordinária e extra contratual

Sem embargo, mais que tudo, tal direito encontra conforto expresso no Texto Constitucional do país. Ressalte-se que Hely Lopes Meirelles, tratando do dever de acatamento à equação econômico-financeira do contrato administrativo, sustentava que este mesmo antes do texto ora vigente já tinha assento constitucional: "Essa doutrina, hoje universal, estava consagrada expressamente na Constituição da República anterior, que, ao cuidar da concessão de serviço público, estabelecia que as tarifas *devem assegurar o equilíbrio econômico e financeiro do contrato* (art. 167, II)".[315]

---

[315] MEIRELLES, Hely Lopes. *Licitação e contrato administrativo*. 9. ed. atual. São Paulo: Revista dos Tribunais, 1990. p. 185.

Hoje, não poderia prosperar dúvida ou entredúvida alguma quanto a isto. É que o art. 37, XXI, do Texto Magno vigente estabelece que obras, serviços, compras e alienações serão contratados após licitação e de forma a que sejam mantidas "as condições efetivas da proposta". Tão explícita proclamação constitucional de respeito ao equilíbrio originalmente suposto, à toda evidência, traz consigo uma forma de conceber as relações em apreço e estabelece um princípio retor para tratá-las, mormente se se tem em conta o dever constitucional da "moralidade administrativa", imposto no art. 37 *caput* da Constituição, o qual, desenganadamente, incompatibilizar-se-ia com negativa de recomposição do equilíbrio inicial afetado por evento posterior à formação de vínculos geradores de obrigações recíprocas.

16. Por derradeiro, cumpre anotar que dita proteção vige seja qual for a denominação que se dê ao ajuste que a Administração ou entidade governamental firme com terceiros mediante acordo de vontades para a constituição do vínculo e surgimento de obrigações recíprocas. É que o parágrafo único do art. 2º da citada Lei nº 8.666 estatui:

> Para os fins desta Lei considera-se contrato todo e qualquer ajuste entre órgãos ou entidades da Administração Pública e particulares, em que haja um acordo de vontade para a formação de vínculo e a estipulação de obrigações recíprocas, seja qual for a denominação utilizada.

Note-se que, mesmo quando a relação travada se filia a um ato unilateral *antecedente*, o vínculo terá caráter *contratual no que atina (estritamente) aos aspectos patrimoniais, isto é, nos relativos às obrigações de pagamento, quando estas hajam sido constituídas e fixadas ao cabo de certame licitatório*, na conformidade da proposta vencedora. É que, em tal caso, evidencia-se que não estão em pauta *obrigações patrimoniais ex lege*, como as tributárias, mas vínculos obrigacionais recíprocos instituídos *ex voluntate* no que concerne aos aspectos patrimoniais.

Referências

ALESSI, Renato. *Sistema istituzionale del diritto amministrativo italiano*. 2. ed. Milão: Giuffrè, 1960.

BANDEIRA DE MELLO, Celso Antônio. *Ato administrativo e direito dos administrados*. São Paulo: Revista dos Tribunais, 1981. p. 16-17.

BANDEIRA DE MELLO, Celso Antônio. *Curso de direito administrativo*. 26. ed. São Paulo: Malheiros, 2009.

BANDEIRA DE MELLO, Celso Antônio. *Prestação de serviços públicos e Administração indireta*. 2. ed. São Paulo: Revista dos Tribunais, 1979.

BENOÎT, Francis-Paul. *Le droit administratif français*. Paris: Dalloz, 1968. p. 639.

Cf. FRANÇA, Rubens Limongi. *Brocardos jurídicos*. 3. ed. São Paulo: Revista dos Tribunais, 1977.

Cf. LAUBADÈRE, André de. *Traite élementaire de droit administratif*. 3. ed. Paris: LGDF, 1963. v. I.

CHAPUS, René. *Droit administratif général*. 6. ed. Paris: Montchrestien, 1992. t. I.

FONSECA, Arnoldo Medeiros da. *Caso fortuito e teoria da imprevisão*. 3. ed. Rio de Janeiro: Forense, 1958.

GARCÍA DE ENTERRÍA, Eduardo; FERNÁNDEZ, Tomás-Ramón. *Curso de derecho administrativo*. 14. ed. Madrid: Thomson Civitas, 2008. v. I.

GONZALEZ PEREZ, Jesus. *El principio general de la buena fe en el derecho administrativo*. Madrid: Civitas, 1983.

GUASP, Jaime. *El principio general de la buena fe en el derecho administrativo*. Madrid: [s.n.], 1983.

MAXIMILIANO, Carlos. *Hermenêutica e aplicação do direito*. 15. ed. Rio de Janeiro: Forense, 1995.

MEIRELLES, Hely Lopes. *Licitação e contrato administrativo*. 9. ed. atual. São Paulo: Revista dos Tribunais, 1990.

PEQUIGNOT, George. *Théorie general du contract administratif*. Paris: A. Pedone, 1945.

SIDOU, Othon. *A cláusula rebus sic stantibus no direito brasileiro*. Rio de Janeiro: Livraria Freitas Bastos S.A., 1962.

Nº 16

PERFIL DO PODER REGULAMENTAR NO DIREITO BRASILEIRO

I – Introdução; II – Limites do poder regulamentar; III – O objeto do poder regulamentar; Referências

I – Introdução

1. O Texto Constitucional brasileiro, em seu art. 5º, II, expressamente estatui que: "Ninguém será obrigado a fazer ou deixar de fazer alguma coisa senão em virtude de *lei*".

Em estrita harmonia com tal dispositivo e travando um quadro cerrado dentro do qual se há de circunscrever a Administração, com todos os seus órgãos e auxiliares personalizados, o art. 84, IV, ao se referir à competência do Chefe do Poder Executivo para expedir decretos e regulamentos, explicita que suas emissões se destinam à "fiel execução" das leis. *Litterim:* "sancionar, promulgar e fazer publicar as leis, bem como expedir decretos e regulamentos *para sua fiel execução*".

Ambos os preceptivos respondem com precisão capilar a objetivos fundamentais do Estado de direito e exprimem com rigor o ideário e as preocupações que nele se substanciaram. Ambos firmam o chamado *princípio da legalidade da Administração*, o qual, de resto, também está expressamente referido na cabeça do art. 37 da Lei Magna.

2. Com efeito, por meio das disposições mencionadas, cumpre-se o projeto de outorgar às pessoas a garantia constitucional de que suas liberdades não serão de nenhum modo coartadas (nem por proibições nem por imposições) senão em decorrência de mandamento proveniente do *corpo legislativo*.

Com isto firma-se, igualmente, o princípio da *garantia da liberdade como regra*, segundo o qual "o que não está proibido aos particulares está, *ipso facto*, permitido". Ante os termos dos preceptivos constitucionais citados, entende-se: "o que não está *por lei* proibido, está juridicamente permitido".

É este aspecto que o art. 5º, II, enfatiza, conquanto seja certo que também se encontra retratado no art. 84, IV e no art. 37. Além disto, na esfera das *liberdades econômicas*, o mesmo princípio está reiterado, agora em sua feição específica traduzida tanto no enunciado do art. 170, *caput* e inc. IV, que proclamam, respectivamente, a "livre iniciativa", como um dos pilares da ordem econômica e a livre concorrência como um princípio que a governam, quanto na dicção do parágrafo único do mesmo artigo, segundo o qual: "É assegurado a todos o livre exercício de qualquer atividade econômica, independentemente de autorização de órgãos públicos, salvo nos *casos previstos em lei*".

3. Por outro lado, nos aludidos versículos constitucionais, se estampa o cuidado que engendrou a tripartição do exercício do poder, isto é, o de evitar que se concentrem os poderes públicos em um "mesmo homem ou corpo de principais", para usar das expressões do próprio Montesquieu, cautela indispensável, porquanto, no dizer deste iluminado teórico: "é uma experiência eterna a de que todo homem que tem poder é levado a abusar dele; ele vai até que encontre limites". Nisto, aliás, justificou sua postulação de que aquele que faz as leis não as execute nem julgue; que o que julga não faça as leis nem as execute e que aquele que as executa não *faça as leis* nem as julgue.[316]

É esta preocupação que está abrigada nos diversos preceptivos constitucionais referidos. O desiderato deles é, pois, o de impedir que sob o rótulo de regulamentar se expeçam disposições de caráter legislativo, vale dizer, normas constitutivas, modificativas ou extintivas de direitos e obrigações (imposições de fazer ou não fazer) não previstas em lei. Dessarte, com tal preceito, firma-se cânone basilar de nosso direito público – oposto ao da autonomia da vontade – segundo o qual

---

[316] MONTESQUIEU, Charles de. *De l'esprit des lois*. Paris: Garnier Frères, Libraires Editeurs, 1869. p. 142-143.

o que, por lei, não está, antecipadamente permitido à Administração está, ipso facto, proibido.

4. Na doutrina, quer nacional, quer alienígena, acotações do mesmo jaez podem ser colhidas aos racimos. Assim, entre nós, Hely Lopes Meirelles anotou: "Enquanto na administração particular é lícito fazer tudo que a lei não proíbe, na Administração Pública só é permitido fazer o que a lei autoriza".[317] Cirne Lima, com sua incontendível autoridade, prelecionou: "Supõe, destarte, a atividade administrativa a preexistência de uma regra jurídica, reconhecendo-lhe uma finalidade própria. Jaz, consequentemente, a administração pública debaixo da legislação que deve enunciar e determinar a regra de direito".[318] O nunca assaz pranteado Seabra Fagundes, expressão pinacular do direito público brasileiro, resumiu tudo em frase lapidar, por sua exatidão e síntese, ao dizer que administrar é *aplicar a lei de ofício*.[319] Nós mesmos, inúmeras vezes, averbamos que: "A legalidade na Administração não se resume à ausência de oposição à lei, mas pressupõe autorização dela, como condição de sua ação".[320]

Entre os publicistas estrangeiros, enunciados da mesma força encontram-se aos bolhões, ainda que sejam exagerados em face dos respectivos direitos, nos quais, ao contrário do que sucede no direito brasileiro, inexistem contenções tão rígidas quanto as nossas, pois, nos países de origem dos referidos doutrinadores, ao poder regulamentar é reconhecível uma extensão muito maior do que entre nós.

Disse Fritz Fleiner: "Administração legal significa, pois: Administração posta em movimento pela lei e exercida nos limites de suas disposições".[321] O eminente professor de Coimbra, Afonso Rodrigues Queiró, proferiu os seguintes preciosos ensinamentos: "A atividade administrativa é uma atividade de subsunção dos fatos da vida real às categorias legais"[322] ou "O Executivo é a 'longa manus' do legislador".[323]

---

[317] MEIRELLES, Hely Lopes. *Direito administrativo brasileiro*. 15. ed. São Paulo: Revista dos Tribunais, 1990. p. 78.
[318] LIMA, Ruy Cirne. *Princípios de direito administrativo*. 5. ed. São Paulo: Revista dos Tribunais, 1982. p. 22.
[319] FAGUNDES, Miguel Seabra. *O controle dos atos administrativos pelo Poder Judiciário*. 5. ed. rev. e atual. Rio de Janeiro: Forense, 1979. p. 4-5.
[320] BANDEIRA DE MELLO, Celso Antônio. *Curso de direito administrativo*. 26. ed. São Paulo: Malheiros, 2009. p. 76.
[321] FLEINER, Fritz. *Principes generaux du droit administratif allemand*. Tradução francesa de Ch. Einsenman. Paris: Delagrave, 1933. p. 87.
[322] QUEIRÓ, Afonso Rodrigues. *Reflexões sobre a teoria do desvio de poder*. Coimbra: Coimbra Editora, 1940. p. 19.
[323] QUEIRÓ, Afonso Rodrigues. *Estudos de direito administrativo*. Coimbra: Atlântida, 1968. p. 9.

Renato Alessi indica que a atividade administrativa se subordina à legislativa tanto em um sentido negativo (proibições concernentes a atividades, finalidades, meios e formas de ação), quanto em um sentido *positivo*, significando este último não apenas que a lei pode vincular positivamente a atividade administrativa a determinadas finalidades, meios ou formas, mas que, sobretudo no que concerne a atividades de caráter jurídico, a Administração "pode fazer tão somente o que a lei consente".[324] Michel Stassinopoulos cunhou esta admirável frase para descrever a inevitável dependência administrativa da lei no Estado de direito: "Em um Estado de direito, a administração encontra-se não apenas na impossibilidade de agir *contra legem* ou *extra legem*, mas é obrigada a agir sempre *secundum legem*".[325] Ernst Forsthoff encarece as relações entre o princípio da legalidade e a liberdade individual ao esclarecer que isto se dá por uma dupla maneira: por um lado, por meio do expresso reconhecimento de liberdades determinadas, tanto pela Constituição como pelas leis ordinárias e, de outro, graças ao princípio da legalidade da Administração

> que não admite maiores intervenções na liberdade e propriedade além das que se acham legalmente permitidas. Este princípio se baseia na divisão de poderes e pressupõe que a Administração age embasada na lei e que o legislador não expede, sob forma de leis, atos administrativos.[326]

5. É, pois, livre de qualquer dúvida ou entredúvida que os precitados dispositivos constitucionais brasileiros (arts. 5º, II, 84, IV e 37) consagram, com luminosa explicitude, esta enérgica proteção – a que aludem os doutrinadores referidos – contra *eventuais pretensões do Executivo de disciplinar, ele próprio e segundo seus próprios critérios, a liberdade e a propriedade dos administrados*, mediante imposição de obrigações de fazer ou não fazer radicadas meramente em regulamentos.

Em suma: só por lei se regula liberdade e propriedade; só por lei se impõem obrigações de fazer ou não fazer e só para cumprir dispositivos legais é que o Executivo pode expedir decretos e regulamentos. Também por tudo isto se explica o redobrado cuidado do constituinte ao reiterar,

---

[324] ALESSI, Renato. *Sistema istituzionale del diritto amministrativo italiano*. 3. ed. Milão: Giuffrè, 1960. p. 9.
[325] STASSINOPOULOS, Michel. *Traité des actes administratifs*. Athenas: Librairie Sirey, 1954. p. 69.
[326] FORSTHOFF, Ernst. *Traité de droit administratif allemand*. Tradução da 9. ed. alemã de Michel Fromont. Bruxelles: Établissements Émile Bruylant, 1969. p. 282.

no âmbito das liberdades econômicas, a absoluta inteireza e valia destas colunas mestras de nosso sistema, conforme resulta do art. 170 – encarecedor da liberdade de iniciativa; de seu inc. IV – encarecedor da livre concorrência; e do parágrafo único deste preceptivo, que, uma vez mais, renova a submissão total dos atos administrativos à lei e a diretriz básica de que só por lei é possível restringir a liberdade econômica. O aludido versículo, repita-se, dispõe ser livre o exercício de qualquer atividade econômica, independentemente de autorização dos órgãos públicos, salvo os casos previstos em *lei*.

II – Limites do poder regulamentar

6. Segue-se que os regulamentos *não podem aportar à ordem jurídica direito ou obrigação que já não estejam, na lei, previamente caracterizados e de modo suficiente*, isto é, nela delineados, ao menos pela indicação dos critérios e balizamentos indispensáveis para o reconhecimento de suas composturas básicas.

Foi o que de outra feita averbamos, apostilando que:

> há inovação proibida sempre que seja impossível afirmar-se que aquele específico direito, dever, obrigação, limitação ou restrição já estavam estatuídos e identificados na lei regulamentada. Ou, reversamente: há inovação proibida quando se possa afirmar que aquele específico direito, dever, obrigação, limitação ou restrição incidentes sobre alguém não estavam já estatuídos e identificados na lei regulamentada. A identificação referida não necessita ser absoluta, mas deve ser suficiente para que se reconheçam as condições básicas de sua existência em vista de seus pressupostos, estabelecidos na lei e nas finalidades que ela protege.[327]

De resto, novidade alguma existe no trecho mencionado. Advertências do mesmo tom têm sido feitas, a cotio e a sem fins, por doutores da máxima suposição. Não é demais pôr em curso cita literal de algumas passagens colhidas nestes doutrinadores. Pontes de Miranda bordou com pena de ouro os seguintes comentos:

> Se o regulamento cria direitos ou obrigações novas, *estranhas* à lei, ou faz reviverem direitos, deveres, pretensões, obrigações, ações ou execuções

---

[327] BANDEIRA DE MELLO, Celso Antônio. *Ato administrativo e direito dos administrados*. São Paulo: Revista dos Tribunais, 1981. p. 98.

que a lei apagou, é inconstitucional. *Tampouco pode ele limitar, modificar, ampliar direitos, deveres, pretensões, obrigações ou exceções.*[328]

E mais:

Onde se estabelecem, alteram ou extinguem direitos, não há regulamentos — há abuso do poder regulamentar, invasão de competência do Poder Legislativo. O regulamento nada mais é que auxiliar das leis, auxiliar que sói pretender, não raro, o lugar delas, sem que possa, com tal desenvoltura, justificar-se e lograr que o elevem à categoria de lei.[329]

É que, como disse Geraldo Ataliba: "Sua função é facilitar a execução da lei, é especificá-la de modo praticável e, sobretudo, acomodar o aparelho administrativo para bem observá-la".[330]

Daí haver este último mestre incluído entre as conclusões do referido estudo a de que o regulamento: "*nada cria de novo;* apenas dá disposições administrativas, tendentes à fiel execução da lei; *não erige norma nova;* apenas adequa os órgãos administrativos para bem cumprirem ou permitirem o cumprimento da lei".[331]

Seabra Fagundes, de seu turno, anotou que o regulamento: "Prende-se em essência ao texto legal. O seu objetivo é tão-somente facilitar, pela especificação do processo executório e pelo desdobramento minucioso do conteúdo sintético da lei a execução da vontade do Estado expressa em ato legislativo".[332]

E disse, logo adiante: "Não lhe cabe alterar situação jurídica anterior, mas apenas pormenorizar as condições de modificação originária de outro ato (a lei). Se o fizer, exorbitará, significando uma invasão pelo Poder Executivo da competência legislativa do Congresso".[333]

---

[328] MIRANDA, Francisco Cavalcanti Pontes de. *Comentários à Constituição de 1967, com a Emenda nº 1 de 1969.* 2. ed. rev. São Paulo: Revista dos Tribunais, 1970. t. III. p. 316. Grifos nossos.

[329] MIRANDA, Francisco Cavalcanti Pontes de. *Comentários à Constituição de 1967, com a Emenda nº 1 de 1969.* 2. ed. rev. São Paulo: Revista dos Tribunais, 1970. t. III. p. 314. Grifos nossos.

[330] ATALIBA, Geraldo. Decreto regulamentar no sistema brasileiro. *RDA,* v. 97, jul./set. 1969. p. 23.

[331] ATALIBA, Geraldo. Decreto regulamentar no sistema brasileiro. *RDA,* v. 97, jul./set. 1969. p. 32. Grifos nossos.

[332] FAGUNDES, Miguel Seabra. *O controle dos atos administrativos pelo Poder Judiciário.* 5. ed. rev. e atual. Rio de Janeiro: Forense, 1979. p. 24, nota de rodapé 2.

[333] FAGUNDES, Miguel Seabra. *O controle dos atos administrativos pelo Poder Judiciário.* 5. ed. rev. e atual. Rio de Janeiro: Forense, 1979. p. 24, nota de rodapé 2.

7. Em suma: entre a lei e o regulamento não existem apenas diferenças de origem ou de posição na hierarquia das normas jurídicas. Como bem ressaltara Oswaldo Aranha Bandeira de Mello, ponto de supino relevo para distingui-los está em que, no que atina à força jurídica que possuem: "[...] a lei *inova originariamente* na ordem jurídica, enquanto o regulamento não a altera", pois esta, como diz o mesmo mestre: "*É fonte primária*, ao passo que o regulamento é fonte secundária, inferior",[334] de tal forma que os regulamentos:

> [...] hão de ter por conteúdo regras orgânicas e processuais destinadas a pôr em execução os princípios institucionais estabelecidos em lei, ou para desenvolver os preceitos constantes da lei, expressos ou implícitos, dentro da órbita por ela circunscrita, isto é, as diretrizes, em pormenor, por ela determinadas.[335]

8. Esta diferente força jurídica, a de inovar originariamente (lei) ou, tão só, a de especificar *o que já foi objeto de disciplina*, portanto, o que já sofreu, por lei, *caracterização e delineamento anterior* (regulamento) é que oferece deslinde para outro problema cuja solução seria tormentosa não fora a diretriz fornecida pela distinção em apreço. A saber: o problema dos limites de liberdade passíveis de serem deferidos pela lei ao regulamento sem incorrer em delegação de poderes disfarçada, ou, mesmo ingenuamente, procedida em descompasso com o Texto Constitucional.

Com efeito, a questão é transcendente, pois de nada adiantariam aturadas cautelas para acantonar o regulamento em seu campo de expressão próprio se, por força da própria obra legislativa, fosse possível, indiretamente, dilatar-lhe a esfera de ação e ensejar, por meio transverso, infiltração do Executivo em área que se quer defendida contra suas eventuais incursões. Vale dizer: de nada adiantariam os arts. 5º, II e 84, IV, se, ulteriormente, o legislador pudesse entregar, de mão beijada, a esfera da liberdade e da propriedade dos administrados para ser disciplinada por via de regulamento.

Fora isto possível e a garantia constitucional de que "ninguém poderá ser obrigado a fazer ou *deixar de fazer* alguma coisa senão em virtude *de lei*", a segurança de que os regulamentos seriam meramente

---

[334] BANDEIRA DE MELLO, Oswaldo Aranha. *Princípios gerais de direito administrativo*. 3. ed. São Paulo: Malheiros, 2007. v. I. p. 373. Grifos nossos.

[335] BANDEIRA DE MELLO, Oswaldo Aranha. *Princípios gerais de direito administrativo*. 3. ed. São Paulo: Malheiros, 2007. v. I. p. 370.

executivos, a certeza de que o livre exercício de qualquer atividade econômica seria livre e independente de autorização de órgãos públicos, "salvo nos casos estabelecidos *em lei*", deixariam de se constituir em proteção constitucional, convertendo-se em preceitos que vigorariam se e na medida do amor ou desamor do legislador ordinário pela Lei Magna. Em suma: não mais haveria a garantia *constitucional* aludida, pois os ditames ali insculpidos teriam sua valia condicionada às decisões infraconstitucionais, isto é, às que resultassem do querer do legislador ordinário.

É dizer: se à lei fosse dado dispor que o Executivo disciplinaria, por regulamento, tal ou qual liberdade, o ditame assecuratório de que ninguém será obrigado a fazer ou deixar de fazer senão em virtude de lei perderia o caráter de garantia constitucional, pois o administrado seria obrigado a fazer ou deixar de fazer alguma coisa, *ora* em virtude de *regulamento*, *ora* de *lei*, ao líbito do Legislativo, isto é, conforme o legislador ordinário entendesse de decidir. É óbvio, entretanto, que, em tal caso, este último estaria se sobrepondo ao constituinte e subvertendo a hierarquia entre Constituição e lei, evento juridicamente inadmissível em regime de Constituição rígida.

Aliás, note-se, *nem mesmo por "lei delegada" seria possível ao Executivo regular direitos individuais*, ante a vedação explícita do art. 68, II, o qual embarga que tal matéria seja objeto da referida espécie legislativa.

9. Por tudo quanto se expôs, resulta óbvio que são inconstitucionais as disposições regulamentares produzidas na conformidade de *delegações disfarçadas*, resultantes de leis que meramente transferem ao Executivo o encargo de disciplinar o exercício da liberdade e da propriedade das pessoas. Tal perigoso vício é especialmente vitando e contra ele adverte Pontes de Miranda, ao averbar:

> Se o Poder Legislativo deixa ao Poder Executivo fazer lei, delega; o poder regulamentar é o que se exerce sem criação de regras jurídicas que alterem as leis existentes e sem alteração da própria lei regulamentada [...]. Nem o Poder Executivo pode alterar regras jurídicas constantes de lei, a pretexto de editar decretos para a sua fiel execução, ou regulamentos concernentes a elas, *nem tal atribuição pode provir de permissão ou imposição legal de alterar regras legais ou estendê-las ou limitá-las* [...]. Onde o Executivo poderia conferir ou não direitos, ou só os conferir segundo critério seu ou parcialmente seu, há delegação de poder.[336]

---

[336] MIRANDA, Francisco Cavalcanti Pontes de. *Comentários à Constituição de 1967, com a Emenda nº 1 de 1969*. 2. ed. rev. São Paulo: Revista dos Tribunais, 1970. t. III. p. 312-313.

Mesmo que não o faça com precisão capilar, a lei tem que caracterizar o direito ou a obrigação, limitação, restrição que nela se contemplem, tanto como o enunciado dos pressupostos para sua irrupção e os elementos de identificação dos destinatários da regra, de sorte que ao menos a compostura básica, os critérios para seu reconhecimento, estejam de antemão fornecidos. Assim, o espaço regulamentar conter-se-á dentro destas balizas professadamente enunciadas na lei.

Na delegação feita indiretamente justamente faltam estas especificações, pois se pretende, ao arrepio da Constituição, liberar o Executivo para compô-las, ficando-lhe concedido como que um cheque em branco, a ser preenchido por via regulamentar. E isto, evidentemente, não é tolerado pela Constituição. Seria de absoluta inanidade o preceituado nos artigos insistentemente referidos, se houvesse tolerância para com práticas do gênero e os objetivos do Estado de direito que foram tão zelosamente resguardados na Lei Magna soçobrariam por inteiro. Interpretação que ignorasse as limitações mencionadas contrariaria a sábia advertência de Carlos Maximiliano, o sumo mestre brasileiro em tema de hermenêutica, assim expressada: "Deve o Direito ser interpretado inteligentemente, não de modo a que a ordem legal envolva um absurdo prescreva inconveniências, vá ter a conclusões inconsistentes ou impossíveis".[337]

Com efeito, seria um absurdo e afrontoso à inteligência supor que a Constituição estabeleceu mecanismos tão cautelosos para defesa de valores ciosamente postos a bom recato, os quais, entretanto, seriam facilmente reduzidos a nada graças ao expediente singelo das delegações procedidas indiretamente. É que, como disse o precitado Geraldo Ataliba, em frase altamente sugestiva: "Ninguém construiria uma fortaleza de pedra, colocando-lhe portas de papelão".

10. Para evitar equívocos, cumpre, neste passo, fazer-se uma acotação necessária. Não se deve confundir o tema das limitações ao poder regulamentar e das razões que as inspiraram com o tema dos poderes que assistem à Administração em relações de outra ordem, nas quais existe uma liberdade administrativa *muito mais ampla*, exercitável na intimidade de *relações especiais intercedentes entre Poder Público e administrados*, quando estes, por nelas se inserirem, ficam internados no campo em que vige a *supremacia especial* da Administração. A esta

---

[337] MAXIMILIANO, Carlos. *Hermenêutica e aplicação do direito*. 15. ed. Rio de Janeiro: Forense, 1995. p. 166.

supremacia especial, então, contrapõe-se, como o diz Renato Alessi, "uno stato di *speciale soggezione personale* dell'individuo di fronte alla Amministrazione, soggezione più accentuata di quanto non sia la normale soggezione di fronte all'Amministrazione considerata semplicemente come titolare del potere d'impero".[338]

Deveras, há que distinguir duas situações. Uma, a que resulta das leis para a coletividade em geral e que, por pressupor uma atuação administrativa, demanda a edição de regulamentos, atos editáveis para reger seus comportamentos no confronto com os administrados.

Outra, a que, de fora parte a questão do primado legal, a ser, obviamente, sempre respeitado, corresponde aos sujeitos que, por haverem travado com o Poder Público um *vínculo específico*, veem-se colhidos por mandamentos, por injunções peculiares, em suma, por uma disciplina de comportamentos só pertinente aos dessarte vinculados e que lhes é imponível pela própria Administração, já que esta estará supedaneada nas prerrogativas que lhe resultam deste mesmo vínculo.

11. Os poderes que, neste caso, assistem aos sujeitos administrativos são exercitáveis em vista da adequada condução dos interesses jurídicos públicos suscitados *na intimidade da relação especial de que se trate e decorrem da índole desta última*, correspondendo, então, à contrapartida da situação específica em que o administrado se viu investido. É o que se passa com as disposições e determinações emanadas de pessoas ou órgãos administrativos, como, *exempli gratia*, o Conselho Monetário Nacional ou o próprio Banco Central, em relação às entidades privadas integrantes do Sistema Financeiro (Lei nº 4.595, de 31.12.1964), ou, também, da Comissão de Valores Mobiliários no que atina às entidades privadas que operam no sistema de distribuição de títulos ou valores mobiliários (Lei nº 4.728, de 14.7.1965).

Situações deste teor são particularmente visíveis no caso dos concessionários de serviço público, dos delegados de função pública, dos servidores públicos e, de modo geral, nos especificamente habilitados ou credenciados para o desempenho de certas atividades cujo desempenho subordina-se a tal requisito. Ocorrem também em certas hipóteses de fruição de serviços públicos, nas quais os admitidos na qualidade de utentes devam inserir-se na intimidade do aparelho administrativo (usuários de uma biblioteca, inscritos em escola pública, internos em hospitais públicos). Nestes últimos casos, o desfrute do

---

[338] ALESSI, Renato. *Principi di diritto amministrativo*. 4. ed. Milão: Giuffrè, 1978. t. I. p. 281.

serviço põe em causa a necessidade de um contato pessoal com a intimidade da Administração e se produz com o travamento de um *vínculo específico* (por meio de atos de "admissão"), demandando, por parte da Administração, o exercício de poderes reguladores mais intensos, para regência das condições de utilização dos serviços, estabelecidas nos respectivos "regulamentos", "resoluções" ou atos similares dos quais decorre, sempre que necessário, a expedição das subsequentes injunções concretas neles arrimadas.

Daí que ditos poderes – atribuídos *por lei* aos órgãos ou entidades públicas aos quais esteja afeto o controle das atividades de particulares que receberam *habilitação* para as exercerem – fundam-se no próprio vínculo específico instaurado pelo ato de habilitação do administrado ou no caso da prestação de serviço público, no ato de admissão do usuário à sua fruição. Por isto diz Alessi que tal supremacia especial caracteriza-se por seu caráter de *acessoriedade*, em relação ao vínculo de que se trate.

III – O objeto do poder regulamentar

12. Visto – e de modo abundante – que, entre nós, os regulamentos se destinam à execução de uma lei e que não podem extravasar os termos do que nela se dispõe sobre direitos e obrigações dos administrados, cumpre indagar: o que justificará a edição de um regulamento, se este nada pode acrescer na esfera de direitos e obrigações dos administrados? Qual poderá, então, ser seu conteúdo, isto é, que espécie de disposições são admissíveis?

13. O regulamento tem cabida e é particularmente útil quando a lei pressupõe, para sua execução, uma atuação da Administração em relação aos administrados que comporta uma certa *discricionariedade*. Isto ocorre nos seguintes dois casos:

(a) *um deles* tem lugar sempre que necessário um regramento *procedimental* para regência da conduta que órgãos e agentes administrativos deverão observar e fazer observar, para cumprimento da lei, na efetivação de seu relacionamento com o administrado. Certamente foi a este tipo de disposições que Geraldo Ataliba aludiu ao dizer que o regulamento cumpre uma função de "acomodar o aparelho administrativo" para a fiel observância das leis. Mais clara ainda é a lição de Oswaldo Aranha Bandeira de Mello, em sua aprofundada análise do regulamento, dizendo que com os regulamentos executivos a

Administração estabelece "as regras orgânicas e processuais" para boa execução da lei.[339]

São desta espécie, *exempli gratia*, as providências constantes dos regulamentos de imposto de renda, nas quais se dispõe em que formulários serão feitas as declarações, de que modo e sob que disposição se apresentarão os lançamentos, onde e até que horário será aceita a entrega das declarações etc.

Note-se que se inexistissem tais disposições concernentes ao *modus procedendi*, a multiplicidade de maneiras pelas quais poderiam se efetuar ensejaria que órgãos e agentes públicos adotassem soluções díspares entre si, por desfrutarem de certa discrição perante tais questões, dada a ausência de pormenores legais quanto a isto.

Assim, ao prefixar o modo pelo qual se processarão tais relações, o regulamento coarta esta discrição, pois limita a conduta que órgãos e agentes terão de observar e fazer observar. Dessarte, assegura-se uma uniformidade de procedimento, pelo qual se garante obediência ao cânone fundamental da igualdade, que sofreria transgressões se inexistisse a medida regulamentar.

(b) uma *segunda hipótese* ocorre quando a dicção legal, em sua generalidade e abstração, comporta, por ocasião da passagem deste plano para o plano concreto e específico dos múltiplos atos individuais a serem praticados para aplicar a lei, intelecções mais ou menos latas, mais ou menos compreensivas. Por força disto, *ante a mesma regra legal e perante situações idênticas*, órgãos e agentes poderiam adotar medidas diversas, isto é, não coincidentes entre si. Alerte-se que estamos nos referindo *tão só* e *especificamente* aos casos em que o enunciado legal pressupõe uma *averiguação ou operacionalização técnica* – conforme adiante melhor aclararemos – a serem resolutas em nível administrativo, até porque, muitas vezes, seria impossível, impraticável ou desarrazoado efetuá-las no plano da lei.

Então, para circunscrever este âmbito de imprecisão que geraria comportamentos desuniformes – inconvinentes com o preceito isonômico – a Administração limita a *discricionariedade* que adviria da dicção inespecífica da lei.

---

[339] BANDEIRA DE MELLO, Oswaldo Aranha. *Princípios gerais de direito administrativo*. 3. ed. São Paulo: Malheiros, 2007. v. I. p. 369.

Sirvam de exemplo – para referir hipóteses lembradas por Geraldo Ataliba – regulamentos que caracterizam certas drogas como prejudiciais à saúde ou medicamentos como potencialmente perigosos; os que, a bem da salubridade pública, delimitam o teor admissível de certos componentes em tais ou quais produtos; os que especificam as condições de segurança mínima nos veículos automotores e que estabelecem as condições de defesa contra fogo nos edifícios.

Todos eles são expedidos com base em disposições legais que mais não podem ou devem fazer senão aludir a conceitos precisáveis mediante averiguações técnicas, as quais sofrem o influxo das rápidas mudanças advindas do progresso científico e tecnológico, assim como das condições objetivas existentes em dado tempo e espaço, cuja realidade impõe, em momentos distintos, *níveis diversos no grau das exigências administrativas* adequadas para cumprir o escopo da lei sem sacrificar outros interesses também por elas confortados.

14. Ditos regulamentos cumprem a imprescindível função de, balizando o comportamento dos múltiplos órgãos e agentes aos quais incumbe fazer observar a lei, *de um lado oferecer segurança jurídica aos administrados sobre o que deve ser considerado proibido* pela lei (e *ipso facto* excluído do campo da livre autonomia da vontade) e, de outro lado, *garantir aplicação isonômica* da lei, pois, se não existisse esta normação infralegal, alguns servidores públicos, em um dado caso, entenderiam perigosa, insalubre ou insegura dada situação, ao passo que outros, em casos iguais, dispensariam soluções diferentes.

Oswaldo Aranha Bandeira de Mello, referindo-se a situações do gênero, adverte que não há nisto configuração de regulamento autorizado ou delegado, mas regulamento de execução de lei ao se exercitar o "poder conferido pelo Legislativo ao Executivo para determinar fatos e condições objeto de textos legislativos, que no direito americano se enfeixa nos chamados regulamento contingentes".[340]

É bem de ver que as disposições regulamentares a que ora se está aludindo presumem, sempre e necessariamente, uma *interpretação* da lei aplicanda, na medida em que, ao proceder à *qualificação* especificadora em que se traduz seu conteúdo, vai subentendido – o que é requisito de validade do regulamento – inexistir qualquer acréscimo ao que, virtualmente, já se continha na estatuição legal. É dizer: a precisão aportada pela norma regulamentar não se propõe a agregar nada além

---

[340] BANDEIRA DE MELLO, Oswaldo Aranha. *Princípios gerais de direito administrativo*. 3. ed. São Paulo: Malheiros, 2007. v. I. p. 371.

do que já era *comportado* pela lei, mas simplesmente inserir caracteres de exatidão ao que se achava difuso na embalagem legal. Além disto, entretanto, na medida em que estabeleça um nível de concreção *mais denso e mais particularizado* do que aquele residente na lei, comprimirá as alternativas admissíveis sem face dela e, portanto, restringirá a discricionariedade que preexistia à norma regulamentar.

15. Ao respeito destes regulamentos cabem importantes acotações.

A primeira delas é a de que interpretar a lei todos o fazem – tanto a Administração, para impor-lhe a obediência, quanto o administrado, para ajustar seu comportamento ao que nela esteja determinado – mas só o Poder Judiciário realiza, caso a caso, a interpretação reconhecida como a "verdadeira", a "certa", juridicamente. Segue-se que, em Juízo, poderá, no interesse do administrado, ser fixada interpretação da lei distinta da que resultava de algum regulamento. De outra parte, entretanto, não há duvidar que o regulamento vincula a Administração e firma para o administrado exoneração de responsabilidade ante o Poder Público, por comportamentos na conformidade dele efetuados.

16. A segunda acotação é a de que – conforme dantes se disse e agora melhor se explica – estas medidas regulamentares concernem tão somente à *identificação ou caracterização técnica*, dos *elementos* ou *situações de fato* que respondem, já agora de modo preciso, aos conceitos inespecíficos e indeterminados de que a lei se serviu, exatamente para que fossem precisados depois de estudo, análise e ponderação técnica efetuada no nível da Administração, com o concurso, sempre que necessário, dos dados de fato e dos subsídios fornecidos pela ciência e pela tecnologia disponíveis.

Relembrem-se os exemplos anteriores. Reconhecer quais são os equipamentos indispensáveis à segurança que um veículo deve oferecer ao usuário (para bem atender à norma legal que faça tal exigência) corresponde a analisar quais são os recursos disponíveis em face da tecnologia da época e das possibilidades efetivas de sua pronta utilização, levando em conta, *também*, fatores atinentes ao custo deles, de tal modo a não se fazerem exigências tão excessivas que as tornem impraticáveis nem tão insignificantes que comprometam a razão de ser do dispositivo legal regulamentado. O mesmo se dirá no tocante à segurança contra fogo nas edificações. Se a lei impõe, sem maiores especificações, a adoção de equipamentos de segurança, o mesmo critério se impõe para as normas regulamentares que qualifiquem o que será tido como tecnicamente necessário para atender ao desígnio legal.

Nota-se, pois, que as disposições regulamentares aludidas resultam do exercício conjugado da impropriamente chamada "discricionariedade técnica" com a "discricionariedade administrativa", visto que entram em pauta tanto fatores técnicos quanto de conveniência (no que concerne ao nível de exigências) e oportunidade; visível esta última característica quando são estabelecidas exigências progressivas no tempo.

17. Finalmente, cumpre considerar que há também um espaço para o exercício da função regulamentar alheio a *qualquer exercício de discricionariedade administrativa*. Tem lugar quando o regulamento pura e simplesmente enuncia de modo analítico, é dizer, desdobradamente, tudo aquilo que estava enunciado na lei mediante conceitos de "síntese".

Neste caso, o regulamento – além de nada acrescentar, pois isto ser-lhe-ia, de todo modo, defeso – também *nada restringe* ou suprime do que se continha nas possibilidades resultantes da dicção da lei. Aqui, ainda é mais evidente sua função interpretativa, que será, no que a isto concerne, *exclusivamente interpretativa*, cumprindo meramente a função de "explicitar" o que consta da norma legal ou "explicar" didaticamente seus termos, de modo a "facilitar a execução da lei", expressões estas encontráveis, habitualmente, nos conceitos doutrinários correntes sobre regulamento. Quando Seabra Fagundes diz que "seu objetivo é tão somente facilitar [...] (pela especificação do processo executório e) [...] pelo *desdobramento minucioso do conteúdo sintético da lei*, a execução da vontade do Estado expressa em ato legislativo", está, ao que se depreende desta expressão grifada, reportado aí precisamente à hipótese ora cogitada.

Se uma lei, *exempli gratia*, estabelece que a vantagem tal ou qual só é atribuível aos "servidores públicos civis" e seu regulamento estatuir que a ela fazem jus unicamente os servidores (não militares) (a) da Administração direta; (b) das autarquias e (c) das fundações públicas, nada mais terá feito senão enunciar analiticamente todas as espécies que em seu conjunto integram o conceito sintético de "servidor público civil" (art. 39 da Constituição), exprimindo desdobrada ou pormenorizadamente seu conteúdo, com finalidade de esclarecer didaticamente a lei aos seus agentes.

18. Em síntese: os regulamentos serão compatíveis com o princípio da legalidade quando, no interior das possibilidades comportadas pelo enunciado legal, os preceptivos regulamentares servirem a um dos seguintes propósitos: (I) *limitar a discricionariedade administrativa*, seja para (a) dispor sobre o *modus procedendi* da Administração nas

relações que necessariamente surdirão entre ela e os administrados por ocasião da execução da lei; (b) caracterizar fatos, situações ou comportamentos enunciados na lei mediante conceitos vagos cuja determinação mais precisa deva ser embasada em índices, fatores ou elementos configurados a partir de critérios ou avaliações *técnicas* segundo padrões uniformes, para garantia do princípio da igualdade e da segurança jurídica; (II) *decompor analiticamente o conteúdo de conceitos sintéticos*, mediante simples discriminação integral do que nele se contém e estabelecimento dos comportamentos administrativos que sejam consequências lógicas necessárias do cumprimento da lei regulamentada.

Referências

ALESSI, Renato. *Principi di diritto amministrativo*. 4. ed. Milão: Giuffrè, 1978. t. I.

ALESSI, Renato. *Sistema istituzionale del diritto amministrativo italiano*. 3. ed. Milão: Giuffrè, 1960.

ATALIBA, Geraldo. Decreto regulamentar no sistema brasileiro. *RDA*, v. 97, jul./set. 1969.

BANDEIRA DE MELLO, Celso Antônio. *Ato administrativo e direito dos administrados*. São Paulo: Revista dos Tribunais, 1981.

BANDEIRA DE MELLO, Celso Antônio. *Curso de direito administrativo*. 26. ed. São Paulo: Malheiros, 2009.

BANDEIRA DE MELLO, Oswaldo Aranha. *Princípios gerais de direito administrativo*. 3. ed. São Paulo: Malheiros, 2007. v. I.

FAGUNDES, Miguel Seabra. *O controle dos atos administrativos pelo Poder Judiciário*. 5. ed. rev. e atual. Rio de Janeiro: Forense, 1979.

FLEINER, Fritz. *Principes generaux du droit administratif allemand*. Tradução francesa de Ch. Einsenman. Paris: Delagrave, 1933.

FORSTHOFF, Ernst. *Traité de droit administratif allemand*. Tradução da 9. ed. alemã de Michel Fromont. Bruxelles: Établissements Émile Bruylant, 1969.

LIMA, Ruy Cirne. *Princípios de direito administrativo*. 5. ed. São Paulo: Revista dos Tribunais, 1982.

MAXIMILIANO, Carlos. *Hermenêutica e aplicação do direito*. 15. ed. Rio de Janeiro: Forense, 1995.

MEIRELLES, Hely Lopes. *Direito administrativo brasileiro*. 15. ed. São Paulo: Revista dos Tribunais, 1990.

MIRANDA, Francisco Cavalcanti Pontes de. *Comentários à Constituição de 1967, com a Emenda nº 1 de 1969*. 2. ed. rev. São Paulo: Revista dos Tribunais, 1970. t. III.

MONTESQUIEU, Charles de. *De l'esprit des lois*. Paris: Garnier Frères, Libraires Editeurs, 1869.

QUEIRÓ, Afonso Rodrigues. *Estudos de direito administrativo*. Coimbra: Atlântida, 1968.

QUEIRÓ, Afonso Rodrigues. *Reflexões sobre a teoria do desvio de poder*. Coimbra: Coimbra Editora, 1940.

STASSINOPOULOS, Michel. *Traité des actes administratifs*. Athenas: Librairie Sirey, 1954.

Nº 17

SERVIÇO PÚBLICO E SUA FEIÇÃO CONSTITUCIONAL NO BRASIL

I – Pressupostos metodológicos do conceito de serviço público; II – Serviço público: substrato material e elemento formal; III – Os requisitos da noção de serviço público; IV – Conceito de serviço público; V – Regime jurídico do serviço público; VI – Titularidade exclusiva do serviço e titularidade não exclusiva; VII – Titularidade do serviço e titularidade da prestação; VIII – Imposições constitucionais aos serviços públicos no Brasil; IX – Os serviços públicos e a dubiedade da expressão "autorização" na Constituição; Referências

I – Pressupostos metodológicos do conceito de serviço público

1. Ao cientista do direito tanto como a quem exerce o ofício de aplicá-lo ou de promover-lhe a aplicação (juiz, advogado etc.), *enquanto adstritos a tal mister*, só interessam noções que lhes proporcionem saber que princípios e regras jurídicas vigoram perante as situações tais ou quais.

Ou seja: suas mentes estão e só podem estar vertidas sobre a questão de identificar que normas são ou serão suscitadas à vista de determinado evento (fato, comportamento, ato, relação ou situação). Deveras, *nada mais lhes importa senão averiguar* (a) se ocorreu algo que tem relevo para o direito, (b) em caso positivo, que consequências são estas que o direito atribui ao evento em questão. Neste segundo plano é que se aloca o tema da validade dos atos jurídicos. Eis porque só há três tópicos que podem precedentemente ocupar o estudioso e o operador do direito positivo: o da existência jurídica, o da validade dos atos e o dos efeitos de direito oriundos de fatos ou de atos jurídicos.

Desta noção elementar resulta a igualmente elementar conclusão de que a função própria dos conceitos jurídicos, quer sejam eles enunciados pela lei, quer sejam *doutrinariamente construídos*, é a de *aglutinar situações parificadas por uma "unidade de regime"*. É a de isolar conjuntos de princípios e regras incidentes quando ocorridas dadas situações, individualizando-os no confronto com outros conjuntos regentes de outras situações no que concerne a suas *existências, validades* e *efeitos*. Ou, dito pelo reverso: é a de localizar os eventos cuja presença se constitui em um termo, um ponto, ao qual está referido um conjunto determinado de princípios e regras que formam um bloco homogêneo, diverso de outros blocos normativos reportados a outras situações.

Deveras, são noções desta índole – e somente as desta índole – que podem fornecer resposta às indagações pertinentes ao universo em que se circunscreve quem se ocupa do direito positivo: saber que regras se aplicam perante tais ou quais situações.

2. É evidente, pois, e da mais solar evidência que a noção *jurídica* de *serviço público só poderá consistir no isolamento de uma certa realidade cuja presença é correlata a um bloco homogêneo de regras e princípios*.[341]

3. Ressalve-se que leigos (e infelizmente não só estes) poderão utilizar a expressão "serviço público" com sentido inteiramente diverso. Ninguém é dono das palavras. Assim, ninguém poderá impedir que pessoas alheias à ciência do direito (e até mesmo aficionadas deste ramo do conhecimento) sirvam-se desta locução para designar alguma realidade estranha ao significado que poderá possuir em face do direito. Ou seja; poderão valer-se dela para exprimir algo que não representará *coisa alguma em direito, por não fornecer a quem juridicamente o estude ou*

---

[341] Convém, todavia, ter presente que esta homogeneidade é sempre relativa. É que, como disse Agustín Gordillo, invocando lições de Hospers, "Possivelmente não há duas coisas no universo que sejam exatamente iguais em todos os aspectos", assim como, "de igual modo, provavelmente não há duas coisas no universo tão diferentes entre si que não tenham algumas características comuns de maneira que constituam uma base para ubicá-las dentro de um mesma classe" (GORDILLO, Agustín. *Tratado de derecho administrativo*. Belo Horizonte: Del Rey, 2003. t. 1. p. I-21).

opere o interesse único que a justificaria: a ciência antecipada de uma dada unidade de princípios e normas que deverão regê-lo.[342]

Anote-se, de passagem, que um conceito extrajurídico, vale dizer, alheio aos pressupostos racionais indicados, sobre ser inútil em direito é, demais disto, nocivo para os seus estudiosos ou aplicadores quando dele se pretendam servir. Deveras, o pior erro em que pode incidir um cultor de qualquer ciência é o de *desencontrar-se com o próprio objeto de estudo*, é o de distrair-se daquilo sobre o qual seu espírito imaginava e pretendia estar focalizado. Assim, um conceito extrajurídico produz nos estudiosos do direito menos atentos a suposição de que estão a tratar com algo juridicamente relevante e os conduz a produzir especulações que não abicam em nada de aproveitável para o direito, do mesmo passo em que tal absorção os leva a deixar de lado a tarefa de arrecadar e organizar mentalmente os dados que permitiriam enfrentar os tópicos e questões dos quais teriam que se ocupar. De seu turno, os operadores do direito se trabalharem com noção padecente de tão profundo equívoco expor-se-ão, como é óbvio, a aportar em conclusões e decisões rotundamente erradas.

4. De fora parte este tópico capital para formulação de um conceito de serviço público, outro há que também apresenta subido relevo; qual seja: dita noção apresentaria um préstimo *jurídico* muito reduzido ou mesmo nulo se com ela pretender-se abranger toda e qualquer atividade administrativa do Estado, pois, dessarte, não se estaria isolando nada, mas simplesmente duplicando palavras para referir um mesmo objeto.

---

[342] Poder-se-ia, talvez, dizer que as observações feitas, por sua meridiana evidência, por seu caráter acaciano, dispensariam esta introdução. Infelizmente, reparo desta ordem não seria exato. Pelo demonstrar, bastaria referir que a chamada "crise do serviço público" – de que tanto se ocupou a doutrina francesa na década de 50 – ou a suposta crise que estaria hoje a atingir tal noção, sobretudo pelo impacto das ideias econômicas da "privatização" preconizadas pelo neoliberalismo, consistem precisamente em um retrato fiel deste chocante equívoco: assentar uma noção jurídica não sobre "elementos de direito", mas sobre dados da realidade fática. Deveras, o que a doutrina então tomou como sendo uma crise foi a dissociação de três elementos que, de regra, se encontravam associados ao se pensar em serviço público; a saber: (a) uma atividade tida geralmente como de interesse geral; (b) o fato de ser prestada por um organismo governamental e (c) dita prestação fazer-se sob um regime característico: o regime de direito público. Ora serviço público, como noção jurídica, só pode ser um dado regime, nada importando que se altere o substrato sobre o qual se aplica, pois este, obviamente, é mutável tanto quanto a realidade social. Confira-se ao respeito nosso *Natureza e regime jurídico das autarquias*. São Paulo: Revista dos Tribunais, 1968. p. 168-170. Na atualidade, desavisadamente, repete-se a mesma inconsequência. E entre nós, o que ainda é pior, reproduzindo, como é típico dos subdesenvolvidos, o que é dito no exterior, sem atentar para o fato de que a Constituição brasileira não admitiria desclassificar certas atividades da categoria serviço público, óbice este inexistente em outros países.

Segue-se que para evocar no espírito uma dada individualidade é preciso que "serviço público" seja locução designativa de uma *certa e específica atividade* e não de toda e qualquer atividade administrativa. Logo, deverá estar reportada a algo distinto, por exemplo, das limitações administrativas à liberdade e à propriedade, que se convenciona chamar de poder de polícia; distinto também das atividades estatais de fomento; distinto igualmente das obras públicas; diverso, ainda das atividades expressadas exclusivamente por atos jurídicos, como as notariais e registrais; diferente, outrossim, das impositivas de sacrifícios de direito, como as desapropriações e servidões e assim por diante.

Pelo mesmo princípio lógico, deve-se reportar a noção de serviço público aos chamados serviços *uti singuli*, ou seja, individual e singularmente fruíveis pela pessoa de cada um (postergando o *sentido amplo de serviço público*, que abrigaria também os serviços *uti universi*) para enquadrar seu exame no âmbito da teoria das chamadas prestações administrativas da Administração aos Administrados, como bem anotou Renato Alessi.[343] Nisto, de resto, estar-se-ia atendendo ao teor evocativo mais comum da expressão "serviço público", pois, ao pensar-se nele, o que vem de imediato à mente são serviços como o transporte coletivo de passageiros, o fornecimento domiciliar de água, de luz, de gás, de telefone etc., os quais se referem a prestações materiais e efetuadas *uti singuli*.

Feitas, a título preliminar, estas rudimentares acotações, pode-se passar à indagação sobre quais seriam os fatores relevantes para formular-se uma noção de serviço público – entende-se: uma noção *que aspire a ser logicamente consistente e juridicamente prestante*, isto é, apta a buscar o objeto sobre o qual se desenha um regime jurídico unitário.

II – Serviço público: substrato material e elemento formal

5. Sabe-se que certas atividades (consistentes na prestação de utilidade ou comodidade *material*), destinadas a satisfazer *a coletividade em geral*, são qualificadas como serviços públicos quando, em dado tempo e lugar, o Estado reputa que *não convém relegá-las simplesmente à livre iniciativa; ou seja, que não é socialmente desejável fiquem tão só assujeitadas à fiscalização e controles que exerce sobre a generalidade das*

---

[343] ALESSI, Renato. *Le prestazioni amministrative reze ai privati*. Milão: Giuffrè, 1946.

atividades privadas (fiscalização e controles estes que se constituem no chamado "Poder de Polícia").[344]

Justamente pelo relevo que lhes atribui, o Estado considera *de seu dever* assumi-las *como pertinentes a si próprio* (mesmo que sem exclusividade) e, em consequência, exatamente por isto, *as coloca sob uma disciplina peculiar* instaurada para resguardo dos interesses nelas encarnados: aquela disciplina que naturalmente corresponde ao próprio Estado, isto é, *uma disciplina de direito público*.[345]

Mesmo antes de escandir e justificar o que se contém nas afirmações imediatamente subsequentes, diga-se que à vista delas, para estar presente um objeto mencionável como serviço público, devem concorrer cumulativamente os seguintes requisitos: (a) tratar-se de uma *prestação de atividade singularmente fruível pelos usuários*; (b) consistir em atividade *material*; (c) destinar-se à *satisfação da coletividade em geral*; (d) ser reputada pelo Estado como particularmente importante para

---

[344] Expressão indesejável e descabida, como bem anotou Agustín Gordillo (*Tratado de derecho administrativo*. 5. ed. Belo Horizonte: Del Rey, 2003. t. 2, notadamente p. V-1 a V- 16, Cap. V), mas que, por ser muito disseminada na doutrina, na jurisprudência, na legislação e encontrar-se até mesmo no Texto Constitucional brasileiro (art. 145, II), ainda se faz uso dela.

[345] É preciso ter presente no espírito que a expressão "serviço público", na França, de onde se originou, apresentou-se com duas distintas funções: uma, a de "fundamento" adequado do próprio Estado. Com efeito, em Léon Duguit, fundador da chamada Escola do Serviço Público, é neste sentido que é utilizada. Ressaltem-se duas passagens do renomado jurista, que bem demonstram o que foi dito: "[...] O Estado não é como pretendeu-se fazê-lo e como em certa época se acreditou que ele fosse, um poder que comanda, uma soberania; ele é uma cooperação de serviços públicos organizados e controlados pelos governantes" (DUGUIT, Léon. *Traité de droit constitutionnel*. 2. ed. Paris: Ancienne Librairie Fontemoing & Cie. Editeurs, 1923. t. II. p. 54). E a breve trecho: "Ao mesmo tempo, os poderes dos governantes são limitados por esta atividade de serviço público e todo ato dos governantes é sem valor quando persegue um fim diverso de um fim de serviço público. O serviço público é o fundamento e o limite do poder governamental. E com isto está concluída minha teoria do Estado" (DUGUIT, Léon. *Traité de droit constitutionnel*. 2. ed. Paris: Ancienne Librairie Fontemoing & Cie. Editeurs, 1923. t. II. p. 56). De outro lado, a noção de serviço público foi utilizada como "*critério de separação das jurisdições comum* (do Poder Judiciário) *e administrativa* (do Conselho de Estado)" e, consequentemente, *como fator decisivo para aplicação do direito administrativo*, com exclusão, portanto, do direito privado. Neste sentido foi utilizada tanto pelo Conselho de Estado, quanto por largos setores doutrinários. Tomem-se como demonstrativo disto as seguintes considerações de Laubadère, ao respeito da superação na jurisprudência do critério da *puissance publique* como o norte para a repartição de competências entre a jurisdição comum e a jurisdição administrativa: "Em lugar do critério da «puissance publique» ela adotava um novo critério para a competência administrativa, que deveria se tornar o grande critério moderno: o do serviço público. Daí por diante, concerne aos tribunais administrativos «tudo o que concerne à organização e ao funcionamento dos serviços públicos propriamente dito, quer atue a administração por via de contrato, quer proceda por via de autoridade» (conclusão Romieu no caso Terrier, supra citado)" (LAUBADÈRE, André de. *Traite élémentaire de droit administratif*. 7. ed. Paris: LGDF, 1976. v. I. p. 441).

a satisfação dos interesses da sociedade; (e) ter sido havida como insuscetível de ser relegada tão só aos empreendimentos da livre iniciativa, razão porque a assume como *pertinente a si próprio* (ainda que nem sempre com exclusividade) e (f) *submetê-la a uma específica disciplina de direito público*.

6. Os cinco primeiros requisitos constituem-se no *substrato material* da noção de serviço público, isto é, nos dados de fato sobre os quais se assenta.

O *sexto* deles é um *elemento formal*, sendo precisamente aquele que confere caráter jurídico à noção (elevando-a do mundo dos fatos ao mundo do direito): *estar submetido a uma específica disciplina de direito público*, que, como além melhor se verá, se caracteriza pela existência *de prerrogativas e sujeições específicas*, instituídas umas e outras para a proteção dos interesses da coletividade substanciados nos serviços em apreço.

7. Ressalte-se, pois, desde logo que não será meramente
(a) o fato de a atividade ser muito importante para a vida social o que suscitará sua ereção em serviço público. Uma imensa gama de atividades agrícolas, industriais, comerciais apresenta subido relevo para a sociedade, sem que respondam ao conceito indicado. Pense-se nas ligadas ao setor alimentar ou farmacêutico, para referir casos evidentes;
(b) também não basta o fato de o Estado reconhecer-lhes uma assinalada importância, pois as de benemerência, com sua consequente utilidade social, justamente por isto, recebem do Poder Público um tratamento favorecido, a atestar que lhes atribui o devido realce, sem que, todavia, se qualifiquem necessariamente como serviços públicos;
(c) nem mesmo a circunstância de se tratar de empreendimentos desempenhados pelo próprio Estado é que lhes defere a identidade em apreço. Com efeito, o Poder Público também desempenha, de par com os particulares, atividades de exploração do *domínio econômico* – em princípio reservado pela Constituição a estes últimos, como ocorre com muitas empresas públicas e sociedades de economia mista – e de nada valeria nominá-las de serviço público. Antes e pelo contrário, se lhes fosse atribuída tal rotulação, o *nomen juris* em apreço perderia sua utilidade, pois estaria a abrigar dois grupos de realidades submetidas a regimes diversos, ou seja, ficariam confundidas sob um mesmo designativo entidades

jurídicas irredutíveis a um regime homogêneo, incidindo-se, pois, no gravíssimo erro mencionado nas observações introdutórias.

8. Estas acotações já estão a ressaltar que a noção de serviço público depende inteiramente da qualificação que o Estado (nos termos da Constituição e das leis) atribui a um tipo de atividades: *àquelas que reputou não deverem ficar entregues simplesmente aos empenhos da livre iniciativa e que por isto mesmo – e só por isto – entendeu de assumir e colocar sob a égide do regime jurídico típico instrumentador e defensor dos interesses públicos*: o regime peculiar ao Estado. Isto é: o *regime de direito público*, regime este concebido e formulado com o intento manifesto e indeclinável de colocar a satisfação de certos interesses sob o pálio de normas que, de um lado, outorgam prerrogativas de autoridade a seu titular ou exercente (estranhas, pois, à situação que corresponde aos particulares em suas relações recíprocas) e de outro instituem sujeições e restrições igualmente peculiares, tudo conforme será esclarecido mais além.

Assim, por meio de tais normas, o que se intenta é instrumentar quem tenha a seu cargo garantir-lhes a prestação com os meios jurídicos necessários para assegurar a boa satisfação dos interesses públicos encarnados no serviço público, a fim de proteger do modo mais eficiente possível as conveniências da coletividade e, igualmente, *defender-lhes a efetivação e esta boa prestação*, não apenas (a) em relação a terceiros que pudessem obstá-las, *mas também* – e com o mesmo empenho – (b) *em relação ao próprio Estado* e (c) *ao sujeito que as esteja desempenhando* (concessionário, permissionário, autorizado).

Com efeito, ao erigir-se algo em serviço público, bem relevantíssimo da coletividade, trata-se não apenas de buscar-lhe a mais adequada prestação em benefício do público, *mas também se trata de impedir, de um lado, que terceiros os obstaculem e de outro que o titular deles ou quem haja sido credenciado a prestá-los procedam, por ação ou omissão, de modo abusivo, quer por desrespeitar direitos dos administrados em geral, quer por sacrificar direitos ou conveniências dos usuários do serviço.*

Isto posto, vejamos mais detidamente os seis requisitos dantes mencionados.

III – Os requisitos da noção de serviço público

9. *O primeiro* deles é que se trate da *prestação de uma atividade*, ou seja, que se constitua no desenvolver de um comportamento contínuo,

que se apresenta como uma fluência, seguidamente disponibilizado e não como uma obra, um produto no qual se haja cristalizado dada atividade, como fruto acabado dela. Por isto não se confundem o *serviço público* e a *obra pública*.

Serviço público e obra pública, de regra, distinguem-se com grande nitidez, como se vê da seguinte comparação:

    a) a obra é, em si mesma, um produto estático; o serviço é uma atividade, algo dinâmico;

    b) a obra é uma coisa: o produto cristalizado de uma operação humana; o serviço é a própria operação ensejadora de um desfrute;

    c) a fruição da obra *independe de uma prestação*, é captada diretamente, salvo quando é apenas o suporte material para a prestação de um serviço público; a fruição do serviço é a fruição da própria prestação; assim, neste caso, depende sempre integralmente dela.

Com efeito, quando a obra é entregue ao uso comum, o administrado extrai-lhe os proveitos, independentemente de alguma atuação de terceiro; quando a obra se destina a sediar uma repartição pública, o próprio Poder Público dela se utiliza na realização de seus fins sem intermediação da atividade de outrem.

    d) a obra, para ser executada, não presume a prévia existência de um serviço; o serviço público, normalmente, para ser prestado, pressupõe uma obra que lhe constitui o suporte material.

Note-se que em alguns casos a distinção entre um e outro, a um primeiro súbito de vista, pode parecer complexa.

Isto ocorrerá quando não se tratar de construir algo (como na obra), mas de efetuar reformas ou mesmo simples reparos naquilo que está construído. Cumpre, então, distinguir se há efetivamente reforma, caso em que se está perante uma obra propriamente ou se está em pauta um mero conserto de pequena monta, hipótese em que se tem um *serviço*. Quando se tratar de uma atuação *contínua*, permanente, de *conservação* ou *reparação* de uma obra, o que há é um *serviço e não uma obra*, pois, em tal caso, o que se quer é uma *atividade a perlongar-se sem intermitência* e não a conclusão de uma obra.

Finalmente, pode haver casos em que o Poder Público efetue por si próprio, ou demande de outrem (por um só instrumento) *ambas as atividades*, como ocorre em certas concessões nas quais encomenda, como compreendido no objeto da relação jurídica, de um lado, a realização de certas obras entregues ao uso comum de todos – cuja utilidade coletiva, portanto, *deriva delas próprias* (o que é próprio das obras, como averbado), e, de outro lado, serviços *complementares*, quais os de manutenção e conservação delas, ou *paralelos*, como a assistência e atendimento aos usuários,[346] como ocorre no caso de certas concessões de construção, manutenção de rodovias e apoio aos que delas se servem.

10. O *segundo requisito* é o de que se trate de um desempenho cujo objeto é a *prestação de atividade material* (fornecimento de água, luz, gás, telefone, transporte coletivo de passageiros etc.), tomada tal palavra em contraposição à atividade nucleada na produção de atos jurídicos administrativos. Com efeito, se a expressão "serviço público" tivesse amplitude tão lata que abrangesse atividade material e jurídica assumida pelo Estado como pertinente a si próprio, a noção de serviço público perderia seu préstimo pois abarcaria realidades muito distintas entre si, coincidindo, afinal, com o conjunto de atividades do Estado, sem extremá-las com base nas características de cada qual e nas particularidades dos respectivos regimes jurídicos. Em suma: *haveria mera superposição da noção de serviço público à noção de atividade pública, nada agregando a ela*. Por abranger, então, objetos muito díspares, seria, então imprestável para isolar um conjunto homogêneo de princípios e normas.

Então, por dizer essencialmente com uma atividade material, *ao contrário do Poder de Polícia*, o serviço público não se substancia em atividade jurídica, embora, como é óbvio seja juridicamente regulado e sua efetivação pressuponha a prática de atos administrativos.

11. O *terceiro deles*, como é óbvio, é que dito serviço seja proposto a atender a conveniências ou necessidades da *coletividade em geral e que sejam singularmente fruíveis pelos indivíduos*. Deveras, se não fora para prover, indistintamente, a satisfação de interesses da generalidade social, faltaria ao serviço a característica de *ser destinado ao público como um todo*. Ou seja: impende que seja disponibilizado ao conjunto social (embora nem sempre todos o desfrutem, por não se disporem a utilizá-lo, ou não quererem pagar o correspectivo para tanto).

A atividade material em apreço, pois, é aquela destinada a atender a conveniências, necessidades, da *coletividade em geral*, pois, *se assim*

---

[346] É o que se passa quando transfere a alguém a cura de todo um complexo rodoviário, aí incluídas a construção de estrada, de ramais rodoviários ou obras de arte, quais pontes, viadutos etc. (obras), bem como a contínua *manutenção e conservação delas* (serviços), assim como a assistência aos usuários. Isto, de fora parte o fato de que pode encomendar a construção de *umas* e a conservação e manutenção e conservação de *outras*, hipótese em que fica ainda mais visível a existência de dois diferentes encargos.

não fosse, é bem de ver que o serviço não seria público, não seria voltado para satisfazer a coletividade, mas apenas a interesses privados. Este traço está na própria origem da noção. Se não fora pela relevância para o *todo social*, o Estado não teria porque assumir tal atividade.

Por faltar este caráter de se destinarem à satisfação da coletividade em geral, não são públicos, *exempli gratia*, os serviços de telecomunicações *que interligam apenas às empresas que possuem seus serviços de interconexão e que a isto se destinam*. Assim, também, não são públicos os serviços de radioamador, pois estes, conquanto prestem atividade útil para inúmeras pessoas, constituem-se para comunicação restrita ao âmbito dos que possuindo tal equipamento propõem-se a ingressar neste círculo restrito de intercomunicadores.

Repita-se, entretanto, que o mero fato de o serviço se destinar à generalidade do público preenche um requisito elementar, mas não suficiente, para compor este traço relevante para a estrutura material do serviço público. Os prestadores de serviço em geral, como pessoas físicas ou sociedades volvidas a oferecer tais utilidades, como padeiros, carpinteiros, marceneiros, mecânicos ou entidades que se organizem para tais misteres, oferecem sua atividade para o público em geral, público, de resto, que deles certamente necessita, e nem por isto os serviços que prestam são serviços públicos.

12. O *quarto deles é que o Estado* repute ditos serviços particularmente importantes para a satisfação dos interesses coletivos.

Não basta, entretanto, como já foi dito, que a atividade em questão seja importante para a sociedade, nem mesmo que o Estado assim a considere para ser havida como serviço público.

Poderão existir serviços de prestação de utilidade ou comodidade material indiscutivelmente valiosos, volvidos à satisfação da coletividade (como os de benemerência, prestados espontaneamente por livre iniciativa de particulares), mas que, nem por isto, serão serviços públicos, conquanto venham ou possam vir a ser qualificadas como "de utilidade pública" pelo Estado. Outrossim, não há negar que é altamente relevante para o corpo social que haja serviços os mais variados e empreendimentos econômicos de todo gênero necessários para satisfazer necessidades gerais da sociedade. Mesmo não sendo qualificáveis como de utilidade pública, o Estado os deve fomentar, como de resto o faz, abrindo linhas de crédito ou por outras formas de estímulo.

13. O *quinto deles é que o Estado os tenha qualificado como pertinentes a si próprio* (ainda quando não lhes queira reter a senhoria exclusiva,

como ao diante melhor se dirá), rejeitando, pois, a hipótese de que sua satisfação fique simplesmente entregue aos cuidados ou conveniências da livre iniciativa.

Trata-se, pois, de atividade *assumida pelo Estado como própria*, na qualidade de *titular dela*, ou seja, por ele considerada como interna a seu campo de ação típico, isto é, à esfera pública. Quando outorga concessão, autorização ou permissão (que é a linguagem constitucional brasileira) para que sejam prestados por terceiros, o que transfere é *o exercício da atividade, não a titularidade sobre ela*, que sempre retém para si; por isso pode retomar o serviço se o interesse público o demandar.

Ressalve-se, apenas, conforme melhor se aclarará ao diante, que há certos casos nos quais embora a *Constituição* imponha ao Estado o dever de prestar o serviço (caso em que serão serviços públicos os por ele prestados), *não lhe reserva titularidade exclusiva* sobre eles, pois também os libera à iniciativa privada, hipótese na qual, evidentemente, não há cogitar de outorga estatal do exercício do serviço, propriamente dita, mas apenas de um controle mais enérgico sobre ele.

Isto não significa, entretanto, que uma prestação de atividade material, pelo só fato de ser empreendida pelo Estado, repita-se (mesmo nos casos excepcionais em que reserve para si a exclusividade dela),[347] tenha, só por isto, o caráter de serviço público. Com efeito, há atividades certamente valiosas, como a exploração econômica de certos setores (e já se fez menção ao fato de que particulares o fazem preenchendo com proveito necessidades da sociedade), desempenhadas pelo Estado, mediante empresas públicas ou sociedades de economia mista, e que nem por isto se constituem em serviços públicos. Os empreendimentos industriais ou comerciais que o Estado possua, por estarem em suas mãos, não perdem o caráter que lhes é próprio, qual, o de exploração do setor econômico.

De nada valeria considerar tais atividades como serviços públicos – com base apenas na circunstância de serem desempenhados pelo Estado –, pois isto implicaria, contra toda lógica e particularmente contra a lógica jurídica, pretender construir um instituto de direito amalgamando, baldadamente, realidades *juridicamente heterogêneas*, isto é, submissas a disciplinas visceralmente diversas, *quase antinômicas*.

---

[347] É o caso, entre nós, *exempli gratia*, de pesquisa, lavra, enriquecimento, reprocessamento, industrialização e comércio de minérios e minerais nucleares (art. 177, V, da Constituição Federal).

Pretensão neste sentido nada mais seria que ajuntar sob um mesmo rótulo coisas distintas.

Deveras, quando desempenha atividade econômica o Estado assujeita-se, em larga medida, *a regras de direito privado* e, no Brasil, conquanto seja induvidosamente exagerada a dicção constitucional ao respeito constante do art. 173, §1º, II (porque desmentida em inúmeras outras passagens),[348] dispõe que o estatuto jurídico de suas entidades que operem nesta esfera será estabelecido por lei que disporá sua: "sujeição ao regime próprio das empresas privadas, inclusive quanto aos direitos e obrigações civis, comerciais, trabalhistas e tributários".

De revés, ao prestar serviço público, o Estado, suas entidades ou os particulares que, por concessão, permissão ou autorização o desempenhem, assujeitam-se ao regime inverso, ou seja ao regime de direito público, que este é o regime idôneo para proteger interesses qualificados como pertinentes ao corpo social e não às conveniências privadas. *Nunca de direito privado.* Assim é, tanto porque o regime jurídico do Estado é o público, quanto porque não faria sentido que colecionasse tal serviço como seu para submetê-lo a uma disciplina oposta àquela que lhe é correspondente.

De resto, englobar sob um mesmo rótulo ("serviço público") atividades prestadas pelo Estado sob regência do direito público e atividades por ele prestadas sob a regência do direito privado seria juridicamente um contrassenso gritante, *pois não cumpriria a única função dos conceitos jurídicos*: isolar objetos constituídos por uma unidade de regime; ou seja, aparentados, de direito, entre si.

14. Como se vê, o conjunto de características até aqui apontadas (e que devem cumulativamente coexistir) constitui-se tão só no *substrato material* sobre o qual se constrói a noção jurídica de serviço público. Este substrato é apenas o engaste no qual se assenta o elemento cuja presença faz irromper a figura que, de direito, recebe adequadamente a nominação "serviço público".

Este *sexto elemento* é de *caráter formal*, vale dizer, estritamente jurídico: É precisamente o de tratar-se de atividade *submetida ao "regime jurídico de direito público"*.

Com efeito – repita-se, ainda mais esta vez – um serviço não é público *pelo só fato de ser destinado a satisfazer interesses da coletividade em*

---

[348] Como ocorre com os arts. 5º, LXXIII; 14; 37 e incs. II, XVII, XIX, XX; 49, X; 52, VII; 54; 55, I; 71 e incs. II, III e IV; 165, §5º e 169, §1º. *Vide* ao respeito nosso *Curso de direito administrativo*. 26. ed. São Paulo: Malheiros, 2009. p. 201-203.

geral, como também não o será meramente *pela importância que tenha para ela ou apenas pelo fato de ser titularizado pelo Estado*. Sê-lo-á quando o Estado, tendo-lhe assumido a titularidade, entendeu de enquadrar sua prestação sob uma específica disciplina, a pública, a qual, de um lado, repita-se, *propõe-se a assegurar coercitivamente que o interesse público prepondere sobre conveniências privadas e de outro instaura sobre ele restrições especiais para garantir-lhe a proteção contra o próprio Estado ou contra seu exercente, a fim de impor, a um ou a outro, tanto o dever de assegurá-lo nos termos indicados, quanto limitações para que não atue abusivamente, isto é, de maneira a desrespeitar direitos dos administrados em geral e direitos e interesses dos usuários do serviço.*

IV – Conceito de serviço público

15. Serviço público é a atividade material que o Estado assume como pertinente a seus deveres em face da coletividade para satisfação de necessidades ou utilidades públicas singularmente fruíveis pelos administrados cujo desempenho entende que deva se efetuar sob a égide de um regime jurídico outorgador de prerrogativas capazes de assegurar a preponderância do interesse residente no serviço e de imposições necessárias para protegê-lo contra condutas comissivas ou omissivas de terceiros ou dele próprio gravosas a direitos ou interesses dos administrados em geral e dos usuários do serviço em particular.

V – Regime jurídico do serviço público

16. Tudo o que esteja constitucionalmente indicado como serviço público ou que a lei venha a configurar como tal sujeita-se ao:
   (1) *dever inexcusável do Estado de promover-lhe a prestação*, seja diretamente, nos casos em que é prevista a prestação direta, seja indiretamente, mediante autorização, concessão ou permissão nos casos em que permitida tal modalidade que, de resto, é a regra geral. Segue-se que, se o Estado se omitir, cabe ação de responsabilidade por danos, a teor do art. 37, §6º, da Constituição Federal;
   (2) *princípio da supremacia do interesse público*, em razão do que, tanto no concernente à sua organização quanto no relativo ao seu funcionamento, o norte obrigatório de quaisquer decisões atinentes ao serviço será as conveniências da

coletividade; *jamais os interesses secundários do Estado ou os dos que hajam sido investidos no direito de prestá-los*, daí advindo, consequentemente, o

(3) *princípio da adaptabilidade*, ou seja, sua atualização e modernização, conquanto, como é lógico, dentro das possibilidades econômicas do Poder Público;

(4) *princípio da universalidade* – por força do qual o serviço é indistintamente aberto à generalidade do público;

(5) *princípio da impessoalidade*, do que decorre a inadmissibilidade de discriminações entre os usuários;

(6) *princípio da continuidade* – significando isto a impossibilidade de sua interrupção e o pleno direito dos administrados a que não seja suspenso ou interrompido, do que decorre a impossibilidade do direito de greve em tais serviços;

(7) *princípio da transparência*, impositivo da liberação a mais ampla possível ao público em geral do conhecimento de tudo que concerne ao serviço e à sua prestação, aí estando implicado o

(8) *princípio da motivação*, isto é, o dever de fundamentar com largueza todas as decisões atinentes ao serviço;

(9) *princípio da modicidade das tarifas* – deveras, se o Estado atribui tão assinalado relevo à atividade a que conferiu tal qualificação, por considerá-lo importante para o conjunto de membros do corpo social, seria rematado dislate que os integrantes desta coletividade a que se destinam devessem, para desfrutá-lo, pagar importâncias que os onerassem excessivamente e, pior que isto, que os marginalizassem.

Dessarte, em um país como o Brasil, no qual a esmagadora maioria do povo vive em estado de pobreza ou miserabilidade, é óbvio que o serviço público, para cumprir sua função jurídica natural, terá de ser remunerado por valores baixos, *muitas vezes subsidiados*, circunstância que – ao contrário do que sucede em países desenvolvidos – dificulta ou impossibilita o impropriamente chamado movimento das "privatizações", isto é, da concessão deles a terceiros para que os explorem com evidentes e naturais objetivos de lucro.

(10) *princípio do controle* (interno e externo) sobre as condições de sua prestação.

Este arrolamento, obviamente, nada mais representa senão o realce dado a alguns princípios *dentre os que compõem o regime jurídico administrativo*, tendo em vista sua ressonância evidente nos serviços públicos ou por se constituírem em especificações deles perante tal temática, mas, como é claro a todas as luzes, em nada excluem quaisquer outros não mencionados.[349]

VI – Titularidade exclusiva do serviço e titularidade não exclusiva

17. Em princípio, poder-se-ia pensar que o titular *exclusivo* dos serviços seria o Estado. Nem sempre, porém, é assim, como já se anotou. Há certos serviços que serão públicos quando prestados pelo Estado, mas que concernem a atividades em relação às quais a Constituição não lhe conferiu exclusividade, pois, conquanto as tenha colocado a seu cargo, simultaneamente deixou-as *liberadas* à iniciativa privada.

18. Há, na verdade, quatro espécies de serviços sobre os quais o Estado não detém titularidade *exclusiva*, ao contrário do que ocorre com os demais serviços públicos. São eles: serviços de saúde, de educação, de previdência social e de assistência social.

É que, embora a Lei Magna os declare um "dever do Estado" (arts. 196 e 197 para a saúde, 205, 208, 211 e 213 para a educação, 201 e 202 para a previdência social e 203 e 204 para a assistência social), afirma, também, ou

    a) que "são livres à atividade privada" (art. 199 para a saúde, 209 para a educação) ou

    b) expressamente contempla a presença de particulares no setor, independentemente de concessão ou permissão (art. 204, I e II, para a assistência social), ou

    c) pressupõe uma atuação "complementar" da iniciativa privada (art. 202 para a previdência social).

---

[349] Em nosso entender os princípios componentes do regime jurídico administrativo são: 1) princípio da supremacia do interesse público sobre o interesse privado (fundamenta-se na própria ideia de Estado); 2) princípio da legalidade (arts. 5º, II, 37, *caput*, e 84, IV); 3) princípio da finalidade (radica-se nos mesmos fundamentos do princípio da legalidade); 4) princípio da razoabilidade (estriba-se também nos dispositivos que esteiam os princípios da legalidade e finalidade); 5) princípio da proporcionalidade (por ser aspecto específico da razoabilidade também se apoia nos citados fundamentos); 6) princípio da motivação (arts. 1º, inc. II e parágrafo único, e 5º, XXXIV); 7) princípio da impessoalidade (arts. 37, *caput*, e 5º, *caput*); 8) princípio da publicidade (arts. 37, *caput*, e 5º, XXXIII e XXXIV, "b"); 9) princípio da moralidade administrativa (arts. 37, *caput* e §4º, 85, V, e 5º, LXXIII); 10) princípios do devido processo legal e da ampla defesa (art. 5º, LIV e LV); 11) princípio do controle judicial dos atos administrativos (art. 5º, XXXV); 12) princípio da responsabilidade do Estado por atos administrativos (art. 37, §6º) e 13) princípio da eficiência (art. 37, *caput*).

Sem embargo, ficam todos eles submetidos a um tratamento normativo mais estrito do que o aplicável ao conjunto das atividades privadas. Assim, o Poder Público, dada a grande relevância social que possuem, os disciplina com um rigor especial.

VII – Titularidade do serviço e titularidade da prestação

19. Não se deve confundir a titularidade do *serviço* com a titularidade da *prestação do serviço*. Uma e outra são realidades jurídicas visceralmente distintas.

O fato de o Estado (União, estados, Distrito Federal e municípios) ser titular de serviços públicos, ou seja, de ser o sujeito que detém "senhoria" sobre eles (a qual, de resto, é, antes de tudo um dever em relação aos serviços que a Constituição ou as leis puseram ou venham a pôr seu cargo), não significa que deva obrigatoriamente *prestá-los* por si ou por criatura sua quando detenha a titularidade exclusiva do serviço.

Na esmagadora maioria dos casos estará apenas obrigado a discipliná-los e a *promover-lhes* a prestação.

Assim, tanto poderá prestá-los por si mesmo ou por entidade sua, como poderá *promover-lhes* a prestação, *conferindo a entidades estranhas ao seu aparelho administrativo* (particulares e, dentro de certos limites, outras pessoas de direito público interno ou da Administração indireta delas) titulação para que os desempenhem, isto é, para que os prestem segundo os termos e condições que fixe e ainda assim enquanto o interesse público aconselhar tal solução (sem prejuízo do devido respeito aos interesses econômicos destes terceiros que sejam afetados com a retomada do serviço). Ou seja, poderá conferir "autorização", "permissão" ou "concessão" de serviços públicos (que são as expressões constitucionalmente utilizadas) para que sejam efetuados por tais pessoas.

É óbvio que, nos casos em que o Poder Público não detém a exclusividade do serviço, não caberá imaginar esta outorga, pois quem o desempenha prescinde dela para o exercício da atividade em questão.

VIII – Imposições constitucionais quanto aos serviços públicos no Brasil

20. Há certas prestações de atividade material que, por força da Constituição, são *obrigatoriamente serviços públicos* (obviamente quando

volvidos à satisfação da coletividade em geral), assim como outras obrigatoriamente não o são.

São obrigatoriamente públicos os serviços que a Lei Magna declarou competirem ao Poder Público. Assim, serão *públicos federais* os arrolados como de competência da União no art. 21, X (serviço postal e correio aéreo nacional), XI (serviços de telecomunicações), XII, "a" (serviços de radiodifusão sonora – isto é rádio – e de sons e imagens, ou seja, televisão), XII, "b" (serviços e instalações de energia elétrica e aproveitamento energético dos cursos d'água), XII, "c" (navegação aérea, aeroespacial e infraestrutura portuária), XII, "d" (serviços de transporte ferroviário e aquaviário entre portos brasileiros e fronteiras nacionais ou que transponham os limites de mais de um estado ou território), XII, "e" (serviços de transporte rodoviário interestadual e internacional de passageiros) e XII, "f" (prestação dos serviços portuários marítimos, fluviais e lacustres).

Além destes, conforme já se disse, também são obrigatoriamente serviços públicos federais, mas não de titularidade exclusiva do Poder Público, os de saúde, de educação, de previdência social e de assistência social.

Eis, pois, que dentre todo este conjunto arrolado há, então, quatro espécies de serviços sobre os quais o Estado detém titularidade, mas não *titularidade exclusiva*.

21. Ante o tratamento dado pela Constituição aos serviços públicos nela mencionados, podem ser distinguidas as seguintes hipóteses:

a) serviços de *prestação obrigatória e exclusiva do Estado*;
b) serviços de *prestação obrigatória do Estado* e em que é também *obrigatório outorgar em concessão* a terceiros e
c) serviços que o Estado é *obrigado a promover, mas não obrigado a prestar*, caso em que deverá *dá-los em concessão a terceiros*.

a) Serviços de prestação obrigatória e exclusiva do Estado.

22. Há duas espécies de serviços que *só podem ser prestadas pelo próprio Estado*, isto é, que não podem ser prestadas por concessão, permissão ou autorização. São elas os de *serviço postal* e *correio aéreo nacional*, como resulta do art. 21, X.

Isto porque, ao arrolar no art. 21 competências da União quanto à prestação de serviços públicos, menciona, nos incs. XI e XII (letras "a" a "f"), diversos serviços. A respeito deles esclarece que a União os explorará diretamente "ou mediante autorização, concessão ou permissão". Diversamente, ao referir, no inc. X, o serviço postal e o correio aéreo nacional, não concedeu tal franquia. Assim, é visível que não quis dar o mesmo tratamento aos vários serviços que considerou.

b) Serviços que o Estado tem obrigação de prestar e obrigação de conceder.

23. Há uma espécie de serviços públicos que o Estado, conquanto obrigado a prestar por si ou por criatura sua, é também obrigado a oferecer em concessão, permissão ou autorização: são os serviços de radiodifusão sonora (rádio) ou de sons e imagens (televisão). Isto porque o art. 232 determina que, na matéria, seja observado o princípio da complementaridade dos sistemas privado, público e estatal. Se esta complementaridade deve ser observada, o Estado não pode se ausentar de atuação direta em tal campo, nem pode deixar de concedê-los, pena de faltar um dos elementos do trinômio constitucionalmente mencionado.

c) Serviços que o Estado tem obrigação de prestar, mas sem exclusividade.

24. Há cinco espécies de serviço que o Estado não pode permitir que sejam prestados exclusivamente por terceiros, seja a título de atividade privada livre, seja a título de concessão, autorização ou permissão. São os serviços (1) de educação, (2) de saúde, (3) de previdência social, (4) de assistência social e (5) de radiodifusão sonora e de sons e imagens, tudo conforme fundamentos constitucionais já indicados.

25. Todos os demais serviços públicos, notadamente os arrolados no art. 21, XI da Constituição, o Estado pode prestar por si mesmo (mediante Administração direta ou indireta) ou transferindo seu desempenho à entidade privada (mediante concessão, permissão ou autorização).

IX – Os serviços públicos e a dubiedade da expressão "autorização" na Constituição

26. A Constituição, afora o uso do termo "concessão", ao falar da prestação de serviços públicos, tanto usa da expressão "autorização" como da voz "permissão". Nota-se que, no art. 21, para referir sua outorga a terceiros do direito de prestar um serviço público, faz uso destas três expressões. Já no art. 175, sua dicção é específica ao dizer que: "Incumbe ao Poder Público, na forma da lei, diretamente ou sob regime de *concessão* ou *permissão*, a prestação de serviços públicos". Ou seja, neste versículo fica bastante claro que só contempla duas

formas normais de outorga a terceiros de titulação para prestar serviços públicos.

Como conciliar os preceptivos em apreço?

Atualmente, nosso entendimento é o de que a resposta se encontra no art. 175, que é aquele que cogita da normalidade da prestação de serviços públicos por sujeitos titulados pelo Estado. Já a expressão "autorização", que aparece no art. 21, XI e XII, tem em mira duas espécies de situações:

    a) uma, que corresponde a hipóteses em que efetivamente há serviço de telecomunicação, como o de radioamador ou de interligação de empresas por cabos de fibras óticas, *mas não propriamente serviço público*, mas serviço de interesse privado delas próprias. Aí, então, a palavra "autorização" foi usada no sentido corrente em direito administrativo para exprimir o ato de "polícia administrativa", que libera alguma conduta privada, propriamente dita, mas cujo exercício depende de manifestação administrativa aquiescente para verificação se com ela não haverá gravames ao interesse público;

    b) outra a de abranger casos em que efetivamente está em pauta um serviço público, mas se trata de resolver emergencialmente uma dada situação, até a adoção dos convenientes procedimentos por força dos quais se outorga permissão ou concessão. Por isto mesmo, a palavra "autorização" está utilizada também no art. 223 da Constituição.

Referências

ALESSI, Renato. *Le prestazioni amministrative reze ai privati*. Milão: Giuffrè, 1946.

BANDEIRA DE MELLO, Celso Antônio. *Curso de direito administrativo*. 26. ed. São Paulo: Malheiros, 2009.

DUGUIT, Léon. *Traité de droit constitutionnel*. 2. ed. Paris: Ancienne Librairie Fontemoing & Cie. Editeurs, 1923. t. II.

GORDILLO, Agustín. *Tratado de derecho administrativo*. 5. ed. Belo Horizonte: Del Rey, 2003. t. 2.

GORDILLO, Agustín. *Tratado de derecho administrativo*. Belo Horizonte: Del Rey, 2003. t. 1.

LAUBADÈRE, André de. *Traite élementaire de droit administratif*. 7. ed. Paris: LGDF, 1976. v. I.

Nº 18

SERVIÇO PÚBLICO E PODER DE POLÍCIA: CONCESSÃO E DELEGAÇÃO

1. Registre-se desde logo que, em linguagem leiga, muitas vezes usa-se a palavra "serviço" para nomear qualquer atividade estatal desenvolvida em relação a terceiros.

Assim, por exemplo, a construção de uma estrada, de uma ponte, de um túnel, de um viaduto, de uma escola, de um hospital ou a pavimentação de uma rua podem parecer, a pessoas estranhas à esfera jurídica, como sendo um "serviço que o Estado desempenhou" – um "serviço público".

Sem embargo, para o direito, estes cometimentos estatais não são serviços. São obras públicas. Com efeito, obra pública é a construção, reparação, edificação ou ampliação de um bem imóvel pertencente ou incorporado ao domínio público. Por isto, o Colendo Supremo Tribunal Federal recusa, como é lógico, validade a "taxas" instituídas em decorrência da realização de obras públicas (por não serem serviços públicos), as quais só podem ensejar contribuição de melhoria se ocorrer a hipótese de sua incidência (RE nº 72.751, RS, 18.10.1972; RE nº 71.010, *RTJ*, v. 61, p. 160; RE nº 74.467, *RTJ*, v. 63, p. 829; RE nº 75.769, de 21.9.1973; RE nº 72.751, de 1973).

De fato, serviço público e obra pública distinguem-se com grande nitidez e o direito acolhe tal disseptação, como acima se referiu. Basta considerar que (a) a obra é, em si mesma, um produto estático; o serviço é uma atividade, algo, dinâmico; (b) a obra é uma coisa: o produto concretizado de uma operação humana; o serviço é a própria operação ensejadora do desfrute; (c) a fruição da obra, uma vez realizada, independe de uma prestação, é captada diretamente, salvo quando é apenas o suporte material para a prestação de um serviço; a fruição do serviço é a fruição da própria prestação, assim depende sempre integralmente dela; (d) a obra, para ser executada, não presume a prévia existência de um serviço; o serviço público, normalmente, para ser prestado, pressupõe uma obra que lhe constitui o suporte material.

Assim, não há confundir obra pública e serviço público.

2. Igualmente, a expressão "serviços" (ensejando a suposição de que seriam "serviços públicos") é utilizada em sentido natural – e não técnico-jurídico – para nomear atividades industriais ou comerciais que o Estado desempenha basicamente *sob regime de direito privado* – antítese do que ocorre com o serviço público – por se constituírem em *exploração de atividade econômica*, isto é, atividades ubicadas em setor reservado aos particulares, à iniciativa privada – igualmente antítese do que ocorre com o serviço público –, pois, conforme dispõe o art. 173: "Ressalvados os casos previstos nesta Constituição, a exploração direta da *atividade econômica* pelo Estado só é permitida quando necessária aos imperativos da segurança nacional ou a relevante interesse coletivo, conforme definidos em lei". Aliás, por isto mesmo, o §1º, inc. II, do aludido artigo estabelece para as estatais que exploram atividade econômica "sujeição ao regime jurídico das empresas privadas, inclusive quanto aos direitos e obrigações civis, comerciais, trabalhistas e tributárias".[350]

A separação entre os dois campos – serviço público, como setor pertencente ao Estado e domínio econômico, como campo reservado aos particulares – é induvidosa e tem sido objeto de atenção doutrinária, notadamente para fins de separar empresas estatais prestadoras de serviço público das exploradoras da atividade econômica, ante a diversidade de seus regimes jurídicos.[351]

Donde não há confundir serviços públicos com atividades econômicas desempenhadas empresarialmente pelo Estado, pois seus regimes são inteiramente diversos.

---

[350] Cf. nosso O Estado e a ordem econômica. *RDA*, v. 143. p. 37 e segs.
[351] Cf. MEIRELLES, Hely Lopes. *Estudos e pareceres de direito público*. São Paulo: Revista dos Tribunais, 1977. v. II. p. 151- 152; GRAU, Eros. *Elementos de direito econômico*. São Paulo: RT, 1981. p. 103 e segs. e nosso Contrato de obra pública com sociedade mista. Parecer. *RDP*, v. 74. p. 107 e segs., n. 12-15, assim como, alguns anos antes, *Prestação de serviços públicos e Administração indireta*. 1. ed. São Paulo: Revista dos Tribunais, 1973. p. 101 e segs.; 119; 122; 124; 135; 141-143.

3. Finalmente, para o leigo, podem aparecer como "serviços" e, portanto, serviços públicos, perícias, exames, vistorias efetuados pelo Estado ou suas entidades auxiliares com o fito de examinar o cabimento da liberação do exercício de atividades privadas, ou com o propósito de fiscalizar-lhes a obediência aos condicionamentos da liberdade e da propriedade ou com a finalidade de *comprovar a existência de situações* que demandariam a aplicação de sanções (como multas, interdição de atividades ou embargo de suas continuidades até que estejam ajustadas aos termos normativos). Este tipo de atividade usualmente é designado entre nós como "polícia administrativa".

Sem embargo, tal espécie de atuação estatal tem, até mesmo, sinalização oposta à de serviço público. Deveras, enquanto este último se constitui em uma oferta de utilidades a cada qual dos administrados, ampliando-lhes assim suas esferas de desfrute de comodidades, as medidas em questão, inversamente, visam (em nome, é certo, do bem-estar de todos) restringir, limitar, condicionar as possibilidades de atuação livre das pessoas, fiscalizá-las e penalizar os comportamentos infracionais, a fim de tornar exequível um convívio social ordenado.

A confusão que alguns fazem entre elas ocorre sobreposse quando estas providências limitadoras estejam radicalizadas sob titulações genéricas, tais as de "coordenação", "articulação", "gerenciamento" e quejandas. Estas dicções vagas – diga-se de passagem – vieram a disseminar-se amplamente entre nós a partir do momento em que, lamentavelmente, economistas e administradores ganharam incompreensível prestígio, ao ponto de lhes ser atribuída a redação de textos legislativos. Despreparados para tal mister, jejunos na linguagem técnica do direito e inscientes da necessidade de precisão comunicativa que este demanda, introduziram uma terminologia fluida, altamente imprecisa e, sobretudo, carente de referenciais jurídicos já estabelecidos.

O uso desta terminologia vaga é propício a engendrar equívocos entre os menos avisados, pois os coloca perante expressões que, em direito, carecem de especificação. Em face delas cumpre, então, que o exegeta, mais que nunca, volte diretamente sua atenção ao conteúdo regulado por leis ou atos que se servem das mencionadas rotulações, advertido de que nelas nada encontrará de útil para identificar os institutos jurídicos aí disciplinados, mas apenas uma fonte de obscuridade.

Feitas estas advertências em relação ao uso promíscuo da palavra "serviço" e, consequentemente, dos enganos que, por obra de leigos, faz refluir sobre a noção de serviço público, cumpre verificar e do modo mais simples possível qual sua acepção própria em nosso direito, deixando de lado outros questionamentos que historicamente se puseram, quais os atinentes às suas acepções subjetiva, objetiva e formal.[352]

4. Serviço público, em sentido técnico-jurídico, é toda atividade de oferecimento de utilidade ou comodidade material destinada à satisfação da coletividade em geral, mas fruível singularmente pelos administrados, que o Estado assume como pertinente a seus deveres e presta por si mesmo ou por quem lhe faça as vezes, sob um regime de direito público – portanto, consagrador de prerrogativas de supremacia e de restrições especiais – instituído pelo Estado em favor dos interesses que houver definido como públicos no sistema normativo.[353]

Consiste na prestação de uma utilidade ou comodidade *material*, como oferecimento de água, luz, gás, telefone, transporte coletivo, tratamento da saúde, ministério de ensino etc. Esta oferta é feita aos *administrados em geral*. Daí falar-se, com razão, no princípio da generalidade do serviço público. Diz respeito a necessidades ou comodidades básicas da sociedade. Por isso Cirne Lima o conceituou como "o serviço existencial à sociedade ou, pelo menos assim havido num momento dado, que, por isso mesmo, tem de que ser prestado aos componentes daquela, direta ou indiretamente, pelo Estado ou outra pessoa administrativa".[354] Léon Duguit, o criador da "escola do serviço público", chefe desta corrente que tanta influência teve no direito administrativo, o configurou como "indispensável à realização da interdependência social e de tal natureza que não pode ser assumido senão pela intervenção da força governante".[355]

---

[352] Cf. ao respeito nosso *Natureza e regime jurídico das autarquias*. São Paulo: Revista dos Tribunais, 1968. p. 140-168.

[353] Cf. nosso *Curso de direito administrativo*. 26. ed. São Paulo: Malheiros, 2009. p. 665. Não se fez menção à conceituação legal prevista no art. 2º da Lei nº 8.987, de 13.2.1995, por ser praticamente imprestável aos fins a que se destina. Basta ver que, nos termos dela, se tomada tal como redigida, nos casos de dispensa de licitação, inexigibilidade ou mesmo de concessão irregularmente outorgada, isto é, procedida sem o atendimento deste requisito, a relação jurídica formada não seria uma concessão. Ou seja: houve confusão óbvia entre o necessário para caracterizar o instituto e seus requisitos de validade. Demais disto, foi feita imperdoável confusão entre concessão de obra pública e concessão de serviço público. Acresce que a característica indeclinável "exploração do serviço" só foi apontada para a concessão de "serviço público precedido de obra pública" (para servirmo-nos da terminologia legal). Pela quantidade de erros grosseiros, já se vê que deve ter andado por aí à mão de economistas ou administradores públicos na definição de concessão.

[354] LIMA, Ruy Cirne. *Princípios de direito administrativo*. 5. ed. São Paulo: Revista dos Tribunais, 1982. p. 82.

[355] DUGUIT, Léon. *Traité de droit constitutionnel*. 2. ed. Paris: Ancienne Librairie Fontemoing & Cie. Editeurs, 1923. t. II. p. 55.

O serviço público, pois, é uma dentre as diferentes espécies tipológicas de atividade estatal e perfeitamente distinto da cópia de atividades inicialmente referidas.

5. Isto posto, vejamos quando se caracteriza uma concessão de serviço público propriamente dita.

Para caracterizar-se uma concessão cumpre que o exercício da atividade pública *seja juridicamente transferido a outrem*; ou seja, que se irrogue a alguém titulação de direito para relacionar-se diretamente com os administrados aos quais prestará a atividade (assumindo a posição que, em princípio, competiria ao Poder Público), remunerando-se pela exploração do serviço, normalmente mediante cobrança de tarifas diretamente dos usuários. Daí havermos averbado em outra oportunidade: "É indispensável – sem o que não se caracterizaria a concessão de serviço público – que o concessionário se remunere pela exploração do próprio serviço concedido".[356]

Na concessão, o Estado interpõe o concessionário entre ele e o administrado no que atina ao desempenho da atividade concedida. Dessarte será o concessionário – e não o concedente – quem terá, de direito, seu *imediato* encargo e, por isto, responderá ante os usuários por sua prestação, por sua boa qualidade ou pela insuficiência ou, ainda, por danos que lhes causar ou que atingirem terceiros. É perante o concessionário que os usuários reclamarão o que tiverem a demandar em relação ao serviço. Daí dizer-se que o concessionário age *em nome próprio*, assim como também se diz que o fará por sua conta e risco, vez que sacará a remuneração daquilo que a exploração do serviço proporcionar.

Note-se que tal situação jurídica é perfeitamente distinta daqueloutras em que o Estado apenas concerta com alguém o encargo de efetuar materialmente dada atividade, sem, todavia, investi-lo em titulação para relacionar-se diretamente com as administrados, pois não lhe transfere a responsabilidade imediata do serviço; tão somente serve-se do contratado para que o realize materialmente *para o próprio Estado*. Daí que as relações estabelecidas transitam apenas entre o Estado e o contratado, sendo os terceiros, *beneficiários delas*, estranhos a tal vínculo. Donde, nestes casos, o contratado nada tem a cobrar dos administrados, visto que não é com eles que se relaciona. Quem lhe paga é o Estado, sujeito a quem prestará o serviço do qual foi encarregado.

---

[356] BANDEIRA DE MELLO, Celso Antônio. *Curso de direito administrativo*. 26. ed. São Paulo: Malheiros, 2009. p. 697.

6. É o que ocorre, por exemplo, com a coleta de lixo domiciliar no município de São Paulo e, aliás, em geral, em múltiplos municípios. Trata-se de um serviço público, como é evidente. E é prestado ao Poder Público por empresas privadas. Sem embargo, trata-se de um simples contrato de prestação de serviços e não concessão de serviço público.

Nada importa, pois, que a atividade prestada seja em si mesmo um serviço público, pois, em hipóteses quejandas, o contratado será apenas um agente material do Estado e não um sujeito investido de poderes para relacionar-se, de direito, com os usuários e para remunerar-se pela exploração do serviço. Foi o que de outra feita anotamos:

> Cumpre alertar para o fato de que prestação direta do serviço não é tão-só aquela que materialmente se efetua por obra imediata dos próprios órgãos administrativos ou pessoas integrantes da estrutura estatal. Se assim fosse, o Poder Público – caso não pretendesse materialmente prestá-lo mediante um órgão ou entidade componente de sua intimidade jurídica – teria de valer-se, obrigatoriamente, da concessão ou permissão, pois estaria impedido de concertar com terceiros um mero contrato administrativo de prestação de serviços – como o de coleta de lixo domiciliar, por exemplo. Nos simples contratos de prestação de serviço o prestador do serviço é simples executor material *para o Poder Público contratante*. Daí que não lhe são transferidos poderes públicos. Persiste sempre o Poder Público como o sujeito diretamente relacionado com os usuários, e, de conseguinte, como o responsável direto pelos serviços. O usuário não entretém relação jurídica alguma com o contratado-executor material, mas com a entidade pública à qual o serviço está afeto. Por isto, quem cobra pelo serviço prestado – e o faz para si próprio – é o Poder Público. O contratado não é remunerado por tarifas, mas pelo valor avençado com o contratante governamental. Em suma: o serviço continua a ser prestado diretamente pela entidade pública a que está afeto, a qual apenas se serve de um agente material.
>
> Já, na concessão, tal como se passa igualmente na permissão – e em contraste com o que ocorre nos meros contratos administrativos de prestação de serviços, ainda que públicos –, o concedente se retira do encargo de prestar diretamente o serviço e transfere para o concessionário a qualidade, o título jurídico, de prestador do serviço ao usuário, isto é, o de pessoa interposta entre o Poder Público e a coletividade.[357]

---

[357] BANDEIRA DE MELLO, Celso Antônio. *Curso de direito administrativo*. 26. ed. São Paulo: Malheiros, 2009. p. 698, nota de rodapé n. 4.

7. Visto o que é concessão ou delegação de atividade pública a outrem, vejamos, agora, o que é "polícia administrativa" e quais as hipóteses em que atos encartados no âmbito de tal atividade podem ser exercidos por particulares.

A atividade conhecida entre nós como "polícia administrativa" – hoje estudada, preferentemente sob a designação de "limitações administrativas à liberdade e à propriedade" – corresponde à ação administrativa de efetuar os condicionamentos legalmente previstos ao *exercício* da liberdade e da propriedade das pessoas, a fim de compatibilizá-lo com o bem-estar social. Compreende-se, então, no bojo de tal atividade, a prática de atos preventivos (como autorizações, licenças), fiscalizadores (como inspeções, vistorias, exames) e repressivos (multas, embargos, interdição de atividade, apreensões).

Como é comum nas atividades dos sujeitos de direito, envolve tanto a prática de atos jurídicos, quanto a de atos materiais que os executam ou mesmo, em alguns casos, que os precedem, para que possam ser produzidos. Sem embargo, a tônica que corresponde à chamada "polícia administrativa" – opostamente ao serviço público e à obra pública – não é a prática de atos materiais, mas de *atos jurídicos expressivos de poder público*. Esta ideia está, de certo modo, parcialmente abrigada na observação de Rivero, segundo quem, a atividade de polícia "se exerce principalmente por via de prescrições, gerais ou individuais", ao passo que o serviço público "toma a forma de uma gestão".[358]

Com efeito, o que o serviço público *visa*, o que tem por objeto, é algo *material*: fornecer água, iluminação elétrica, comunicação telefônica, telegráfica, recolhimento de lixo, tratamento médico, ministério de aulas etc. A realização de obra pública, igualmente, é a oferta de uma utilidade material: a rua, a estrada, a ponte, o viaduto etc.

O que a "polícia administrativa" *visa*, diversamente, é a expedição de *provimentos jurídicos*: atos que *habilitam* os administrados à prática de determinada atividade (licença de construir, licença para dirigir automóveis, autorização de porte de arma etc.) ou que, inversamente, a *proíbem* (denegando os atos referidos) ou a *impedem* (expedindo ordens, como ocorre quando o guarda de trânsito o desvia, obstando a circulação por vias congestionadas por algum acidente) ou, ainda, *sancionam*, se desatendidas as normas pertinentes (expedindo multas,

---

[358] RIVERO, Jean. *Droit administratif*. 3. ed. Paris: Dalloz, 1965. p. 363, nº 431.

determinando o embargo de atividades), quando constatada sua violação, o que ocorre como resultado de *fiscalização* do comportamento dos administrados.

8. Os *atos jurídicos* expressivos de *poder público*, de *autoridade pública*, certamente não poderiam, ao menos em princípio e salvo circunstâncias excepcionais ou hipóteses muito específicas, ser delegados a particulares, ou ser por eles praticados (caso *exempli gratia*, dos poderes reconhecidos aos capitães de navio).

Daí não se segue, entretanto, que *certos atos materiais que os precedem* não possam ser praticados por particulares, mediante *delegação*, propriamente dita, ou em decorrência de um *simples contrato de prestação*, por força do qual o contratado prestará a atividade *para o Poder Público*, sem vínculo *jurídico direto* com os administrados e sem remuneração captada diretamente destes; ou seja: nos termos dantes referidos ao se tratar da distinção entre contrato de prestação de atividade e concessão dela. Em ambos os casos (isto é, com ou sem delegação), às vezes, tal figura aparecerá sob o rótulo de "credenciamento". Adilson Dallari, em interessantíssimo estudo, recolhe variado exemplário de "credenciamentos".[359]

Existe, ainda, a possibilidade de particulares serem encarregados de praticar ato material *sucessivo* a ato jurídico de polícia, isto é, de cumprimento deste, quando se trate de *executar materialmente* ato jurídico interferente apenas com a *propriedade dos* administrados; *nunca, porém, quando relativo à liberdade dos administrados*. Tome-se, como exemplo, a possibilidade de a Administração contratar com empresa privada a demolição ou implosão de obras efetuadas irregularmente e que estejam desocupadas, se o proprietário do imóvel recalcitrar em providenciá-la por seus próprios meios, inobstante devidamente intimado e legitimamente submetido a isto. Ou seja: o Poder Público não estaria obrigado a proceder à demolição ou implosão do edificado ou desobstrução da faixa marginal de rodovias mediante servidores públicos.

Até mesmo, conforme ao diante se dirá, pode surdir hipótese peculiar em que *atos jurídicos sejam expedidos por máquinas detidas por particulares*, sem que nisto haja violação ao direito ou a seus princípios básicos.

---

[359] DALLARI, Adilson. Credenciamento. *In*: BANDEIRA DE MELLO, Celso Antônio (Org.). *Estudos em homenagem a Geraldo Ataliba*. São Paulo: Malheiros, 1997. v. II. p. 38-54.

9. No estudo suprarreferido, Adilson Dallari ressalta que é necessário, em relação aos atos envolvidos na atividade de polícia, fazer uma distinção:

> uma coisa é o reconhecimento oficial (mediante emissão de um ato jurídico administrativo) de que o interessado preenche os requisitos legais para construir ou dirigir veículo; outra coisa é a atividade técnica destinada a verificar se esse ato jurídico pode ou não ser emitido. Esta última atividade, de natureza instrumental, pode ser delegada; a primeira (segundo entendimento predominante na doutrina e que não cabe, aqui, discutir) é exclusiva de órgão dotado de fé pública, de prerrogativas inerentes ao poder público [...].[360]

Logo em seguida, depois de transcrever manifestação de Álvaro Lazzarini sobre a privatividade de órgãos públicos no exercício de polícia, anota:

> Esse entendimento não impede a atribuição a particulares das atividades técnicas, instrumentais, de mera verificação, com base nas quais a entidade emitirá a declaração de conformidade (habilitando ao exercício de um direito) ou aplicará alguma sanção, no caso de desconformidade.[361]

10. Em suma, cumpre, desde logo, distinguir entre atos jurídicos *expressivos de uma determinação de autoridade pública* e atos de *mera atividade material de fiscalização* e *de averiguação*, suscetível de ser *objetivamente feita*, maiormente quando passível de ser realizada por instrumentos *precisos*, como ocorre no uso de máquinas que, ademais, conservam *registrados* os dados apurados *para fins de controle governamental*.

Nestas últimas hipóteses, para as constatações requeridas ao exercício de atividade fiscalizadora, graças ao concurso da tecnologia moderna, utilizam-se equipamentos sofisticados que ensejam aferições exatas, *libertas do subjetivismo inerente às avaliações humanas* e que, de outro modo, se faria presente, *quer quando efetuadas por servidores públicos, quer quando efetuadas por terceiros*.

---

[360] DALLARI, Adilson. Credenciamento. *In*: BANDEIRA DE MELLO, Celso Antônio (Org.). *Estudos em homenagem a Geraldo Ataliba*. São Paulo: Malheiros, 1997. v. II. p. 30.
[361] DALLARI, Adilson. Credenciamento. *In*: BANDEIRA DE MELLO, Celso Antônio (Org.). *Estudos em homenagem a Geraldo Ataliba*. São Paulo: Malheiros, 1997. v. II. p. 30.

Para execução desta atividade material, precisa por excelência e desde que retentora de dados para controle governamental, nada importa que os equipamentos pertençam ou sejam geridos pelo Poder Público ou que pertençam e sejam geridos por particulares, aos quais tenha sido delegada ou com os quais tenha sido meramente contratada. É que as constatações efetuadas por tal meio caracterizam-se pela *impessoalidade* (daí porque não interfere o tema do sujeito, da pessoa) e asseguram, além de exatidão, uma *igualdade* completa no tratamento dos administrados, o que não seria possível obter com o concurso da intervenção humana.

Assim, *nestes casos* em que o ato material *instrumental à prática do ato jurídico de polícia* se efetue por via de máquinas, ensejadoras de verificação objetiva e precisa, não há violência alguma à regra ou a princípio de direito administrativo no fato de que sejam operadas por meio de particulares para tanto habilitados pelo Poder Público.

11. Note-se, finalmente, que se poderia, inclusive, reconhecer uma hipótese na qual até mesmo a expedição de *ato jurídico administrativo vinculado* poderia ser efetuada por máquina, conquanto detida por particulares. Seria o caso de "parquímetros" instalados por empresas privadas, sob contrato com o Poder Público, os quais, sobre registrarem estacionamento além do tempo habilitado, ao cabo dele, emitissem o próprio auto de infração. Que ameaça, que risco, haveria para a liberdade dos cidadãos em tal proceder? Que violência ocorreria no que atina à igualdade dos cidadãos, se o auto infracional *não estaria em tal caso relacionado com a vontade de particular algum*, mas surgiria como fruto automático da objetiva e impessoalíssima verificação efetuada por um engenho mecânico ou eletrônico? Qual a importância de o recurso tecnológico pertencer a um particular ou ao Poder Público, ser ou não instalado pelo primeiro ou pelo segundo?

12. Deveras, a restrição à atribuição de atos de polícia a particulares funda-se no corretíssimo entendimento de que não se lhes pode, ao menos em princípio, cometer o encargo de praticar atos que envolvem o exercício de misteres tipicamente públicos quando em causa liberdade e propriedade, *porque* ofenderiam o equilíbrio entre os particulares em geral, ensejando que uns oficialmente exercessem supremacia sobre outros.

Ocorre, todavia, que se estiverem em pauta meramente *atos materiais instrumentais preparatórios*, não haverá nisto atribuição alguma *de poder* que os invista em qualquer supremacia engendradora de desequilíbrio entre os administrados. É o que basta para descaracterizar a comparência da aludida razão impediente, se consistirem na simples constatação de situação ou evento apuráveis de maneira absolutamente impessoal, objetiva e precisa, graças a equipamentos, propiciados pela moderna tecnologia que ensejem este resultado prezável. Ganha-se nisto maior proteção e garantia para os administrados contra violações à igualdade e contra perseguições ou favoritismos. A objetividade por eles proporcionada comparecerá, de todo modo, indiferentemente, quer sejam operados por particulares ou pelo Poder Público, visto que tal virtude decorre da máquina e não de quem esteja dela encarregado.

Em suma: deixando de lado algumas hipóteses excepcionais e clássicas de exercício de atividade de polícia por particular (*exempli gratia*, atos desta espécie exercíveis por capitães de navio), é certo que particulares podem ser contratados para a prática de certos atos que se encartam no bojo da atividade de polícia, pelo menos nas seguintes hipóteses:

(a) para atividade *sucessiva* a *ato jurídico de polícia expedido pelo Poder Público*, consistente em sua mera *execução material*, se não houver nisto interferência alguma com a liberdade dos administrados, mas, tão só, com a propriedade destes;

(b) para atividades *materiais que precedam a expedição de ato jurídico de polícia a ser emitido pelo Poder Público*, quando se tratar de mera constatação instrumental à produção dele efetuada por *equipamento tecnológico que proporcione averiguação objetiva, precisa, independentemente de interferência de elemento volitivo* para reconhecimento e identificação do que se tenha de apurar, com a retenção dos pertinentes dados para controle, a qualquer tempo, por parte da entidade administrativa competente.

Existe, finalmente, como dito, a hipótese – que na atualidade ainda se pode considerar peculiar – na qual *ato jurídico de polícia inteiramente vinculado* pode ser expedido por máquina que sirva de veículo de formação e transmissão de *decisão do próprio Poder Público* (caso de parquímetros que expeçam auto de infração), inobstante o equipamento pertença a um contratado e esteja sob sua guarda e manutenção. Não cabe aqui aprofundar demasiadamente o tema, por requerer considerações de certa amplitude, a fim de ubicá-lo no panorama geral dos atos administrativos[362] e definir sua compostura

---

[362] Em nosso *Curso de direito administrativo*. 26. ed. São Paulo: Malheiros, 2009. p. 368-369, n. 2-3, expusemos a possibilidade de atos administrativos serem praticados por

teórica. Diga-se, apenas que, em nosso entender, o fenômeno aí ocorrente explica-se pela preposição do bem do particular ao jugo da "relação de administração", nos termos em que a configura Ruy Cirne Lima,[363] de tal sorte que, for força dela, poderá operar como veículo de expressão do Poder Público (não sendo, pois, de cogitar-se de uma "delegação").

Em sintonia com o pensamento do eminentíssimo autor sobre a noção de "relação de administração", em nosso entender, bens afetados a uma atividade pública (como ocorre na concessão, por exemplo), embora não passem, só por isto, à propriedade pública, ficam desde logo afetados pela sobredita relação. Por força disto, não poderão ser distraídos da finalidade pública, não poderão ser penhorados etc. Ou seja: o bem passa a ser um instrumento da satisfação de uma necessidade administrativa e como tal se qualifica. Eis porque dissemos que, no caso de parquímetros, de propriedade e sob guarda de empresa privada contratada pelo Poder Público, a expedição de multa por tais máquinas *não pressupõe delegação ao particular para a prática de ato jurídico de polícia.* É que a multa estará sendo expedida *pelo próprio Poder Público*, por meio da máquina em apreço, a qual, estando gravada pela relação de administração, servirá de veículo para prolação do ato administrativo em questão. Note-se que isto é possível por não haver aí atividade alguma do particular. A atividade deste se desenvolve apenas em relação à guarda e conservação do equipamento, *não na produção do ato, que é inteiramente automática.* Aliás, o advento das máquinas modernas e sua utilização na esfera pública já hoje desperta a necessidade de revisitar certos conceitos tradicionais do direito administrativo, como bem o demonstrou o eminente administrativista argentino Tomás Hutchinson, em excelente artigo sobre o assunto.[364]

---

máquinas e nos servimos precisamente desta hipótese como uma das razões que exibem a insuficiência dos critérios tradicionais de separação entre ato jurídico e fato jurídico, obrigando-nos a produzir o discrímen que entendemos capaz de apartá-los corretamente.

[363] LIMA, Ruy Cirne. *Princípios de direito administrativo.* 5. ed. São Paulo: Revista dos Tribunais, 1982. p. 53-55; 77. Conforme corretamente ensinou este notável administrativista, relação de administração e propriedade podem conviver, caso em que a primeira domina e paralisa a segunda.

[364] HUTCHINSON, Tomás. La actividad administrativa, la maquina y el derecho administrativo. *RDP*, n. 55-56, p. 37-45.

Referências

BANDEIRA DE MELLO, Celso Antônio. Contrato de obra pública com sociedade mista. Parecer. *RDP*, v. 74.

BANDEIRA DE MELLO, Celso Antônio. *Curso de direito administrativo*. 26. ed. São Paulo: Malheiros, 2009.

BANDEIRA DE MELLO, Celso Antônio. *Natureza e regime jurídico das autarquias*. São Paulo: Revista dos Tribunais, 1968.

BANDEIRA DE MELLO, Celso Antônio. O Estado e a ordem econômica. *RDA*, v. 143.

BANDEIRA DE MELLO, Celso Antônio. *Prestação de serviços públicos e Administração indireta*. 1. ed. São Paulo: Revista dos Tribunais, 1973.

DALLARI, Adilson. Credenciamento. In: BANDEIRA DE MELLO, Celso Antônio (Org.). *Estudos em homenagem a Geraldo Ataliba*. São Paulo: Malheiros, 1997. v. II.

DUGUIT, Léon. *Traité de droit constitutionnel*. 2. ed. Paris: Ancienne Librairie Fontemoing & Cie. Editeurs, 1923. t. II.

GRAU, Eros. *Elementos de direito econômico*. São Paulo: RT, 1981.

HUTCHINSON, Tomás. La actividad administrativa, la maquina y el derecho administrativo. *RDP*, n. 55-56, p. 37-45.

LIMA, Ruy Cirne. *Princípios de direito administrativo*. 5. ed. São Paulo: Revista dos Tribunais, 1982.

MEIRELLES, Hely Lopes. *Estudos e pareceres de direito público*. São Paulo: Revista dos Tribunais, 1977. v. II.

RIVERO, Jean. *Droit administratif*. 3. ed. Paris: Dalloz, 1965.

Nº 19

SERVIÇO PÚBLICO E ATIVIDADE ECONÔMICA: SERVIÇO POSTAL

1. No direito constitucional *brasileiro*, a noção de domínio econômico, ordem econômica ou exploração de atividade econômica apresenta o mais subido relevo. Deveras, ela tem importância absolutamente fundamental como critério definidor da própria compostura de nosso sistema jurídico político. É que, conforme decisão da Lei Magna brasileira, este foi o fator por ela eleito a fim de delimitar o campo pertinente à liberdade própria dos particulares em seus empreendimentos geradores de riqueza individual – que, bem por isto, fica, em princípio, interdito ao Estado, o qual nele só pode penetrar em caráter excepcional, perante circunstâncias ali mesmo apontadas. Pelo comprovar basta referir o disposto no art. 173, de acordo com o qual: "Ressalvados os casos previstos nesta Constituição, a exploração direta de *atividade econômica* pelo Estado só será permitida quando necessária aos imperativos da segurança nacional ou a relevante interesse coletivo, conforme definidos em lei".

Eis, pois, que o texto em apreço deixou meridianamente claro que só em três hipóteses admite que o Estado proceda à exploração direta da atividade econômica:

    (a) nos casos já ressalvados na Constituição, vale dizer, naqueles em que, *inobstante se trate de atividade desta natureza, instituiu monopólio dela* em favor do Poder Público no art. 177, isto é: pesquisa e lavra das jazidas de petróleo, gás natural e outros hidrocarbonetos fluidos, refinação do petróleo nacional

ou estrangeiro, importação e exportação dos produtos e derivados básicos deles resultantes, transporte marítimo do petróleo bruto nacional ou de seus derivados básicos, transporte por conduto do petróleo bruto, seus derivados e gás natural, assim como a pesquisa, lavra, enriquecimento, reprocessamento, industrialização e comércio de minérios e minerais nucleares e seus derivados;
(b) quando, conforme for definido em lei, a exploração da atividade econômica for necessária para atender a *imperativos da segurança nacional*;
(c) quando, conforme for definido em lei, a exploração da atividade econômica seja necessária para atender a *relevante interesse coletivo*.

Fora destas três hipóteses, que se constituem em exceções à regra geral, o Estado não pode explorar diretamente atividade econômica, pois este não é o seu campo próprio de ação.

De fato, a atividade econômica pertence aos particulares na conformidade do art. 170 e parágrafo único, segundo cujos dizeres:

> A ordem econômica, fundada na valorização do trabalho humano e na *livre iniciativa*, tem por fim assegurar a todos existência digna, conforme os ditames da justiça social, observados os seguintes princípios: [...]
>
> IV- livre concorrência; [...]
>
> Parágrafo único. É assegurado a todos *o livre exercício de qualquer atividade econômica*, independentemente de autorização de órgãos públicos, salvo nos casos previstos em lei.

2. Se a exploração de atividade econômica é a matéria que define o campo próprio da atuação dos particulares, opostamente, os serviços públicos constituem o objeto qualificador da *esfera própria do Estado* no que atina a empreendimentos materiais. No art. 21 a Constituição faz um arrolamento (embora não exaustivo) daquele que se constitui no domínio natural do Estado, pois é apontado como sendo *de competência sua*; não dos particulares, cuja área de atuação, como visto, foi definida de outro modo e em outro sítio topográfico da Lei Magna. Destarte, em relação a estes assuntos foi, pois, *excluída a possibilidade de serem titularizados por particulares*. Estes tão somente podem vir a *prestar o serviço* nos casos em que caiba concessão ou permissão.

Por se tratar de um setor *público*, da alçada estatal, de domínio do Estado, atinente a interesses públicos, perfeitamente alheio, então, ao universo em que podem se mover os interesses privados, é óbvio, é evidente e da mais cristalina evidência, que nesta seara *não comparece o tema da livre iniciativa ou da livre concorrência*, conceitos referidos a realidades que transitam em outro universo e que nada, absolutamente nada, tem a fazer neste outro mundo em que o que entra em pauta é a *exclusiva* conveniência do todo social e não a satisfação das ambições privadas de cada qual.

Deveras, o mencionado preceptivo é perfeitamente claro ao indicar esta outra espécie de atividades como de pertinência estatal, sem prejuízo de admitir que, *na maior parte dos casos* (conquanto não na totalidade deles), particulares pudessem *desempenhá-los*, uma vez credenciados por quem lhes detém a senhoria, isto é, pelo Estado. Veja-se:

> Art. 21. *Compete à União*: [...]
>
> X – manter o serviço postal e o correio aéreo nacional;
>
> XI – explorar, diretamente ou mediante autorização, concessão ou permissão, os serviços de telecomunicações, nos termos da lei, que disporá sobre a organização dos serviços, a criação de um órgão regulador e outros aspectos institucionais;
>
> XII – explorar, diretamente ou mediante autorização: concessão ou permissão:
>
> a) os serviços de radiodifusão sonora, e de sons e imagens;
>
> b) os serviços e instalações de energia elétrica e o aproveitamento energético dos cursos de água, em articulação com os Estados onde se situam os potenciais hidroenergéticos;
>
> c) a navegação aérea, aeroespacial e a infra-estrutura aeroportuária;
>
> d) os serviços de transporte ferroviário e aquaviário entre portos brasileiros e fronteiras nacionais, ou que transponham os limites de Estado ou Território;
>
> e) os serviços de transporte rodoviário interestadual e internacional de passageiros;
>
> f) os portos marítimos, fluviais e lacustres; [...].

Estas mesmas determinações estão estampadas com inobjetável clareza no art. 175 da Constituição, cujo *caput* determina:

> Incumbe ao *Poder Público*, na forma da lei, diretamente ou sob regime de concessão ou permissão, sempre através de licitação, *a prestação de serviços públicos*.

3. Assim, em nosso direito constitucional, percebe-se nitidamente que as noções de serviço público, de um lado, e domínio econômico ou exploração de atividade econômica, de outro, expressam uma fundamental antinomia. Os dispositivos constitucionais arrolados traçam expressamente uma linha divisória entre o que é do Estado e o que é dos particulares e valem-se, para firmar este antagonismo delimitador, ou das expressões "atividade econômica" e "domínio econômico" para referir o campo de ação privada e do expediente de dizer que as atividades tais ou quais "competem à União" (de fora parte as hipóteses de competência estadual e municipal).

Eis porque em nosso direito jamais se poderia falar em "serviços públicos econômicos", pois serviço público e atividade econômica são, em nosso direito constitucional, expressões que se repelem, que se antagonizam, que se prestam justamente para compor ideias antitéticas, porquanto a Lei Magna as elegeu como termos juridicamente responsáveis pela identificação de *regimes jurídicos contrapostos*:

– o da titularidade estatal e *regime de direito público* (presidido pela ideia de função, de dever, de prerrogativas de autoridade e de restrições especiais para proteção de terceiros e do interesse público em geral); e

– o da titularidade privada e *regime de direito privado* (presidido pela ideia de autonomia da vontade, da liberdade no desempenho, da busca do interesse individual, da maximização dos lucros, da igualdade na relação com terceiros).

4. Para completar este panorama é necessário registrar, ainda, a existência de determinados serviços que quando prestados pelo Estado são serviços públicos, mas, ao contrário de quaisquer outros, o Estado não detém sobre eles a titularidade exclusiva. São casos muito específicos e peculiares, *expressamente anotados na Constituição*, a qual admite que sobre determinadas matérias coexista titularidade do Estado, visto que os coloca sob sua responsabilidade de prestação, e titularidade de particulares, pois explicitamente confere liberdade à iniciativa privada para *promover empreendimentos nesta área. É o que se passa com a saúde, educação, previdência social e assistência social.*

Com efeito, embora a Lei Magna os declare um "dever do Estado" (arts. 196 e 197 para a saúde; 205, 208, 211 e 213 para a educação; 201 e 202 para a previdência social; e 203 e 204 para a assistência social), afirma, também, ou que "são livres à atividade privada" (arts. 199 para a saúde, 209 para a educação) ou expressamente contempla a presença de particulares no setor, independentemente de concessão ou permissão (art. 204, I, e II, para a assistência social) ou pressupõe uma atuação "complementar" da iniciativa privada (art. 202, para a previdência social).

5. É, pois, visível que o Texto Constitucional ostensivamente abordou de modo completo, sem deixar qualquer omissão ou espaço para elucubrações construtivas, o modelo que reputou desejável no país para enquadrar todas as atividades de prestações materiais suscetíveis de ocorrer, distribuindo-as entre Estado e iniciativa privada. Assim:
- o que chamou de domínio econômico atribuiu aos particulares e nele só por exceção admitiu protagonização estatal: caso do monopólio, cujo âmbito já ficou definido na própria Constituição, dos imperativos da segurança nacional e do relevante interesse público, estes conforme definidos em lei;
- o que chamou de serviço público outorgou ao Estado, excluindo, como é natural, a iniciativa privada desta órbita, admitindo como exceção, tal como o fizera em relação à excepcionalidade do monopólio estatal no setor estranho à sua competência natural, *casos que expressamente nominou (saúde, educação, assistência social e previdência social)*.

6. Convém acentuar que ao ser constitucionalmente montada a contraposição básica *domínio econômico-serviço público*, esta antinomia só pode significar uma nomenclatura proposta como representativa de uma *dualidade de regimes*. É que, em direito, as noções categoriais e, portanto, as palavras adotadas para exprimi-las não têm outro sentido senão o de identificar "unidades de regime normativo", isto é, termos aglutinantes de princípios e de regras.

O regime de serviço público é o que se articula sobre um conjunto de princípios. A doutrina, quer alienígena, quer nacional, alude a eles, variando, embora na taxinomia ou mesmo na quantidade arrolada. No Brasil, Hely Lopes Meirelles enumera cinco princípios: a) o da *permanência*, que é o nome que atribui ao princípio da *continuidade*; b) o da *generalidade*, que corresponde ao princípio da *igualdade*; c) o da *eficiência*, que "exige a atualização do serviço", outra designação para a chamada "mutabilidade"; d) o da modicidade, exigente de tarifas razoáveis; e e) o da *cortesia*.[365] Maria Sylvia Zanella Di Pietro enuncia

---

[365] MEIRELLES, Hely Lopes. *Direito administrativo brasileiro.* 14. ed. São Paulo: Revista dos Tribunais, 1989. p. 293 (última em vida do autor).

os mesmos aludidos princípios geralmente mencionados na doutrina francesa[366] e o mesmo é feito por Diógenes Gasparini.[367] Deveras, como de outra feita averbamos,

> o único objeto que o juiz, o advogado, os intérpretes do sistema em geral procuram é o conjunto de regras que regula determinada situação ou hipótese. Segue daí que de nada lhes adianta qualquer conceito, categoria ou noção, por mais aliciante que seja, se não lhes fornecer a indicação dos princípios e regras pertinentes à solução de questões jurídicas. Eis, pois, que um conceito jurídico é necessariamente um ponto terminal de regras, um termo relacionador de princípios e normas.[368]

Daí porque, já há quase quatro décadas, havíamos anotado que

> não teria sentido para o cultor do Direito procurar categorias que não existissem em correspondência exata com um determinado feixe harmônico de direitos e deveres. O que o estudioso do direito quer saber é, unicamente, quais os princípios que se aplicam e as normas cabíveis à vista de determinados fatos e situações. Incumbe-lhe, pois, identificar tão só os princípios lógicos encampados pelas normas e que presidem os critérios seletivos de sua aplicação em dependência da hipótese ocorrida ou a ocorrer.[369]

7. Diante das dicções constitucionais que produziram uma composição explícita e de inegável clareza, articulada sobre a oposição entre atividade econômica e serviço público, percebe-se, mesmo a um primeiro súbito de vista, que somente por completa desatenção ao nosso próprio direito constitucional e por acrítica repetição do direito estrangeiro (notadamente o francês), é que, obumbrados por este, certos autores no Brasil têm falado em "serviços públicos econômicos", em despeito de seu total descabimento no ambiente jurídico da Constituição pátria.

Na França, onde evidentemente não vige a Constituição brasileira e onde não há, de conseguinte, o esquema que a nossa montou para

---

[366] DI PIETRO, Maria Sylvia Zanella. Direito administrativo. 22. ed. São Paulo: Atlas, 2009. p. 107-108.
[367] GASPARINI, Diógenes. Direito administrativo. 13. ed. São Paulo: Saraiva, 2008. p. 300.
[368] BANDEIRA DE MELLO, Celso Antônio. Curso de direito administrativo. 26. ed. São Paulo: Malheiros, 2009. p. 667-668. Grifos atuais.
[369] BANDEIRA DE MELLO, Celso Antônio. Natureza e regime jurídico das autarquias. São Paulo: Revista dos Tribunais, 1968. p. 239.

repartir as esferas de serviço público e atividade econômica, surgiu a referida nomenclatura que, de fato, lá faz muito sentido (e nenhum no Brasil). É que naquele país a expressão "serviço público econômico" foi cunhada para nominar certos serviços sujeitos a um *regime jurídico próprio*, distinto daquele que se aplica à generalidade dos demais serviços públicos.

Note-se, outrossim, que a adoção entre nós da aludida taxinomia simplesmente para aludir à circunstância de que os serviços em questão são suscetíveis de proporcionar a produção de ganhos, de lucros, seria um equívoco de proporções enormes. De fato, descaberia pretender configurar "atividade econômica" como aquela suscetível de produzir lucro, ou como aquela que é explorada lucrativamente. Como de outra feita dissemos:

> Qualquer atividade (salvantes as de mera benemerência) e mesmo os serviços públicos mais típicos são suscetíveis de produzir lucro e de exploração lucrativa. Aliás, se não o fossem, não poderia existir a concessão de serviços públicos, pois o que nela buscam os concessionários é precisamente a obtenção de lucros com a exploração do serviço.[370]

8. É, pois, também, inteiramente despropositado considerar atividade econômica como um gênero do qual o serviço público se apresentasse como espécie. Isto significaria, ao invés de sistematizar o direito a partir de noções jurídicas, pretender organizá-lo segundo critérios de alguma outra (não se sabe qual) hipotética ciência, obtendo inevitavelmente como resultado algo perfeitamente inútil para o direito e até mesmo nocivo para sua compreensão.

Deveras, como superiormente disse o notável administrativista italiano Giovanni Miele:

> [...] nada existe para o ordenamento jurídico se não tem vida nele e por ele, e toda figura, instituto ou relação com que nos encontramos percorrendo as suas várias manifestações, têm uma realidade própria que não é menos real que qualquer outro produto do espírito humano em outros campos e direções. A realidade do ordenamento jurídico não tem outro termo de confronto senão ele mesmo: donde ser imprópria a comparação com outra realidade com o fito de verificar se, porventura

---

[370] BANDEIRA DE MELLO, Celso Antônio. *Curso de direito administrativo*. 26. ed. São Paulo: Malheiros, 2009. p. 688, nota de rodapé 32.

as manifestações do primeiro conferem com aquela ou se se afastam das manifestações do mundo natural, histórico ou metafísico.[371]

De fato, qualquer comparação que seja feita entre realidades jurídicas e realidades de outro naipe, como as históricas, sociológicas, políticas ou morais, só tem préstimo para valorá-lo *ao lume dos critérios destas ciências*, nunca porém para determinar sua existência, sua fisionomia e sua validade jurídica, as quais são decididas unicamente pelo próprio direito posto, uma vez que, a teor da precisa averbação de Vittorio Otaviano, uma análise ou procedimento desinteressado da regulação normativa seria: "apriorístico e injurídico, já que, em última análise, viria a prescindir do próprio ordenamento, que é, obviamente, o único cânone para um juízo de avaliação jurídica".[372]

9. É ao lume do quadro descrito que se deve considerar a índole do serviço postal e enfrentar a hipótese levantada por alguns, segundo a qual dito serviço seria uma atividade econômica, a ela, pois, se aplicando os princípios da livre iniciativa e da livre concorrência, previstos no art. 170, bem como o disposto no art. 173. De uma questão de tal ordem pode-se dizer o mesmo que o eminente Ex-Ministro do Supremo Tribunal Federal Orozimbo Nonato disse ao propósito de outra na qual a resposta era igualmente de uma evidência solar: "O mesmo é propor a questão que lhe dar resposta negativa".

Com efeito, se o art. 21 da Constituição disse que "compete à União [...] manter o serviço postal", como ali está estampadamente dito com todas as letras (inc. X), é óbvio e da mais fulgurante obviedade que *não se trata de atividade econômica*, pois esta última espécie de atividade é justamente aquela que *não compete ao Estado*; logo, rigorosamente o contrário do que ali está escrito; compete, isto sim, aos particulares, de tal sorte que, consoante previsão do art. 173, só excepcionalmente poderá ser explorada pelo Estado.

Donde, se não se trata de atividade econômica, é de inquestionável evidência que a ela, atividade postal, não se aplicam os princípios da livre iniciativa e livre concorrência, porquanto estes, conforme art. 170 da Constituição, são predicados concernentes à ordem econômica, ali alocados sob o capítulo "Dos Princípios Gerais da Atividade Econômica".

---

[371] MIELE, Giovanni. *Principi di diritto amministrativo*. 2. ed. Padova: Cedam, 1960. v. I. p. 81.
[372] OTAVIANO, Vittorio. *Considerazioni sugli enti pubblici strumentali*. Padova: Cedam, 1959. p. 5.

É certo, igualmente, então – como se percebe já a um primeiro súbito de vista – que, por se tratar de atividade posta a cargo da União (de par com todas as demais atividades materiais igualmente mencionadas nos incs. XI e XII), que não é a ela – atividade postal – como não é às referidas nestes incisos que o art. 173 está se reportando na ressalva que fez. Ou seja: é livre de qualquer dúvida ou entredúvida que o art. 173 não está aludindo à atividade postal, nem às outras atividades previstas no art. 21, quando ressalvou da proibição ao Estado, de explorar atividade econômica, "os casos previstos nesta Constituição" (o monopólio do art. 177) e os decorrentes de "imperativos da segurança nacional" ou de "relevante interesse coletivo, conforme definidos em lei". Eis, pois, que os arts. 170 e 173 nada, absolutamente nada, têm a ver com o que ficou disposto no art. 21, X.

10. Inversamente, a atividade "serviço postal" deve ser havida como serviço público. Anote-se que o fato de haverem prosperado no mundo tendências neoliberais, proclives ao "encolhimento" do Estado e a liberação de atividades estatais aos particulares, não autoriza, em nosso direito, interpretações que a descaracterizem como tal.

Perante o sistema constitucional brasileiro, é extreme de qualquer dúvida que a atividade serviço postal é serviço público. Com efeito, bem o disse Dinorá Grotti, de modo singelo e preciso:

> Cada povo diz o que é serviço público em seu sistema jurídico. A qualificação de uma dada atividade como serviço público remete ao plano da concepção do Estado sobre seu papel. É o plano da escolha política, que pode estar fixada na Constituição, na lei, na jurisprudência e nos costumes vigentes em um dado tempo histórico.[373]

Se o direito positivo de um dado país qualifica a atividade tal ou qual como sendo serviço público, é da mais completa e total irrelevância para o intérprete, para o aplicador do direito, se, acaso, em outros países, diversa for sua qualificação.

Mais irrelevante, ainda, se possível, seria o fato de, em dada época, estarem sendo disseminadas, sobreposse em países subdesenvolvidos, teses (de interesse dos países cêntricos e de suas elites econômicas e às quais aderem as elites locais) que preconizam a "diminuição" do Estado, a privatização de inúmeros serviços, a entrega à iniciativa

---

[373] GROTTI, Dinorá Adelaide Musetti. *O serviço público e a Constituição brasileira de 1988*. São Paulo: Malheiros, 2003. p. 87.

privada de encargos até então havidos como da alçada do Poder Público. É compreensível que o empresariado ambicione assumi-los, ao farejar a possibilidade de extrair deles uma alta lucratividade e até mesmo que teóricos do direito acorram pressurosos para acolitar estes anelos, mas tais circunstâncias são absolutamente incapazes de alterar o direito posto e juridicamente inaptas para supedanear interpretações dele desviantes. Com efeito, Carlos Maximiliano, nosso maior mestre de hermenêutica, advertiu: "Cumpre evitar, não só o demasiado apego à letra dos dispositivos, como também o excesso contrário, o de *forçar a exegese* [...]".[374] "Em todo caso, o hermeneuta *usa*, mas não *abusa* da sua liberdade ampla de interpretar os textos".[375]

Ora bem, no caso em tela, como abundantemente visto, o art. 21, X, da Constituição Federal declara que o serviço postal "compete à União". Tal serviço, assim como todas as demais atividades materiais arroladas no mesmo artigo, são obviamente serviços públicos. Ninguém imaginaria que não é serviço público um serviço que "compete à União", consoante disposição expressa da Lei Maior, que, demais disto, à toda evidência responde à satisfação de necessidades gerais da coletividade e que, pelas razões já expostas, manifestamente não é exploração de atividade econômica. Logo, não há como tergiversar ao respeito.

11. Averbe-se também que a circunstância de tal serviço vir sendo prestado pela União por via de uma empresa pública não traz consigo predicação alguma capaz de sugerir a descaracterização do serviço como serviço público. Com efeito, empresas públicas, tanto quanto sociedades de economia mista, são simples instrumentos de que o Estado se vale, ora para "explorar atividade econômica", ora para prestar *serviços públicos propriamente ditos*. De resto, no Brasil, estas figuras de estruturação administrativa têm sido larga e corriqueiramente utilizadas para a prestação de serviços públicos. Na órbita federal, como qualquer o sabe, serviços do setor energético têm sido prestados por tal meio, assim como também eram deste modo prestados os serviços de telecomunicações, estes *inclusive por explícita determinação constitucional*, enquanto não sobreveio a Emenda nº 8, de 15.8.1995, sem que jamais alguém houvesse levantado a mais remota suspeita de que por tal motivo deixassem de ser serviços públicos.

---

[374] MAXIMILIANO, Carlos. *Hermenêutica e aplicação do direito*. 15. ed. Rio de Janeiro: Forense, 1995. p. 103.
[375] MAXIMILIANO, Carlos. *Hermenêutica e aplicação do direito*. 15. ed. Rio de Janeiro: Forense, 1995. p. 154-155.

É claro que toda vez que um serviço público for prestado por pessoa jurídica estruturada nos moldes do direito privado, em despeito do caráter do sujeito que o desempenha, o regime que lhe presidirá a prestação *será sempre um regime público*, o regime de serviço público.

Dito regime se caracteriza pela submissão a determinados princípios. Por amor à brevidade não se fará mais que uma enumeração deles, sem comentar-lhes o conteúdo. Prestado por empresa estatal delegatária do serviço ou por concessão a particulares (ou permissão), de toda sorte vigorarão sempre os princípios da supremacia do interesse público sobre o privado; do dever governamental de assegurar-lhes a prestação; da adaptabilidade; da universalidade; da impessoalidade; da continuidade; da transparência; da motivação; da modicidade das tarifas e do controle.

Não se suporia que estes princípios a que se aludiu e que caracterizam o serviço público pudessem deixar de ser impositivos quando em pauta o serviço postal. *De outro lado, também, ninguém imaginária que os mesmos princípios, as mesmas exigências, pudessem ser feitas a uma atividade privada, oriunda da livre iniciativa e cujos destinos fossem ordenados meramente pelos critérios do mercado e da livre concorrência, supostos no art. 170 da Constituição.*

Assim, aliás, e por mais esta poderosíssima razão, exibe-se o caráter de serviço público próprio do serviço postal, cuja índole, constitucionalmente consagrada, em nada se afeta pela circunstância de ser prestado por empresa pública. É também evidente que, se acaso fosse possível outorgá-lo a particulares por via de concessão ou permissão – e não é, como ao diante se demonstrará –, particulares jamais poderiam desempenhá-los salvo se estivessem arrimados nesta titulação outorgada pelo Estado, a qual, *ipso facto*, os colocaria sob a sujeição ao aludido *indispensável* regime, coisa inconcebível se de atividade privada se tratasse.

12. Por último, vale anotar que o serviço postal *não está arrolado* entre aqueles que, de acordo com previsão constitucional, admitem tanto *titularidade* do Estado sobre o serviço propriamente dito, quanto *titularidade* concorrente dos particulares (saúde, educação, previdência e assistência social). Porque a Constituição não o fez? Como admitir a possibilidade de que particulares pudessem em concorrência com o Estado prestar serviço postal, se, podendo arrolá-lo entre os quatro que mencionou, não o fez. Há nisto a óbvia decisão de não conferir um tratamento particularizado que outorgou a outros.

De resto, nada do que está contemplado no art. 21 foi objeto de inclusão constitucional nesta situação de titularidade dúplice. E é óbvio porque não o foi. No esquema constitucional de distribuição das atividades materiais existentes no seio da vida social – repita-se – foi adotado o critério de atribuir aos particulares senhoria exclusiva (com ressalva das exceções do art. 173) sobre o que foi denominado exploração de atividade econômica ou domínio econômico ou ordem econômica.

Inversamente, foi atribuída ao Estado senhoria exclusiva sobre o que foi apresentado como sendo de sua competência, isto é, no que concerne à União, basicamente o que foi arrolado no art. 21, X a XII, isto é, os serviços públicos. Finalmente, dentro da mesma lógica, foram *enumerados*, evidentemente fora desta aludida relação, *determinados e específicos serviços* (unicamente saúde, educação, previdência e assistência social) sobre os quais foi conferida senhoria tanto a particulares quanto ao Poder Público, de sorte que, quando por este *prestados*, dever do qual não pode se omitir, serão serviços públicos, muitas vezes conhecidos como "serviços sociais".

De todo modo, emerge com insofismável clareza que, se fora para excepcionar o regime de exclusividade, seria necessária uma explícita manifestação constitucional da qual se extraísse o intento de contrariar o princípio por ela mesma composto. Eis, pois, que é insuscetível de dúvida que particulares carecem radicalmente de qualificação que lhes facultasse prestar, *sponte própria*, serviço postal. Se admissível fosse que operassem em tal seara – e não é como ao diante se dirá – evidentemente a hipótese só seria abstratamente cogitável quando estivessem habilitados pelo Poder Público mediante concessão ou permissão.

Anote-se que, ressalvado o que foi dito no período anterior, até aqui se esteve a falar tão somente de *titularidade sobre o serviço propriamente* e não sobre eventual *titularidade em relação tão só a prestação dele*, a qual, em tese, poderia existir em favor dos que fossem investidos na qualidade de concessionários ou permissionários, *se não existissem para tanto óbices constitucionais*. Esta, aliás, é a questão a ser examinada em seguida.

13. Trata-se, em suma, de saber se o serviço postal poderia ser prestado por particulares com base em uma concessão ou permissão, a teor do que prevê o já referido art. 175 da Lei Maior, ou se o Poder Público haverá de deter *com exclusividade o próprio exercício de tal serviço*.

Comece-se por reiterar que não se pode confundir a titularidade do *serviço* com a titularidade da *prestação do serviço*. Uma e outra são realidades jurídicas visceralmente distintas.

O fato de o Estado (União, estados, Distrito Federal e municípios) ser titular de serviços públicos, ou seja, de ser o sujeito que detém "senhoria" sobre eles não significa que deva obrigatoriamente *prestá-los* por si ou por criatura sua quando detenha a titularidade exclusiva do serviço.

Na esmagadora maioria dos casos estará apenas obrigado a discipliná-los e a *promover-lhes* a prestação.

Assim, tanto poderá prestá-los por si mesmo ou por entidade sua, como poderá *promover-lhes* a prestação, *conferindo a entidades estranhas ao seu aparelho administrativo* (particulares e, dentro de certos limites, outras pessoas de direito público interno ou da Administração indireta delas) titulação para que os desempenhem, isto é, para que os prestem segundo os termos e condições que fixe e ainda assim enquanto o interesse público aconselhar tal solução. Ou seja, poderá conferir "concessão" ou "permissão" de serviços públicos (que são as expressões constitucionalmente utilizadas no art. 175 e que o art. 21, incs. XI e XII, menciona de par com a "autorização"),[376] para que sejam efetuados por tais pessoas.

14. Há, entretanto, duas espécies de serviços que *só podem ser prestados pelo próprio Estado*, isto é, que não podem ser prestados por concessão, permissão ou autorização. São eles os de *serviço postal* e *correio aéreo nacional*, como resulta do art. 21, X.

Isto porque, ao arrolar no art. 21 competências da União quanto à prestação de serviços públicos, menciona, nos incs. XI e XII (letras "a" a "f"), diversos serviços. A respeito deles esclarece que a União os explorará "diretamente ou mediante autorização, concessão ou

---

[376] Ao nosso ver, o tratamento correto é o que consta do art. 175, pois a expressão "autorização" utilizada no art. 21 está reportada apenas às seguintes situações: a) uma, que corresponde a hipóteses em que efetivamente há serviço de telecomunicação, como o de radioamador ou de interligação de empresas por cabos de fibras óticas, *não propriamente serviço público*, mas serviço de interesse privado delas próprias. Aí, então, a palavra "autorização" foi usada no sentido corrente em direito administrativo para exprimir o ato de "polícia administrativa", que libera alguma conduta privada, propriamente dita, mas cujo exercício depende de manifestação administrativa aquiescente para verificação se com ela não haverá gravames ao interesse público; b) outra, a de abranger casos em que efetivamente está em pauta um serviço público, mas se trata de resolver emergencialmente uma dada situação, até a adoção dos convenientes procedimentos por força dos quais se outorga permissão ou concessão. Por isto mesmo, a palavra "autorização" está utilizada também no art. 223 da Constituição.

permissão". Diversamente, ao referir, no inc. X, o serviço postal e o correio aéreo nacional, não concedeu tal franquia. Assim, é visível que não quis dar o mesmo tratamento aos vários serviços que considerou. Foi o que anotamos em obra teórica retrocitada.[377]

Com efeito, em seu senso normal, pessoa alguma imaginaria que o constituinte se distraiu e não percebeu que em duas hipóteses distinguiu as alternativas de prestar diretamente ou trespassar o exercício do serviço a terceiro, autorizando a ambas, e em outra hipótese não tomou acordo de que deixara de abrir tais alternativas e que não facultara a prestação por meio de particulares concessionários, permissionários ou autorizatários. Omissão, aliás, tanto mais significativa porque a hipótese na qual deixou de facultá-lo é justamente a primeira delas, a que consta do inc. X.

Ninguém é tão distraído assim e ao intérprete não é dado irrogar ao legislador, maiormente ao constituinte, um descuido na elaboração do texto, uma desatenção de um porte tão grande que mais pareceria própria de um padecente do mal de Alzheimer. Acresce que a própria linguagem do inc. X é distinta e até muito mais incisiva que a dos incs. XI e XII. Enquanto nestes referiu "explorar diretamente ou mediante autorização, concessão ou permissão", no inc. X valeu-se da expressão "manter", palavra que etimologicamente provém de *manu tendere*, isto é, ter na mão. De fato, "manter" significa, de acordo com os dicionários, prover do necessário à subsistência, sustentar, segurar, conservar, reter.

É, portanto certo, para além de qualquer dúvida ou entredúvida, que o Texto Constitucional decidiu que o serviço postal não poderia ser dado em concessão, permissão ou autorização, mas, pelo contrário, a própria União (ou criatura dela mesma, desdobramento personalizado de seu aparelho administrativo) deveria se encarregar da prestação de tal serviço.

15. É, pois, compreensível que em nível infraconstitucional, isto é, no patamar legal ou de ato que a Constituição declare possuir força equivalente à da lei, existem normas que declaram ser exclusivamente da alçada da União ou de empresa pública federal a competência para a prestação de serviço postal. Assim, a Lei nº 6.538, de 22.6.1978, em seu art. 9º, estabelece que serão exploradas pela União "em regime de monopólio" as atividades ali arroladas e o Decreto-Lei nº 509, de 20.3.1969, cujo art. 2º, I, estatui que à ECT compete "executar e controlar

---

[377] BANDEIRA DE MELLO, Celso Antônio. *Curso de direito administrativo*. 26. ed. São Paulo: Malheiros, 2009. p. 683.

em regime de monopólio, os serviços postais em todo o território nacional".

Embora, com técnica legislativa padecente de dolorosa indigência – pois foi utilizada a expressão "monopólio", que é incabível para serviços públicos, pois diz respeito à exploração de atividade econômica e não a atividades típicas do Estado –, é perfeitamente identificável nos dispositivos mencionados o sentido, o alcance, do comando em questão: conferir à União ou empresa pública sua, no caso a ECT, *exclusividade na própria prestação de serviços postais*, cortando cerce a possibilidade de que terceiros alimentem a pretensão de vir a prestá-los, ainda que com habilitação conferida pela União.

16. Ao cabo destas considerações, parece razoável concluir que o serviço postal, a que alude o art. 21, X, da Constituição brasileira, à toda evidência não é atividade econômica; que a ele obviamente não se aplicam os princípios da livre iniciativa e da livre concorrência, previstos no art. 170, assim como não há como ou porque aplicar-se-lhe o disposto no art. 173 da Constituição; que a atividade "serviço postal" deve, para além de qualquer dúvida ou entredúvida, ser havida como serviço público, sendo irrelevante, para fins de interpretar-lhe a correta caracterização no direito constitucional brasileiro o fato de haverem prosperado ideias neoliberais; que a circunstância de ser prestado por empresa pública não é, de modo algum, indício de desqualificação do serviço postal como serviço público; que, em face da Constituição Federal, não se pode admitir a concomitante titularidade do Estado e particulares sobre o serviço postal em apreço, sendo literalmente impensável que pudessem desempenhá-los independentemente de autorização, concessão ou permissão; que em face da Constituição Federal, o serviço postal não pode ser prestado por particulares com base em concessão ou permissão, taxinomia utilizada no art. 175 da Lei Maior, nem com apoio em autorização, para mencionar, também, expressão constante dos incs. XI e XII do art. 21. Pelo contrário, *ex vi Constitucionis*, o Poder Público terá de deter *com exclusividade o próprio exercício de tal serviço*, a ser prestado tão somente pela União ou por sujeito integrante de seu aparelho administrativo; que, é perfeitamente compreensível, então, existam em nível infraconstitucional, isto é, em nível legal ou constitucionalmente designado como equivalente, normas que conferem à União ou empresa pública federal exclusividade na prestação de serviço postal.

Referências

BANDEIRA DE MELLO, Celso Antônio. *Curso de direito administrativo.* 26. ed. São Paulo: Malheiros, 2009.

BANDEIRA DE MELLO, Celso Antônio. *Natureza e regime jurídico das autarquias.* São Paulo: Revista dos Tribunais, 1968.

DI PIETRO, Maria Sylvia Zanella. *Direito administrativo.* 22. ed. São Paulo: Atlas, 2009.

GASPARINI, Diógenes. *Direito administrativo.* 13. ed. São Paulo: Saraiva, 2008. p. 300.

GROTTI, Dinorá Adelaide Musetti. *O serviço público e a Constituição brasileira de 1988.* São Paulo: Malheiros, 2003.

MAXIMILIANO, Carlos. *Hermenêutica e aplicação do direito.* 15. ed. Rio de Janeiro: Forense, 1995.

MEIRELLES, Hely Lopes. *Direito administrativo brasileiro.* 14. ed. São Paulo: Revista dos Tribunais, 1989.

MIELE, Giovanni. *Principi di diritto amministrativo.* 2. ed. Padova: Cedam, 1960. v. I.

OTAVIANO, Vittorio. *Considerazioni sugli enti pubblici strumentali.* Padova: Cedam, 1959.

Nº 20

O PRINCÍPIO DO ENRIQUECIMENTO SEM CAUSA EM DIREITO ADMINISTRATIVO

1. Inúmeras vezes relações jurídico-administrativas, sobreposse contratuais, são ulteriormente proclamadas como nulas e, em tais casos, a Administração normalmente entende que, dado o vício que as enfermava, delas não poderia resultar comprometimento algum do Poder Público, uma vez que "o ato nulo não produz efeitos".

Assim, esforçada em tal pressuposto, pretende que sua contraparte nada tem a receber por aquilo que realizou, inobstante haja incorrido em despesas e mesmo cumprido prestações das quais a Administração usufruiu ou persiste usufruindo, como ocorre nas hipóteses em que o contratado efetuou obra em proveito do Poder Público.

Trata-se, pois, de saber se o direito sufraga dito resultado. Ou seja: importa determinar se a ordem jurídica considera como normal e desejável que, *vindo a ser considerada inválida dada relação comutativa*, a parte que já efetuou suas prestações deva ficar a descoberto nas despesas realizadas, entendendo-se, assim, que o aumento do patrimônio do beneficiado pela prestação alheia é um incremento justo, merecendo ser resguardado pelo sistema normativo e, correlatamente, que o empobrecimento sofrido pelo adimplente é – também ele – justo, motivo pelo qual não deve ser juridicamente remediado mas, inversamente, cumpre que seja avalizado pelo direito.

2. Ao lume de noções jurídicas correntes, em face do princípio da equidade ou mesmo do simples princípio da razoabilidade – que há de presidir qualquer critério interpretativo – parece difícil sufragar a intelecção de que, em todo e qualquer caso e independentemente das circunstâncias engendradoras do vício que enferma a relação, caiba à contraparte da Administração arcar com os custos que ela lhe causou e que, inversamente, esta última deva absorver as vantagens que captou sem indenizar o onerado. Mesmo a um primeiro súbito de vista, tão desatado entendimento apresenta-se como visivelmente chocante, repugnando ao próprio senso comum e a um mínimo de sensibilidade jurídica ou a rudimentos de ética social.

De fato, não é aceitável, em boa razão, que o engajamento de dois sujeitos, em relação reputada inválida – se a invalidade proclamada foi fruto da ação conjunta destas partes contrapostas – deva receber do direito um beneplácito acobertador dos efeitos benéficos que o vínculo invalidado fez surdir para uma parte e a confirmação dos efeitos detrimentosos que gerou para a outra.

3. É que, como em obra teórica o dissemos:

> Os atos inválidos, inexistentes, nulos ou anuláveis, não *deveriam* ser produzidos. Por isto não *deveriam* produzir efeitos. Mas o fato é que são editados atos inválidos (inexistentes, nulos e anuláveis) e que *produzem* efeitos jurídicos. Podem produzí-los, até mesmo *per omnia secula*, se o vício não for descoberto ou se ninguém os impugnar.
>
> É errado, portanto, dizer-se que os atos nulos não produzem efeitos. Aliás, ninguém cogitaria da anulação deles ou de declará-los nulos se não fora para fulminar os efeitos que já produziram ou que podem ainda vir a produzir. De resto, os atos *nulos* e os *anuláveis*, mesmo depois de invalidados, produzem uma série de efeitos. Assim, por exemplo, respeitam-se os efeitos que atingiram terceiros de boa-fé. É o que sucede quanto aos atos praticados pelo chamado "funcionário de fato", ou seja, aquele que foi irregularmente preposto em cargo público.[378] [...]
>
> Na invalidação de atos administrativos há que distinguir duas situações; (a) casos em que a invalidação do ato ocorre *antes de o administrado incorrer em despesas* suscitadas seja pelo ato viciado, seja por atos administrativos precedentes que o condicionaram (ou condicionaram a relação fulminada). Nestas hipóteses não se propõe qualquer problema patrimonial que despertasse questão sobre dano indenizável;

---

[378] BANDEIRA DE MELLO, Celso Antônio. *Curso de direito administrativo.* 26. ed. São Paulo: Malheiros, 2009. p. 471.

(b) casos em que a invalidação infirma ato ou relação jurídica quando o administrado, na conformidade deles, *já desenvolveu atividade dispendiosa*, seja para engajar-se em vínculo com o Poder Público em atendimento à convocação por ele feita, seja por ter efetuado prestação em favor da Administração ou de terceiro.

Em hipóteses desta ordem, *se o administrado estava de boa fé e não concorreu para o vício do ato fulminado*, evidentemente a invalidação não lhe poderia causar um dano injusto e muito menos seria tolerável que propiciasse, eventualmente, um enriquecimento sem causa para a Administração. Assim, tanto devem ser indenizadas as despesas destarte efetuadas, como, a *fortiori*, hão de ser respeitados os efeitos patrimoniais passados atinentes à relação atingida. Segue-se, também que, se o administrado está a descoberto em relação a pagamentos que a Administração ainda não lhe efetuou, mas que correspondiam a prestações por ele já consumadas, a Administração não poderia eximir-se de acobertá-las, indenizando-o por elas.

Com efeito, se o ato administrativo era inválido, isto significa que a Administração ao praticá-lo, feriu a ordem jurídica. Assim, ao invalidar o ato, estará, *ipso facto*, proclamando que fora autora de uma violação da ordem jurídica. Seria iníquo que o agente violador do Direito, confessando-se tal, se livrasse de quaisquer ônus que decorreriam do ato e lançasse sobre as costas alheias todas as conseqüências patrimoniais gravosas que daí decorreriam, locupletando-se, ainda, à custa de quem, não tendo concorrido para o vício, haja procedido de boa-fé. Acresce que, notoriamente, os atos administrativos, gozam de *presunção de legitimidade*. Donde, quem atuou arrimado neles, salvo se estava de má-fé (*vício que se pode provar, mas não pressupor liminarmente*), tem o direito de esperar que tais atos se revistam de um mínimo de seriedade. Este mínimo consiste em não serem causas potenciais de fraude ao patrimônio de quem neles confiou – como, de resto, teria de confiar.

Aliás, a solução que se vem de apontar nada mais representa senão uma aplicação concreta do disposto no art. 37, §6º, da Constituição, na qual o princípio da responsabilidade do Estado está consagrado de maneira ampla e generosa, de sorte a abranger tanto responsabilidade por atos ilícitos quanto por atos *lícitos* (como o seria correta fulminação de atos inválidos).[379]

Em outro trecho da mesma obra, ao tratarmos do tema licitação, tornamos a focalizar o assunto nos seguintes termos:

---

[379] BANDEIRA DE MELLO, Celso Antônio. *Curso de direito administrativo*. 26. ed. São Paulo: Malheiros, 2009. p. 437-474. Grifos no original, salvo o penúltimo, que é atual.

Conforme deixamos anotado no capítulo próprio (Cap. VII, nº 174), ao proceder à invalidação a Administração estará, *ipso facto*, proclamando em abertas e publicadas que, em momento anterior, afrontou o Direito. Seria absurdo que o violador do Direito, justamente ao se auto-acusar ou ao se reconhecer procedentemente acusado de transgressor do Direito – condição para invalidação do ato – lançasse sobre ombros alheios gravames patrimoniais decorrentes de ato seu. Já se a invalidação é decretada pelo Judiciário, a inculca de infrator da ordem jurídica ainda é mais significativa, pois terá provindo do Poder supremamente qualificado para a dicção do Direito no caso concreto.

Acresce que, dada a presunção de legitimidade dos atos administrativos, os administrados que atuaram em sua conformidade nada mais fizeram senão arrimar-se em um esteio pressupostamente sério e sólido. Seria descabido, então, que sofressem prejuízos exatamente por agirem segundo o que deles se esperava.[380]

Assim, ressalvados os casos em que o administrado atuou dolosamente, com *má-fé*, de maneira a iludir a Administração induzindo-a *à suposição de que estava a compor ato juridicamente liso e concorrendo* dessarte para que se produzisse ato viciado ou, daqueloutros em que – ainda pior – *se concertou com agentes administrativos* para, em atuação conjunta, fraudarem o direito, não se pode admitir que a invalidação acarrete um enriquecimento do Poder Público e um empobrecimento do administrado.

4. Com efeito, precisamente para evitar situações nas quais um dado sujeito vem a obter um locupletamento à custa do patrimônio alheio, sem que exista um suporte jurídico prestante para respaldar tal efeito, é que, universalmente, se acolhe o princípio jurídico segundo o qual *tem-se de proscrever o enriquecimento sem causa* e, consequentemente, desabona-se interpretação que favoreça este resultado injusto, abominado pela consciência dos povos.

Cumpre, portanto, de um lado, verificar o que é e como se caracteriza o enriquecimento sem causa, examinando seu cabimento e aplicação no âmbito do direito administrativo.

5. Enriquecimento sem causa é o incremento do patrimônio de alguém em detrimento do patrimônio de outrem, sem que, para supeditar tal evento, exista uma causa juridicamente idônea. É perfeitamente assente que sua proscrição se constitui em um *princípio geral do direito*.

---

[380] BANDEIRA DE MELLO, Celso Antônio. *Curso de direito administrativo*. 26. ed. São Paulo: Malheiros, 2009. p. 605.

No preciso dizer de Eduardo García de Enterría:

[...] los principios generales del Derecho son una condensación de los grandes valores jurídicos materiales que constituyen el substractum del Ordenamiento y de la experiencia reiterada de la vida jurídica. No consisten, pues, en una abstracta e indeterminada invocación de la justicia o de la consciencia moral o de la discreción del juez, sino, más bien, en la expresión de una justicia material especificada técnicamente en función de los problemas jurídicos concretos *y objetivada en la lógica misma de las instituciones*.[381]

Sublinhe-se que os princípios gerais de direito estão *subjacentes* ao sistema jurídico-positivo, não, porém, como um dado externo, mas como uma inerência da construção em que se corporifica o ordenamento, porquanto seus diversos institutos jurídicos, quando menos considerados em sua complexidade íntegra, traem, nas respectivas composturas, ora mais ora menos visivelmente, a absorção dos valores que se expressam nos sobreditos princípios.

Igualmente felizes são as averbações de O. A. Bandeira de Mello, ao anotar que tais princípios "se infiltram no ordenamento jurídico de dado momento histórico" ou que traduzem "o mínimo de moralidade que circunda o preceito legal, latente na fórmula escrita ou costumeira" e ao ressaltar que são "as teses jurídicas genéricas que informam o ordenamento jurídico-positivo do Estado", conquanto não se achem expressadas em texto legal específico. No exemplário de tais princípios gerais, o autor menciona, entre outros, o de que ninguém deve ser punido sem ser ouvido, *o do enriquecimento sem causa*, o de que ninguém pode se beneficiar da própria malícia etc.[382]

6. Uma vez que o enriquecimento sem causa é um princípio geral de direito – e não apenas princípio alocado em um de seus braços: público ou privado – evidentemente também se aplica ao direito administrativo.

Em obras gerais atinentes a este ramo jurídico, é comum a anotação de que o enriquecimento sem causa é inadmissível e que, em favor do empobrecido, cabe ação para indenizar-se. Sem embargo, muitas vezes – como ocorreu na Itália – toma-se por estribo regra extraída do

---

[381] GARCÍA DE ENTERRÍA, Eduardo; FERNÁNDEZ, Tomás-Ramón. *Curso de derecho administrativo*. 14. ed. Madrid: Thomson Civitas, 2008. v. I. p. 484. Grifos nossos.

[382] BANDEIRA DE MELLO, Oswaldo Aranha. *Princípios gerais de direito administrativo*. 3. ed. São Paulo: Malheiros, 2007. v. I. p. 420.

direito civil. Assim, *exempli gratia*, para referir uns poucos autores, Aldo Sandulli registra que em qualquer caso no qual

> um particular haja, com sacrifício próprio, cumprido por conta da Administração uma obra ou atividade vantajosa para esta última e como tal reconhecida por ela mesma (*actio de in rem verso* – consentida pelos arts. 2.041-2.042 do Cód. Civil – a quem haja com sacrifício próprio proporcionado a outrem um enriquecimento sem causa) vem geralmente reconhecida como admissível contra a Administração apenas nos casos em que ela própria haja – ainda que implicitamente – reconhecido a utilidade da obra [...].[383]

Os Conselheiros de Estado Guido Landi e Giuseppe Potenza, referindo também o art. 2.041 do Cód. Civil italiano, igualmente ensinam que se alguém se enriquece sem uma causa jurídica justa em prejuízo de outra pessoa, cabe a ação em prol desta última para indenizar-se da correlativa diminuição patrimonial dentro dos limites do enriquecimento produzido. Anotam seu cabimento contra a Administração quando esta reconheça, seja explícita, seja implicitamente – pelo desfrute da atividade ou pela incorporação do produto dela, ou por havê-la utilizado nos próprios fins, a utilidade do trabalho ou da obra efetuada por outrem, com seu sacrifício em prol dela. Indica que são frequentes as aplicações de enriquecimento sem causa e traz como exemplo, não só, mas também, *o de obra demandada a um particular sem obediência às formas prescritas*.[384] M. S. Gianinni também faz expressa referência à aplicação do princípio do enriquecimento sem causa ao direito administrativo.[385]

Judiciosamente, entretanto, Guido Falzone, depois de mencionar também o art. 2.041 do Cód. Civil italiano, que embasa a *actio de in rem verso* nos casos de enriquecimento sem causa, bem como sua aplicabilidade contra a Administração Pública e a resposta positiva que lhe dá "a generalidade dos autores", observa, com inquestionável acerto, que a citada regra do Código Civil não se constitui em um princípio a ser analogicamente aplicado ao direito público, mas que se trata de "um princípio geral do nosso ordenamento jurídico e que, como tal,

---

[383] SANDULLI, Aldo. *Manuale di diritto amministrativo*. 6. ed. Padova: Cedam, 1960. p. 100.
[384] LANDI, Guido; POTENZA, Giuseppe. *Manuale di diritto amministrativo*. 2. ed. Milão: Giuffrè, 1963.
[385] GIANINNI, M. S. *Istituzioni di Diritto Amministrativo*. Milão: Giuffrè, 1981. p. 516-517.

deve aplicar-se perante todos os sujeitos dele, independentemente da natureza jurídica deles".[386]

De resto, como já registrava Zanobini, ainda em 1936:

> [...] largamente admitida, a *actio de in rem verso*, ou seja a ação de enriquecimento indevido, cuja base promana do princípio romano: "nemo locupletari potest cum aliena jactura". Tal ação é pertinente a qualquer que, como titular de um círculo abstrato de atribuições públicas ("ufficio") ou como sujeito estranho à administração, com próprio sacrifício, haja cumprido obra positivamente vantajosa para uma administração pública. A diferença da ação de enriquecimento indébito daquel'outra que emerge da gestão de negócios é evidente: esta pressupõe apenas a gestão utilmente empreendida e prescinde do efeito realmente útil alcançado; esta baseia-se unicamente sobre tal efeito. Ou seja, sobre um enriquecimento em proveito de uma administração, efetuado a dano do outro sujeito. Além disto, a jurisprudência, tendo em conta que o juízo sobre a vantagem pública importa uma apreciação técnica e discricionária, que só a administração pode expender, subordina a admissibilidade da ação ao reconhecimento da utilidade da obra por parte da própria administração.[387]

Ao enunciar princípios gerais *de direito administrativo*, o eminente mestre coimbrão Afonso Rodrigues Queiró refere o princípio do "não locupletamento à custa alheia".[388]

7. Ainda que não seja o caso de prosseguir desfiando referências ou transcrições de lições correntes a este respeito, posto que são generalizadas em todos os países, para não deixar sem menção ensinamentos provindos da pátria do direito administrativo, isto é, da França, tomemos alguns exemplos do que ali se fixou ao respeito.

Waline, ao examinar a figura dos "quase-contratos", observa, corretamente que:

> O fundamento da obrigação quase-contratual é a preocupação com a justiça comutativa, ou, mais precisamente, o desejo de restabelecer o equilíbrio entre dois patrimônios, dos quais um se enriqueceu enquanto que outro empobreceu, sem que nenhuma causa jurídica válida pudesse justificar estes dois fenômenos correlativos. Enunciar esta proposição é

---

[386] FALZONE, Guido. *Le obligazione dello stato*. Milão: Giuffre, 1960. p. 154.
[387] ZANOBINI, Guido. *Corso di diritto amministrativo*. Milão: Giuffrè, 1936. v. I. p. 271-272.
[388] QUEIRÓ, Afonso Rodrigues. *Lições de direito administrativo*. Coimbra: Coimbra Editora, 1976. v. I. p. 310.

indicar, bem por isto, que o caso típico de obrigação quase-contratual é a que nasce do enriquecimento sem causa [...].[389]

Páginas adiante, o autor, após examinar determinadas figuras habitualmente inclusas no âmbito dos quase-contratos (caso da gestão de negócios, do funcionário de fato), anota que existem situações: "que se pode hesitar em qualificar como gestões de negócios, mas que, todavia, são quase-contratuais. São, mais frequentemente, contratos 'ausentes' (manqués), irregulares ou prolongados além de seu termo".

Em relação a elas, então, menciona numerosas decisões jurisdicionais em que se reconhece o correspondente direito do administrado ser indenizado pelo valor do que fez, inclusive em hipótese na qual, sem nenhum contrato, executou obras em proveito da Administração, que, tendo ciência disto, não se lhe opôs.[390]

Na 2ª edição do reputadíssimo *Traité des contracts administratifs*,[391] de autoria de Andrè de Laubadère, Frank Moderne e Pierre Devolvé (e cuja 1ª edição é obra exclusiva do primeiro destes autores), em capítulo da lavra de Laubadère, o enriquecimento sem causa é mencionado no âmbito dos chamados quase-contratos. Assim:

> Entre os fatos constitutivos dos quase-contratos compreende-se habitualmente, em direito civil, a repetição do indébito, a gestão de negócios e o enriquecimento sem causa. Esta distinção encontra-se em direito administrativo, mas nele só a teoria do enriquecimento sem causa foi objeto de um desenvolvimento significativo.[392]

O eminente administrativista, citando literalmente Odent, registra que o enriquecimento sem causa, o qual dá lugar à ação *de in rem verso* em proveito do "empobrecido", constitui um "princípio geral de direito, aplicável sem texto ao direito administrativo".[393]

Em seguida declina as condições de sua aplicação, reportando-se a numerosas decisões do Conselho de Estado, a saber: que (a) o

---

[389] WALINE, Marcel. *Droit administratif*. 9. ed. Paris: Sirey, 1963. p. 632.
[390] WALINE, Marcel. *Droit administratif*. 9. ed. Paris: Sirey, 1963. p. 636.
[391] LAUBADÈRE, André de; MODERNE, Frank; DEVOLVE, Pierre. *Traité des contracts administratifs*. Paris: LGDF, 1983. v. I.
[392] LAUBADÈRE, André de; MODERNE, Frank; DEVOLVE, Pierre. *Traité des contracts administratifs*. Paris: LGDF, 1983. v. I. p. 31.
[393] LAUBADÈRE, André de; MODERNE, Frank; DEVOLVE, Pierre. *Traité des contracts administratifs*. Paris: LGDF, 1983. v. I. p. 31.

réu haja efetivamente se enriquecido, que haja extraído proveito do comportamento do empobrecido; (b) que a tal enriquecimento corresponda um empobrecimento do autor da ação, estabelecendo-se de maneira certa a relação entre estes fenômenos; (c) que o enriquecimento e o correlativo empobrecimento hajam sido sem causa, pois se existir um título jurídico justificativo do enriquecimento descaberá a ação e (d) que a ação de enriquecimento sem causa apresente um caráter subsidiário, ou seja, que o autor careça de outra via própria para fundamentar sua pretensão.[394] E mais além, precisa que as obras efetuadas *devam ter sido úteis à Administração* e que hajam sido efetuadas *com seu assentimento, ainda que tácito*.[395]

8. Sobre o tema do enriquecimento sem causa em direito administrativo francês, é sabidamente preciosa a monografia de Gabriel Bayle. Em seu excelente estudo, no qual examina minuciosamente a jurisprudência do Conselho de Estado, o autor registra que, antes mesmo da adoção do princípio pela jurisprudência civil, antes da Corte de Cassação consagrá-la na famosa decisão Boudier (1892), o Conselho de Estado, implicitamente, reconheceu:

> que o direito à indenização do quase-contratante da administração poderia fundar-se sobre o princípio geral de direito de que "ninguém pode enriquecer-se à custa de outrem", uma vez preenchidas as condições particulares de sua operatividade. Estas condições são em número de três: é preciso que haja assentimento da coletividade pública enriquecida, utilidade geral da despesa feita pela pessoa empobrecida e proveito extraído sem causa jurídica pela administração. Quando estas três condições estejam preenchidas, deve ser possível ligar a teoria administrativa ao princípio geral de que a administração não deve se enriquecer sem fundamento jurídico à custa de particulares.

O autor aponta, então, como inaugural, o aresto Lemaire do Conselho de Estado (1890),[396] mas seu reconhecimento na qualidade de princípio geral só ocorreria em 1961, segundo ensina René Chapus.[397]

Em relação às sobreditas condições que o monografista examina com cuidadosa minúcia, no que concerne ao "assentimento" da

---

[394] LAUBADÈRE, André de; MODERNE, Frank; DEVOLVE, Pierre. *Traité des contracts administratifs*. Paris: LGDF, 1983. v. I. 34-35.
[395] LAUBADÈRE, André de; MODERNE, Frank; DEVOLVE, Pierre. *Traité des contracts administratifs*. Paris: LGDF, 1983. v. I. p. 515.
[396] BAYLE, Gabriel. *L' enrichissement sans cause en droit administratif*. Paris: LGDF, 1973. p. 23.
[397] CHAPUS, René. *Droit administratif général*. 6. ed. Paris: Montchrestien, 1992. t. I. p. 891-892.

Administração, indica que, malgrado sua ressonância jurídica, é uma pura noção "de fato", tal como a de "urgência" ou de "necessidade"[398] e que pode manifestar-se de diferentes modos, seja em modalidades internas, seja em modalidades externas à vontade administrativa. Como modalidades internas, menciona as formas explícita, tácita ou presumida.[399] Após referir que a manifestação "pode provir também da vontade deliberada de se aproveitar de um trabalho fornecido pelo empobrecido", menciona ainda a hipótese, reconhecida pelo Conselho de Estado, como dando margem à ação de enriquecimento sem causa, em que

> o assentimento simplesmente presumido da administração seja suficiente para estabelecer o liame de fato necessário para por em causa a responsabilidade quase-contratual. É o que ocorre quando ela decide não se opor à oferta de colaboração da contraparte, seja tendo sido "preliminarmente informada" do cumprimento das prestações e "longe de proibi-las" empenha-se em "controlar-lhe a execução", seja por "havê-las mesmo acompanhado" "não se tendo oposto à execução", seja, enfim, porque as operações foram efetuadas, sob seu controle e fiscalização ao mesmo tempo.[400]

9. O autor é explícito em indicar que *o enriquecimento sem causa tem lugar mesmo em hipótese na qual o contrato não é apenas nulo, mas inexistente* "do que resulta que a noção de enriquecimento sem causa pode comparecer onde tenha havido de fato execução de um contrato que em direito não existe".[401] Acrescenta, ainda, sempre com amparo em jurisprudência, que o consentimento de fato pode ser extraído simplesmente do que denomina assentimento manifestado por elementos externos à vontade administrativa (em oposição aos que dantes foram mencionados e que lhe mereceram a categorização de internos à vontade administrativa), arrolando como tais, a urgência, a necessidade ou o caráter indispensável das prestações, os quais fazem presumir o consentimento administrativo. Em resumo, anota que a Administração "que se aproveita do enriquecimento sem causa, aceita beneficiar-se disto. É nesta aceitação ou intenção que reside em

---

[398] CHAPUS, René. *Droit administratif général*. 6. ed. Paris: Montchrestien, 1992. t. I. p. 123-124.
[399] CHAPUS, René. *Droit administratif général*. 6. ed. Paris: Montchrestien, 1992. t. I. p. 125.
[400] CHAPUS, René. *Droit administratif général*. 6. ed. Paris: Montchrestien, 1992. t. I. p. 126.
[401] CHAPUS, René. *Droit administratif général*. 6. ed. Paris: Montchrestien, 1992. t. I. p. 128.

definitivo a originalidade do quase-contrato de enriquecimento sem causa"[402] e conclui, a final, que:

> A administração que aceita implicitamente beneficiar-se de uma prestação ou de um trabalho fornecido, deve em troca pagar o devido ao particular; ela não pode, invocando sua própria irregularidade ou o fato de que haja dado seu assentimento à irregularidade cometida, conservar consigo o que não lhe pertence senão como contrapartida de uma remuneração.[403]

10. No Brasil, Lúcia Valle Figueiredo e Sérgio Ferraz, em monografia sobre dispensa de licitação, ao estudarem hipóteses em que um particular desenvolve atividade de proveito coletivo sem que hajam sido cumpridas as formalidades pré-contratuais ou contratuais, anotam que:

> [...] o problema só adquire relevância se presentes os seguintes dados: a) enriquecimento ou proveito para a coletividade; b) empobrecimento ou depreciação patrimonial para o prestador de serviços; c) relação de nexo entre um e outro dos fenômenos acima apontado; d) ausência de causa para a concretização dos aludidos fenômenos.[404]

Expõem que se a Administração não se opôs a tal atividade e, dessarte, consentiu tacitamente em sua realização, *ficará obrigada a indenizar seu autor*, se impossível ou inconveniente a restauração ao *statu quo ante*.[405] Após examinarem o tema do enriquecimento sem causa e do quase-contrato, fazendo ampla menção à citada obra de Gabriel Bayle, reputam, entretanto, que a solução adequada, no Brasil, é a da responsabilidade do Estado, com base na correspondente previsão constitucional. É que, de acordo com tais autores:

> Na realidade, o princípio jurídico, que o tema coloca em pauta, é o da igualdade na distribuição das cargas públicas. Aquele que presta um serviço à coletividade fará, nas circunstâncias a que em seguida nos dedicaremos, jus à reparação, *mesmo sem regularidade formal da relação jurídica*, porque, em virtude da ação ou omissão do Estado, restou

---

[402] CHAPUS, René. *Droit administratif général*. 6. ed. Paris: Montchrestien, 1992. t. I. p. 130.
[403] CHAPUS, René. *Droit administratif général*. 6. ed. Paris: Montchrestien, 1992. t. I. p. 197.
[404] FIGUEIREDO, Lúcia Valle; FERRAZ, Sérgio. *Dispensa de licitação*. 3. ed. São Paulo: Revista dos Tribunais, 1980. p. 95-96.
[405] FIGUEIREDO, Lúcia Valle; FERRAZ, Sérgio. *Dispensa de licitação*. 3. ed. São Paulo: Revista dos Tribunais, 1980. p. 95-102, notadamente, 101-102.

desprivilegiado frente aos demais administrados, quanto à repartição das cargas públicas genéricas. E essa situação, no direito brasileiro, se soluciona com remissão ao art. 37, §6º, da Constituição Federal.[406]

De seu turno, o prestigioso Hely Lopes Meirelles ensina:

> Todavia, *mesmo no caso de contrato nulo ou de inexistência de contrato*, pode tornar-se devido o pagamento dos trabalhos realizados para a Administração ou dos fornecimentos a ela feitos, *não com fundamento em obrigação contratual*, ausente na espécie, mas sim no dever moral de indenizar o benefício auferido pelo estado, que não pode tirar proveito da atividade particular sem o correspondente pagamento.[407]

Em abono desta assertiva, o autor cita os julgados do TJRJ (*RF*, v. 153, p. 305); do TJSP (*RT*, v. 141, p. 686; v. 185, p. 720; v. 188, p. 631; v. 242, p. 184) e do 1º TASP Civil (*RT*, v. 272, p. 513).

Relembre-se que o direito constitucional brasileiro expressamente incorpora a moralidade administrativa como princípios a que estão sujeitas a Administração direta, indireta ou fundacional de quaisquer dos poderes da União, estados, Distrito Federal e municípios (art. 37, *caput*).

11. De todo modo, como se vê, por um ou outro fundamento, o certo é que não se pode admitir que a Administração se locuplete à custa alheia e, segundo nos parece, *o enriquecimento sem causa* – que é um princípio geral do direito – supedanea, em casos que tais, o direito de o particular indenizar-se pela atividade que proveitosamente dispensou em prol da Administração, ainda que a relação jurídica se haja travado irregularmente ou mesmo ao arrepio de qualquer formalidade, desde que o Poder Público haja assentido nela, ainda que de forma implícita ou tácita, inclusive a ser depreendida do mero fato de havê-la boamente incorporado em seu proveito, salvo se a relação irrompe de atos de inquestionável má-fé, reconhecível no comportamento das partes ou mesmo simplesmente do empobrecido.

Tem-se, portanto, que a *regra geral*, o *princípio retor na matéria*, evidentemente, é – e não pode deixar de ser – o da radical vedação ao enriquecimento sem causa. Logo, *para ser excepcionado, demanda o*

---

[406] FIGUEIREDO, Lúcia Valle; FERRAZ, Sérgio. *Dispensa de licitação*. 3. ed. São Paulo: Revista dos Tribunais, 1980. p. 100.

[407] MEIRELLES, Hely Lopes. *Direito administrativo brasileiro*. 15. ed. São Paulo: Revista dos Tribunais, 1990. p. 211.

concurso de sólidas razões em contrário, quais sejam: *a prova, a demonstração robusta e substanciosa de que o empobrecido obrou com má-fé, concorrendo, deliberada e maliciosamente para a produção de ato viciado do qual esperava captar vantagem indevida*. É que, em tal caso, haverá assumido o risco consciente de vir a sofrer prejuízos, se surpreendida a manobra ilegítima em que incorreu. Fora daí, entretanto, seria iníquo sonegar-lhe a recomposição do desgaste patrimonial decorrente de relação jurídica travada com o patrocínio do Poder Público, sob a égide de sua autoridade jurídica, mas ao depois considerada inválida.

Firmados estes pontos, impende, ainda, tecer algumas considerações, conquanto muito breves, sobre o tema da boa-fé.

12. Anote-se, liminarmente, que boa-fé – noção acolhida pelo direito e, dessarte, juridicizada – é conceito capturável no âmbito da moral e não no confronto da conduta questionada com o ordenamento jurídico positivo. Fácil é percebê-lo.

Existem comportamentos de boa-fé que, nada obstante, constituem-se em condutas injurídicas. Sirva de exemplo a ocupação de imóvel por quem, erroneamente, suponha-se proprietário dele ou imagine tratar-se de bem derrelito. O mesmo dir-se-á da posse e subsequente investidura como servidor público, de candidato concursado, que, em detrimento de outrem, foi chamado fora da ordem de classificação, mas ignorava tal circunstância invalidante de sua nomeação.

Inversamente, existe comportamento de má-fé, que, todavia, não é sancionado pelo direito, ou seja, não se constitui em procedimento ilícito. É o que ocorre quando alguém se recusa a pagar dívida de jogo, inobstante comprometido com a contraparte, a qual se fiara em sua palavra de que, se perdesse, saldaria o correspondente débito.

13. O que é, pois, agir de boa-fé?

É agir sem malícia, sem *intenção* de fraudar a outrem. É atuar na suposição de que a conduta tomada é correta, é permitida ou devida nas circunstâncias em que ocorre. É, então, o oposto da atuação de má-fé, a qual se caracteriza como o comportamento *consciente e deliberado* produzido com o intento de captar uma vantagem indevida (que pode ou não ser ilícita) ou de causar a alguém um detrimento, um gravame, um prejuízo, injustos.

No comportamento do *administrado* em relação à Administração, sua má-fé tanto pode derivar de uma conduta autônoma, nos termos indicados, quanto de um *conluio com agentes públicos, tendo em vista o alcance de objetivos vedados pela lei*.

Esta última hipótese – a do conluio – é, certamente, da máxima gravidade. Donde, quando menos em hipóteses deste jaez, uma vez demonstrada a ocorrência de tal vício, seria de todo em todo inaceitável que o administrado pudesse, em nome do princípio do enriquecimento sem causa, eximir-se ao peso dos dispêndios não acobertados em que haja incorrido. É que, na referida hipótese – ter-se concertado de má-fé com agentes do Poder Público –, seria compreensível o entendimento de que assumiu a correlata álea inerente à mencionada conduta viciosa, isto é, o risco de ser colhido pelo reconhecimento do dolo e apanhado antes de captar qualquer proveito ou até mesmo do ressarcimento das despesas até então efetuadas sob a capa do negócio censurável.

Sem embargo, é certo que nesta matéria deve-se agir com cautela para prevenir injustiças e suposições sempre fáceis, imaginosas ou levianas. Assim, só se deve dar por ocorrida a hipótese ante *demonstrações substanciosas da existência de conluio*, pena de encampar juízos precipitados dos quais resultariam soluções ensejadoras de enriquecimento injusto de uma parte em detrimento de outra; isto é, do Poder Público, em agravo do administrado.

14. Acresce que, esteja ou não em pauta a suposição de conluio, o certo é que dolo, má-fé, à toda evidência, não se presumem. Bem o disse Carlos Maximiliano, o príncipe de nossos mestres de exegese:

> O dolo não se presume: na dúvida, prefere-se a exegese que o exclui. Todas as presunções militam a favor de uma conduta honesta e justa; só em face de *indícios decisivos, bem fundadas conjeturas*, se admite haver alguém agido com propósitos cavilosos, intúitos contrários ao Direito, ou à Moral.[408]

Deveras, não se toma como premissa corrente o patológico, o anômalo. Por isto, a má-fé, para ser admitida como existente, demanda que dela se faça prova substante ou, quando menos, que se possa depreendê-la de indícios veementes, de elementos que precedendo ou circundando o ato (ou a relação jurídica), concorram de modo robusto para levar a uma convicção sólida de que a parte ou as partes agiram maliciosamente, animados por intuito vicioso.

É certo, ademais, que diversos fatores e de variada ordem, inclusive relacionados com o comportamento pregresso das partes, se

---

[408] MAXIMILIANO, Carlos. *Hermenêutica e aplicação do direito*. 15. ed. Rio de Janeiro: Forense, 1995. p. 262. Grifos nossos.

adicionam aos elementos extraídos diretamente da compostura do ato e seu entorno, interferindo para fortalecer ou infirmar eventual suspeita de má-fé. Assim, *exempli gratia*, sua correção habitual ou, inversamente, seus antecedentes desfavoráveis concorrerão para orientar a intelecção do exegeta em relação ao caso *sub examine*. De outra parte, a grandeza das vantagens que a parte auferirá, contrastada com a extensão dos prejuízos a que ficará exposta, se surpreendida a eventual malícia, há se ser tomada em conta, para sopesar-se a plausibilidade desta possível ocorrência. É bem de ver que nenhum destes aspectos têm força decisiva, pois são dados exteriores à questão central posta em pauta. De outro lado, sua importância na avaliação global dela irá variar em função da tipicidade maior ou menor com que se apresentem. Sem embargo, não podem ser postergados, pois concorrerão utilmente para um juízo mais completo e equilibrado.

Assim, inexistindo transparente expressão de má-fé por parte do administrado, não se poderá concluir que este concorreu para o ato viciado mediante procedimento malicioso, senão quando a articulação dos vários elementos a que se aludiu obrigue o pensamento a direcionar-se e a residir neste termo, não sendo suficientes para estabelecê-lo meras presunções, simples suspeitas, desvalidas de amparo fático ou desprovidas de consistência psicológica. É que, a ser de outro modo, instalar-se-ia a insegurança, a suspicácia, a fragilidade dos liames constituídos sob a égide do Poder Público.

Referências

BANDEIRA DE MELLO, Celso Antônio. *Curso de direito administrativo*. 26. ed. São Paulo: Malheiros, 2009.

BANDEIRA DE MELLO, Oswaldo Aranha. *Princípios gerais de direito administrativo*. 3. ed. São Paulo: Malheiros, 2007. v. I.

BAYLE, Gabriel. *L' enrichissement sans cause en droit administratif*. Paris: LGDF, 1973.

CHAPUS, René. *Droit administratif général*. 6. ed. Paris: Montchrestien, 1992. t. I.

FALZONE, Guido. *Le obligazione dello stato*. Milão: Giuffre, 1960.

FIGUEIREDO, Lúcia Valle; FERRAZ, Sérgio. *Dispensa de licitação*. 3. ed. São Paulo: Revista dos Tribunais, 1980.

GARCÍA DE ENTERRÍA, Eduardo; FERNÁNDEZ, Tomás-Ramón. *Curso de derecho administrativo*. 14. ed. Madrid: Thomson Civitas, 2008. v. I.

GIANINNI, M. S. *Istituzioni di Diritto Amministrativo*. Milão: Giuffrè, 1981.

LANDI, Guido; POTENZA, Giuseppe. *Manuale di diritto amministrativo*. 2. ed. Milão: Giuffrè, 1963.

LAUBADÈRE, André de; MODERNE, Frank; DEVOLVE, Pierre. *Traité des contracts administratifs*. Paris: LGDF, 1983. v. I.

MAXIMILIANO, Carlos. *Hermenêutica e aplicação do direito*. 15. ed. Rio de Janeiro: Forense, 1995.

MEIRELLES, Hely Lopes. *Direito administrativo brasileiro*. 15. ed. São Paulo: Revista dos Tribunais, 1990.

QUEIRÓ, Afonso Rodrigues. *Lições de direito administrativo*. Coimbra: Coimbra Editora, 1976. v. I.

SANDULLI, Aldo. *Manuale di diritto amministrativo*. 6. ed. Padova: Cedam, 1960.

WALINE, Marcel. *Droit administratif*. 9. ed. Paris: Sirey, 1963.

ZANOBINI, Guido. *Corso di diritto amministrativo*. Milão: Giuffrè, 1936. v. I.

Nº 21

NATUREZA ESSENCIAL DAS SOCIEDADES MISTAS E EMPRESAS PÚBLICAS: CONSEQUÊNCIAS EM SEUS REGIMES

I – As empresas e fundações do Estado como entidades auxiliares da Administração; II – Características da sua personalidade jurídica de direito privado; III – Tipos fundamentais: exploração de atividade econômica e prestação de serviços públicos; IV – Normas sobre licitação; V – Regime jurídico de pessoal; VI – Conclusões; Referências

I – As empresas e fundações do Estado como entidades auxiliares da Administração

1. As empresas controladas total ou majoritariamente pelo Estado e as fundações por ele instituídas, tenham ou não a forma e a rotulação de pessoas de direito privado, são, *essencialmente, instrumentos personalizados da ação do Poder Público*. Nisto não discrepam as empresas públicas, as sociedades de economia mista típicas, aquelas outras cujo controle o Estado detém por meio de sua administração indireta (sociedades mistas de segunda e terceira gerações) e os sujeitos de direito instituídos com o *nomem juris* de fundações de direito privado.

Todas estas figuras, sem exceção, consistem, fundamentalmente, em veículos personalizados de sua atuação. Se não o fossem, o Estado ou pessoa de sua administração indireta não teriam por que criá-las ou, então, assumir-lhes a prevalência acionária votante e delas se servir para a realização de escopos seus.

2. Assim, a marca básica e peculiar de tais sujeitos reside no fato de serem coadjuvantes dos misteres estatais; de se constituírem em entidades *auxiliares* da administração. Nada pode desfazer este signo insculpido em suas naturezas, a partir de instante em que o Poder Público as cria ou lhes assume o controle acionário.

Esta realidade *jurídica* representa o mais certeiro norte para intelecção destas pessoas. Consequentemente, aí está o critério retor para interpretação dos princípios jurídicos que lhes são *obrigatoriamente* aplicáveis, pena de converter-se o acidental – suas personalidades de direito privado – em essencial e o essencial – seu caráter de sujeitos auxiliares de Estado – em acidental.

Como os objetivos estatais são profundamente distintos dos escopos privados, próprios dos particulares, já que almejam o bem-estar coletivo e não o proveito individual, singular (que é perseguido pelos particulares), compreende-se que exista um abismo profundo entre tais entidades e as demais pessoas jurídicas de direito privado.

II – Características da sua personalidade jurídica de direito privado

3. Segue-se que a personalidade jurídica de direito privado conferida a estes sujeitos auxiliares do Estado não significa que se parifica ou que se deva parificar a generalidade das sociedades privadas. Se assim fosse, haveria comprometimento tanto de seus objetivos e funções essenciais quanto da lisura no manejo de recursos hauridos, total ou parcialmente, nos cofres públicos, como ainda das garantias dos administrados, descendentes da própria índole do Estado de direito ou das disposições constitucionais que as explicitam.

Recorde-se que, no Estado de direito, os preceitos conformadores da atuação pública não visam tão só curar o interesse coletivo, mas propõem-se, declaradamente, a resguardar os indivíduos e grupos sociais contra ação desatada ou descomedida do poder público. Esta é, aliás, a razão política inspiradora do Estado de direito.

Desconhecer ou menoscabar estes dados nucleares implicaria ofensa às diretrizes fundamentais do texto constitucional. Assim, não é prestante interpretação que os postergue.

4. As entidades constituídas à sombra do Estado para produzir utilidade coletiva e que manejam recursos captados total ou majoritariamente de fontes públicas têm que estar submetidas a regras cautelares, defensivas quer da lisura e propriedade no dispêndio destes recursos, quer de sua correção na busca de objetivos estatais.

Assim, embora dotadas de personalidade de direito privado, é natural que sofram o influxo de princípios e normas armados ao propósito de proteger certos interesses e valores dos quais o Estado não se pode evadir, quer atue diretamente, quer atue por interpostas pessoas. Exigências provenientes, explicita ou implicitamente, da própria noção de Estado de direito, bem como as que procedem da natureza dos encargos estatais, impõem o afluxo de cânones especificamente adaptados às missões estatais. Pouco importando, quanto a isto, esteja o Poder Público operando por si mesmo ou mediante pessoas que o coadjuvam em seus misteres.

As entidades referidas são, como se disse, acima de tudo, meros instrumentos de atuação do Estado; simples figuras técnico-jurídicas, concebidas para melhor desenvolver objetivos que transcendem interesses privados. Daí sua profunda diferença em relação aos demais sujeitos de direito privado. A personalidade de direito privado, que lhes seja infundida, é apenas um meio que não pode ser deificado ao ponto de comprometer-lhes os fins.

III – Tipos fundamentais: exploração de atividade econômica e prestação de serviços públicos

5. Por meio destes sujeitos auxiliares, o Estado realiza cometimentos de dupla natureza: a) explora *atividades econômicas* que, em princípio, competem às empresas privadas e só excepcionalmente lhe cabem quando necessário por imperativos da segurança nacional ou relevante interesse coletivo (art. 173, *caput*); b) presta *serviços públicos*, encargos tipicamente seus.

Há, portanto, dois tipos fundamentais de empresas públicas e sociedades de economia mista: exploradoras de atividade econômica e prestadoras de serviços públicos. Seus regimes jurídicos não são nem podem ser idênticos, como procuramos mostrar em outra oportunidade.[409] Eros Roberto Grau também enfatiza vigorosamente esta distinção.[410]

No primeiro caso, é compreensível que o regime jurídico de tais pessoas seja o mais próximo possível daquele aplicável à generalidade das pessoas de direito privado. Seja pela natureza do objeto de sua ação, seja para prevenir que desfrutem de situação vantajosa em relação às empresas privadas – a quem cabe a senhoria preferencial no campo econômico –, compreende-se que estejam submissas à disciplina jurídica equivalente à dos particulares. Daí haver o texto constitucional estabelecido que em tais hipóteses submeter-se-ão as mesmas regras aplicáveis às empresas privadas (art. 173, §1º, II).

No segundo caso, quando concebidas para prestar serviços públicos ou desenvolver quaisquer atividades de índole pública, propriamente, quais a realização de obras públicas, é natural que sofram mais acentuada influência de princípios e regras ajustados ao resguardo de interesses desta natureza.

6. De toda sorte, umas e outras – exploradoras de atividade econômica e prestadoras de serviços públicos –, por força do *próprio texto constitucional*, veem-se colhidas por normas, ali residentes, que impedem a perfeita simetria de regime jurídico entre elas e a generalidade dos sujeitos de direito privado.

Sirvam de demonstração os arts. 5º, LXXIII, 14, 37 *caput*, seus incs. II, XVII, XIX, XX, art. 49, X, 52, VII, 54, 71 e incs. II, III e IV, art. 165, §5º e 169, §1º. Fica visível, portanto, que os preceptivos mencionados reduzem o alcance do art. 173, §1º, II, e gizam a verdadeira dimensão de seu comando.

Nota-se, pois, que *em caso algum* seu regime será idêntico ao das empresas privadas. Em sendo assim, reforça-se a ideia de que não se podem esquivar a certas disposições que configuram garantias mínimas para defesa de certos interesses públicos quando se trate de entidades *prepostas ao desempenho de serviços públicos ou atividades especificamente públicas*.

---

[409] BANDEIRA DE MELLO, Celso Antônio. *Prestação de serviços públicos e Administração indireta*. 2. ed. São Paulo: Revista dos Tribunais, 1979. p. 101 e segs.; 119; 122; 124; 135; 141-143.
[410] GRAU, Eros. *Elementos de direito econômico*. São Paulo: RT, 1981. p. 103.

IV – Normas sobre licitação

7. Entre estas garantias mínimas, certamente, está a obrigação de se submeterem aos princípios sobre licitação e sobre contratos administrativos, assim como a uma disciplina que imponha certas contenções a seus agentes.

Se é compreensível que estes sujeitos auxiliares do Estado não se assujeitem ao regime cautelar inerente à licitação e aos contratos administrativos, *quando forem exploradores de atividade econômica*, não se compreende permaneçam esquivos a tal esquema quando exercitam *atividade eminentemente estatal e tipicamente da alçada do Poder Público*.

Deveras, nesta última hipótese, não estarão abrangidos pelo disposto no art. 173, §1º, II, da Carta do país, pois o versículo em apreço só se reporta às empresas públicas e sociedades de economia mista que exploram atividade econômica.[411] Além disto, nenhuma razão prestante existe para obstar lhes sejam irrogados os cânones atinentes à licitação ou para empecer que seus contratos sejam regidos como contratos administrativos, tal como efetivamente o são, pelo escopo que os anima.

O gênero da atividade desenvolvida não se incompatibiliza com a licitação, vez que não se põem aí as mesmas exigências de uma desatada agilidade de compra e venda de bens, nem se colocam como obstáculos práticas mercantis incontornáveis, perante as quais a licitação seria um estorvo, impediente, algumas vezes, de atuação eficaz na área econômica. Logo, nada concorre para desabonar a adoção do regime licitatório estatal no caso dos sujeitos auxiliares do Estado que atuam *na prestação de serviços e obras caracteristicamente públicas*. Menos ainda haveria razões que desaconselhassem o regime inerente aos contratos administrativos.

8. Inversamente, inúmeras razões postulam a acolhida dos aludidos preceitos, como a seguir se demonstra.

As normas sobre licitação significam e representam o meio de assegurar um tratamento isonômico aos administrados, na medida em que assim são ensanchadas, a todos, iguais oportunidades de disputarem, entre si, os negócios que as entidades governamentais se proponham a realizar com terceiros. A licitação é concreta aplicação, em um setor específico, do princípio constitucional da igualdade, previsto no art. 5º, *caput* e inc. I. Sem ofensa ao direito, é impossível desconhecê-lo.

---

[411] Ver, a respeito: GRAU, Eros. *Elementos de direito econômico*. São Paulo: RT, 1981. p. 103.

A licitação é, demais disso, fórmula hábil para a busca dos negócios mais convenientes para o Poder Público; dever do qual este não se pode despedir, pois está em causa o meneio de recursos, total ou parcialmente, originários dos cofres públicos direta ou indiretamente.

Finalmente, por meio da licitação intenta-se obstar conluios entre agentes governamentais e terceiros, dos quais adviria ofensa a interesses da coletividade e lesão à "probidade na administração". Esta, sobre ser um valor moral, configura-se também como um valor jurídico, posto que o art. 85, V, da Carta do país, inclui entre os crimes de responsabilidade "atentar contra a probidade na administração".

9. De fora parte todos estes aspectos sublinhados, é indispensável relembrar que, na atualidade, a maioria ou pelo menos grande parte das aquisições e contratos mais vultosos efetuados pelo Poder Público é realizada precisamente por estas entidades. A admitir que se possam lavar do dever de licitar, todo o mecanismo cautelar previsto para contratos deste jaez perderia seu principal objeto. Nas malhas deste regime ficaria capturada a minoria dos contratos e os de menor expressão econômica, enquanto dele se evadiria a maior parte e os de maior significação patrimonial. É a esta insensatez, certamente não querida nem tolerada pelo texto constitucional, que conduz a liberdade ora desfrutada pelos sujeitos em questão. O quanto se disse no referente às licitações por igual se estende no referente aos contratos.

Tanto basta para concluir que a própria lógica do sistema constitucional impõe o regime licitatório e o regime do contrato administrativo às pessoas governamentais que prestam serviços públicos ou realizam obras públicas.

V – Regime jurídico de pessoal

10. Os dirigentes e o pessoal de empresas públicas, de sociedades controladas pelo Estado ou pessoa de sua Administração indireta e de fundações instituídas pelo Poder Público, quaisquer que sejam suas finalidades (exploração de atividade econômica ou prestação de serviços públicos), mobilizam importante setor da atividade governamental. Similarmente aos funcionários públicos, operam, também, um segmento da máquina administrativa.

O fato de esta parcela do aparelhamento estatal ser estruturada pelo figurino do direito privado não significa, de direito, ou de fato, que o aparelho em questão se desgarre da órbita do Poder Público. Nem significa que os interesses postos em causa percam, pela qualificação subjetiva (privada) da pessoa que os desempenha, o caráter de interesses transcendentes às preocupações privadas. Igualmente não significa que seus agentes careçam de compromissos com as finalidades de interesse coletivo e muito menos significa que lhes falte a mesma espécie de poder e de influência que os funcionários públicos acaso possam ter em razão dos cargos que detenham na Administração direta.

11. Assim é incompreensível que funcionários públicos sejam contidos, como são, por múltiplas proibições e impedimentos (havidos como consectários da natureza de seus encargos) enquanto os agentes dos demais sujeitos auxiliares do Estado ficam libertos de contenções equivalentes. Uns, tanto quanto outros, podem agravar interesses coletivos e comprometer o correto desempenho de suas funções caso não estejam detidos pelas restrições aludidas. A natureza privada de certo tipo de sujeitos coadjuvantes do Estado em nada e por nada descaracteriza ou elide o risco de que seus agentes incidam nas mesmas falências temidas em relação aos funcionários públicos.

Daí a necessidade de considerar extensivas aos agentes das empresas públicas, sociedades cuja maioria acionária seja detida pelo Estado ou pessoa de sua Administração indireta e fundações criadas pelo governo, correspondentes limitações impostas aos funcionários públicos, como as do art. 117 do Estatuto da União e 242 e 243 do Estado de São Paulo (com ressalva parcial do item VII deste último).

VI - Conclusões

12. Os aspectos focalizados concernem tão só a alguns ângulos do regime jurídico das pessoas auxiliares do Estado constituídas sob figuração de direito privado e que estão a merecer urgente revisão doutrinária e jurisprudencial. Muitos outros existem e dizem tanto com a necessária disseptação de regime entre elas e a generalidade das pessoas de direito privado quanto com a imprescindível disquisição de regime jurídico entre os sujeitos coadjuvantes do Estado que exploram atividade econômica e os que prestam serviços públicos.

A verdade é que estes sujeitos auxiliares do Estado, que surdiram sob o acicate de necessidades próprias de um dado período histórico, nascem inocentemente refratários ou rebeldes ao tradicional enquadramento nos escaninhos mentais preparados para recebê-los, pois concebidos em outro período histórico, no qual foi articulada a clássica dicotomia: pessoa de direito público é pessoa de direito privado.

Ainda que tal distinção jamais tenha sido pacífica e extreme de graves dificuldades, os problemas hoje se agudizam.

13. Impende, no mínimo, reconhecer que há diferentes níveis de operacionalidade na distinção pessoa de direito público e pessoa de direito privado. Seu nível de mais baixa funcionalidade reside precisamente no ponto de confluência em que se sediam certas pessoas compostas ou assumidas pelo Poder Público para auxiliá-lo em seus cometimentos e as quais irrogou o *nomen juris* de pessoas de direito privado.

Lúcia Valle Figueiredo, em oportuníssima monografia, já pusera em questão, entre nós, o ajustamento destas figuras ao modelo paradigmático da pessoa de direito privado.[412]

Jean-Denis Bredin, na França, sustentou, em tese de doutoramento, o hibridismo destas criaturas.[413]

14. Quadra registrar, então, que não se pode tomar "fetichisticamente" a afirmação normativa de que tais entidades são pessoas de direito privado e muito menos no caso em que sejam constituídas para prestação de serviços públicos ou condução de atividades caracteristicamente públicas. Nestas hipóteses, o grau de funcionalidade da distinção entre pessoa de direito público e pessoa de direito privado – questão que se resume a uma discriminação de regimes – cai para seu nível mínimo. Embora sem apagar a distinção existente, reduz-se a teores modestos, dada a vigorosa concorrência de princípios e normas publicísticas inevitavelmente afluentes para a proteção da atividade desempenhada, controle da ação de seus agentes e defesa dos administrados. Assim, a personalidade de direito privado que lhes seja infundida é matizada por vivos tons de direito público, a fim de ajustar-se a suas funções.

Estará em pauta, em tal situação, atividade tipicamente administrativa, a qual faz emergir a relação de administração, que, como pontifica luminosamente Cirne Lima: "Somente se nos depara, no plano das relações jurídicas, quando a finalidade, que a atividade de administração se propõe, nos aparece defendida contra o próprio agente e contra terceiros".[414]

---

[412] FIGUEIREDO, Lúcia Valle. *Empresas públicas e sociedades de economia mista*. São Paulo: Revista dos Tribunais, 1978, notadamente p. 131 e segs.

[413] BREDIN, Jean-Denis. *L'entreprise semi-publique et publique et le droit privé*. Paris: Librairie Generale de Droit et de Jurisprudence, 1957.

[414] LIMA, Ruy Cirne. *Princípios de direito administrativo*. 5. ed. São Paulo: Revista dos Tribunais, 1982. p. 53.

Dessarte, é preciso admitir sem rebuços que os sujeitos de direito ancilares do Estado, conquanto venham a receber rótulos de pessoas de direito privado, não podem eludir suas naturezas essenciais de coadjuvantes do Poder Público. Disto resultará, inexoravelmente, uma força imantadora que faz atrair sobre elas e sobre suas missões a incidência de preceitos publicísticos.

15. Para recusar esta conclusão, ter-se-ia de sufragar uma tese incompatível com os postulados do Estado de direito; a saber: que é dado ao poder estatal eximir-se de todo o aparato jurídico montado em prol da defesa dos interesses e valores que nele se consagram. Ficar-lhe-ia facultado ladear o modelo defensivo dos administrados, o esquema avalizador de seu ajustamento às regras protetoras do interesse público e do cauteloso meneio de recursos provenientes dos cofres governamentais. Para obter este salvo-conduto, esta carta de isenção a uma ordem normativa que foi estatuída em favor de interesses superiores, nada mais lhe seria necessário senão que se "travestisse", adotando, para fins esconsos, roupagem, adereços e ademanes da pessoa de direito privado.

Hely Lopes Meirelles[415] teceu oportunas considerações sobre a originalidade do regime das sociedades mistas, trazendo à colação subsídios doutrinários e jurisprudenciais. Quadra reproduzir a seguinte passagem ilustrativa:

> A Consulente é uma sociedade de economia mista. É, portanto, pessoa jurídica de direito privado (cf. nosso *Direito administrativo brasileiro*. São Paulo, 1966, p. 303; Decreto-lei n.º 200/67, art. 5.º, III). Reveste-se de forma de sociedade anônima, nem por isso se insere na exclusiva disciplina jurídica elaborada para as sociedades mercantis de fins puramente lucrativos (cf. Rubem Nogueira, Função da lei na vida dos entes paraestatais. *RDA*, 99/37). Essa é a posição dominante na doutrina de hoje, que repele o "privatismo" exagerado, relativo as sociedades de economia mista. A essa doutrina aderimos há muito [...].

É preciso, portanto, coerentemente, concluir que a primeira das originalidades do regime específico dos sujeitos coadjuvantes do Estado, ainda quando estruturados pela forma de direito privado, é a que resulta das imposições constitucionais alusivas à igualdade dos administrados ante o Poder Público – o que impõe o dever de licitar – ou

---

[415] MEIRELLES, Hely Lopes. *Estudos e pareceres de direito público*. São Paulo: Revista dos Tribunais, 1977. v. II. p. 148-152.

alusivas à defesa do serviço público – o que impõe o regime do contrato administrativo ou ainda alusivas à probidade na Administração – o que impõe cerceios aos seus agentes.

16. Tal como estas, muitas outras imposições existirão no respeitante à conduta e ao controle destes sujeitos ancilares do Estado. Representam, todas elas, atenuações sensíveis no regime de direito privado e interferências iniludíveis do direito público. Servem para comprovar que assim como o direito jurisdiciza tudo o que toca (como disse Kelsen,[416] comparando-o ao Rei Midas, que transformava em ouro o que tangia), o Estado também tem o dom de afetar transformadoramente tudo o que é por ele tocado. Por isso publiciza tudo o que toca.

Esta transformação, se acaso é temível, no sentir de alguns, só o será, verdadeiramente, se nos recusarmos a enxergá-la em sua irrefragável realidade, negando-nos a tratá-la com os cerceios que lhes são inerentes, por força do próprio direito positivo e de seus princípios informadores.

Para perceber a obrigatória aplicação de preceitos publicísticos às criaturas coadjuvantes do Estado ou que foram por ele assumidas não se demanda muito. Basta recusar apego às interpretações pedestres que se aferram à mera literalidade de certos dispositivos cuja intelecção requer arejamento. Porque encartadas em segmentos parciais do sistema normativo, têm de ser compreendidas a vista do todo no qual se inserem, articuladamente com as demais regras e, sobretudo, com atenção à hierarquia das normas e princípios. É suficiente, portanto, mirá-las a partir dos altiplanos do direito constitucional e com uma perspectiva exegética sistemática.

De outra sorte, incorrer-se-á em interpretações não científicas e por isso mesmo caóticas, conflitantes, inarticuladas, as quais, por fim, carecerão até de utilidade prática, desrespeitando-se a já centenária advertência do Conselheiro Ribas, na prefação a seu *Direito administrativo brasileiro*:

> Não há sciencia sem as syntheses fundamentaes; tiradas estas, só resta informe acervo de idéias, em cujo labyrintho a intelligencia não póde deixar de transviar-se.
>
> Pelo contrario, desque se possuem estas syntheses, dissipa-se o cahos, faz-se a luz e a ordem no pensamento; aparece constituída a sciencia.

---

[416] KELSEN, Hans. *Théorie pure du droit*. Paris: Dalloz, 1962. p. 369.

Nem é possível fazer-se acertada applicação de conhecimentos, sem nexo e sem systhema; na falta de merito scientifico, nem siquer lhes resta verdadeira utilidade pratica.[417]

Referências

BANDEIRA DE MELLO, Celso Antônio. *Prestação de serviços públicos e Administração indireta*. 2. ed. São Paulo: Revista dos Tribunais, 1979.

BREDIN, Jean-Denis. *L'entreprise semi-publique et publique et le droit prive*. Paris: Librairie Generale de Droit et de Jurisprudence, 1957.

FIGUEIREDO, Lúcia Valle. *Empresas públicas e sociedades de economia mista*. São Paulo: Revista dos Tribunais, 1978.

GRAU, Eros. *Elementos de direito econômico*. São Paulo: RT, 1981.

KELSEN, Hans. *Théorie pure du droit*. Paris: Dalloz, 1962.

LIMA, Ruy Cirne. *Princípios de direito administrativo*. 5. ed. São Paulo: Revista dos Tribunais, 1982.

MEIRELLES, Hely Lopes. *Estudos e pareceres de direito público*. São Paulo: Revista dos Tribunais, 1977. v. II.

RIBAS, Antonio Joaquim. Prefácio. In: RIBAS, Antonio Joaquim. *Direito administrativo brasileiro*. Rio de Janeiro: Typografia de Pinheiro e Cia., 1866.

---

[417] Conselheiro Ribas, na prefação a seu *Direito administrativo brasileiro*. Rio de Janeiro: Typografia de Pinheiro e Cia., 1866. p. IX.

Nº 22

SOCIEDADES MISTAS, EMPRESAS PÚBLICAS E O REGIME DE DIREITO PÚBLICO

1. Sociedades de economia mista, tanto como empresas públicas ou outras formas personalizadas que o Estado concebe, são meros instrumentos de sua ação. Para realizar atividades que lhe dizem respeito, o Poder Público engendra, no plano legislativo, distintos modelos *operacionais*, ou seja, fórmulas subjetivadas diversas, para implementar objetivos que assumiu no interesse da coletividade. Assim, ora optará pela instituição de pessoas de direito público, como as autarquias (por vezes criadas segundo o esquema de fundação pública), ora optará pela instituição de pessoas jurídicas de direito privado, como ocorre no caso de empresas públicas e sociedades de economia mista.

Em quaisquer destas hipóteses, contudo, é evidente que as entidades a que deu vida não passam de sujeitos *auxiliares seus*. As finalidades em cujo nome foram instituídas as diretrizes a que devem se ajustar e os controles para aferir seu procedimento são, evidentemente, públicos. Nem poderia ser de outra forma. Por isto, todas elas são categorizadas, quer doutrinária, quer normativamente, como entidades da "Administração indireta" (art. 4º do Decreto-Lei federal nº 200, de 25.2.1967, modificado pelo Decreto-Lei nº 900, de 29.9.1969, com alterações posteriores); ou seja: "Administração Pública indireta", como é óbvio – e não Administração privada indireta.

2. As criaturas em apreço são, pois, figuras pelas quais se realiza *administração pública*, vale dizer, administração de interesses que pertencem a toda a sociedade e que, de conseguinte, têm que ser

conhecidos e controlados por todos os membros do corpo social, por meio dos mecanismos que a sociedade, constitucional e ou legalmente, instituiu como pertinentes à fiscalização e correção dos negócios públicos. Ainda que sociedades mistas se submetam a controles internos ou efetuados meramente em nível de acionistas ou cotistas – evento que se processa na intimidade de tais sujeitos e que serve também e sobretudo à defesa de interesses privados de acionistas minoritários –, não podem se lavar dos controles externos, que são, aliás, de distintos tipos. Valham, como referência, os efetuados pela própria Administração Central, os que podem resultar de ação popular e os que se efetuam pelo Poder Legislativo, com o auxílio do Tribunal de Contas pertinente (arts. 5º, LXXIII; 49, IX; 70 e 71 da Constituição Federal).

Aliás, a existência de tais controles serve para demonstrar que as empresas públicas e sociedades de economia mista, conquanto modeladas sobre figurino tomado de empréstimo, em geral, ao direito mercantil, são visceralmente distintas da generalidade das pessoas de direito privado. Em relação a estas últimas não haveria cogitar das aludidas formas de controle.

3. Com efeito, os sujeitos que nascem do sopro estatal, seja quando instaurados com personalidade de direito público, seja quando criados com personalidade de direito privado, têm como traço essencial, como marca que os distingue de quaisquer outros, como signo que lhes preside a existência e comanda a intelecção de suas naturezas, o fato de serem criaturas *instrumentais* do Estado; são seres que gravitam na órbita pública. Estão, tanto como o próprio Estado, atrelados à realização de interesses do todo social e os recursos que os embasam são, no todo em sua parte majoritária, originários de fonte pública. Tais criaturas existem para que o Estado, por seu intermédio, conduza de modo satisfatório assuntos que dizem respeito a toda a coletividade.

Exatamente por isto – tal como o Estado – encontram-se sujeitas a todos os controles públicos necessários para a certeza e a segurança de que, ao desenvolverem seus cometimentos, manter-se-ão estritamente afiveladas ao cumprimento do escopo para o qual foram concebidas e atenderão obsequiosamente aos deveres de legalidade, impessoalidade, moralidade e publicidade, conforme disposto no art. 37 da Constituição brasileira, segundo o qual: "A administração pública direta, *indireta* ou fundacional, de qualquer dos poderes da União, dos Estados, do Distrito Federal e dos Municípios obedecerá aos princípios da legalidade, impessoalidade, moralidade, publicidade e eficiência e, também, ao seguinte: [...]".

4. Ditas criaturas, pois, ainda quando modeladas sob figurino privado, não são, portanto, da mesma cepa que as demais pessoas de direito privado. A razão de existir, os fins em vista dos quais são criadas, os recursos econômicos que manejam, os interesses a que servem (e podem servir) são manifestamente distintos e, sob muitos aspectos, até mesmo diametralmente opostos aos daqueloutras. Bastaria esta evidência para perceber-se que não poderiam mesmo estar submetidas à igual disciplina jurídica. Aliás, as próprias entidades em causa também comportam uma diversidade de regimes, conforme sejam prestadoras de serviço público ou exploradoras da atividade econômica.

Com efeito, é preciso distinguir as sociedades de economia mista e empresas públicas em duas distintas espécies; a saber: *prestadoras de serviços públicos* e *exploradoras* de atividade econômica, pois o regime de umas e outras não é idêntico. Ambas, pelas razões já expostas, inobstante sejam constituídas sob forma de direito privado, sofrem o impacto de regras de direito público. As primeiras, entretanto, são alcançadas por estes preceitos com uma carga mais intensa do que ocorre com as segundas, o que é perfeitamente compreensível.

5. Deveras, as prestadoras de serviço público desenvolvem atividade em tudo e por tudo equivalente aos misteres típicos do Estado e dos quais este é o senhor exclusivo. Operam, portanto, numa seara estatal por excelência, afeiçoada aos seus cometimentos tradicionais e que demandará, bastas vezes, o recurso a meios publicísticos de atuação (como sucede, aliás, inevitavelmente, com particulares concessionários de serviço público), de par com o rigor dos controles a que se têm de submeter, seja por se alimentarem de recursos captados da coletividade por meio de instrumentos de direito público (tarifas), seja pela supina relevância do bem jurídico de que se ocupam: o serviço público, isto é, "serviço existencial, relativamente à sociedade, ou pelo menos, assim havido num momento dado [...]", no dizer de Cirne Lima.[418]

Como de outra feita averbamos, justamente em relação a esta espécie de sociedades,

> o grau de funcionalidade da distinção entre pessoa de direito público e pessoa de direito privado – questão que se resume a uma discriminação de regimes – cai para seu nível mínimo. Embora sem apagar a distinção existente, reduz-se a teores modestos, dada a vigorosa concorrência

---

[418] LIMA, Ruy Cirne. *Princípios de direito administrativo*. 5. ed. São Paulo: Revista dos Tribunais, 1982. p. 82.

de princípios e normas publicísticas inevitavelmente afluentes para a proteção da atividade desempenhada, controle da ação de seus agentes e defesa dos administrados. Assim, a personalidade de direito privado que lhes seja infundida, é matizada por vivos tons de direito público, a fim de ajustar-se a suas funções.[419]

Já as exploradoras de atividade econômica protagonizam seu empenho em um campo que é, por definição, o terreno próprio dos particulares, das empresas privadas, e ao qual o Estado só por exceção pode acorrer na qualidade de personagem empreendedor; ainda assim, este papel lhe é facultado apenas quando houver sido acicatado por motivos de alta relevância. Em tal hipótese, contudo, justamente para que não se instaure uma "concorrência desleal" com os particulares, a entidade governamental terá de comparecer despojada dos atributos que acompanham os entes governamentais.

Por tal razão, seu regime – neste caso – haverá de ser muito mais próximo do regime das empresas particulares do que ao operar na prestação de serviços públicos. De resto, é compreensível que para atuar na esfera econômica não necessite manejar prerrogativas estranhas a esta órbita e, de outro lado, que precise de agilidade similar à dos particulares, como condição de bom sucesso empresarial. Logo, é perfeitamente natural que aí seja *menos intenso* o afluxo de normas de direito público, as quais, todavia, como se dirá mais além, *nem por isso deixarão de comparecer em certa medida*, contanto que não impliquem criação de situação vantajosa no confronto com as empresas privadas.

Este discrímen entre os dois tipos de empresas estatais, com as correspondentes diversidades de regime, apontâmo-lo, já há alguns anos, em obra teórica, ao enfocarmos estas modalidades de atuação indireta do Estado,[420] volvendo, depois, várias vezes, sobre a importância deste tópico. Não ficamos escoteiros nesta demonstração. Outros estudiosos do direito público, como Eros Grau e Hely Lopes Meirelles, para citar autores que também frisaram, em mais de uma oportunidade, o relevo do aludido discrímen.

6. De toda sorte, o fato é que a personalidade jurídica de direito privado conferida a sociedades de economia mista ou empresas

---

[419] BANDEIRA DE MELLO, Celso Antônio. Natureza essencial das sociedades mistas e empresas públicas. *Rev. de Direito Público*, v. 71. p. 115.
[420] BANDEIRA DE MELLO, Celso Antônio. *Prestação de serviços públicos e Administração indireta*. 2. ed. 3. tir. São Paulo: Revista dos Tribunais, 1987. p. 101 e segs.; 119; 122; 124; 135; 141-143.

públicas, sejam elas prestadoras de serviço público ou exploradoras de atividade econômica, não significa, nem poderia significar, que, por tal circunstância, desgarrem da órbita pública ou que, comparativamente com as pessoas jurídicas de direito público, seja menor o *nível de seus comprometimentos* com objetivos que transcendem interesses privados. Muito menos, então, caberia imaginar que estejam libertas dos procedimentos defensivos dos recursos e interesses públicos nelas entranhados. Por isto, *assujeitam-se a um conjunto de regras de direito público* – algumas delas explícitas já no próprio Texto Constitucional – que vincam sua originalidade em contraste com as demais pessoas de direito privado.

De resto, se as sociedades de economia mista ou empresas públicas fossem pessoas submissas a um regime jurídico idêntico ao que é aplicado à generalidade das pessoas de direito privado, não existiriam como categoria jurídica autônoma, conforme bem observou Fritz Fleiner.[421]

7. Então, embora basicamente se conformem à disciplina do direito privado, sobreposse no que tange a suas relações com terceiros, *nem por isto são regidas exclusivamente pelos preceitos atinentes àquele ramo do direito. Muito pelo contrário. Sofrem também, como se disse, a ingerência de princípios e normas de direito público.* A peculiaridade desta situação foi o que levou Jean-Denis Bredin, em tese de doutoramento, na França, a sustentar que possuem natureza híbrida.[422] Entre nós, Lúcia Valle Figueiredo, eminente juíza do Tribunal Regional Federal da 3ª Região e reputada administrativista, em oportuna monografia,[423] também pôs em questão o ajustamento destas figuras ao modelo paradigmático do direito privado.

Hoje é induvidoso, no seio da melhor doutrina, que seria ingênuo considerá-las como simples pessoas de direito privado à moda de quaisquer outras. Hely Lopes Meirelles, por exemplo, subsidiado por inúmeras achegas doutrinárias e jurisprudenciais que colacionou, teceu importantes considerações sobre a originalidade do regime destas entidades. Daí que, ao examinar um caso concreto, depois de observar que a Consulente era sociedade de economia mista e, portanto, pessoa

---

[421] FLEINER, Fritz. *Principes generaux du droit administratif allemand*. Tradução francesa de Ch. Einsenman. Paris: Delagrave, 1933. p. 82-83.

[422] BREDIN, Jean-Denis. *L'entreprise semi-publique et publique et le droit prive*. Paris: Librairie Generale de Droit et de Jurisprudence, 1957.

[423] FIGUEIREDO, Lúcia Valle. *Empresas públicas e sociedades de economia mista*. São Paulo: Revista dos Tribunais, 1978.

jurídica de direito privado, adverte que, embora se revista da forma de sociedade anônima,

> nem por isso se insere na exclusiva disciplina jurídica elaborada para as sociedades mercantsi de fins puramente lucrativos (cf. Rubens Nogueira, "Função da Lei na vida dos entes estatais", RDA 99/37). Essa é a posição dominante na doutrina de hoje, que repele o "privatismo" exagerado, relativo às sociedades de economia mista. A esta doutrina aderi-mos há muito [...].[424]

8. Em suma: na atualidade, impende reconhecer que há diferentes níveis de operacionalidade na distinção entre pessoas de direito público e de direito privado. Seu nível de mais baixa funcionalidade reside precisamente no ponto de confluência em que se sediam as pessoas compostas ou assumidas pelo Poder Público para auxiliá-lo em seus cometimentos e às quais irrogou o *nomen juris* de pessoas jurídicas de direito privado.

Posto que a personalidade de direito privado que lhes foi infundida é apenas um *meio* para melhor cumprimento de interesses que transcendem os interesses privados e *não um fim em si*, cumpre ter cautela a fim de evitar interpretações errôneas e *descompassadas com o direito positivo*, como a breve trecho se demonstrará. É o que inevitavelmente aconteceria se se encarasse fetichisticamente suas personalidades de direito privado, deificando o meio, a simples forma instrumental adotada, em detrimento do fim em vista do qual se lhes atribuiu dita personalidade, ou seja, em desabono do sentido, da razão de ser, de tal qualificativo.

Bem por isto, as normas de direito privado comparecem no que concerne ao seu *regime operacional* (e ainda assim com restrições), pois o que se pretendeu foi tão somente outorgar-lhes meios de ação dotados de maior agilidade e desenvoltura do que os dispostos para as pessoas públicas. Já as normas de direito público irrompem – às vezes em concomitância com disposições de direito privado – sobretudo no que atina aos seus mecanismos de *controle* (em nome dos quais não raro refluem também sobre seus procedimentos operacionais), pois não haveria razão, nem interesse, nem possibilidade jurídica, de exonerá-las de contenções e contrastes aplicáveis sobre quem está, por definição,

---

[424] MEIRELLES, Hely Lopes. *Estudos e pareceres de direito público*. São Paulo: Revista dos Tribunais, 1977. v. II. p. 148-152, sobretudo.

preposto ao cumprimento de interesses do Estado, do qual é um mero auxiliar, e maneja, só por isto, recursos originariamente captados, no todo ou em parte, de fonte pública.

9. Poder-se-ia supor que as averbações feitas até aqui são surpreendentes e até mesmo rebarbativas, pois estariam em flagrante e literal contradição com dispositivo claro e expresso da Constituição – o §1º, II, do art. 173 – no qual estaria proclamada, tese exatamente antinômica. Nele se dispõe sobre a sujeição da empresa pública, da sociedade de economia mista e de suas subsidiárias que explorem atividade econômica de produção ou comercialização de bem ou de prestação de serviços ao "regime jurídico próprio das empresas privadas, inclusive quanto aos direitos e obrigações civis, comerciais, trabalhistas e tributários". Acresce que o §2º do mesmo preceptivo reforçaria, ainda mais, a nitidez do intento de parificá-las com a generalidade das pessoas de direito privado porquanto nele se estabelece que: "As empresas públicas e sociedades de economia mista não poderão gozar de privilégios fiscais não extensivos às do setor privado".

Os preceptivos em tela consistiriam, pois, em cabal fulminação de todas as anteriores considerações – feitas com tanta ênfase – sobre o impacto de normas de direito público e da consequente necessária diversidade e singularidade de regime das entidades em questão no confronto com as demais pessoas de direito privado.

10. A suposta contradição, todavia, é apenas aparente. Poderia iludir tão somente intérpretes desatentos, que houvessem feito leitura apressada do Texto Constitucional e que, demais disso, afrontando todos os princípios hermenêuticos, tomassem dado versículo residente em um certo diploma como se fosse único, desconsiderando que integra um sistema, que é parte de um todo e que seu sentido e extensão têm que ser compreendidos dentro do universo em que se encarta, como parte que é, a ser entrosado harmonicamente com os demais dispositivos existentes, os quais servem para delimitar-lhe a abrangência e significado.

Com efeito, de fora parte o fato de que os referidos dispositivos concernem, como ali se diz, *única e exclusivamente* às empresas públicas e sociedades de economia mista *exploradoras de atividade econômica* e não às *prestadoras de serviço público*, o certo é que o próprio Texto Constitucional brasileiro, inúmeras e reiteradas vezes, desmente a literalidade da dicção do §1º, II, do art. 173, com o que, inequivocamente, limita e restringe de modo acentuado seu âmbito significativo. Dessarte, giza sua esfera de aplicação, propiciando entender que o propósito vasado na imperfeita dicção do parágrafo em causa foi, sobretudo, o de impedir que as empresas estatais pudessem dispor de situação privilegiada quando concebidas para operar no setor econômico, que é esfera reservada aos particulares e na qual a intervenção estatal personalizada é excepcional e só possível em hipóteses muito estritas.

Então o que os versículos em causa pretenderam foi prevenir uma "concorrência desleal" entre suas empresas e as empresas privadas. Isto ocorreria se as primeiras pudessem dispor de um regime instrumentado com prerrogativas de autoridade ou se fossem beneficiadas por favores e vantagens próprios de um regime distinto do que se atribui à generalidade das pessoas privadas que atuam no setor. De resto, o precitado §2º do art. 173 confirma, às expressas, a interpretação que se vem de fazer.

11. Deveras, é a própria Constituição que, de logo, trata de assinalar, em inúmeros preceptivos, a diferenciação nítida entre sociedades de economia mista e empresas públicas (*seja de que tipo forem*) e demais pessoas de direito privado. Com efeito, sobre as primeiras faz incidir, expressamente, um conjunto de disposições de direito público que, liminarmente, compõem um evidente e claríssimo discrímen no regime jurídico de umas e outras, pois seus comandos, como aliás é obvio, incidem apenas sobre as empresas estatais.

Veja-se: no art. 5º, LXXIII, já citado, estatui que "qualquer cidadão é parte legítima para propor ação popular que vise a anular ato lesivo ao patrimônio público *ou de entidade de que o Estado participe* [...]".

No art. 14, §9º, dispõe que lei complementar estabelecerá casos de inelegibilidade e prazos de sua cessação para prevenir a possibilidade de abuso no exercício de cargo, função ou emprego, "na administração direta ou indireta".

No art. 37, também já referido, impõe, tanto à administração direta, quanto à "indireta" da União, dos estados, do Distrito Federal e dos municípios, submissão aos princípios da legalidade, impessoalidade, moralidade, publicidade e eficiência e também às disposições arroladas nos vários incisos subsequentes. Entre eles, salientem-se os seguintes:

— inc. II, que estabelece que a admissão em emprego *nestas pessoas* dependerá, tal como ocorre na Administração direta e autárquica, de "concurso público de provas ou de provas e títulos";

— inc. XVII, por força do qual a proibição de acumular cargo, função ou emprego, prevista em relação aos servidores

públicos civis, "abrange autarquias, empresas públicas, sociedades de economia mista e fundações governamentais";
- inc. XIX, em decorrência do qual "somente por lei específica poderá ser criada autarquia e autorizada a instituição de empresa pública, de sociedade de economia mista e de fundação governamental, cabendo à lei complementar, neste último caso, definir as áreas de sua atuação";
- inc. XX, segundo cujos termos "depende de autorização legislativa, em cada caso, a criação de subsidiárias das entidades mencionadas no inciso anterior, assim como a participação de qualquer delas em empresa privada";
- inc. XXI, no qual se consagra a regra geral de "licitação pública", imposta também a tais pessoas, "para as obras, serviços, compras e alienações".

No art. 49, firma como de competência exclusiva do Congresso Nacional "fiscalizar e controlar, diretamente, ou por qualquer de suas Casas, os atos do Poder Executivo, incluídos os *da administração indireta*".

No art. 52, estabelece competir privativamente ao Senado Federal "dispor sobre limites globais e condições de operação de crédito externo e interno da União, dos Estados, do Distrito Federal e dos Municípios, de suas autarquias *e demais entidade controladas pelo Poder Público* [...]".

No art. 54, impede deputados e senadores, desde a diplomação, que firmem ou mantenham contrato com "empresa pública ou sociedade de economia mista" (tanto quanto com pessoa jurídica de direito público), salvo se de cláusulas uniformes e que nelas aceitem cargo, função ou emprego remunerado. Além disto, interdita-lhes, desde a posse, que ocupem, em tais pessoas, cargo, função ou emprego de que sejam exoneráveis *ad nutum* e que patrocinem causas em que elas sejam interessadas. A cominação para quem viole estes impedimentos é a perda do cargo, conforme prevê o art. 55.

No art. 70 está fixado que o Congresso Nacional e o controle interno de cada poder exercerão a "fiscalização contábil, financeira, orçamentária, operacional e patrimonial da União e das entidades da administração direta e *indireta*, quanto à legalidade, legitimidade, economicidade", bem como sobre "aplicação das subvenções e renúncia de receitas".

No art. 71, estatui-se que compete ao *Tribunal de Contas*, em sua missão de auxílio ao Poder Legislativo no exercício do controle externo, "julgar as contas dos administradores e demais responsáveis por bens ou valores públicos da administração direta e *indireta*, incluídas as fundações e sociedades instituídas e mantidas pelo Poder Público [...]"; "apreciar, para fins de registro, a legalidade dos atos de admissão de pessoal, a qualquer título, na administração direta e *indireta* [...]"; realizar, por iniciativa própria, da Câmara dos Deputados, do Senado Federal, de Comissão técnica ou de inquérito, inspeções e auditorias de natureza contábil, financeira, orçamentária, operacional e patrimonial, nas unidades administrativas dos poderes Legislativo, Executivo e Judiciário e demais entidades *referidas no inc. II* (que são, entre outras, as entidades da *Administração indireta*). Tais dispositivos têm força cogente também no âmbito dos estados, Distrito Federal e municípios, por força do art. 75.

No art. 163, prevê-se que lei complementar disporá sobre "dívida pública externa e interna, incluídas a das autarquias, fundações e demais entidades controladas pelo Poder Público".

No art. 165, §5º, determina-se que a lei orçamentária anual compreenderá "o orçamento fiscal referente aos Poderes da União, seus fundos, órgãos e entidades da administração direta e *indireta*, inclusive fundações instituídas e mantidas pelo Poder Público" (inc. I); " o orçamento de investimento das empresas em que a União, direta ou indiretamente *detenha a maioria do capital social com direito a voto*" (inc. II); "o orçamento da seguridade social, abrangendo todas as entidades e órgãos a ela vinculados, da administração direta ou *indireta*, bem como os fundos e fundações instituídos e mantidos pelo Poder Público" (inc. III). No §9º do mesmo art. 165, explicita-se que a lei complementar deverá "estabelecer normas de gestão financeira e patrimonial da administração direta e *indireta*, bem como condições para a instituição e funcionamento de fundos".

No art. 169, §1º, dispõe-se que:

> a concessão de qualquer vantagem ou aumento de remuneração, a criação de cargos ou a alteração da estrutura de carreiras, bem como a admissão de pessoal, a qualquer título, pelos órgãos ou entidades da administração direta ou *indireta*, inclusive fundações instituídas e mantidas pelo Poder Público, só poderão ser feitas:
> I – se houver prévia dotação orçamentária suficiente para atender às projeções de despesa de pessoal e aos acréscimos dela decorrentes.

Note-se que todos os dispositivos arrolados são obrigatórios também para estados e municípios, seja por força de suas próprias dicções, seja por disposição constitucional explícita determinando seu acolhimento nestas esferas, seja por envolverem princípios constitucionais, caso em que, nos termos do art. 25, são impositivos para os estados, que terão de acolhê-los ou respeitá-los nas "Constituições e leis que adotarem".

12. Esta volumosa cópia de versículos constitucionais, nos quais são versados variados aspectos concernentes às entidades da Administração indireta, quer tenham personalidade de direito público ou de direito privado, *quer sejam exploradoras da atividade econômica* ou *prestadoras de serviços públicos*, demonstra de maneira inconfutável, incontendível mesmo, que, por imperativo da própria Lei Maior, o regime jurídico a que se submetem apresenta diferenças profundas em relação à disciplina própria das empresas privadas em geral, já que a estas últimas não se aplica nenhum dos preceitos referidos.

Deles ressuma, tal como amplamente se disse no início deste estudo, que ditas entidades governamentais são simples instrumentos personalizados da ação estatal. Caracterizam-se como meros sujeitos auxiliares, conaturalmente engajados na realização de interesses pertinentes à toda a coletividade e, portanto, inconfundíveis com interesses privados.

13. A Constituição deixou, pois, translucidamente estampado o caráter ancilar que lhes quis atribuir (e atribuiu), o que é particularmente visível na preocupação manifesta de mantê-los sob estrito controle por meio de *mecanismos de direito público* (sujeição ao Tribunal de Contas, por exemplo) e de conservar-lhes os meios humanos e materiais sob rigoroso enquadramento, também por via de *instrumentos de direito público* (concurso público para admissão de pessoal; suficiência de prévia dotação orçamentária para atender à expansão da despesa como condição de deferimento de vantagens, de aumentos retributivos ou de alteração da estrutura de carreiras – que, evidentemente, não são normas trabalhistas –; fixação pelo Senado de limites para o endividamento; inclusão de seus orçamentos na lei orçamentária anual da pessoa de direito público a que estejam jungidos). O mesmo fenômeno se repete no que concerne à disciplina preliminar à obtenção de bens, obras ou serviços e alienações, pois também aí foram assujeitados a um *procedimento de direito público* (licitação pública, que, também evidentemente, não é norma obrigacional de direito privado).

Assim, ressalta com indiscutível obviedade que o regime jurídico das sociedades mistas e empresas públicas, por decisão constitucional obrigatória para todo o país, não é o mesmo regime aplicável a empresas privadas e nem sempre é idêntico ao destas no que concerne às relações com terceiros, na medida em que, com objetivos de melhor controlá-las, a Lei Maior impôs-lhes procedimentos e contenções (que refluem sobre a liberdade de seus relacionamentos; como o concurso público para admissão de pessoal e a licitação pública) inexistentes para a generalidade das pessoas de direito privado.

Referências

BANDEIRA DE MELLO, Celso Antônio. Natureza essencial das sociedades mistas e empresas públicas. *Rev. de Direito Público*, v. 71.

BANDEIRA DE MELLO, Celso Antônio. *Prestação de serviços públicos e Administração indireta*. 2. ed. 3. tir. São Paulo: Revista dos Tribunais, 1987.

BREDIN, Jean-Denis. *L'entreprise semi-publique et publique et le droit prive*. Paris: Librairie Generale de Droit et de Jurisprudence, 1957.

FIGUEIREDO, Lúcia Valle. *Empresas públicas e sociedades de economia mista*. São Paulo: Revista dos Tribunais, 1978.

FLEINER, Fritz. *Principes generaux du droit administratif allemand*. Tradução francesa de Ch. Einsenman. Paris: Delagrave, 1933.

LIMA, Ruy Cirne. *Princípios de direito administrativo*. 5. ed. São Paulo: Revista dos Tribunais, 1982.

MEIRELLES, Hely Lopes. *Estudos e pareceres de direito público*. São Paulo: Revista dos Tribunais, 1977. v. II.

Nº 23

TOMBAMENTO E DEVER DE INDENIZAR

I – Limitações administrativas e sacrifícios de direito; II – Sacrifício de direito e indenização; III – Tombamento e sacrifício de direito; IV – Tombamento e indenização; Referências

I – Limitações administrativas e sacrifícios de direito

1. Notoriamente, o direito de propriedade compreende o uso, o gozo e a disposição do bem sobre o qual incide. Este uso conforma-se a determinadas pautas, ou seja, por força das normas jurídicas que delineiam a fisionomia do direito de propriedade, o uso da propriedade obedece a certas limitações, sem o que resultaria detrimentoso para a sociedade.

Não há direitos ilimitados. Falar em direito – e, pois, em direito de propriedade – é falar em limitações. Assim, é compreensível que dispositivos legais estabeleçam condicionamentos ao exercício da propriedade, traçando deste modo o perfil do *direito* correspondente. Em suma: as normas atinentes à propriedade e ao seu uso e gozo definem o âmbito de expressão da propriedade, tal como reconhecida em um dado sistema juspositivo. São elas que desenham o que chamamos de *direito de propriedade*, isto é, o conteúdo juridicamente protegido e aceito como válido, em certa ordenação nacional, para a propriedade.

2. Daí que são distintas as noções de propriedade, abstratamente considerada – ou seja, para além do seu delineamento normativo, em tal ou qual país – e *direito* de propriedade, pois este é a configuração que ela tem perante certo direito positivo; é a resultante do plexo normativo reportado, pelas leis do país, aos poderes de quem a titularize e das contenções que lhe sejam aplicáveis.

São estas considerações que explicam e justificam a chamada *gratuidade* das limitações administrativas à propriedade, isto é, o fato de não serem indenizáveis. Com efeito, por que não se constituem em investidas contra o *direito* de propriedade, mas, pelo contrário, consistindo na própria definição da extensão deste direito, em nada contendem com ele. Por isso, delas não resulta para o Poder Público obrigação de indenizar. Se outro fosse o caso, isto é, se houvera alguma lesão causada ao *direito* de alguém, provocando-lhe detrimento econômico, seria obrigatório ressarcir o agravado.

Percebe-se, então, que "propriedade" é uma noção descompromissada com sua fisionomia em dado direito positivo, ao passo que "direito de propriedade" é a expressão normativamente qualificada da propriedade em certo direito. É, em suma, a resultante do plexo de normas que – com discipliná-la – lhe infunde o caráter de "direito de propriedade".

3. Por isso mesmo, as limitações administrativas à propriedade, propriamente ditas, são *gerais e abstratas*. Não incidem sobre um bem determinado. Não gravam um certo imóvel. Não selecionam *particularizadamente* o imóvel *A* ou o imóvel *B*. Não tomam em consideração atributos reconhecíveis no próprio bem em si mesmo considerado. Pelo contrário, dispõem genericamente para toda uma categoria de propriedades, sem tomar em conta qualquer especificidade nelas mesmas residente. Daí que as limitações administrativas *provêm de lei*. *Só a lei pode traçar o perfil dos direitos* e é a lei, de outra parte, que possui estes atributos de abstração e generalidade.

4. O que se vem de dizer não significa, entretanto, que o Poder Público detenha ilimitada liberdade na edição de normas atinentes à propriedade. Deveras, existindo, como há, *garantia constitucional do direito de propriedade*, obviamente as leis que a regulam não podem, a título de delimitar-lhe o âmbito de expressão, suprimir ou afetar o que há de *essencial* no conteúdo mínimo evocado pela voz "direito de propriedade" mencionada na Carta do país.

Esta assertiva é incontendível, pois, se não fora verdadeira, inexistiria proteção constitucional do direito de propriedade, mas apenas proteção legal. Em outras palavras, a garantia do direito de propriedade não estaria residente – como está – na Carta do país, mas tão só nos diplomas legais, pois eles – e só eles – gizariam incontrastavelmente o significado atribuível a tal direito.

Segue-se que as leis não podem, a *pretexto de regular ou condicionar* o exercício da propriedade, elidir ou bloquear o *uso, o gozo ou a disposição* do bem sobre o qual incida o domínio. A supressão ou bloqueio destes atributos *inerentes* à propriedade – e que podem validamente existir como ao diante se dirá – *não caracterizam definição do âmbito do direito*, não são limitações à propriedade, mas arremetidas contra o direito de propriedade.

Por isso (salvo quando possuem caráter sancionador), se causarem prejuízo patrimonial, impõem indenização ao lesado, nada obstante sejam, sob esta condição indenizatória, confortadas pelo direito, uma vez preenchidos os pressupostos autorizadores de tais medidas. Encartam-se na categoria tipológica denominada "sacrifícios de direito", realidade conceitual visceralmente distinta das limitações à propriedade.

5. As desapropriações, as servidões administrativas, são investidas (legítimas, embora) contra o próprio *direito* de propriedade que assiste ao titular do bem atingido, afetando o conteúdo dominial assegurado na Carta do país e delineado pelo regramento infraconstitucional. Exatamente porque suprimem ou comprimem aquele uso, gozo ou disposição que – à moda de qualquer outro titular – o proprietário do bem atingido teria, implicam obrigação de indenizar os sujeitos afetados na livre expressão de sua propriedade, se daí lhes resulta gravame patrimonial.

Escusa dizer que nem a lei e muito menos a Administração poderiam custear os efeitos de um "sacrifício", buscando, seja por ignorância, seja por maliciosa astúcia, revestir medidas desta espécie com a aparência de "limitação administrativa" a propriedade, isto é, de simples delineamento do direito. Procedimento desta ordem configuraria ato fraudulento, revelador ou de grosseiro desconhecimento do direito ou de má-fé, condutas incompatíveis tanto com o preparo técnico, como com o decoro e a dignidade mínimas requeridas do Poder Público, dada sua função de guardião e executor do direito.

6. O que até agora se expôs quanto à natureza das "limitações" definidoras do direito de propriedade e sua radical diferença dos "sacrifícios de direito" espelha as seguintes admiráveis lições do eminentíssimo Renato Alessi: "[...] a imposição de limites à propriedade

individual não representa uma verdadeira limitação ao direito propriamente, uma lesão a ele, mas apenas sua definição, uma aposição de seus necessários confins".
E pouco além:

> [...] a limitação, para ser verdadeiramente tal, deve abranger abstratamente toda uma categoria abstrata de bens, ou pelo menos todos os bens que se encontrem em uma determinada situação ou condição abstratamente determinada (p. ex., todos os imóveis confinantes com uma estrada de ferro), pois se, diversamente, a inibição atingisse bens concreta e especificamente determinados, antes que uma limitação, ter-se-ia um sacrifício do direito de propriedade, com bem diversos efeitos jurídicos, como oportunamente se verá, ao tratar deste instituto.[425]

Verifica-se, pois, que só é realmente limitação aquela que resulta de disposições gerais que apanham uma abstrata categoria de bens, conquanto qualificada pela ubicação geográfica deles. Não é limitação, mas sacrifício de direito, à medida que, em vista de características *peculiares, particulares* do bem (e que o fazem relevante para o interesse público) suprime ou bloqueia os inerentes poderes de gozo, disposição ou uso que o titular do bem teria sobre ele e que poderia manifestar, como qualquer outro proprietário, se não fora pelo particular interesse que despertaram no Poder Público, levando-o a impor uma *submissão qualificada* ao interesse público.

As limitações, como se viu, apresentam feição diversa.

7. Os imóveis urbanos, sobretudo, estão expostos ao influxo de um vasto plexo de normas, qualificadas como *limitações administrativas à propriedade*, editadas pelos municípios no exercício de suas competências urbanísticas e edilícias, habitualmente estatuídas nas leis de "zoneamento" da cidade. Por meio destas normas disciplina-se a utilização dos imóveis, de molde a conformar-lhes o uso a certos parâmetros, necessários para evitar utilizações prejudiciais ao bem-estar coletivo.

A cidade é recortada em áreas ou zonas, fixando-se os usos permitidos em cada qual (industrial, comercial, institucional, residencial e misto) e os padrões que regerão a ocupação edilícia na zona correspondente. Estabelecem-se taxas de ocupação e coeficientes de edificação, os quais, combinados e contemperados com os usos

---

[425] ALESSI, Renato. *Sistema istituzionale del diritto amministrativo italiano*. 3. ed. Milão: Giuffrè, 1960. p. 532-533.

admitidos nas diferentes áreas em que é retalhada a cidade, compõem os dados manejáveis na formulação das múltiplas zonas que, destarte, são disseptadas pela conjunção destes elementos entrosadamente tomados em conta. Graças a isto, o Poder Público influi – de fora parte suas obras públicas – na conformação e desenvolvimento da cidade, objetivando assegurar aos cidadãos as melhores condições de habitabilidade.

8. É bem de ver que tais disposições, condicionantes do uso da propriedade e das edificações passíveis de serem erigidas nos diversos lotes e zonas, irão delinear o âmbito de expressão do direito de propriedade no que concerne ao uso e gozo dela. São disposições gerais e abstratas estabelecidas por lei e colhem genérica e abstratamente a coletividade de imóveis categorizados por suas ubicações físicas nas diferentes zonas, pois a cada zona corresponde um certo destino urbanístico e um certo regime edilício.

Nisto nada há que suprima, comprima ou deprima o direito de propriedade. Há, pura e simplesmente, o delineamento jurídico do âmbito de expressão legítima da propriedade. Em uma palavra, há a composição do desenho daquilo que é o direito de propriedade nos seus atributos de uso e gozo. Traceja-se por tal modo o perfil do direito de propriedade, direito comum a todos os que se encontram no mesmo requadro zonal. Bem por isso, a estatuição e a modificação ulterior destes limites modelados em lei não ensancham indenização alguma aos proprietários.

9. O regime da propriedade, portanto, admite variações nos usos admissíveis, e nos parâmetros de edificação, em função da localização do imóvel, pois só assim é possível ajustá-la ao bem-estar social. Tais variações, entretanto, frise-se, não almejam sacar da propriedade um proveito coletivo, não se predispõem a transformá-la em instrumento mobilizável pelo Poder Público, como recurso próprio, em favor de interesses sociais prezáveis. O objetivo das normas reguladoras da propriedade e qualificáveis como *limitações administrativas* é unicamente o de impedir um uso que seria nocivo, antissocial, danoso ao todo. Assim, a utilidade coletiva é conseguida obliquamente, indiretamente, graças a mera contenção do uso do bem aos parâmetros de compatibilidade com o interesse social.

Repita-se: é da essência das limitações administrativas o serem genéricas e proviram de lei. *Toda vez que seja necessário um ato concreto especificador, ou seja, uma providência administrativa que individualize a algum imóvel, especificando-o* e destacando-o do regime genérico que abstratamente incide sobre o conjunto deles, obviamente não se estará perante uma limitação, mas diante de *um sacrifício de direito*. Em tal caso não haverá falar em limitação, isto é, em traçado do perfil do direito, mas *em compressão do próprio direito de propriedade*, posto que não se tratara de estabelecer uma disciplina para a propriedade, porém de *individualizar, particularizar*, impondo um gravame, uma submissão especificada ao interesse público e que pode chegar ao extremo de demitir alguém de sua titulação sobre o imóvel

II – Sacrifício de direito e indenização

10. E lógico, portanto, que não se qualificam como limitações – e sim como *sacrifícios de direito* – as medidas que, diversamente do que foi exposto, se propusessem a irrogar particularizadamente gravames excepcionais a certos imóveis, constitucional e legalmente incorporados ao domínio de seus titulares, a fim de transformá-los em bens servientes do todo social. Disposições que, em atenção *ao específico valor de um certo bem* para a coletividade, pretendessem fazer dele um objeto gravado de uma particular serventia para a sociedade obviamente *não correspondem ao genérico e abstrato desenho do perfil do direito de propriedade*. Não são limitações administrativas.

É sobremodo evidente que lhes faltaria o caráter de limitação e é notadamente clara sua categorização como sacrifício de direito se, por meio delas, suprime-se, total ou parcialmente, a disponibilidade do bem objeto da medida.

Os sacrifícios de direito são impostos por providências legítimas, amparadas em disposições que permitem ao Poder Público, em nome de um interesse sobranceiro, *fletir direitos alheios* para realizar a satisfação de interesses públicos.

Assim, pela desapropriação, demite-se alguém de uma propriedade que é necessária à realização de objetivos sociais. Pela servidão administrativa, saca-se de um bem a utilidade que ele pode proporcionar à coletividade, colocando-o em parcial estado de sujeição ao interesse coletivo. Identicamente – como ao diante se verá – o tombamento de bens valiosos para o patrimônio histórico, artístico ou cultural representa o assujeitamento daquele bem a objetivos de valia social, com o que *se demite o proprietário* da disponibilidade que normalmente teria sobre ele. Este resultado tanto pode ser obtido de maneira mais radical com a desapropriação do *próprio bem*, quanto, de maneira menos cortante, sacando do proprietário *o direito que lhe assistiria de modificar o bem, demoli-lo e lhe dar destino diverso.* Neste caso, expropria-se tão só o direito verdadeiramente perdido pelo titular.

11. É óbvio, é claro a todas as luzes, que nestas hipóteses de sacrifício de direito – justamente porque um direito é *extinguido ou deprimido* por obra do Poder Público e no interesse de todos, causando agravo econômico ao seu titular – impõe-se indenização ao lesado, isto é, ao proprietário que se vê colhido pela medida particularizadora, em decorrência da qual é demitido total ou parcialmente dos poderes que assistem a quaisquer titulares, a fim de que o objeto de sua propriedade seja convertido em bem útil para os demais membros, presentes e futuros, da sociedade.

Quando o Texto Constitucional garante o direito de propriedade, no art. 5º, XXII, impedindo que o proprietário seja dela demitido sem prévia e justa indenização, conforme inc. XXIV, evidentemente está lhe conferindo proteção contra quaisquer providências que lhe saquem total ou parcialmente os poderes inerentes ao domínio, salvo mediante prévia reparação. Com efeito, o preceptivo em apreço protege a *propriedade, tal qual é,* vale dizer, como um feixe de atributos.

Se o Poder Público, amparado embora em razões prestantes, pretende amesquinhar direitos, terá de indenizar o lesado. Nem seria compatível com o princípio constitucional da igualdade, sagrado no art. 5º, *caput,* e inc. I, da Carta do país, que algum ou alguns devessem, sem reparação, ver suprimidos os seus *direitos,* ou reduzida a extensão deles, para que os restantes disto desfrutem. As providências gravosas a alguns, tomadas em prol de todos, por todos devem ser custeadas, conforme o clássico preceito da repartição dos ônus entre os beneficiários dos cômodos.

Sobremais, é expresso o Texto Constitucional ao estatuir, no art. 37, §6º, que "As pessoas jurídicas de direito público e as de direito privado prestadoras de serviços públicos responderão pelos danos que seus agentes, nessa qualidade, causarem a terceiros, assegurado o direito de regresso contra o responsável nos casos de dolo ou culpa".

Então, se algum comportamento do Poder Público, embora esforçado em razões valiosas, causa lesão a um direito alheio, produzindo-lhe danos, emerge o dever jurídico de indenizar.

III – Tombamento e sacrifício de direito

12. O tombamento é uma forma de intervenção administrativa na propriedade pela qual os poderes inerentes ao seu titular ficam

parcialmente elididos se o Poder Público não entender conveniente despojar, de vez, o *dominus* de senhoria sobre a coisa, adquirindo-a para si.

Como se sabe – e é noção absolutamente cediça – a propriedade compreende o direito de usar, gozar e dispor do bem, além de reivindicá-lo, como aliás registra o art. 1.228 do CC.

Washington de Barros Monteiro assim caracteriza os *elementos constitutivos da propriedade:*

> O direito de usar compreende o de exigir da coisa todos os serviços que ela pode prestar, sem alterar-lhe a substância. O direito de gozar consiste em fazer frutificar a coisa e auferir-lhes os produtos. O direito de dispor, *o mais importante dos três,* consiste no poder de consumir a coisa, de aliená-la, de gravá-la de ônus e de submetê-la ao serviço de outrem.
>
> Assim, usar de uma casa e habitá-la; dela gozar, alugá-la; dela abusar ou dispor, demoli-la ou vendê-la.[426]

Em sendo tombada uma edificação residencial, comercial ou industrial, o *dominus* poderá dela usar e gozar, porém sem poderes de alterá-la. Com isto fica privado da possibilidade de extrair maior conforto ou funcionalidade no uso; fica igualmente tolhido no gozo, pois não poderá extrair todo o rendimento que lhe seria proporcionado pela modificação. A disponibilidade – que é o mais importante dos três elementos, como acentua o precitado Washington de Barros Monteiro – torna-se seriamente comprometida. E que não podendo destruir a construção para reedificar, ocorrerá fundo sacrifício na disposição do bem. E é perceptível a todas as luzes que o significado econômico da propriedade sofrerá decréscimo violentíssimo.

13. Dependendo da situação concreta, um bem supinamente valioso converter-se-á em objeto de expressão ínfima. É claro, de outro lado, que podem inocorrer prejuízos econômicos de monta, assim como manter-se estável seu valor de mercado – do que se cogitará mais além – ou, até mesmo, em alguma hipótese mais rara, incrementar-se sua significação monetária. Mas, o inequívoco é que o proprietário haverá sofrido importantíssima compressão nos poderes que formam em seu conjunto aquilo que se entende por direito de propriedade. É claro igualmente e que o titular do bem terá sido assujeitado a um tratamento

---

[426] MONTEIRO, Washington de Barros. *Curso de direito civil* – Direito das coisas. 16. ed. São Paulo: Saraiva, 1976. p. 91.

distinto daquele que é dispensado a todos os demais proprietários, pois seus poderes de *dominus* em relação ao imóvel atingido serão diferentes dos que assistem aos restantes indivíduos. Em uma palavra: haverá sido tratado *desigualmente* no que concerne a extensão do domínio, a fim de se produzir um benefício para toda a coletividade. A sociedade se beneficiará. Extrairá cômodos em decorrência do tombamento. A totalidade do corpo social – *nele inclusos todos os outros proprietários de bens* – desfrutará da incolumidade de um bem valioso, sacando este proveito de alguns individualizados proprietários, os quais, em prol dos demais, ficarão com seu patrimônio ou com seus poderes de domínio desfalcados. A custa deles, do sacrifício de seus direitos, terceiros se beneficiarão. Pois bem, se resultar desta compressão um gravame patrimonial, é impossível, à luz do princípio da igualdade, do princípio da responsabilidade do Estado e da proteção à propriedade – salvo desapropriação – negar-lhe direito a ser indenizado.

No tombamento, quer-se sacar do imóvel um proveito coletivo, mantendo-o incólume, para garantir a persistência do valor nele encarnado, valor que é tido como um bem prezável para toda a sociedade. Por isso, a ele se irrogam gravames excepcionais, de molde a transformá-lo em objeto serviente do todo social.

É óbvio que a providência assim adotada, em atenção ao específico valor que o bem possui para a coletividade, propondo-se a fazer do imóvel um objeto marcado por uma particular serventia para a sociedade, não corresponde ao genérico e abstrato desenho do perfil jurídico da propriedade, porém a um manifesto sacrifício de direito.

IV – Tombamento e indenização

14. Note-se que, no tombamento, não se trata de "redefinir" o perfil do direito – como sucede quando advém nova legislação urbanística, que redesenha genericamente, em função das zonas da cidade, a amplitude do uso à face das taxas de ocupação do solo ou do coeficiente de edificação. Nos sacrifícios de direito – do qual o tombamento é um caso típico – o perfil do direito de propriedade está genericamente delineado, porém o Poder Público interfere com o âmbito de poderes já delimitados para todos os que se ubicam em igual situação e irroga um particular gravame a certo imóvel, subtraindo do *dominus* todos ou parte dos poderes juridicamente reconhecidos.

É certo que o fará calçado em regra de direito habilitante, como sucede nas desapropriações ou na constituição de servidões, situação idêntica à do tombamento por interesse do Patrimônio Histórico, Artístico ou Cultural. É certo, ainda, que tal procedimento é legítimo, uma vez operado em consonância com as normas regedoras da espécie. Porém, é igualmente certo e incontendivelmente verdadeiro que, ao fazê-lo, terá ingressado na esfera juridicamente protegida da propriedade e causará, na quase totalidade dos casos, um seríssimo agravo econômico individualizado. Assim, em proveito de todos, onerará o proprietário cujo bem seja atingido em particular. Segue-se, em consequência, que estará obrigado a indenizar o lesado.

Com efeito, ao desapropriar, ao instituir servidões em geral, o Poder Público está fundado em lei e lei que contempla genericamente a possibilidade de impor estes sacrifícios a quaisquer propriedades e, pois, a quaisquer proprietários. Contudo, porque particulariza, mediante um ato concreto, a ou as propriedades atingidas (que respondem genericamente à necessidade, utilidade pública ou interesse social a ser satisfeito), o Poder Público é obrigado a indenizar os proprietários que sofram a incidência destas prerrogativas estatais. Assim, o fato de o Texto Constitucional prever que é competência comum da União, estados, Distrito Federal e municípios proteger os documentos, as obras e outros bens de valor histórico, artístico e cultural, os monumentos, as paisagens naturais e os sítios arqueológicos (art. 23, III) não significa que, ao *concretizar* tal proteção, sacando da propriedade particular que responda a estes caracteres, parte de seus atributos, esteja isento do dever de indenizar. Todos os bens imóveis – em tese – estão sujeitos a serem desapropriados ou gravados com servidão administrativa. É implícito no regime da propriedade a submissão de qualquer imóvel à realização de um específico interesse público. A submissão ao interesse do Patrimônio Histórico e Artístico Nacional é um destes específicos interesses. Nem por isso as servidões dispensam obrigação de indenizar, se forem causa de agravos patrimoniais individualizados, assim como as desapropriações não o dispensam.

15. Não se ignora que o direito de propriedade está condicionado ao bem-estar social. Basta a leitura dos arts. 5º, inc. XXIII e 170, III, da Carta do país, para se ter como induvidoso este caráter, pois, neste último se estampa que um dos princípios básicos de toda a ordem econômica e social é justamente o da "função social da propriedade". É inequívoco, de outra parte, que a preservação do patrimônio histórico, cultural *e artístico é um valiosíssimo bem social* e por isso mesmo deve ser defendido com o máximo empenho e deferência por todos os membros

da coletividade e pelo Poder Público, a quem incumbe, nos termos do art. 24, VII, a proteção de tais interesses.

Assim os imóveis que apresentem valor artístico, histórico ou cultural, para bem cumprirem sua função social, necessitam ser tombados. Isto é inequívoco. Contudo, também é induvidoso que os proprietários devem ser tratados isonomicamente. Induvidoso igualmente é que não se pode, simultaneamente, querer tratar todos com igualdade (art. 5º, *caput* e inc. I), querer demitir de poderes dominiais, sem indenização, alguns deles, mesmo quando isto lhes causa prejuízos patrimoniais, do mesmo passo em que se exige outorga de indenização, em nome do art. 5º, XXIV, aqueles que, igualmente onerados por *específicas* compressões de seu direito de propriedade, sofrem gravames, as vezes muitíssimo menores. É o que se passa, *exempli gratia*, em servidões, em áreas rurais, decorrentes da passagem de fios de alta tensão impedientes do desenvolvimento de culturas de maior porte.

Seria uma incongruência reputar que é devida uma indenização prévia – como habitualmente se reputa – nas hipóteses em que ocorre a modesta oneração aludida e, diversamente, considerá-la incabível perante sacrifício muito maior: aquele que sucede quando, por força do tombamento, o proprietário se vê impedido de demolir e reedificar para dar a seu imóvel urbano uma significação econômica mais produtiva.

16. Fique claro que não é o mero prejuízo econômico, oriundo de disposições concernentes à utilização do imóvel, a razão jurídica determinante, por si só, do direito a ser indenizado.

Com efeito, a alteração de índices urbanísticos ou a mudança do zoneamento também podem produzir efeitos econômicos detrimentosos e nem por isto geram direito a indenização. Nestes casos, como dantes se disse, haverá apenas definição ou redefinição do perfil do direito de construir. Enquanto vigente a definição original, os proprietários só poderão edificar nos termos previstos. Surgindo definição nova, os que ainda não edificaram só poderão fazê-lo na conformidade do regramento que sobreveio. O mesmo se passara, como é claro, com os que, já tendo edificado, desejam reedificar. Assim, se destroem a anterior construção, para ali erigir outra, terão de submeter-se às regras urbanísticas e edilícias que estejam em vigor. Tais limitações não comprimem nem agravam direito algum, uma vez respeitadas as construções anteriores.

Não é, pois, a *mera perda econômica* potencial que embasa o direito a ser indenizado.

17. O que fundamenta o direito à indenização nos casos de tombamento (como em quaisquer servidões) e de desapropriação é coisa muito diversa.

Afirma-se indenizável o proprietário de um bem tombado quando um direito de utilização *definido* (não importa se pela primeira, segunda ou terceira vez) *e que está em vigência* para a generalidade dos imóveis ubicados em dada área *sofre uma particular compressão*, desigualando seu regime em relação aos demais, *resultando daí uma perda econômica singularizada* que não se aplica aos demais imóveis abrangidos pelo requadro urbanístico onde está alojado. Aí, não estará havendo definição ou redefinição do perfil do direito de utilizar o imóvel, pois este tem de ser *comum* a todos os que estão insertos no mesmo encarte geográfico do zoneamento. Estará existindo, isto sim, um gravame que singulariza dado imóvel, consistindo, portanto, em investida constritora do direito do proprietário, pois que o retira do regime geral para assujeitá-lo a um gravame peculiar: o da imutabilidade, que é específica do bem tombado, em contraste com a mutabilidade dos circunvizinhos.

Donde o que dá margem à indenização não é o mero prejuízo econômico; é *o prejuízo econômico que resulta de uma constrição de direito*.

Para caber indenização é preciso que haja sucedido (a) um sacrifício do direito e (b) que tal sacrifício implique agravo econômico. Em suma: sem a compressão do direito não há cogitar de indenização (nestes casos atinentes aos poderes sobre o imóvel), assim como, sem prejuízo econômico, também não haveria cogitar de algo a ser indenizado, porquanto inexistiria perda a ser suprida.

18. O que se vem de dizer revela, portanto, que inobstante seja corrente a hipótese de irrupção do dever de indenizar por tombamento, podem suceder hipóteses – bem mais raras, é claro – em que o tombamento não suscitara dever algum de indenizar. Com efeito, existem situações nas quais este gravame não acarretará dano econômico. É o que sucede, *exempli gratia*, quando, pelo significativo valor histórico e artístico de toda uma cidade ou de grande parte dela (como em Ouro Preto, Parati etc.) esta é tombada em sua inteireza ou na fração em que se concentram os imóveis de valia para o patrimônio histórico e artístico. Nestes casos, é deferido um tratamento jurídico uniforme à comunidade dos prédios da cidade, os quais não perdem valor. Mantém-se com valor estável ou até, o que é frequente em hipóteses deste jaez, são valorizados patrimonialmente.

Em síntese: se a providência administrativa não é singularizadora ou, ainda que o seja, se não causa agravo econômico, não caberá indenização. Deveras, se alguém não sofre dano patrimonial algum (com a compressão de um direito patrimonial por excelência, como o é a propriedade), não tem do que ser ressarcido.

É evidente, contudo, que estes casos serão excepcionais. Raros ou raríssimos, entre nós. O comum é que o tombamento gere obrigação de indenizar.

Referências

ALESSI, Renato. *Sistema istituzionale del diritto amministrativo italiano*. 3. ed. Milão: Giuffrè, 1960.

MONTEIRO, Washington de Barros. *Curso de direito civil* – Direito das coisas. 16. ed. São Paulo: Saraiva, 1976.

Nº 24

SANÇÕES ADMINISTRATIVAS TRANSMISSÍVEIS E SANÇÕES INTRANSMISSÍVEIS

1. A vida social, para sua boa persistência, supõe que os integrantes da sociedade se abstenham de comportamentos perturbadores da ordem ou do bem-estar coletivo e, além disto, que pratiquem certas condutas positivas necessárias (como sucede com as obrigações tributárias) à continuidade de um convívio adequado. Assim, certos comportamentos são censurados, exigindo-se um *non facere* por parte dos administrados e outros são reclamados, deles exigindo-se um *facere*.

O meio de que se serve o Estado para obter comportamentos conformes às condutas prescritas é o de ameaçar com uma sanção, que será aplicada se houver desatendimento do *facere* ou do *non facere* estabelecido.

Assim, é óbvio que a razão pela qual a lei caracteriza certos comportamentos como infrações administrativas, e, consequentemente, prevê sanções para quem neles incorra, é desestimular as condutas indesejáveis, censuradas, ou, nos casos em que pretende dos administrados uma atuação conforme a certas condutas desejáveis, vale dizer, quando deles demanda uma atuação positiva, seu propósito é induzi-los ao cumprimento das condutas obrigatórias pelo temor da incidência na sanção.

2. Então, é claro a todas as luzes que o objetivo da composição das figuras infracionais e da correlata penalização é intimidar eventuais

infratores, para que não pratiquem os comportamentos proibidos ou para constrangê-los a atuarem na conformidade de regra que lhes demanda comportamento positivo.

Se, todavia, a ameaça, a intimidação, não funcionou, e o comportamento profligado foi praticado ou o comportamento exigido não foi praticado, deflagra-se a sanção. O que com ela se pretende é despertar em quem a sofreu um estímulo para que não reincida, ou vergar-lhe a resistência ao cumprimento da conduta prescrita (como ocorre nas multas cominatórias em que o gravame se repete iterativamente)[427] e é, ainda, demais disto, exercer uma função exemplar para a sociedade.[428]

O que se acaba de dizer e que, de resto, corresponde a noções absolutamente rudimentares, de conhecimento geral, disseminadas por toda parte e acessíveis mesmo às pessoas de modestíssimo nível de informação jurídica, traz consigo uma consequência absolutamente irrefutável, que se impõe incontornavelmente, a saber: se a sobrevinda da sanção sobre alguém fosse um evento que este não tivesse como evitar, isto é, se ela se apresentasse como algo inevitável, fatal, cuja incidência independesse totalmente da conduta do sancionado, é óbvio que a sanção seria inútil.

A razão que lhe supedita a existência ficaria inteiramente comprometida, pois nem em tese sua previsão serviria para desestimular dada conduta e despertar em quem sofreu a sanção um estímulo para que não reincida, já que a incidência ou a reincidência correriam ao largo de sua atuação. É forçoso, então, concluir que só pode ser sancionado quem tenha a possibilidade de eximir-se à incidência da sanção.

Deveras, se a sanção visa reprimir a conduta do infrator e prevenir a reincidência, além de exercer função exemplar para a sociedade, sancionar um sujeito que, sobre nada ter feito para merecer repressão, também não tem como evitar a reincidência, corresponde a fazer do

---

[427] Enquanto persistir a desobediência até um dado limite, para não se tornar confiscatória.
[428] Cumpre notar, todavia, que a sanção pode, além disto, em certos casos, cumprir uma função suplementar, que tanto pode ser a de ressarcir o Poder Público de um prejuízo patrimonial que sofreu em decorrência da conduta do infrator (é o que sucede, por ex., na multa moratória pelo descumprimento de obrigação tributária) quanto, em certos casos graves, a de livrar a sociedade do perigo de futura conduta antissocial do infrator, alijando-o do desempenho de certa ou certas atividades (como ocorre com a interdição do direito de licitar ou com a cassação da licença profissional). Como se vê, em uma e outra destas hipóteses ora aventadas, ao lado dos traços comum a todas as sanções, quais sejam, causar um agravo desestimulador de reincidências e servir de advertência social, há um traço suplementar que não existe na generalidade das restantes sanções; respectivamente: obter um ressarcimento patrimonial ou evitar que o infrator disponha da habilitação que lhe ensejou a prática da conduta proibida.

apenamento algo que não pode cumprir a função de advertência social, e é, além de injusto e injurídico, ilógico, dada sua absoluta ineficácia para cumprir as finalidades que sustentam o instituto da sanção, quer do ponto de vista racional, quer do ponto de vista do direito.

Em suma: sancionar alguém que não violou a regra de conduta pretendida e que também não tem como concorrer para que outrem sinta que não deve violá-la seria um ato irracional, estúpido, o que pode ser percebido por qualquer pessoa.

3. Ante o que foi dito, pode-se facilmente entender porque as sanções administrativas, *em princípio*, são intransmissíveis, ou seja, só incidem sobre o próprio infrator.

Há mesmo quem considere que assim como na órbita do direito criminal a pena só pode ser imposta ao infrator, também só sobre ele podem incidir as penalizações administrativas. É o que ensina Fabio Medina Osório, o qual averba:

> Repele-se, fundamentalmente, a responsabilidade pelo fato de outrém e a responsabilidade objetiva. O delito é obra do homem, como o é a infração administrativa praticada por pessoa física, sendo inconstitucional qualquer lei que despreze o princípio da responsabilidade subjetiva.
>
> O princípio da pessoalidade da pena, de natureza constitucional, se estende, em tese, ao Direito Administrativo Sancionatório e é um desdobramento do princípio da culpabilidade. Trata-se de direito fundamental inerente ao devido processo legal punitivo.[429]

Esta, todavia, não é a posição dominante na doutrina, de fora parte o fato de que a legislação brasileira contempla diversas hipóteses em que a sanção deve (ou pode) ser suportada por um terceiro, isto é, por sujeito diverso do infrator. Distinguir-se-iam, dessarte, o infrator do chamado *responsável*.

Assim, tem-se como certo ser perfeitamente cabível que o pai responda por multas de trânsito decorrentes de infrações desta natureza praticadas por filho menor. Aceita-se, pacificamente, que o comprador de um automóvel responda pelas multas impagas devidas pelo proprietário anterior. Ou seja, casos há em que um terceiro, alheio ao comportamento infracional, pode vir a ser responsabilizado por sanções pecuniárias.

---

[429] OSÓRIO, Fabio Medina. *Direito administrativo sancionador*. 2. ed. São Paulo: Revista dos Tribunais, 2005. p. 462.

4. Costuma-se, então, distinguir entre sanções pessoais e sanções reais, para fins de categorizar as primeiras como intransmissíveis e as segundas como transmissíveis. No dizer de Daniel Ferreira, seriam reais "as pecuniárias (multas) e as que, por sua natureza, gravam coisas, possuindo natureza real (por exemplo, as de perda de bens, interdição de estabelecimento e outras)", seriam pessoais "todas as demais, ou seja, as que atingem a 'pessoa' do sujeito passivo da sanção (infrator ou responsável) nelas se incluindo, por exemplo, as de prisão, suspensão de atividades etc.".[430]

Tal distinção, ao nosso ver, é de escassa rentabilidade, pois se é certo que as pessoais não são transmissíveis, nem sempre as reais poderão sê-lo.

Pense-se no caso em que a polícia recupere um automóvel que haja sido furtado ou roubado e, ao depois, abandonado em local de estacionamento proibido. Deverá o proprietário responder por tais multas decorrentes deste comportamento do ladrão ou por outras, acaso resultantes de ultrapassagens de sinal vermelho durante a fuga, enquanto era perseguido pelos policiais?

Embora a multa seja uma sanção real, nada obstante, qualquer pessoa intuirá imediatamente que seria um literal absurdo fazê-la incidir sobre a vítima do despojamento do veículo.

Para conciliar o que dantes foi dito sobre o que anima a instituição de infrações administrativas, e sobre a razão de existir das sanções, com a reconhecida possibilidade de sanções pecuniárias serem aplicadas a um sujeito distinto do infrator, não se deve buscar apoio no discrímen entre sanções pessoais e reais, conquanto seja certo que tal transmissibilidade jamais poderia existir no caso das sanções pessoais.

Outro haverá de ser o critério para definirem-se as hipóteses em que a lei poderá prever transmissibilidade.

5. O que cumpre verificar é se existe ou não, por parte de alguém diverso do infrator e a ser qualificado como "responsável", a possibilidade de controlar-lhe a conduta ou, quando impossível tal controle, se este terceiro dispõe de meios para constranger o infrator a suportar a sanção pecuniária.

São, pois, fundamentalmente, duas as hipóteses em que se pode admitir a transmissibilidade das multas e, pois, do surgimento da figura do responsável.

---

[430] FERREIRA, Daniel. Sanções administrativas. São Paulo: Malheiros, 2001. p. 46.

Uma hipótese é aquela em que o sujeito a ser configurado como responsável dispõe de controle sobre o infrator e precisamente por não o haver exercido de modo satisfatório é que foi possível a prática da infração. É o caso da responsabilidade do pai pelas multas de trânsito decorrentes de infrações do filho menor.

Outra hipótese é aquela em que o sujeito qualificável como responsável dispõe de meios para constranger o infrator a submeter-se ao pagamento da multa. É o caso daquele que, pretendendo adquirir um veículo, exige, para conclusão do negócio, que o vendedor salde as multas oriundas das infrações de trânsito ou que, por via de abatimento no preço, lhe propicie a diferença suficiente para que ele próprio efetue tal pagamento.

6. Vê-se que em ambas as situações a transmissibilidade da sanção não a desnatura, pois a ameaça, a intimidação prevista na composição íntegra da figura infracional, mantém constantemente sua presença e se em despeito dela a infração for praticada, ao ser desencadeada a sanção, ela continua operante para prevenir a reincidência e para cumprir a exemplaridade social, visto que já agora ou o responsável sofre a sanção por não ter sido diligente ou tem meios para constranger o devedor a suportá-la.

Assim, de modo algum se poderá dizer que a sanção terá caído sobre o responsável como uma fatalidade, como evento insuscetível de ser esquivado, pois apenas perante a inevitabilidade dela é que a transmissibilidade a outrem frustraria a finalidade que lhe serve de suporte lógico e jurídico.

Com efeito, nas situações figuradas ou o responsável haverá tido, por incúria, participação no evento infracional, caso em que é perfeitamente razoável que arque com a sanção, ou, diversamente, como não praticou infração alguma e não teria como impedi-la, não será onerado por sanção alguma desde que concorra para que o gravame se abata sobre o infrator, cumprindo-se, dessarte, integralmente, a finalidade repressiva e preventiva da sanção, bem como sua exemplaridade social.

É por este modo que se demonstra quais os casos em que a transmissibilidade de multas oriundas de sanção administrativa é admissível, já que neles isto não fere os fundamentos lógicos e jurídicos em que se assenta o Estado quando delineia certos comportamentos como infrações administrativas, por almejar desestimular condutas indesejáveis e induzir a condutas pretendidas, valendo-se para tanto da ameaça de sanções que, dessarte, cumprirão a função de reprimir e prevenir reincidência.

Fora deles, todavia, qualquer pretensão normativa de inculcar a algum sujeito que não o infrator o dever de responder por infração administrativa e suportar a correspondente sanção seria, como foi dito, além de injusto e injurídico, ilógico, dada a absoluta ineficácia disto para que sejam cumpridas as finalidades que sustentam o instituto da sanção, quer do ponto de vista racional, quer do ponto de vista do direito. Seria, em suma, um ato irracional, estúpido.

7. Esta coima não se absolveria sob a alegação de que as sanções patrimoniais, como as multas, de todo modo sempre serviriam para engordar o patrimônio do Poder Público, mesmo quando hauridas de um terceiro, isto é, de um não infrator impotente para concorrer com o intento de evitar a reincidência.

Assertiva desta ordem, ao invés de ressalvar a procedência da medida, incorreria em novo vício, pois consistiria em confissão de desvio de poder.

Desvio de poder é a utilização de uma competência para alcançar finalidade distinta daquela que lhe é própria e lhe serve de fundamento.

Caio Tácito advertiu que "a regra de competência não é um cheque em branco conferido ao administrador"[431] e com admirável precisão e lucidez ensinou: "O poder administrativo é vinculado a um determinado interesse público e não comporta aplicação em favor de quaisquer outros objetos, embora louváveis e beneméritos. A discrição administrativa tem, portanto, como teto, a *finalidade* legal da competência".[432]

Em outro passo, o alumiado mestre expendeu as seguintes excelentes observações:

> A destinação da competência do agente preexiste à sua investidura. A lei não concede a autorização de agir sem um objetivo próprio. A obrigação jurídica não é uma obrigação inconseqüente: ela visa um fim especial, presume um endereço, antecipa um alcance, predetermina o próprio alvo. Não é facultado à autoridade suprimir essa continuidade, substituindo a finalidade legal do poder com que foi investido, embora pretendendo um resultado materialmente lícito.
>
> A teoria do desvio de poder teve o mérito de focalizar a noção do interesse público como centro da legalidade do ato administrativo. A Administração está obrigada, no exercício de suas atividades, a

---

[431] TÁCITO, Caio. *Direito administrativo*. São Paulo: Saraiva, 1975. p. 5.
[432] TÁCITO, Caio. *Direito administrativo*. São Paulo: Saraiva, 1975. p. 5-6. Grifos no original.

cumprir determinados objetivos sociais e, para alcança-los, obedece a um princípio de *especialização funcional*: a cada atribuição correspondem um fim próprio que não pode ser desnaturado.[433]

Com efeito, cada ato administrativo é idôneo para um certo fim; é veículo hábil para atender a determinado desiderato, pois exprime uma competência instituída em vista de um dado resultado. Daí que as competências não são intercambiáveis, como não o são os atos por meio dos quais se exercitam. No Estado de direito, é garantia do administrado não só o fato de ficar o Poder Público adstrito aos fins que de antemão a lei categorizou como prezáveis, mas também aos meios adrede estabelecidos como sendo os adequados para suprir as finalidades erigidas em bens jurídicos valiosos.

Os atos têm, portanto, sua identidade categorial própria; sua habilitação específica que não pode ser desvirtuada, pena de desvirtuar-se a própria competência, a própria lei em que se estriba e o sentido protetor que anima o Estado de direito.

Os doutrinadores reconhecem a existência do vício de desvio de poder quer nas hipóteses em que a atuação administrativa está alheada de qualquer finalidade pública, quer daqueloutras em que, conquanto inocorra esta mácula, a finalidade perseguida, embora de interesse geral, não é alvejável pelo ato utilizado, pois a lei o concebeu como volvido a destino diverso.[434]

8. Em síntese: de dois modos pode manifestar-se o desvio de poder:

a) quando o agente busca uma finalidade alheia ao interesse público. Isto sucede ao pretender usar de seus poderes para prejudicar um inimigo ou para beneficiar a si próprio ou amigo;

b) quando o agente busca uma finalidade – ainda que de interesse público – alheia à "categoria" do ato que utilizou. Deveras, consoante advertiu o preclaro Seabra Fagundes: "Nada importa que a diferente finalidade com que tenha agido seja moralmente lícita. Mesmo moralizada e justa, o ato será inválido por divergir da orientação legal".[435]

---

[433] TÁCITO, Caio. *Direito administrativo*. São Paulo: Saraiva, 1975. p. 80-81.
[434] cf. WALINE, Marcel. *Droit administratif*. 9. ed. Paris: Sirey, 1963. p. 451, n. 741 e RIVERO, Jean. *Droit administratif*. 2. ed. Paris: Dalloz, 1962. p. 233, n. 260.
[435] FAGUNDES, Miguel Seabra. *O controle dos atos administrativos pelo Poder Judiciário*. 5. ed. rev. e atual. Rio de Janeiro: Forense, 1979. p. 72-73.

No desvio de poder, então, nem sempre há um "móvel", isto é, uma intenção, inadequada. Com efeito, o agente pode, equivocadamente, supor que uma dada competência era prestante, de direito, para a busca de um dado resultado e por isto haver praticado o ato almejando alcançá-lo pela via utilizada. Neste caso não haverá intenção viciada.

É certo, entretanto, que o frequente, o comum, é que exista vício de intenção, o qual poderá ou não corresponder ao desejo de satisfazer um apetite pessoal. *Contudo, o ato será sempre viciado por não manter relação adequada com a finalidade em vista da qual poderia ser praticado.* O que vicia, portanto, não é o defeito de intenção, quando existente – ainda que por meio disto se possa, muitas vezes, perceber o vício –, mas o desacordo *objetivo* entre a finalidade do ato e a finalidade da competência.

Tendo sido recordada qual é a função das sanções, ou seja, aquilo que lhes confere sua identidade tipológica, portanto, aquilo que faz com que sejam a figura jurídica que são – e não alguma outra – é óbvio que nas sanções administrativas pecuniárias *não entra em pauta o intento de ensejar proveitos econômicos, ingressos patrimoniais vantajosos para o Poder Público.* Tal questão é radicalmente estranha à natureza das infrações e, consequentemente, das sanções administrativas. Assim aplicá-las com tal intento, mesmo não comparecendo os pressupostos que foram referidos, é incorrer em desvio de poder, ou seja, em comportamento nulo. Nem se imagine que dita assertiva falece ante as sanções ditas ressarcitórias ou reparatórias.

9. Sanções ressarcitórias, como as denomina Régis Fernandes de Oliveira,[436] são as previstas como meio de compelir o administrado a satisfazer uma pretensão que é, ela sim (a pretensão), em si mesma, de natureza patrimonial, como sucede com a pretensão tributária, a qual, uma vez desatendida, poderá dar margem a multas, cuja previsão, como é claro, tem o propósito de induzir o contribuinte a satisfazer tempestivamente sua obrigação perante o Fisco. Ao contrário do que poderia parecer a um primeiro súbito de vista, isto em nada desmente a afirmação de que as sanções não têm o intuito de proporcionar ganhos econômicos para o Poder Público.

Com efeito, tal como nas outras sanções, também neste caso a finalidade da sanção propriamente dita não é ser ela própria uma fonte de recursos para o Estado, mas é a de ser uma ameaça para que o

---

[436] OLIVEIRA, Régis Fernandes de. *Infrações administrativas.* São Paulo: Revista dos Tribunais, 1985. p. 14-15.

sujeito devedor de um certo valor patrimonial (o tributo) não se evada ao cumprimento daquela obrigação, pelo temor da superveniência da sanção, se deixar de atender à prescrição normativa.

Esta, sim, a prescrição normativa, é que envolve uma pretensão de ordem patrimonial: a de que seja versado o tributo devido.

Quanto à multa, isto é, à sanção, não é causa autônoma de captação de recursos, mas, repita-se, é a estipulação de um valor que foi considerado adequado para atemorizar o devedor e induzi-lo ao cumprimento da pretensão tributária e, caso a ameaça não haja tido sucesso, estimulá-lo a não reincidir no futuro.

Dita sanção, geralmente, vem acompanhada de um *quantum* suplementar correspondente à mora, isto é, ao que presumidamente consiste na reposição do que foi perdido pela ausência de tempestiva disponibilidade do Poder Público sobre o montante que era devido. Note-se que esta última (a mora) é que é reparatória ou ressarcitória e não a sanção propriamente dita.

Por isto, ao nosso ver, tem razão Daniel Ferreira quando afirma que não há sanções ressarcitórias.[437]

Em suma: também nos casos das indevidamente chamadas sanções ressarcitórias e da mora que as acompanhe (esta, sim, ressarcitória), a regra para definir se seria ou não admissível a transmissibilidade continua a ser aquela que foi apontada: ou o responsável concorreu por incúria para a prática da infração ou, sendo inteiramente alheio a ela, tem meios para induzir o infrator a suportar o gravame em que consiste a sanção.

Se nem uma nem outra destas situações ocorre, não haverá transmissibilidade possível e a lei não poderá lançar os ônus da sanção sobre um terceiro a quem pretendesse atribuir a qualidade de responsável.

Referências

FAGUNDES, Miguel Seabra. *O controle dos atos administrativos pelo Poder Judiciário*. 5. ed. rev. e atual. Rio de Janeiro: Forense, 1979.

FERREIRA, Daniel. *Sanções administrativas*. São Paulo: Malheiros, 2001.

OLIVEIRA, Régis Fernandes de. *Infrações administrativas*. São Paulo: Revista dos Tribunais, 1985.

---

[437] FERREIRA, Daniel. *Sanções administrativas*. São Paulo: Malheiros, 2001. p. 75.

OSÓRIO, Fabio Medina. *Direito administrativo sancionador*. 2. ed. São Paulo: Revista dos Tribunais, 2005.

RIVERO, Jean. *Droit administratif*. 2. ed. Paris: Dalloz, 1962.

TÁCITO, Caio. *Direito administrativo*. São Paulo: Saraiva, 1975.

WALINE, Marcel. *Droit administratif*. 9. ed. Paris: Sirey, 1963.

Nº 25

A DEMOCRACIA E SUAS DIFICULDADES CONTEMPORÂNEAS

I – A democracia formal e democracia substancial; II – A crise dos institutos clássicos da democracia; III – Tentativas de resposta à crise da democracia; IV – Insuficiência dos meios concebidos para salvaguarda dos ideais democráticos; V – Possível agravamento da crise da democracia; VI – Globalização e neoliberalismo: novos obstáculos à democracia; Referências

I – Democracia formal e democracia substancial

1. Independentemente dos desacordos possíveis em torno do conceito de democracia, pode-se convir em que dita expressão reporta-se nuclearmente a um sistema político fundado em princípios afirmadores da liberdade e da igualdade de todos os homens e armado ao propósito de garantir que a condução da vida social se realize na conformidade de decisões afinadas com tais valores, tomadas pelo conjunto de seus membros, diretamente ou por meio de representantes seus livremente eleitos pelos cidadãos, os quais são havidos como os titulares da soberania. Donde, resulta que *Estado democrático é aquele que se estrutura em instituições armadas de maneira a colimar tais resultados.*

Sem dúvida esta noção, tal como expendida, maneja também conceitos fluidos ou imprecisos (liberdade, igualdade, deliberações respeitosas destes valores, instituições armadas de maneira a concretizar determinados resultados). Sem embargo, é dela – ou de alguma outra que se ressinta de equivalentes problematizações – que se terá de partir para esboçar uma apresentação sumária de certas relações entre Estado e democracia, algumas das quais são visíveis e outras apenas se vão entremostrando a uma visão prospectiva.

Seja como for – e até mesmo em razão da sobredita fluidez dos conceitos implicados na noção de democracia – é conveniente distinguir entre Estados *formalmente* democráticos e Estados *substancialmente* democráticos, além de Estados *em transição para a democracia,* tendo-se presente, ainda assim, o caráter aproximativo destas categorizações.

2. Estados apenas *formalmente democráticos* são os que, inobstante acolham nominalmente em suas Constituições modelos institucionais – hauridos dos países política, econômica e socialmente mais evoluídos – teoricamente aptos a desembocarem em resultados consonantes com os valores democráticos, neles não aportam. Assim, conquanto seus governantes (a) sejam investidos em decorrência de eleições, mediante sufrágio universal, para mandatos temporários; (b) consagrem uma distinção, quando menos material, entre as funções legislativa, executiva e judicial; (c) acolham, em tese, os princípios da legalidade e da independência dos órgãos jurisdicionais, nem por isto, seu arcabouço institucional consegue ultrapassar o caráter de simples fachada, de painel aparatoso, muito distinto da realidade efetiva.

É que carecem das condições objetivas indispensáveis para que o instituído formalmente seja deveras levado ao plano concreto da realidade empírica e cumpra sua razão de existir. Biscaretti di Ruffia, em frase singela, mas lapidar, anotou que "a democracia exige, para seu funcionamento, um minimum de cultura política", que é precisamente o que falta nos países apenas formalmente democráticos. As instituições que proclamam adotar em suas cartas políticas não se viabilizam. Sucumbem ante a irresistível força de fatores interferentes que entorpecem sua presumida eficácia e lhes distorcem os resultados. Deveras, de um lado, os segmentos sociais dominantes, que as controlam, apenas buscam manipulá-las ao seu sabor, pois não valorizam as instituições democráticas em si mesmas, isto é, não lhes devotam real apreço. Assim, não tendo qualquer empenho em seu funcionamento regular, procuram, em função das próprias conveniências, obstá-lo, ora por vias tortuosas ora abertamente quando necessário, seja por iniciativa direta, seja apoiando ou endossando quaisquer desvirtuamentos promovidos pelos governantes, simples prepostos, meros gestores dos interesses das camadas economicamente mais bem situadas. De outro lado, como o restante do corpo social carece de qualquer consciência de cidadania[438] e correspondentes direitos, não oferece resistência espontânea a estas manobras. Ademais, é presa fácil das articulações, mobilizações e aliciamento da opinião pública, quando necessária sua adesão ou pronunciamento, graças ao controle que os segmentos dominantes detêm sobre a "mídia",[439] que não é senão um de seus braços.

3. É que – como de outra feita o dissemos – as instituições políticas destes países

> não resultaram de uma maturação histórica; não são o fruto de conquistas políticas forjadas sob o acicate de reivindicações em que o corpo social (ou os estratos a que mais aproveitariam) nelas estivesse consistentemente engajado; não são, em suma, o resultado de aspirações que hajam genuinamente germinado, crescido e tempestivamente desabrochado no seio da Sociedade.

Pelo contrário, suas instituições jurídico-políticas, de regra,

> foram simplesmente adquiridas por importação, tal como se importa uma mercadoria pronta e acabada, supostamente disponível para proveitoso consumo imediato. Nestes Estados recepcionou-se um produto cultural, ou seja, o fruto de um processo evolutivo marcado por uma identidade própria, transplantando-o para um meio completamente distinto e caracterizado por outras circunstâncias e vicissitudes históricas. É dizer: instituições refletoras de uma dada realidade vieram a ser implantadas de cima para baixo, como se fossem irrelevantes as diversidades de solo e de enraizamento.[440]

4. Em suma: estes padrões de organização política não se impuseram à conta de autêntica resposta a conflitos ou pressões sociais que os tivessem inapelavelmente engendrado; antes, foram assumidos porque a elite dirigente de sociedades menos evoluídas, de olhos postos nas mais evoluídas, entendeu que se constituíam em um modelo natural, a ser incorporado como expressão de um desejável

---

[438] O fenômeno não é restrito às camadas sociais mais desfavorecidas, mas alcança também a chamada classe média.
[439] O Brasil é um perfeito exemplo da situação descrita.
[440] BANDEIRA DE MELLO, Celso Antônio. Representatividade e democracia. *In*: ROCHA, Cármen Lúcia Antunes; VELLOSO, Carlos Mário da Silva (Coord.). *Direito eleitoral*. Belo Horizonte: Del Rey, 1996.

estágio civilizatório. Então, não lhes atribuem outra importância senão figurativa. Daí que, não estando cerceadas por uma consciência social democrática e correlata pressão, ou mesmo pelos eventuais entusiasmos de uma "opinião pública", já que as modelam a seu talante, aceitam as instituições democráticas

> apenas enquanto não interferentes com os amplos privilégios que conservam ou com a vigorosa dominação política que podem exercer nos bastidores, por detrás de uma máscara democrática, graças, justamente, ao precário estágio de desenvolvimento econômico, político e social de suas respectivas sociedades.[441]

De outra parte, esta situação inferior em que vivem os Estados apenas formalmente democráticos lhes confere, em todos os planos, um caráter de natural subalternidade em face dos países cêntricos, os quais, compreensivelmente, são os produtores de ideias, de "teorias" políticas ou econômicas, concebidas na conformidade dos respectivos interesses e que se impõem aos subdesenvolvidos, não apenas pelo prestígio da origem, mas também por toda a espécie de pressões. Sendo conveniente aos países desenvolvidos a persistência desta mesma situação, que lhes propicia, em estreita aliança com os segmentos dominantes de tais sociedades, manejar muito mais comodamente os governos dos países "pseudodemocráticos" em prol de suas conveniências econômicas e políticas,[442] é natural que existam entraves suplementares para superação deste estágio primário de evolução.

---

[441] BANDEIRA DE MELLO, Celso Antônio. Representatividade e democracia. *In*: ROCHA, Cármen Lúcia Antunes; VELLOSO, Carlos Mário da Silva (Coord.). *Direito eleitoral*. Belo Horizonte: Del Rey, 1996. p. 46.

[442] Ainda aqui, o Brasil vale como exemplo. Após uma formidável campanha desencadeada pela "mídia" em prol de reformas constitucionais, com destaque para as Reformas Fiscal e Administrativa (sem o que, dizia-se, o país seria "ingovernável"), o então Presidente Fernando Henrique Cardoso, em seu primeiro ano de Governo, animado por esta onda reformista, fez aprovar quatro emendas constitucionais. Curiosamente, entretanto, estas quatro emendas, ao invés de se reportarem a problemas internos, foram *todas* – registre-se e sublinhe-se – *sintonizadas com aspirações externas ou de agrado internacional*. Devem ter sido consideradas as verdadeiramente urgentes e importantes. São as seguintes: (a) Emenda Constitucional nº 6, de 15.8.1995, por força da qual, de um lado, *foram eliminados o conceito de empresa brasileira de capital nacional e a preferência que o Poder Público lhe deveria dar* quando pretendesse adquirir bens e serviços, e, de outro, *permitiu-se, assim, que a exploração mineral do sub subsolo brasileiro pudesse ser feita por empresas controladas e dirigidas por pessoas não residentes no país*, o que dantes era vedado. O atual projeto de privatizar a Cia. Vale do Rio Doce, empresa governamental lucrativa, é uma concretização da sobredita emenda; (b) a Emenda Constitucional nº 7, também de 15 de agosto do mesmo ano, veio extinguir a garantia de que a navegação de cabotagem e interior no Brasil fosse,

5. Resulta deste quadro que as sociedades de incipiente cultura política para poderem vir a se configurar como Estados democráticos demandariam mais do que apenas reproduzir em suas Constituições os traços especificadores de tal sistema de governo. Com efeito, de um lado, teriam que ajustar suas instituições básicas de maneira a prevenir ou dificultar os mecanismos correntes de seu desnaturamento[443] e, de outro – o que ainda seria mais importante – empenhar-se na transformação da realidade social buscando concorrer ativamente para produzir aquele mínimo de cultura política indispensável à prática efetiva da democracia, única forma de superar os entraves viscerais ao seu normal funcionamento.

Uma vez que a democracia se assenta na proclamação e reconhecimento da soberania popular, é indispensável

---

salvo caso de necessidade pública, privativa de embarcações nacionais, pelo que *não há mais óbice constitucional a que seja feita por embarcações estrangeiras*; além disto, suprimiu a exigência de que os armadores, os proprietários, o comandante e pelo menos dois terços dos tripulantes *de nossas próprias embarcações* fossem brasileiros (espantosa a minúcia dos interesses alienígenas em excluir até mesmo a cláusula que estabelecia devessem ser brasileiros dois terços dos tripulantes de nossas próprias embarcações); (c) a de nº 8, da mesma data das anteriores, veio para eliminar a previsão de que a exploração de serviços telefônicos, telegráficos, de transmissão de dados e demais serviços públicos de telecomunicações fossem explorados diretamente pela União ou por concessão a pessoa sob controle acionário estatal; (d) a de nº 9, também da mesma data, para flexibilizar as disposições relativas ao monopólio estatal do petróleo.

[443] Sem embargo, os que acedem ao poder se esmeram na tendência inversa. Há poucos dias, valendo-se de meios próprios e impróprios, que outrora combatia, após ingentes esforços junto ao Legislativo, o então Presidente Fernando Henrique Cardoso conseguiu fazer emenda constitucional em proveito próprio: a da reelegibilidade para os atuais ocupantes da Chefia do Executivo. Completará, assim, neste particular, sua paridade com dois outros seus confrades sul-americanos que também fizeram aprovar emendas da mesma natureza: os srs. Fujimori (Peru) e Menem (Argentina), os quais, tal como ele, desenvolveram políticas ao gosto dos organismos internacionais controlados pelos países cêntricos, sendo-lhes conveniente que permanecessem no poder o máximo de tempo possível. Note-se que, desde a primeira Constituição republicana, todas, com exceção da Carta da Ditadura de 1937, proibiam a reeleição do presidente, perfeitamente cônscias do risco de os chefes de Executivo usarem seus formidáveis poderes para assegurar-se a continuidade no mandato sucessivo. Foi o que bem anotou Geraldo Ataliba: "Aliada, portanto, à temporariedade dos mandatos executivos encontra-se, no Brasil, a consagração tradicional do princípio da não reeleição dos seus exercentes. Querem, destarte, as instituições assegurar que a formidável soma de poderes que a república presidencialista põe nas mãos do Chefe do Executivo seja toda ela empregada no benefício da função e jamais em benefício próprio. Não é por outra razão que tal função designa-se no discurso político, por *magistratura*, dada a impessoalidade e imparcialidade que hão de caracterizar o comportamento do seu titular" (ATALIBA, Geraldo. *República e Constituição*. São Paulo: Revista dos Tribunais, 1985. p. 76. Grifos no original).

que os cidadãos tenham não só uma consciência clara, interiorizada e reivindicativa deste título jurídico político que se lhes afirma constitucionalmente reconhecido como direito inalienável, mas que disponham das condições indispensáveis para poderem fazê-lo valer de fato.

Entre estas condições estão, não apenas (a) *as de desfrutar de um padrão econômico-social acima da mera subsistência (sem o que seria vã qualquer expectativa de que suas preocupações transcendam as da mera rotina da sobrevivência imediata),* mas também, as de efetivo acesso (b) à educação e cultura *(para alcançarem ao menos o nível de discernimento político traduzido em consciência real de cidadania)* e (c) *à informação, mediante o pluralismo de fontes diversificadas (para não serem facilmente manipuláveis pelos detentores dos veículos de comunicação de massa).*[444]

6. Uma vez reconhecido que nos Estados apenas formalmente democráticos o jogo espontâneo das forças sociais e econômicas não produziu, nem produz por si mesmo – ou ao menos não o faz em prazo aceitável – as transformações indispensáveis a uma real vivência democrática, resulta claro que, para eles, os ventos neoliberais, soprados de países cujos estádios de desenvolvimento são muito superiores, não oferecem as soluções acaso prestantes nestes últimos. Valem, certamente, como advertência contra excessos de intervencionismo estatal ou contra a tentativa infrutífera de fazer do Estado um eficiente protagonista estelar do universo econômico. Sem embargo, nos países que ainda não alcançaram o estágio político-cultural requerido para uma prática real da democracia, o Estado tem de ser muito mais que um árbitro de conflitos de interesses individuais.

Cumpre ter presente que acentuadas disparidades econômicas entre as camadas sociais, que já foram superadas em outros países, *inclusive mediante ação diligente do Estado,* persistem em todos aqueles de insatisfatória realização democrática. Nestes, a péssima qualidade de vida de vastos segmentos da sociedade bloqueia-lhes o acesso àquele "mínimo de cultura política" a que se reportava Biscaretti di Ruffia.

---

[444] BANDEIRA DE MELLO, Celso Antônio. Representatividade e democracia. *In*: ROCHA, Cármen Lúcia Antunes; VELLOSO, Carlos Mário da Silva (Coord.). *Direito eleitoral.* Belo Horizonte: Del Rey, 1996. p. 46. Observe-se que, entre nós, os veículos de comunicação a que a esmagadora maioria da população verdadeiramente acede são o rádio e a televisão. Daí que a força, não apenas informativa, mas também aliciadora ou persuasiva, que possuem é incontrastável. Assim, não por acaso, em contradita frontal às Constituições e às leis, concessões de rádio e televisão são outorgadas sem um procedimento licitatório prévio; distribuídas como favor. Acresça-se que uma única emissora de televisão detém índices de audiência esmagadores, o que lhe proporciona, com uma tecnologia de primeiro mundo sobre cabeças do terceiro mundo, modelar, a seu talante, a opinião e o pensamento do cidadão comum.

Assim, seria descabido imaginar que o papel do Estado pode ser o mesmo em quaisquer deles.

7. De fato, para engendrar os requisitos condicionais ao funcionamento normal da democracia ou promover-lhes a expansão, o Estado não tem alternativa senão a de se constituir em um decidido agente transformador, o que supõe, diversamente do que hoje pode ocorrer nos países que já ultrapassaram esta fase, um desempenho muito mais participante, notadamente no suprimento dos recursos sociais básicos e no desenvolvimento de uma política promotora das camadas mais desfavorecidas.

Na medida em que suas instituições e prática estejam voltadas a este efeito transformador, caberia qualificá-los como Estados *em transição para a democracia*. Entretanto, se, em despeito do formal obséquio que lhe prestem por meio das correspondentes instituições clássicas, deixarem de consagrar-se à instauração das condições propiciatórias de uma real vivência e consciência de cidadania, não se lhes poderá reconhecer sequer este caráter.

8. Demais disto, contrariamente ao que pode suceder e vem sucedendo nos Estados substancialmente democráticos, naqueloutros que ainda estão em caminho de sê-lo, quaisquer transigências com a rigidez do princípio da legalidade, quaisquer flexibilizações do monopólio legislativo parlamentar, seriam comprometedoras deste rumo.

É que toda concentração de poder no Executivo, assim como qualquer indulgência em relação a suas pretensões normativas, constitui-se em substancial reforço ao autoritarismo tradicional, solidificam uma concepção paternalista do Estado – identificado com a pessoa de um "Chefe" – e alimentam a tendência popular de receber com naturalidade e esperançoso entusiasmo soluções caudilhescas ou messiânicas.

Em uma palavra: atribuir ao Executivo – órgão estruturado em torno de uma chefia unipessoal – poderes para disciplinar relações entre administração e administrados, é, nos países de democracia ainda imatura, comportamento que em nada concorreria para a formação de uma consciência valorizadora da responsabilidade social de cada qual (que é a própria exaltação da cidadania) ou para encarecer a importância básica de instituições impersonalizadas como instrumento de progresso e bem-estar de todos. Contrariamente, serviria apenas para reconfirmar a anacrônica relação soberano-súdito.[445]

---

[445] Assim, *exempli gratia*, o então chefe do Poder Executivo brasileiro, Sr. Fernando Cardoso – no passado, havido como um "intelectual progressista" e hoje associado politicamente

Assim, em despeito da generalizada tendência mundial de transferir ao Executivo poderes substancialmente legislativos, ora de maneira explícita e sem rebuços, como se fez na França (e logo acomodada pelos teóricos em uma eufêmica reconstrução do princípio da legalidade), ora mediante os mais variados expedientes ou por meio de acrobáticas interpretações dos textos constitucionais, nos Estados que ainda carecem de uma experiência democrática sólida, a acolhida destas práticas não é compatível com a democracia, ainda que tal fenômeno haja sido suscitado – reconheça-se – por razões objetivas poderosas, tanto que se impuseram generalizadamente.

II – A crise dos instrumentos clássicos da democracia

9. O tópico do fortalecimento do Poder Executivo e correlato declínio do Legislativo suscita reflexões que concernem *genericamente* ao tema das relações entre Estado e democracia, extravasando em muito o âmbito das considerações feitas quanto à especificidade de suas repercussões imediatas nos países onde ainda é débil o enraizamento social da democracia.

É sabido que, em despeito da importância atribuível ao Parlamento na história da democracia, importância esta correlata ao declínio do poder monárquico, o Executivo, sucessor do rei, cedo começou a recuperar, em detrimento óbvio das casas legislativas e, pois, de um dos pilares da democracia clássica, os poderes normativos que lhe haviam sido retirados.[446] É certo, sem dúvida, que, na presente quadra histórica, poderosas e objetivas razões vêm concorrendo crescentemente para isto.

Desde que o Estado, por força da mudança de concepções políticas, deixou de encarar a realidade social e econômica como um dado, para considerá-la um objeto de transformação, sua ação intervencionista operada por via da Administração e traduzida não só em aprofundamento, mas sobretudo em alargamento de suas missões tradicionais, provocaria, como tão bem observou Ernst Forsthoff, uma insuficiência das técnicas de proteção das liberdades e de controle

---

com expoentes da ditadura que dantes combatia – não se constrangeu em expedir uma "medida provisória" a cada 19 horas, conforme registro feito há alguns meses pela *Revista Veja*. Nisto contribuiu eficazmente para a crescente desmoralização das instituições democráticas entre nós, tanto mais porque ditas medidas têm sido visivelmente inconstitucionais, por ausentes os pressupostos de sua válida produção.

[446] Notável a este respeito é o estudo desenvolvido por PASTOR, Santa Maria. *Fundamentos de direito administrativo*. Madrid: Edit. Centro de Estudos Ramon Areces, 1988. v. I. p. 690-714.

jurídico, as quais haviam sido desenvolvidas sob o signo do Estado liberal.[447]

Acresce que, inobstante ameacem vingar e prevalecer concepções neoliberais, nem por isto reduzir-se-á a intensificação de um controle do Estado sobre a atividade individual. É que o progressivo cerceamento da liberdade dos indivíduos, tanto como o fortalecimento do Poder Executivo, arrima-se também em razões independentes das concepções ideológicas sobre as missões reputadas pertinentes ao Estado. Um outro fator, de extrema relevância – o progresso tecnológico –, igualmente concorreu e concorre de modo inexorável para estes mesmos efeitos.

10. Deveras, o extraordinário avanço tecnológico ocorrido neste século, a consequente complexidade da civilização por ele engendrada e, correlatamente, o caráter cada vez mais técnico das decisões governamentais, aliados à tendência recente da formação de grandes blocos político-econômicos formalizados, quais megaestados, conspiram simultaneamente contra o monopólio legislativo parlamentar e, possivelmente, em médio prazo, até mesmo contra as liberdades individuais. Senão, vejamos.

Sabidamente, como resultado da evolução tecnológica, as limitadas energias individuais se expandiram enormemente, com o que se ampliou a repercussão coletiva da ação de cada qual, dantes modesta e ao depois potencialmente desastrosa (pelo simples fato de exponenciar-se). Em face disto, emergiu como imperativo inafastável uma ação reguladora e fiscalizadora do Estado muito mais extensa e intensa do que no passado. Notoriamente, o "braço tecnológico" propiciou gerar, em escala macroscópica, contaminação do ar, da água, poluição sobre todas as formas, inclusive sonora e visual, devastação do meio ambiente, além de ensejar saturação dos espaços, provocada por um adensamento populacional nos grandes conglomerados urbanos, evento, a um só tempo, impulsionado e tornado exequível pelos recursos conferidos pelo avanço tecnológico. Tornou-se, pois, inelutável condicionar e conter a atuação das pessoas físicas e jurídicas dentro de pautas definidas e organizadas, seja para que não se fizessem socialmente predatórias, seja para acomodá-las a termos compatíveis com um convívio humano harmônico e produtivo.

Em suma: como decorrência do progresso tecnológico engendrou-se um novo mundo, um novo sistema de vida e de organização social,

---

[447] FORSTHOFF, Ernst. *Traité de droit administratif allemand*. Tradução da 9. ed. alemã de Michel Fromont. Bruxelles: Átablissements Émile Bruylant, 1969. p. 126-127; 133.

consentâneos com esta realidade superveniente. Daí que o Estado, em consequência disto, teve que disciplinar os comportamentos individuais e sociais muito mais minuciosa e extensamente do que jamais o fizera, passando a imiscuir-se nos mais variados aspectos da vida individual e social.

Este agigantamento estatal manifestou-se sobretudo como um agigantamento da Administração, tornada onipresente e beneficiária de uma concentração de poder decisório que desbalanceou, em seu proveito, os termos do anterior relacionamento entre Legislativo e Executivo. Com efeito, este último, por força de sua estrutura monolítica (chefia unipessoal e organização hierarquizada), é muito mais adaptado para responder com presteza às necessidades diuturnas de governo de uma sociedade que vive em ritmo veloz e cuja eficiência máxima depende disto. Ademais, instrumentado por uma legião de técnicos, dispõe dos meios hábeis para enfrentar questões complexas cada vez mais vinculadas a análises desta natureza e que, além disto, precisam ser formuladas com atenção a aspectos particularizados ante a diversidade dos problemas concretos ou de suas implicações polifacéticas, cujas soluções *dependem de análises técnicas* – e não apenas políticas.

III – Tentativas de resposta à crise da democracia

11. Estes fatores convulsionantes do quadro clássico da democracia (e não apenas da democracia liberal) *suscitaram respostas tendentes a neutralizar, ao menos parcialmente*, os riscos oriundos da transferência de poderes do Legislativo para o Executivo e da maior exposição, individual ou coletiva dos cidadãos, a um progressivo cerceamento das liberdades.

A disseminação do parlamentarismo terá sido, possivelmente, o meio de que as sociedades mais evoluídas lançaram mão, *na esfera política*, para minimizar as consequências do fortalecimento do Executivo. Os Estados Unidos da América do Norte constituem-se em exceção confirmadora da regra. Com efeito, ainda dentro dos quadros tradicionais de organização política, não havendo irrompido outras fórmulas de estruturação democrática do poder e ante a presumida impossibilidade de deter utilmente a aludida transferência de atribuições do Legislativo para o Executivo, a solução terá sido transformar este último em delegado daquele. Ou seja: se o Executivo, armado agora de formidáveis poderes, atuar descomedidamente, em descompasso com o sentimento geral da coletividade, é simplesmente derrubado. Ou seja:

converte-se o parlamento, acima de tudo, em um organismo dotado do mais formidável poder de veto: o veto geral; portanto, uma inversão radical, do modesto e provisório poder de veto típico do Executivo.

Na *esfera administrativa*, ganha relevo crescente o procedimento administrativo, obrigando-se a Administração a formalizar cuidadosamente todo o itinerário que conduz ao processo decisório. Passou-se a falar na "jurisdicionalização" do procedimento administrativo (ou processo, como mais adequadamente o denominam outros), com a ampliação crescente da participação do administrado no iter preparatório das decisões que possam afetá-lo. Em suma: a contrapartida do progressivo condicionamento da liberdade individual é o progressivo condicionamento do *modus procedendi* da Administração.

Outrossim, no âmbito processual, mas com as mesmas preocupações substanciais de defesa dos membros da sociedade contra o poder do Estado, surge o reconhecimento e proteção dos chamados "interesses difusos" ou "direitos difusos", os quais, em última instância, ao nosso ver, não passam, quando menos em grande número de casos, de uma dimensão óbvia dos simples direitos subjetivos. De fato, não há sentido algum em conceber estes últimos com visão acanhada, presa a relações muito típicas do direito privado, inobstante categorizado como noção pertinente à teoria geral do direito.

IV – Insuficiência dos meios concebidos para salvaguarda dos ideais democráticos

12. Os valiosos expedientes, a que se vem de aludir, minimizaram, mas não elidiram a debilitação dos indivíduos perante o Estado, assim como o enfraquecimento da interação entre o cidadão e o Poder Público.

O certo é que entre a lei e os regulamentos do Executivo, hoje avassaladoramente invasivos de todos os campos (nada importando quanto a isto que hajam sido autorizados expressamente ou resultem da generalidade das expressões legais que os ensejam), há diferenças extremamente significativas que, no caso dos regulamentos, repercutem desfavoravelmente tanto no controle do poder estatal, quanto na suposta representatividade do pensamento das diversas facções sociais. Estas diferenças, a seguir referidas, ensejam que as leis ofereçam aos administrados garantias muitas vezes superiores às que poderiam derivar unicamente das características de abstração e generalidade também encontradiças nos regulamentos.

13. Deveras, as leis provêm de um órgão colegial – o parlamento – no qual se congregam várias tendências ideológicas, múltiplas facções políticas, diversos segmentos representativos do espectro de interesses que concorrem na vida social, de tal sorte que este órgão do poder se constitui em verdadeiro cadinho onde se mesclam distintas correntes. Daí que o resultado de sua produção jurídica termina por ser, quando menos em larga medida, fruto de algum contemperamento entre as variadas tendências. Até para a articulação da maioria requerida para a aprovação de uma lei, são necessárias transigências e composições, de modo que a matéria legislada resulta como o produto de uma interação, ao invés da mera imposição rígida das conveniências de uma única linha de pensamento.

Com isto, as leis ganham, ainda que em medidas variáveis, um grau de proximidade em relação à média do pensamento social predominante muito maior do que ocorre quando as normas produzidas correspondem à simples expressão unitária da vontade comandante do Executivo, ainda que este também seja representativo de uma das facções sociais, a majoritária. É que, afinal, como bem observou Kelsen, o Legislativo, formado segundo o critério de eleições proporcionais, ensejadoras, justamente, da representação de uma pluralidade de grupos, inclusive de minorias, é mais democrático que o Executivo, ao qual se acede por eleição majoritária ou, no caso do parlamentarismo, como fruto da vitória eleitoral de um partido. Daí que os regulamentos traduzem uma perspectiva unitária, monolítica, da corrente ou das coalizões partidárias prevalentes.

14. Além disto, o próprio processo de elaboração das leis, em contraste com o dos regulamentos, confere às primeiras um grau de controlabilidade, confiabilidade e imparcialidade muitas vezes superior ao dos segundos, ensejando, pois, aos administrados um teor de garantia e proteção incomparavelmente maiores.

É que as leis se submetem a um trâmite graças ao qual é possível o *conhecimento público* das disposições que estejam em caminho de serem implantadas. Com isto, evidentemente, há uma fiscalização social, seja por meio da imprensa, de órgãos de classe, ou de quaisquer setores interessados, o que, sem dúvida, dificulta ou embarga eventuais direcionamentos incompatíveis com o interesse público em geral, ensejando a irrupção de tempestivas alterações e emendas para obstar, corrigir ou minimizar tanto decisões precipitadas, quanto propósitos de favorecimento ou, reversamente, tratamento discriminatório, gravoso ou apenas desatento ao justo interesse de grupos ou segmentos sociais, econômicos ou políticos. Demais disto, proporciona, ante o necessário trâmite pelas comissões e o reexame pela casa legislativa revisora, aperfeiçoar tecnicamente a normatização projetada, embargando, em grau maior, a possibilidade de erros ou inconveniências provindos de açodamento. Finalmente, propicia um quadro normativo mais estável, a bem da segurança e certeza jurídicas, benéfico ao planejamento razoável da atividade econômica das pessoas e empresas e até dos projetos individuais de cada qual.

15. Já os regulamentos carecem de todos estes atributos e, pelo contrário, ensancham as mazelas que resultariam da falta deles. Opostamente às leis, os regulamentos são elaborados em círculo restrito, fechado, desobrigados de qualquer publicidade, libertos, então, de qualquer fiscalização ou controle da sociedade ou mesmo dos segmentos sociais interessados na matéria. Sua produção se faz em função da diretriz estabelecida pelo Chefe do Governo ou de um grupo restrito, composto por seus membros. Não necessita passar, portanto, pelo embate de tendências políticas e ideológicas diferentes. Sobremais, irrompe da noite para o dia e assim também pode ser alterado ou suprimido.

Tudo quanto se disse dos regulamentos em confronto com as leis, deve-se dizer — e com muito maior razão —, das medidas provisórias, sobretudo tal como utilizadas no Brasil, isto é, descompasso flagrante com seus pressupostos constitucionais e com a teratológica reiteração delas.

V – Possível agravamento da crise da democracia

16. Ao que foi dito cumpre acrescer – e é este possivelmente o aspecto mais importante – que, na atualidade, está ocorrendo um *distanciamento cada vez maior entre os cidadãos e as instâncias decisórias que lhes afetam diretamente a vida.* A claríssima tendência à formação de blocos de Estados, de que a Europa é a mais evidente demonstração, por exibir um estágio qualitativamente distinto das ainda prodrômicas manifestações, mal iniciadas em outras partes, revela o surgimento de fórmulas políticas organizatórias muito distintas das que vigoraram no período imediatamente anterior e, como dito, um distanciamento, quase que inevitável, entre o cidadão e o poder. Com efeito, as decisões tomadas pelos conselhos de ministros europeus (os quais não são investidos por eleições para este fim específico) possivelmente afetam de maneira mais profunda a vida de cada europeu do que as tomadas

pelos respectivos parlamentos nacionais, isto é, pelos que receberam mandato expresso para lhes reger os comportamentos (o chamado "Parlamento europeu", distintamente do que o nome sugere, *não é* um órgão legislativo).

Procederia concluir que um número cada vez menor de pessoas decide sobre a vida de um número cada vez maior delas e que os modelos tradicionais, sobre os quais se assentou e se procurou assegurar a democracia, estão se esgarçando. Os valores liberdade, igualdade, assim como a realidade da soberania popular (que se pretendeu traduzir nas formas institucionais da democracia representativa), encontram-se, hoje, provavelmente, muito mais resguardados enquanto *valores incorporados à cultura política do ocidente desenvolvido*, do que, propriamente, pela eficiência dos vínculos formais das instituições jurídico-políticas. Dito de outro modo: a convicção generalizada de que liberdade e igualdade são bens inestimáveis atua como um freio natural sobre os governantes e permite que a positividade concreta de tais valores se mantenha ainda incólume, conquanto as instituições concebidas para assegurá-los já não possuam mais as mesmas condições de eficácia instrumental que possuíram.

Para usar uma imagem exacerbada, é como se já houvesse se iniciado uma caminhada em direção a um "despotismo esclarecido".

17. Poder-se-ia entender que os valores próprios da democracia se encontram tão profundamente enraizados na consciência coletiva de *sociedades politicamente mais evoluídas* que se constituiriam em estágio já *definitivamente incorporado*, tornando impensável a possibilidade de qualquer retrocesso, independentemente da intrínseca eficiência das instituições concebidas para lhes oferecer o máximo de respaldo.

Nada garante, entretanto, o otimismo desta suposição. Ainda permanece verdadeira a clássica asserção de Montesquieu: "todo aquele que tem poder tende a abusar dele; o poder vai até onde encontra limites".[448] A história da humanidade, inobstante a progressiva evolução em todos os campos, confirma, tanto quanto fatos e episódios ainda muito recentes, que a prevalência de ideias generosas ou o sepultamento de discriminações odiosas e preconceitos de toda ordem mantêm correlação íntima com as situações coletivas de bem-estar e segurança. E duram tanto quanto duram estas.

---

[448] MONTESQUIEU, Charles de. *De l'esprit des lois*. Paris: Garnier Frères, Libraires Editeurs, 1869.

18. No patamar do humano existem algumas constantes de comportamento social comuns à generalidade da esfera animal. Tal como os irracionais, que, uma vez saciados, convivem bem com as demais espécies e, inversamente, agridem quando tangidos pela fome ou acicatados pelo temor, também as coletividades humanas, quando ameaçadas pela presumida insegurança ou pelo risco ao seu bem-estar, substituem suas convicções e ideais mais elevados pelas pragmáticas (e já agora especificamente humanas) racionalizações e atacam com zoológica violência. Surtos de racismo, de rechaço ao estrangeiro, de nacionalismo exacerbado, de inconformismo com as levas migratórias advindas de um refluxo do colonialismo ou simplesmente da decomposição política, econômica ou social de outras sociedades – quaisquer deles já prenunciados nas tendências de grupos políticos ou sociais em algumas sociedades europeias – tanto como o recente e devastador consórcio bélico dos principais Estados desenvolvidos contra um país árabe, o Iraque (cujo ditador, quanto a isto, em nada é diferente dos demais, distinguindo-se deles apenas em que se revela mais resistente aos interesses das grandes potências e mais preocupado na defesa dos pertinentes ao próprio país), demonstram exemplarmente a precariedade das ideias que não se encontrem alicerçadas, simultaneamente, em interesses e em instituições formais hábeis para mantê-las consolidadas.

À vista deste panorama, ainda incipiente, mas desde logo preocupante, é difícil prenunciar, nestes umbrais do próximo milênio, o que seus albores reservam para a sobrevivência da democracia *e, muito mais, portanto, para as possibilidades de os países subdesenvolvidos acederem às condições propiciatórias de uma democracia substancial*. É que os subdesenvolvidos têm sido e são, naturalmente, meros piões no tabuleiro de xadrez da economia e, pois, da política internacional; logo, por definição, sacrificáveis para o cumprimento dos objetivos maiores dos que movem as peças.

VI – Globalização e neoliberalismo: novos obstáculos à democracia

19. Talvez se possa concluir, apenas, que as condições evolutivas para aceder aos valores substancialmente democráticos, como igualdade real e não apenas formal, segurança social, respeito à dignidade humana, valorização do trabalho, justiça social (todos consagrados na bem concebida e maltratada Constituição brasileira de 1988), ficarão cada vez

mais distantes à medida que os governos dos países subdesenvolvidos e dos eufemicamente denominados em vias de desenvolvimento – em troca do prato de lentilhas constituído pelos aplausos dos países cêntricos – se entreguem incondicionalmente à sedução do canto de sereia proclamador das excelências de um desenfreado neoliberalismo e de pretensas imposições de uma idolatrada economia global. Embevecidos narcisisticamente com a própria "modernidade", surdos ao clamor de uma população de miseráveis e desempregados, caso do Brasil de hoje, não têm ouvidos senão para este cântico monocórdio, monolítica e incontrastavelmente entoado pelos interessados.

20. Diga-se de passagem que é incorreta a suposição de que tanto a chamada "globalização da economia" (com as feições que, indevidamente, se lhe quer atribuir como inerências) quanto o "neoliberalismo" constituam-se simplesmente em um estágio evolutivo determinado tão só por transformações econômicas *inevitáveis* e, consequentemente, que encampá-las nada mais significa senão adotar uma atitude racional de atualização do pensamento para mantê-lo conformado ao que há de incoercível no desenvolvimento histórico. Esta forma de "interpretar" o fenômeno presente é – como frequentemente ocorre – apenas uma forma astuciosa de valorizar o próprio ideário e de desacreditar, por antecipação, as contestações que se lhes possam fazer. É que traz consigo, implícita, ou mesmo explicitamente, a prévia qualificação dos que se lhe oponham, como ultrapassados ("dinossauros").

Em rigor, elas nada mais são que "teorizações" pobres, racionalizações, elaboradas para justificar interesses meramente políticos – e destarte *contendíveis* – dos países cêntricos e das camadas economicamente privilegiadas, em cujo bojo e proveito foram gestadas. Com efeito, o modesto acervo de ideias atualmente difundidas *sub color* de verdade científica universal nada mais é que o *uso de nomenclaturas novas encobridoras de experiências velhas, destinadas a consagrar um simples movimento de retorno, quando menos parcial, ao século passado, ao statu quo precedente à emergência do chamado Estado social de direito ou Estado Providência*. São, portanto, vetores antagônicos a uma verdadeira democracia.

21. Relembremos que a partir de meados do século XIX e sobretudo no início do atual irrompeu e expandiu-se um movimento de inconformismo das camadas sociais mais desfavorecidas cujas condições de vida, como é notório, eram extremamente difíceis. Fazendo eco a tais eventos, eclodiram, no campo das ideias e sucessivamente das

realizações políticas, manifestações, de maior ou menor radicalismo, ponto de origem de duas diversas vertentes – comunismo e social democracia – insurgentes ambas contra o quadro político social da época.

O *Manifesto Comunista* (1848) e assim também ulteriormente encíclicas papais (*Rerum Novarum*, 1891, *Quadragesimo Ano*, 1931) são expressivas de uma visão então crítica e renovadora. Os resultados concretos deste panorama de insurgência, em suas duas vertentes, foram, respectivamente, de um lado, a Revolução Comunista de 1917 e implantação de tal regime na Rússia e, de outro a expansão da social democracia. Em sintonia com esta segunda vertente, consagraram-se, pois, pela primeira vez, em Texto Constitucional, os "Direitos Sociais", na Constituição mexicana, também de 1917 e ao depois na Constituição alemã, de Weimar, em 1919, disseminando-se pelo mundo a acolhida de tais direitos, de tal sorte que a preocupação em fazer do Estado um agente de melhoria das condições das camadas sociais mais desprotegidas expande-se ao longo de todo o século presente, explicando porque passou a ser referido como Estado social de direito ou Estado Providência. De outra parte, o regime comunista, ano a ano, se alastrava, implantando-se em novos países. Paralelamente, o colonialismo e seu sucessor, o imperialismo das grandes potências do Ocidente, iniciam um processo de agonia, lenta, mas contínua, afligido também por censuras crescentes ao excessivo desequilíbrio entre as nações (encíclicas *Mater er Magistra*, 1961, *Pacem in Terris*, 1963 e *Populorum Progressio*, 1967).

22. Foi, desde o início, o temor de que se expandisse a concepção comunista – radicalmente antitética à sobrevivência do capitalismo – com sua capacidade de atrair as massas insatisfeitas, ou quando menos de alimentar os ativistas que as mobilizavam, o que forneceu o necessário combustível para a implantação e disseminação do Estado social de direito. Com efeito, a história não registra gestos coletivos de generosidade das elites para com as camadas mais carentes (ainda que seja pródiga em exemplos dela no plano individual). Ora bem, assim como o receio do comunismo propiciou a irrupção do Estado Providência, sua falência na União Soviética e no Leste Europeu – e sinais precursores de seu declínio no Extremo Oriente – está a lhe determinar o fim.

23. A simples cronologia dos eventos e das correlatas ideias o demonstram de modo incontendível. O Estado social de direito emerge, encerrando o ciclo do liberalismo, quando emerge o comunismo.

Tão logo fracassa o comunismo, renascem, *de imediato*, com vigor máximo as ideias liberais, agora "recauchutadas" com o rótulo de "neo", propondo liminarmente a eliminação ou sangramento das conquistas trabalhistas e direitos sociais, do mesmo passo em que revive o imperialismo pleno e incontestado, sob a designação aparentemente técnica de "globalização". *Não há nisto, como é óbvio, coincidência alguma.* O que há é disseminação de *ideias políticas*, de interesse dos países dominantes e das camadas sociais mais favorecidas. Livres, uns e outros, dos temores e percalços que lhes impuseram as concessões feitas no curso do século presente, empenham-se, agora, ao final dele, em retomar as posições anteriores. Trata-se, como se vê, de um retorno ao mesmo esquema de poder, nos planos interno e internacional, vigente no final do século passado e início deste, sob aplausos praticamente unânimes em ambas as frentes.

24. Sem embargo, em despeito dos padecimentos em curto prazo, em longo prazo o futuro não nos reserva um retrocesso, de tal modo que os agravos a direitos que se integraram na noção de cidadania e que expressavam ampliações de uma vivência democrática são transitórios. Representam um soluço na história das sociedades políticas. É que, independentemente de avanços e recuos, seu rumo foi sempre progressista e caminha em direção a uma maior solidariedade entre os homens e entre os povos ou, talvez, para ser menos indulgente, em direção a um menor egoísmo e desumanidade em suas relações.

Assim, o neoliberalismo já começava a apresentar sinais de que está por se despedir. Isto se deve, de um lado, às agudas manifestações censórias que passou a receber, ante o cortejo de misérias que vêm semeando por todo o mundo e, de outro lado, possivelmente, ao fato de que seus objetivos, a esta altura, se encontram em boa parte alcançados.

25. Deveras, ao menos no caso dos países subdesenvolvidos já está efetivada, em larga medida, a substituição interna de seus empresariados pelos grandes grupos econômicos internacionais. Assim também, já ocorreu uma amplíssima captação dos mercados destes países e, inclusive, sua ampliação para tais fins, graças à inclusão nele dos serviços públicos, dantes cativos em mãos dos respectivos governos que daí foram expulsos, ficando, pois, liberados para serem apropriados pelos grupos econômicos internacionais. Eis, pois, que nos países chamados de emergentes vão deixando de persistir as razões pelas quais se proclamava uma retração do Estado e consequente abandono das políticas de desenvolvimento e promoção social que resultavam benéficas para a cidadania. É dizer: o problema para estes países, então,

tende a ficar inteiramente acantonado na esfera econômica. Com efeito, já não há mais razões para persistir o trabalho de intoxicação ideológica que, entre outras coisas, é perturbadora da própria opção por caminhos propícios aos respectivos desenvolvimentos econômicos.

Também nos países desenvolvidos têm surgido e se disseminado a repulsa ao neoliberalismo e seus maléficos efeitos, por via de grandes movimentos e concentrações populares (como os de Seattle, Larzac, Gênova, Florença, entre outros), catalisados por organizações não governamentais, o que sugere antecipar que este já está a viver o começo do declínio, pois não mais representa a ideia-força que vinha representando no campo do pensamento político, sobretudo nestas duas últimas décadas.

26. O ponto mais importante, todavia, é atualíssimo. Foi o surgimento de um elemento convulsionador deste quadro que se vem de traçar. A saber: consubstanciou-se na violenta crise financeira que irrompeu inopinadamente e que veio revelar a impressionante debilidade das bases em que estavam assentados os pilares do capitalismo financeiro.

Com ela emergiu o reconhecimento da obviedade de que este terrível desconcerto só foi possível pela disseminação e prática das ideias neoliberais e que a presente crise não pode ser debelada com o receituário neoliberal, mas demanda, pelo contrário, uma intervenção ativa do Estado na economia, o que, de resto, está acontecendo em toda parte.

É impossível, no momento, adiantar quais as consequências que advirão em seguimento a este esforço para superação da crise, mas é de presumir que o alerta e os sofrimentos por ela trazidos induzirão as sociedades a se organizarem na conformidade de uma atitude mais humana e avalizarão um esforço em prol do aperfeiçoamento da democracia.

Com efeito, ante o desmoronar de um mundo construído exclusivamente em torno de interesses econômicos, no qual o que prevalece não são os valores da *res publica*, mas as conveniências de uma minoria privilegiada, abre-se espaço para que interesses de outra ordem e que são, em fim de contas, os interesses do todo social possam encontrar algum eco. Em suma, parece que surgirá naturalmente um ambiente quando menos mais receptivo para o alargamento das reivindicações desta índole, logo, para um aprofundamento dos ideais e das instituições verdadeiramente democráticas.

Esta derrocada do neoliberalismo e o artificialismo das teses que o vinham sustentando em nome da globalização, para muitos, sempre pareceu até mesmo óbvia, de onde deduziam a inevitabilidade de uma crise, mas somente encontrava guarida no pensamento de uma minoria que chegava a ser até mesmo ridicularizada. Hoje, a situação se inverte, isto é, amplia-se a convicção de que eram artificiosos e puramente ideológicos os argumentos que eram brandidos em favor da situação pretérita.

Eis, pois, que os obstáculos à democracia a que se aludiu ao longo deste artigo, se é certo que não desapareceram, pode ser que por força da recentíssima crise econômica estejam em caminho de serem minorados, ainda que, para chegar a tanto, seja necessário atravessar um período de grandes carências e dificuldades.

Referências

ATALIBA, Geraldo. *República e Constituição*. São Paulo: Revista dos Tribunais, 1985.

BANDEIRA DE MELLO, Celso Antônio. Representatividade e democracia. *In*: ROCHA, Cármen Lúcia Antunes; VELLOSO, Carlos Mário da Silva (Coord.). *Direito eleitoral*. Belo Horizonte: Del Rey, 1996.

FORSTHOFF, Ernst. *Traité de droit administratif allemand*. Tradução da 9. ed. alemã de Michel Fromont. Bruxelles: Établissements Émile Bruylant, 1969.

MONTESQUIEU, Charles de. *De l'esprit des lois*. Paris: Garnier Frères, Libraires Editeurs, 1869.

PASTOR, Santa Maria. *Fundamentos de direito administrativo*. Madrid: Edit. Centro de Estudos Ramon Areces, 1988. v. I.

Esta obra foi composta em fonte Palatino Linotype, corpo 10
e impressa em papel Pólen Bold 70g (miolo) e Supremo 250g (capa)
pela Formato Artes Gráficas.